中国基础教育课程教学深化改革和发展蓝皮书

田慧生　江　嵩　张广斌　等　著

教育科学出版社
·北　京·

序　言

深化课程教学改革既是深化教育综合改革的关键环节，也是建设教育强国的重点领域。习近平总书记多次强调课程教学改革的重要性。在 2018 年全国教育大会上，习近平总书记指出，要着眼于“教好”，围绕教师、教材、教法推进改革，探索形式多样、行之有效的教学方式方法，切实在素质教育上取得真正的突破。在 2024 年全国教育大会上，习近平总书记再次强调要全面提升课堂教学水平。建设教育强国必须认真学习领会习近平总书记重要讲话精神，统筹发展全局，突出重点领域，以重点突破带动教育强国建设整体推进。通过深化课程教学改革，为教育强国建设注入强劲动力。

2023 年 5 月，教育部办公厅印发《基础教育课程教学改革深化行动方案》（以下简称《行动方案》），部署实施课程方案转化落地、教学方式变革、科学素养提升、教学评价牵引、专业支撑与数字赋能五大行动，提出十四项举措，为有效推进基础教育课程教学改革走深走实提供了清晰的蓝图。

为深入学习贯彻党的二十大和全国教育大会精神，全面了解《行动方案》发布以来我国基础教育课程教学改革的进展情况，教育部课程教材研究所（以下简称教材所）启动了国家基础教育课程教学深化改革情况调研工作。调研旨在系统梳理地方和学校课程教学改革的经验做法，挖掘、宣传和推广典型经验，精准把握深化课程教学改革存在的困难和问题，推动基础教育高质量发展。自 2024 年 3 月以来，教材所汇集高等院校、科研院所等单位相关专家学者，组建调研团队，研制调研方案和调研工具，面向抽样省份实施调研。

调研团队在系统调研的基础上，重点聚焦课程方案转化落地、教学方式变革、科学素养提升、教学评价牵引、专业支撑与数字赋能等方面，编写了《中国基础教育课程教学深化改革和发展蓝皮书》（以下简称蓝皮书）。蓝皮书针对基础教育课程教学深化改革的认识与理解、经验与成效、困难与建议等内容进行了全方位阐释，在此基础上，聚焦关键问题，围绕“深化素养本位的课程教学改革”落实情况进行梳理，发现真问题、好经验，为下一步素养本位的基础教育课程教学深化改革提供支持。

当前我国基础教育课程教学深化改革取得了初步成效，课程教学改革新理念得到广泛传播，课程方案转化落地有序推进，素养本位的教学改革亮点初显，科学教育全面开展，数字赋能与专业支撑持续发力，重要主题和关键领域改革有序开展。总体而言，理念有共识、课改在行动、行动有进展、进展有亮点，基础教育课程教学深化改革仍处于初级阶段，改革实践大多处于“浅层区”向“深水区”推进过程中，在课程实施、教学评价、专业支撑、协同创新机制等方面面临诸多挑战，距离《行动方案》提出的 2027 年目标要求，以及实现教育高质量发展和回应社会各界的期待，还存在一定差距。

我们热切期望越来越多的专家学者和一线教师积极参与课程教学改革这项意义重大的工程，实现知识教育向素养教育的转型，持续推动基础教育高质量发展，服务教育强国建设。

田慧生

2024 年 12 月 · 北京

目　　录

第一部分

进展与成效

第 1 章

调研概况

深化基础教育课程教学改革是推进学校教育高质量发展的关键环节，是建设教育强国、实现中国式现代化的重点领域。党的二十大报告把教育提升到前所未有的战略高度，要求“加快建设高质量教育体系”，建设教育强国、科技强国、人才强国。习近平总书记在 2023 年中共二十届中央政治局第五次集体学习中指出：“建设教育强国，基点在基础教育。基础教育搞得越扎实，教育强国步伐就越稳、后劲就越足。”这一论述揭示了基础教育在教育强国建设中的奠基性作用。在 2024 年全国教育大会上，习近平总书记又强调指出，要“全面提升课堂教学水平”。推动基础教育课程教学高质量发展是基础教育高质量发展的核心议题，对于加快建设教育强国、办好人民满意的教育具有重大意义。2023 年 5 月，教育部办公厅印发了《基础教育课程教学改革深化行动方案》（以下简称《行动方案》）。《行动方案》提出，全面实施义务教育、普通高中课程方案和课程标准，加强统筹指导，引导地方和学校把国家统一制定的育人“蓝图”转化为育人“施工图”，着重落实“五大行动十四项举措”（见表 1–1），加强课程资源、教学评价、培训研修等专业支撑，推进育人方式改革，促进学生核心素养发展。在教育强国建设的背景下，《行动方案》进一步明确了我国未来基础教育课程教学改革纵深发展的前进方向。为此，深化基础教育课程教学改革，提升课堂教学育人实效，对建设教育强国具有重要的意义。

表 1-1 《行动方案》“五大行动十四项举措”

五大行动	十四项举措
课程方案转化落地规划行动	制订课程实施的区域规划
	制订课程实施的学校规划
	健全课程实施监测体系
教学方式变革行动	实施教学改革重难点攻坚
	扩大精品课遴选规模
	实施优秀教学成果推广应用计划
科学素养提升行动	加强科学类学科教学
	持续深入开展科普教育
	加强教学装备配备和使用
教学评价牵引行动	提升教师教学评价能力
	改进和完善学生评价
专业支撑与数字赋能行动	开展教师需求导向的课程实施能力培训
	强化教研专业引领
	推进数字化赋能教学质量提升

目前，我国各地在落实基础教育课程教学改革政策方面取得了哪些成效？面临哪些问题与困难？如何进一步落实国家基础教育课程教学改革政策？为全面了解当前国家基础教育课程教学深化改革落实情况，系统梳理地方和学校课程教学改革的经验做法，挖掘、宣传和推广典型经验，精准把握深化课程教学改革存在的困难和问题，推动学校教育高质量发展，教育部课程教材研究所委托高等院校、科研院所等单位相关专家学者，于 2024 年 3 月启动了国家基础教育课程教学深化改革情况调研工作。项目组在全国范围内抽取 13 个省（区、市）和新疆生产建设兵团进行深入调研，各级教育科学研究院所纷纷响应，动员教研员、中小学校级领导与教师参与。这是迄今为止与基础教育课程教学改革有关研究中，样本规模最大、地域覆盖最广、内容最全面的调查研究。

一、调研目的

（一）了解《行动方案》落实情况

围绕《行动方案》中“五大行动十四项举措”以及人工智能赋能课程教学、培养创新人才、缩小城乡课程教学质量差异、减负提质与促进学生身心健康、铸牢中华民族共同体意识教育等方面的情况展开调研，整体了解基础教育课程教学改革政策落实情况，系统掌握课程教学改革政策为学校带来的实际影响与效果，精准识别当前政策落实中存在的困难及面临的挑战。

（二）把握素养导向课程教学改革的实践进展

追踪普通高中课程方案和课程标准（2017 年版 2020 年修订）、义务教育课程方案和课程标准（2022 年版）（以下统称课程方案和课程标准）的落实情况，把握核心素养导向课程教学改革的实践进展与初步成效，发现课程方案和课程标准落实过程中课程教学改革面临的主要困难和关键问题，为后续基础教育课程教学深化改革提供指导方向和实践路径。

（三）总结地方和学校课程教学改革的典型经验

客观总结调研省（区、市）及新疆生产建设兵团、学校、教师在国家基础教育课程教学改革政策落实方面的典型经验，深入挖掘有益成果与优秀案例。这些经验与案例将为进一步深化改革提供宝贵的参考与借鉴，推动教育教学质量持续提升。

（四）提供深化课程教学改革的政策建议与实践指导

基于调研，提出下一步深化国家基础教育课程教学改革的政策建议，为扎实推进中小学课程教学改革、促进基础教育高质量发展提供循证决策依据。指导各地区、各学校进一步落实相关政策，推动课程教学改革走深、走实。

二、调研内容

调研紧紧围绕《行动方案》的“五大行动十四项举措”以及课程教学改革中的重点领域与关键问题展开，具体包括以下四个方面的内容。

第一，了解调研对象对国家基础教育课程教学改革政策的认识和理解，调查调研对象对《行动方案》等政策文件的认识和理解，及其对课程教学改革重点任务的认知与态度。

第二，把握各地各校落实国家基础教育课程教学改革政策的具体措施，明确各地区和学校课程教学改革在组织领导、统筹协调、经费投入、人员配备、专业支撑与实施指导等方面的落实措施。

第三，调查国家基础教育课程教学改革政策给各地各校带来的变化，尤其关注《行动方案》中“五大行动十四项举措”以及人工智能赋能课程教学、培养创新人才、缩小城乡课程教学质量差距、减负提质与促进学生身心健康、铸牢中华民族共同体意识教育等重点领域的发展变化。

第四，明确国家基础教育课程教学改革政策在落实中遇到的挑战，并提出改进建议。通过调研，发现政策落实面临的问题、困境与挑战，挖掘和培育各地各校的典型经验和优秀成果，进而为深化课程教学改革提出政策建议。

三、调研样本

本次调研利用国家统计局提供的数据资源，采用目的性抽样和分层抽样相结合的方式，选取涵盖教研员、学校领导、教师在内的关键教育工作者作为调研对象，以确保调研的针对性和实效性。综合运用大规模问卷调查、半结构化深度访谈、课堂观察、文本分析等多种研究方法，保证研究结果的科学性。

（一）调研区域

为确保调研结果的代表性和深度，项目组参考国家统计局制定的区域划分标准，结合社会经济文化发展程度及中国地理区域特色（尤其是民族地区），对调研区域进行了更为细致的划分。充分考虑地理分布的广泛性和民族地区的独特性，从而全面了解基础教育课程教学改革在不同社会经济条件下的实施效果及面临的挑战。

调研涵盖中国东部、中部、西部的 13 个省（区、市）及新疆生产建设兵团，共计 41 个地（州、市、区）（见表 1–2）。

表 1–2 调研区域

区域	省（区、市）	抽样地（州、市、区）
东部	北京	海淀
		通州
		丰台
		昌平
		石景山

续表

区域	省（区、市）	抽样地（州、市、区）
东部	上海	徐汇
		嘉定
		普陀
	山东	济南
		潍坊
		青岛
	福建	福州
		莆田
		三明
	广东	广州
		东莞
		清远
中部	安徽	合肥
		芜湖
		马鞍山
	湖北	武汉
		荆州
		鄂州
	黑龙江	哈尔滨
		大庆
		齐齐哈尔
西部	陕西	西安
		宝鸡
		安康
	甘肃	兰州
		白银
		临夏
	新疆（含新疆生产建设兵团）	乌鲁木齐
		伊犁
		阿克苏
	四川	成都
		宜宾
		乐山
	内蒙古	呼和浩特
		鄂尔多斯
		呼伦贝尔

（二）调研对象

为全面了解基础教育课程教学改革政策的落实情况，项目组在确定调研区域的基础上，基于国家统计局数据对选定省（区、市）及新疆生产建设兵团调研对象样本数量进行计算，抽选不同学段的教研员、校长 / 书记和教师作为调研对象。其中教研员、校长 / 书记及教师的有效调查问卷分别为 12340 份、21583 份和 374531 份，问卷的发放率和回收率均达到调研的基本要求。本次调研对象中，教研员共计 1.2 万名，东部地区占比 47.6%，中部地区占比 18.8%，西部地区占比 33.6%；校长 / 书记将近 2.2 万名，东部地区占比 55.5%，中部地区占比 16.4%，西部地区占比 28.1%；教师近 37.5 万名，东部地区占比 60.4%，中部地区占比 14.8%，西部地区占比 24.8%。

四、调研方法

（一）问卷调查法

1. 问卷设计

为了科学研制调研工具，2024 年 3 月至 5 月，项目组依据《行动方案》中的“五大行动十四项举措”，以每个关键点为基础，细化各项行动的内容，同时参考相关领域已有问卷，编制问卷题项，邀请专家和一线教师反复斟酌、逐条研讨问卷题项，力求提高题项的内容效度，并组织教师、校长 / 书记、教研员试用编制好的问卷初稿，征求修改意见。经过五轮修改，最终形成自陈报告形式的基础教育课程教学改革调查问卷。

问卷主要由两个部分组成，第一部分为调研对象的基本信息，第二部分为调研对象对基础教育课程教学改革“五大行动”落实情况的判断，共计 48 道题，其中“课程方案转化落地规划”5 道题、“教学方式变革”8 道题、“科学素养提升”6 道题、“教学评价牵引”9 道题、“专业支撑与数字赋能”8 道题、“课程教学改革政策落实效果”12 道题。第二部分的题项主要采用李克特 5 点量表形式，从 1 到 5 分别代表“非常不符合”“不太符合”“基本符合”“比较符合”“非常符合”，分值越高，表明符合程度越高，即调研对象对“五大行动”实施情况的评价越高。最后，问卷针对基础教育课程教学改革的问题与建议设计了 2 道多选题目。

2. 问卷信效度检验

教研员问卷、校长 / 书记问卷和教师问卷的一致性信度（克隆巴赫 α系数）分别为 0.984、0.989、0.988，均超过了 0.7 的可接受水平，表明这些问卷具有较高的信度。从结构效度分析，各问卷的验证性因子分析模型拟合程度均为良好：教研员问卷的近似误差均方根（RMSEA）为 0.062，比较拟合指数（CFI）为 0.918；校长 / 书记问卷的 RMSEA 为 0.059，CFI 为 0.937；教师问卷的 RMSEA 为 0.058，CFI 为 0.943。这些指数均表明模型拟合度较好，问卷具有较高的结构效度。

（二）访谈法

调研还采取访谈的方式收集资料，面向校长 / 书记、教师、教研员这三类调研对象，组织开展 144 场座谈会，共计访谈 1989 名教研员、校长 / 书记、教师。依据不同调研对象的角色特点和职责范围，项目组有针对性地设计访谈问题，涵盖课程方案转化、教学方式改革、科学素养提升、教学评价改革、教研培训与专业支持、人工智能赋能课程教学、创新人才培养、缩小城乡课程教学质量差距、减负提质与促进学生身心健康、铸牢中华民族共同体意识教育等方面。访谈有助于进一步挖掘并验证课程教学改革的实际效果，从而与问卷调查所得数据相互佐证，确保调研结果的全面性和准确性。

（三）课堂观察法

本次调研运用课堂观察法在抽样学校现场观摩了中小学课堂教学情况，共听课 154 节，涉及基础教育全学段、全学科。项目组通过对核心素养导向的教学设计、学科实践、跨学科主题学习等教学改革重点难点问题进行对照观察，发现教师在课堂教学改革层面取得的成效与存在的问题，进而为促进基础教育课程教学改革政策的有效落地与持续优化提供实证依据。

（四）文本分析法

本次调研运用文本分析法分析和评估各地落实国家基础教育课程教学改革政策的情况。项目组设计了具有针对性的课程教学改革政策落实情况调查信息表（见表 1–3），覆盖《行动方案》中的“五大行动”及课程教学改革重点难点问题。通过回收 13 个省（区、市）及新疆生产建设兵团调查信息表和分析调研结果，项目组可以深入了解各地落实课程教学改革相关政策的情况。

表 1–3 基础教育课程教学改革政策落实情况信息采集表

省（自治区 / 直辖市 / 新疆生产建设兵团）：

填表日期：

为更好地了解近年来基础教育课程教学改革政策落实情况，破解课程教学改革难题，提升人才培养质量，特组织本次信息采集。调查结果将为下一步深化课程教学改革提供决策参考。

请您如实填写下表：如选择“否”，需要说明理由；如选择“是”，请提供相关支撑材料。本调查为匿名调查，不会影响对您及您所在区域的评价。请您放心作答。

非常感谢您的支持！

序号	内容	选项	
1	为了落实国家基础教育课程教学改革政策，本省份出台了一系列政策和措施（如课程实施、学生评价等方面）。	是	否
2	本省份制定了省级课程实施监测体系。	是	否
3	本省份在缩小城乡课程教学质量差距方面有典型经验和做法。	是	否
4	本省份出台了有利于创新人才培养的考试评价改革政策和措施。	是	否
5	本省份在铸牢中华民族共同体意识融入课程教学方面积累了典型经验。	是	否
6	本省份出台了推动科学教育发展的相应举措。	是	否
7	为推动数字技术赋能教学质量提升，本省份出台了相应政策和措施。	是	否
8	本省份组织了一系列提升教师课程实施能力的省级培训。	是	否
9	本省份已经将人工智能技术运用于中小学课程教学改革，并开设了人工智能相关课程。	是	否
10	本省份在落实基础教育课程教学改革政策方面已经形成了区域 / 学校典型案例。	是	否

第 2 章

基础教育课程教学深化改革与发展的总体成效

自《行动方案》实施以来，各级教育行政部门和学校紧密配合，深入落实改革要求，聚焦教育教学中的关键环节与重点领域，积极行动并不断创新。经过一年的探索与实践，基础教育课程教学改革取得了显著的新进展、新经验和新成果，为提高教育质量、促进学生德智体美劳全面发展奠定了坚实基础。

一、思政引领力不断加强

（一）“重大主题教育进课程”整体推进，培根铸魂育新人

中小学校在课程实施的过程中，积极推进习近平新时代中国特色社会主义思想、中华优秀传统文化、革命传统等主题教育的融入与实践。这一举措不仅是对国家政策导向的积极响应，更是对教育本质的深刻理解和实践探索，旨在通过教育的力量，培养具有坚定理想信念、深厚爱国情怀、高尚道德品质的新时代青少年。

1. 培根铸魂，习近平新时代中国特色社会主义思想融入课程教学

2021 年 7 月 21 日，国家教材委员会印发《习近平新时代中国特色社会主义思想进课程教材指南》，要求积极发挥习近平新时代中国特色社会主义思想的培根铸魂功能，扎实推进习近平新时代中国特色社会主义思想进课程教材。基础教育领域积极落实相关要求，多措并举将习近平新时代中国特色社会主义思想融入课程教学。2024 年 5 月，教育部、人民日报社、全国少工委决定在全国中小学校深入开展 2024 年

“学习新思想，做好接班人”主题活动。主题活动分五个专栏：一是“筑梦现代化，共绘爱国情”，二是“习爷爷的时政活动”，三是“跟着习爷爷看中国”，四是“跟着习爷爷学用典”，五是“跟着习爷爷学党史”。

安徽省在思政课程中加强了《习近平新时代中国特色社会主义思想学生读本》的教学，通过跨学科研讨提炼德育经验，强化思政课堂改革。河北省正定县在中小学开设“思政讲堂”，邀请党校教师、离退休老干部等为学生讲述习近平总书记在正定工作期间致力于发展经济、大兴教育、保护古城的事迹。在课程设计上，小学侧重讲“故事”，以绘声绘色的讲述让学生了解具体事件；初中侧重讲“精神”，让学生从事迹中总结学习宝贵的精神和意志品质；高中侧重讲“理论”，将习近平总书记在正定工作期间的探索和思考与习近平新时代中国特色社会主义思想结合讲授，让学生理解国家大政方针背后的理论逻辑。

2. 启智润心，中华优秀传统文化进课程教材

《中华优秀传统文化进中小学课程教材指南》强调中华优秀传统文化进中小学课程教材要坚持正确价值导向、科学选择、有机融入和整体设计。落实过程中，各地遵循学生成长规律，充分考虑学生学习、生活、思想实际，结合各学科特点，系统融入、合理布局，全面覆盖与突出重点有机结合，促进中华优秀传统文化创造性转化和创新性发展。北京市中小学开展京剧、书法等传统文化课程，让学生领略传统文化魅力，培育对中华民族文化的热爱。山东省潍坊市等地设立传统文化教研员岗位，围绕传统节日开展赶年集、蒸花馍等实践活动，强化教育成效，促进学生全面发展，并增强学生中华民族共同体认同感与归属感，实现从理论到行动、从课堂到生活的延伸。

中华优秀传统文化的主题内容，突出核心思想理念、中华人文精神、中华传统美德三个方面。各地在实施过程中关注人与自然、人与环境、人与物质、人与文化之间的关系。湖北省中小学在学校课程中构建了特色课程体系，如通过二十四节气系列课程，帮助学生探索节气文化，增进对自然规律和传统文化的认识。安徽省中小学结合“徽文化”，开展相关课程和活动，如参观徽派建筑、学习徽剧，培养学生对家乡文化的热爱和自豪感。广东省部分中小学邀请专家开展关于岭南文化的讲座，介绍岭南地区的传统文化、艺术形式等，同时，组织学生参与具有岭南特色的实践活动，如制作传统手工艺品等，加深学生对岭南文化的体验和理解。甘肃省敦煌市通过“敦煌文化进校园”系列活动传承敦煌文化，编排《学生天地》敦煌文化进校园特刊。上海市嘉

定区某小学通过项目化学习在语文课程中组织学生实地调研沪剧和上海弄堂文化，学生通过查阅资料、采访和整理分析，运用跨学科知识完成报告、戏剧编排和文化手册制作。内蒙古自治区鄂尔多斯市某小学通过诗教课程和依托传统节日节气的文化课程，提升学生文化素养。

3. 传承红色基因，革命传统融入课程教材有序推进

在中国共产党成立一百周年之际，教育部印发《革命传统进中小学课程教材指南》，提出革命传统融入课程教材要坚持分学段、由浅入深、有序推进、全程贯通，坚持分学科设计、有机融合、全科覆盖。各地中小学在实施中，以课程教材为龙头，推动教学设计、考试评价改革和师资队伍建设等，协同党史文献工作主管部门，加强政策引领和专业指导，推动中小学与幼儿园、大学的系统衔接，实现革命传统教育整体化、系列化、长效化。北京市中小学组织学生参观红色纪念场馆，增强民族责任感。甘肃省中小学利用红色文化资源，讲述红军长征故事。湖北省中小学利用红色资源开发校本课程，组织学生参观革命纪念馆和烈士陵园，编写讲述当地革命故事的教材。黑龙江省中小学通过历史课讲述东北抗联故事。新疆生产建设兵团结合胡杨精神和兵团精神，建设红色教育基地，兵团中小学通过组织学生参观历史场所、开展社区活动等方式进行革命传统教育。

（二）铸牢中华民族共同体意识教育明显加强，教学融入逐步展开

铸牢中华民族共同体意识教育对学生塑造中华民族共同体认同、厚植中华民族共同体情感，具有不可替代的作用。各地将铸牢中小学生中华民族共同体意识与课程融合，打造铸牢中华民族共同体意识主题教育品牌，创建铸牢中华民族共同体意识的学校文化环境，丰富社会实践活动。调研中有 83.0% 的教研员、85.4% 的教师、88.6% 的校长 / 书记认为，教师能够将铸牢中华民族共同体意识融入教育教学全过程。[①]

除此之外，各地还通过大思政课铸牢中小学生中华民族共同体意识，如新疆维吾尔自治区以青少年“筑基”工程为抓手，从优化课程体系、强化课堂主渠道建设、加强师资队伍建设、完善语言文字工作等 6 个方面，细化完善 44 项具体举措，深入实施学校铸牢中华民族共同体意识提质增效行动；全面加强国家通用语言文字教育教学和推广普及，持续巩固提升国家通用语言文字教育教学全覆盖成果，不断推动各族学

① 此处数据指在问卷中选择“非常符合”和“比较符合”的比例之和，后同。

生和农村青壮年从掌握“听说读写”向理解中华文化、增进文化认同拓展；促进各族学生交往交流交融，全面落实青少年交流计划，通过各种途径组织 8.6 万余名中小学生赴其他省（区、市）参观学习，进一步厚植爱国情怀、夯实团结根基、砥砺强国之志。此外，新疆生产建设兵团还充分发挥兵团在南疆民族地区的维稳戍边作用，以及“扎根新疆、喜爱新疆、屯垦戍边”精神，将中华民族共同体意识教育融入日常教学，积极推进国家通用语言文字教育，有效提升学生的民族团结意识和国家认同感。例如，兵团某小学融合中华优秀传统文化精神与兵团精神形成“胡杨文化”，在校内多区域设置文化展示元素，助力学生学习中华文化。内蒙古自治区中小学将相关意识教育与大德育课程结合，借多学科尤其是思政课强化政治认同，利用多种教育活动落实目标。甘肃省教育厅联合多部门出台方案开展宣传教育活动，组织参观博物馆、开展主题班会与民族体育运动等。福建省晋江市某中学建立了具有民族特色的课程体系。陕西省西安市某小学在语文及品德与社会课程中融入民族团结教育，校园内设有民族文化主题角，展示民族特色物品，并定期举办民族文化周活动，播放民族音乐，举办民族舞蹈快闪活动，增强学生对多元文化的认同感和中华民族共同体意识。黑龙江省哈尔滨市某中学在历史课上讲解东北各民族交融的故事；定期举办民族文化交流节，学生展示才艺，品尝民族美食，参与知识竞赛，增进对民族文化的了解；设置民族文化长廊，展示各民族的发展和团结事迹，教室布置融入民族元素，增强学生的民族自豪感和中华民族共同体意识。广东省中小学积极利用课堂教学作为主要渠道，将铸牢中华民族共同体意识教育融入学校教育的各个环节，通过举办“粤港澳同一堂课 · 爱国主义教育”交流研讨活动，开展粤港澳师生共同参与的爱国主义教育课。

二、课程方案转化落地有序推进

（一）教育行政部门积极落实主体责任，统筹规划课程实施工作

《行动方案》要求，在课程实施过程中，切实加强国家课程方案向地方、学校课程实施规划的转化工作。在地方层面，教育行政部门因地制宜设计和编制富有地方特色的课程规划，推动课程教学改革政策顺利转化落地。

1. 各地编制省级义务教育课程实施办法和普通高中课程实施指导意见

2017 年，教育部颁布了新修订的普通高中课程方案和 20 个学科课程标准并于

2020 年修订；2022 年，教育部又颁布了义务教育课程方案和 16 个学科课程标准。各地教育行政部门结合地方实际，切实落实课程建设与管理主体责任，分别编制了省级普通高中课程实施指导意见和义务教育课程实施办法，出台相关课程政策文件。本次调研的 13 个省（区、市）及新疆生产建设兵团均已出台普通高中课程实施指导意见，12 个省（区、市）及新疆生产建设兵团出台了义务教育课程实施办法。省级教育行政部门制定的课程实施区域规划发挥着"承上启下"的作用，"承上"即推动国家课程教学改革政策的转化落地，"启下"即做好国家课程教学改革政策在学校层面落实的顶层设计，引导学校层面的课程教学改革。各省（区、市）及新疆生产建设兵团课程实施区域规划不仅展现了鲜明的地方特色，而且明确了地方和学校落实国家课程教学改革的具体路径。在省级教育行政部门的推动下，地市、区县等教育行政部门积极行动，结合当地实际，制定并实施了相应的政策，有效推动了基础教育课程教学改革的深化，如北京市海淀区研制《海淀区义务教育课程实施办法》，上海市黄浦区教育局印发《黄浦区义务教育阶段全面推进项目化学习实施方案》。

2. 部分地区制定了省级基础教育课程教学改革深化行动方案

2024 年，为贯彻落实《行动方案》，部分省级教育行政部门结合当地实际，制定了相应的实施方案和政策文件，推动基础教育课程教学改革的深化。7 月，广东省教育厅印发了《广东省基础教育课程教学改革深化行动实施方案（2024—2027 年）》，明确"重点启动课程教学改革'六大行动'计划，通过建立一套破解教学改革重难点问题的有效工作机制，培育一批深入实施新课程的示范区、示范学校，研制一套课程教学改革转化落地的工具支架，建设一支高素质专业化创新型的骨干队伍，形成一批改革成果显著、育人要求有效落实的典型案例，打造实施国家基础教育课程教学改革深化行动的广东样本"。8 月，北京市教育委员会印发了《北京市深化基础教育课程教学改革实施方案》，明确北京市将启动课程创新引领、教学改革深化、学生素养提升、教学评价改进、专业支撑保障、数字化赋能"六大行动"，3—5 年建成一批课程教学改革实验区、实验校，以课程教学改革为核心，统筹推进考试招生制度改革、创新人才培养、义务教育优质均衡发展和普通高中优质特色发展。10 月，山东省教育厅发布了《进一步深化基础教育课程教学改革的若干措施》，提出了推进课程方案落地、深化课堂教学改革、深化教学评价改革、强化教研支撑、加强组织保障五大任务，制定了十七项具体措施，并附详细具体的省、市、县、校工作任务清单。

（二）学校主动制定课程规划，探索构建特色化课程育人体系

学校课程规划是联系国家课程教学改革政策与学校课程教学改革行动的中间路径，是将国家层面的课程政策转化为学校层面的课程实践、实现育人目标的关键环节。国家课程教学改革政策能否落实到师生日常的课堂教学中，关键取决于学校对课程的规划、编制、实施、评价与组织管理。《行动方案》也指出，学校要因地制宜规划学校课程及其实施。各地中小学校在地方教育行政部门和专业机构督促指导下，因校制宜，立足办学理念和学生发展需要，研制课程实施方案，努力构建体现办学特色的课程育人体系，共同推进素养导向的学校育人实践。

1. 基于核心素养构建学校课程体系

调研数据显示，79.0% 的教师、85.7% 的校长 / 书记、79.3% 的教研员表示，学校在行政部门和专业机构的指导下主动规划学校课程并组织实施。在课程建设中，大部分学校破除了传统的知识中心课程观，确立了以核心素养发展为中心的课程观，着眼学生全面而有个性的发展，对国家课程、地方课程与校本课程进行整体统筹与拓展创新，探索核心素养发展的课程育人新形态，实现学校文化与价值目标的创新性突破。培养学生适应未来社会发展所必需的素养成为学校课程建设的中心议题。学校以培养学生核心素养为统领，规划、整合、优化和拓展各类课程，推动学校育人模式从知识授受向核心素养培育转型。比如，北京市海淀区某校的育人目标是“全面发展 + 突出特长 + 创新精神 + 高尚品德”，以立德树人为核心，以全面发展为基础，以突出特长为重点，以创新精神为引领，促进学生核心素养发展。上海市某校以“建设未来学校”为指向，致力于培养具有强国志向、科学情怀、强烈好奇心、自适应学习力等特征的未来人才，回应国家的人才强国和创新发展战略。

2. 推进学校课程的内容统整与结构优化

各地中小学校的课程建设意识普遍增强，努力构建体现办学特色的课程育人体系。调研数据显示，78.5% 的教师、78.7% 的校长 / 书记、72.0% 的教研员认为，学校形成了体现办学特色的课程体系。访谈发现，中小学校将特色化课程育人体系作为展现学校办学成果的重要方式，通过“国家课程 + 地方课程 + 校本课程”“基础型课程 + 拓展型课程 + 开放型课程”等模式，落实国家课程、规范地方课程、丰富学校课程、体现办学特色。北京市推进了三级课程整体建设工作，将国家课程、地方课程和

校本课程三个层级进行统整，通过对三级课程的扁平化再造，构建全新的学校课程结构。一批学校通过课程的整体建设，彰显了课程的整体价值和功能，优化了学校的教育供给能力，形成了学校特色。上海市在区、校两级高度重视学校课程规划的优化与创新，打破传统学科界限，优化学校课程结构，构建横向贯通、纵向衔接、满足学生发展需求的特色课程体系，实现国家课程校本化实施。

3. 形成学校课程规划持续改进机制

各地中小学持续改进和更新学校课程规划，通过评估课程规划质量、查明学校课程规划的优势与问题、改进和优化整体课程体系，有效促进师生成长，推进学校课程高质量发展。一方面，提炼原有课程规划实施的成果经验，将其转化为下一轮课程规划的“制度规范”，发挥实践引领作用；另一方面，找准原有课程规划实施中的难点、痛点，将其作为新一轮课程规划的“改进起点”，实现课程规划的持续优化。学校课程规划方案的改进始终内嵌于深化课程教学改革的目标框架中，坚持守正与创新相结合的原则，呈现出持续优化、迭代更新的发展趋势。上海市借助课程实施监测、学业质量“绿色指标”等，对中小学校课程实施、学生发展、校园环境等方面的情况进行科学评估，将评估结果及时反馈给学校，指导学校不断调整课程结构、优化课程内容、改进课程实施，促进学校课程规划的持续改进与迭代升级。内蒙古自治区组织各盟（市）推选108所课程建设行动实验校，围绕课程建设项目工作实施方案，开展了项目培训、写作研讨、跟岗研修等形式的工作，指导实验校研制学校课程实施方案，促进各校课程实施方案从自由开发式逐步升级为理性建构式。

（三）课程实施监测工作初步展开，监测体系逐步建立健全

课程实施监测是保障新课程理念转化落地的重要环节，是了解课程实施状况和学生核心素养发展状况的重要方式，是提升课程育人质量的重要手段。各地积极落实课程监测政策、创新探索系统监测机制、大力建设科学监测平台，逐步建立健全了协同化、整体化、信息化的监测体系。

1. 形成统一领导、上下联动、协同发力的工作格局

课程实施监测工作通过各级教育行政部门的政策引领保证工作方向正确。《行动方案》要求：“开展国家、省两级课程实施监测，研制监测关键指标，重点监测课程实施状况和学生核心素养发展状况，形成反馈改进机制，为有效推进课程实施提供

参考依据。”教育部办公厅《关于开展课程实施与教材使用监测工作的通知》提出，2023 年启动课程实施与教材使用监测工作，2027 年完成对中小学所有学科课程实施及教材使用的监测。各省级教育行政部门结合实际情况出台具体措施，推动政策在地方落地。2023 年 12 月，甘肃省教育厅出台了《甘肃省中小学课程实施与教材使用监测工作方案》，全面推进全省中小学课程实施和教材使用监测工作。上海市面向全市 260 余所普通高中开展第一期课程实施与教材使用监测工作。目前，上海市已构建了市 – 区 – 校三级数据反馈机制，通过平台化的数据共享和逐层反馈，保证监测工作的效率和精准度。课程实施监测工作逐渐形成统一领导、上下联动、协同发力的工作格局，为课程教学改革的深入推进提供了重要保障。

2. 探索全科覆盖、全员参与和全程贯通的监测机制

课程实施监测工作采取全科覆盖、全员参与和全程贯通的实施策略，建立了数据驱动和反馈机制。根据调研数据，76.0% 的教师、82.9% 的校长 / 书记、76.2% 的教研员表示，所在区域开展了省级课程实施监测工作。77.7% 的教师、82.9% 的校长 / 书记、77.0% 的教研员认为，省级课程实施监测工作促进了学校课程教学改革。北京市探索建立基于数据的循证课程实施监测机制，通过强化顶层政策导向、利用高校科研资源、挖掘区域特色亮点等一系列举措，引导各区域、各学校以科学、全面、精准的数据为基础，对课程实施进行监督与测量、调控与问责、指导与改进，真正促进课程方案落实到课堂教学中。上海市构建了课程实施监测指标体系，采用实地调研、听课观察、网络平台监测等多种过程性监测方法，全面准确地反映课程实施情况，同时，鼓励教师、学生、家长以及教育行政部门等多方面参与监测，以获得全面的反馈信息。安徽省已经建立了较为完善的省级课程实施监测制度，明确了监测的目标、内容、方法和周期，确保监测工作的有序开展，监测结果会及时向学校反馈，帮助学校优化课程实施。

3. 推进基于信息平台的课程实施过程监测

信息化支持和区域探索进一步丰富了课程实施监测体系的多样性和实用性。各地通过开发完善统一的监测平台，加强数据的共享与对接，实现数据采集、处理、分析、反馈的高效化，为监测工作提供专业的数据支持。通过对数据的科学分析和解读，监测结果不仅可以用于改进学校课程与教学工作，而且能为教育行政部门的政策决策提供依据。上海市搭建了“中小学课程实施监测与管理平台”，通过数字化手段

实现数据的高效收集、分析和反馈。北京市通过市级和区级的课程实施调研项目和信息化监测工具，实现了课程实施和教材使用的常态化监测，利用数字化平台对课堂教学评价、学生表现和教师教学行为进行实时记录和分析，提升了监测效率。广东省通过信息化平台完成课堂教学监测，平台生成的可视化报告成为教师培训和课程改进的重要参考。随着信息技术的进一步发展和数据分析方法的不断优化，这种基于信息平台和数据驱动的课程实施监测体系将为教育质量的持续提升奠定坚实基础，为课程教学改革提供强有力的支持，同时也为未来进一步完善监测体系奠定基础。

三、素养导向教学改革亮点初显

（一）新课程理念广泛传播，教学设计呈现新样态

1. 新课程理念在各地各校得到广泛传播

新课程方案和课程标准颁布后，各地教育部门和学校迅速行动，组织多种形式的培训和教研活动，推动新课程理念广泛传播。数据显示，76.3% 的教师、84.7% 的校长 / 书记、80.7% 的教研员表示，自己熟悉所在省（区、市）基础教育课程实施方案；79.7% 的教师、86.3% 的校长 / 书记、83.8% 的教研员表示，自己认同所在省（区、市）基础教育课程实施方案所倡导的基本理念。在访谈中，教师、校长 / 书记和教研员屡屡提及“核心素养”“大单元教学”“大概念教学”“学科实践”“跨学科主题学习”“项目式学习”“教学评一致性”“教育数字化”等概念。随着课程教学改革的深入发展，新的课程理念逐渐被越来越多的中小学教师理解、接受与认同，并逐渐从观念层面向行为层面转化。落实新课程理念、构建高质量课堂，成为广大教育工作者努力的新方向。

2. 教师基于新课程理念开展大单元教学设计

随着新课程理念的广泛传播，教师的课程内容整合意识有所提高，主题化、项目式、大单元教学设计逐渐被教师接受，教学设计呈现新气象。调研数据显示，80.9% 的教师、84.4% 的校长 / 书记、76.0% 的教研员认为，教师能开展体现核心素养导向的教学设计。访谈发现，很多学校的教师开始尝试使用单元整体教学、大单元教学、大概念教学、项目式学习等新课程理念下的教学设计方法。北京市以学科课程标准的基本要求为切入点，结合重点学科课程内容，指导教师深入理解大单元教学的内涵与

价值，在“单元导学—单元进阶—单元总结”的课例研究中探索教学改进路径，推进多轮次大单元教学设计和实施的持续改进。上海市依托项目研究，对照核心素养培育要求，了解学科教学现状，探索大概念、大单元等指向核心素养教学的有效教学方法和策略。安徽省通过遴选教学实践基地、设立教研课题、评选优秀论文，围绕大单元教学开展“大练兵、大比武、大研讨、大交流”活动，引导全省中小学校广泛开展大单元教学改革。内蒙古自治区通过名师引领、学科带头人“线上＋线下”课例展示，引导教师开展基于新课程理念的大单元教学设计，关注教师在落实课程方案和课程标准及培育学生核心素养方面的情况。

（二）育人方式迭代升级，学科实践备受关注

1. 转变学习观念，注重实践参与

课程标准在教学建议中增加了观察、实验、调查、考察、鉴赏、探究、合作、阅读、体验等多种学科实践活动的要求，引导学生经历完整的学科认知过程，开展以身体参与为基础的具身学习与意义建构，实现实践学习与学科特质的深度耦合。湖北省推进学习中心课堂建设，注重启发式、互动式、对话式、探究式、情景式教学，让学生在深度参与学习的过程中建构知识、体验学习的乐趣、收获成功的喜悦。内蒙古自治区充分利用当地的自然生态条件，开发了“物理情景课程”“真实情境生物课堂”等，基于真实的生态情境开展学科教学，让学生在人与自然的和谐共处中亲历知识学习与问题解决的过程。

2. 创新学习路径，探索问题导向、项目引领的学习新样态

新课程方案倡导“做中学、用中学、创中学”，建立以学科实践为核心的育人方式。教师据此展开积极探索，努力引导学生从掌握书本知识转向解决实际问题。学科实践成为学科育人、实践育人的重要方式，越来越多的教师采用实践的方式开展教学活动。调研数据显示，81.3% 的教师、83.0% 的校长 / 书记、74.5% 的教研员认为，教师能有效开展学科实践活动。上海市推动项目化学习，在科学课中设计实践活动，让学生通过调研、实验和小组讨论完成项目，强化问题解决和团队合作能力。北京市通过分步推进项目式学科实践，开展丰富多彩的项目式学习活动，培养学生的创新思维和实践能力，推进素养时代学习方式与育人方式的变革。福建省积极探索基于学科实践的课堂教学新样态，通过创建具体的情境、提出真实的问题、布置明确的任务以

及设计完整的项目，让学生“从实践中来，到实践中去”，促进核心素养发展。多样化的学科实践教学探索推动学科学习方式从“知识密集型”转向“实践密集型”，为推进学科育人变革奠定了深厚的基础。

3. 创设学习情境，让学科学习在实践中真实发生

各地通过创设问题情境和真实任务，重构学科内容体系，激发学生的参与意识与探究兴趣，让学生在真实而有意义的问题情境中亲身参与、实际操作、深化理解，在运用知识解决问题的过程中发展能力、提升素养、收获成长，实现学科育人的价值。学生在情景化认知与探究实践过程中，能够超越符号化、抽象化的学科知识，把握知识背后所蕴含的思想方法、社会价值与文化意义，进而形成个体的高阶思维能力与深度学习能力，促进其核心素养的形成。上海市在科学类学科教学中形成了“情境－任务”的课堂实践模式，该模式基于单元视角，突出任务线、问题线、资源线和评价线的有效融合，体现整体化和进阶性特征。福建省积极探索基于情境、问题导向的课堂教学，建立以“共情认同”“共情认知”“共情理解”“共情应对”“共情唤醒”为五个维度的共情课堂教学模型，试图走出一条特色化的普通高中育人方式转变之路。

（三）学科融合意识基本形成，跨学科主题学习走向实践

1. 探索跨学科主题学习“多级联动、深度教研”推进机制

新课程方案要求各门课程将不少于 10% 的课时用于跨学科主题学习，倡导学科跨界、学科融合，跨学科主题学习成为学校教学改革的新热点。提升教师跨学科教学能力是跨学科主题学习成功实施的基础和前提，多地通过建立纵横贯通的省－市－校多级联动、深度教研机制，加强多层级教研的纵向联动和跨学科教研的横向联合，为提升教师跨学科教学能力提供关键保障。北京市构建纵横相通的教研联动机制，每学期聚焦 3—4 个主题，注重专题性、持续性和实践性，以工作坊研修为主，开展跨学科专题研讨，通过研究引领，突破理念落地的重点难点，确保跨学科教研活动的理论深度和对教师的跨学科教学指导。上海市依托市－区－校三级联动机制，对跨学科主题学习展开区域探索，推进小学低年级主题式综合实践活动课程的开发与实施，使跨学科主题学习在学校落地生根。

2. 以综合性主题为抓手，建构跨学科主题学习实施框架

主题是跨学科主题学习的内容和对象，为学习者的学习活动提供了主要依据。教师只有依据这些主题，才能设计出由跨学科内容和综合化活动组成的主题单元，引导学生在这些主题单元中开展探究活动。学校借助校本教研，指导教师以主题为抓手，整合 2 门及以上的科目内容，形成跨学科主题学习方案，在实施过程中不断完善方案，形成优秀课例与典型经验。调研数据显示，77.6% 的教师、75.7% 的校长 / 书记、63.0% 的教研员认为，教师能够有效组织跨学科主题学习。上海市教师深入开展信息科技课跨学科主题学习活动设计，通过区域组建跨学科项目小组，基于单元开展跨学科主题教学，加强知识间的内在关联，打破学科壁垒，从“单学科知识深挖”走向“跨学科知识联结”，形成了“单元主题及问题”“单课课题及问题”“课时目标与活动”“关联学科及要求”四个板块构成的区域跨学科主题学习基本框架。

3. 以问题解决为路径，促进学生深度学习与实践创新

义务教育新课程方案提出“变革育人方式，突出实践”的原则，要求“突出学科思想方法和探究方式的学习，加强知行合一、学思结合”。跨学科主题学习要紧密结合社会现实生活与学生发展需求，聚焦真实情境中的问题解决，引导学生在活动中自主探究、动手操作和实践探索，促进学生的思维发展、深度学习与实践创新。调研中，82.4% 的教师、83.9% 的校长 / 书记、79.7% 教研员提出，所在区域教师通过教学方式改革，有效提高了课堂教学质量。北京市开展中小学生“科技小使者”活动，引领学生走进科技馆、研究所、高校实验室等机构，结合语文、美术、信息技术等多学科内容，构建跨学科知识体系，完成学习任务。安徽省某校在中学美术学科陶瓷工艺的单元教学设计中，将美术与历史、化学相融合，结合当地繁昌窑青白瓷的艺术特点与历史意义，以任务驱动的形式设计了跨学科主题学习方案。山东省某校将生物学、数学、劳动课程相结合，带领学生了解学校的植物种类，测算学校的绿化面积，开展种植养护活动，制作树叶标本，共度校园丰收节，开展跨学科主题学习活动。

四、科学教育整体推进

加强青少年的科学教育，是推进我国新一轮科技革命、实现中华民族伟大复兴的重要举措。习近平总书记从党和国家事业全局出发，着眼加快建设教育强国、实现高

水平科技自立自强作出重要指示，在 2023 年 2 月主持中共二十届中央政治局第三次集体学习时指出："在教育'双减'中做好科学教育加法，播撒科学种子，激发青少年好奇心、想象力、探求欲，培育具备科学家潜质、愿意献身科学研究事业的青少年群体。"同年 5 月，习近平总书记在主持中共二十届中央政治局第五次集体学习时指出："基础教育既要夯实学生的知识基础，也要激发学生崇尚科学、探索未知的兴趣，培养其探索性、创新性思维品质。"基础教育课程教学改革深化行动整体推进科学教育，在科学类学科教学、实验教学、科普教育、科学教育装备、科创空间建设等方面取得了显著进步，有效提升了学生的科学素养。

（一）制度建设不断完善，科学类学科教学得到重视

1. 教育行政部门完善各项制度，规范科学课程教学的落实

2023 年，教育部启动首批全国中小学科学教育实验区、实验校建设项目，通过遴选工作助推各地重视科学教育，加强相关建设。各地在省级政策层面不断完善各项制度，规范科学课程的实施，为科学课程落实落细提供刚性制度保障。调研省份中，四川省、陕西省、福建省、安徽省、内蒙古自治区出台了加强新时代中小学实验教学工作的指导意见、实施方案，科学类学科教学受到重视。四川省教育厅发布了《关于做好义务教育小学科学课程实施工作的通知》《关于新时代加强中小学实验教学工作的指导意见》《中小学实验课堂教学指导意见》等文件，切实加强科学教育，发挥实验教学在深化教育改革、转变教学模式、强化学生实践能力方面的重要作用。陕西省教育厅出台了《加强新时代中小学科学教育工作实施意见》《关于开展实验教学和教学实验室建设研究项目申报工作的通知》等政策文件，努力培育省级实验教学示范点，支持中小学推进数字化实验室等智慧创新空间建设。福建省教育厅出台了《福建省普通高中实验（实践）操作合格性测试要求》等文件，强调了实验基础操作和仪器规范使用。安徽省教育厅出台了《关于做好小学科学新课程实施相关工作的通知》《安徽省中小学实验室工作条例》《关于调整安徽省义务教育实验课程安排表的通知》《安徽省义务教育阶段实验教学指导手册》等文件规定，对落实国家课程方案、开齐开足科学课程、实验室建设、实验人员配备、实践活动开展等提出了明确要求。内蒙古自治区教育厅出台了《关于贯彻落实〈中小学实验室规程〉进一步加强中小学实验室工作的通知》等文件，进一步加强实验教学管理、中小学实验室标准化建设。

2. 教师开展跨学科综合教学，不断提升课堂教学质量

新课程方案要求加强跨学科主题学习，各地引导教师更新教育理念，深入理解课程方案及课程标准，探索跨学科综合教学，激发学生学习动机，提升学生科学素养。科学课程属于综合课程，具有跨学科、多领域的特点，尽管科学教育在我国中等教育阶段以分科教育为主，但是课程内容和学习方式的综合化已成为基本趋势。调研数据显示，64.6% 的教师、67.6% 的校长 / 书记、61.4% 的教研员认为，所在区域的教师参与开发过跨学科综合性实践性教学案例；79.8% 的教师、81.1% 的校长 / 书记、75.5% 的教研员认为，目前所在区域的科学教育改革有效提升了学生的科学素养。北京市、上海市、山东省、甘肃省等地学校在开展 STEM（科学、技术、工程、数学）课程、STEAM（科学、技术、工程、艺术、数学）课程、STS（科学、技术、社会）课程、研学旅行课程方面形成了许多优秀的经验案例。就中小学校层面而言，北京市某校基于 STEAM 教育理念，开发了以“叶的畅想”为主题的综合实践课程，既促进学生基于真实的问题情境开展学习探究，提高发现问题与解决问题的能力，又促进教师跨学科教研与多学科联动，形成教师教学协作共同体。山东省济南市某小学开发了“海绵家园”“会唱歌的泥巴”“抗震小屋”“魔法泡泡”“桥”“图说校园，码上精彩”“空降包”等十余项 STEM 科学课程。

3. 多种举措并行，不断加强科学教师队伍建设

各地不断加强科学教师队伍的配备和培养，不仅着眼于短期内快速补充合格的科学教师，还注重长期规划，力求从根本上改善科学教师队伍的专业结构和发展环境。调研数据显示，74.7% 的教师、75.5% 的校长 / 书记、62.0% 的教研员认为，学校已配足配齐科学课教师。科学教育在师资队伍上尽管仍未能全面满足需求，但相较于科学教师队伍的前期基础，已经有了明显改善的趋势。各地通过提供高质量、精准化的教师培训，加强校内外科学教育资源的投入和支持，促进科学教师的专业发展。上海市组织科学教师参加各类场馆培训，为后续开发场馆课程与学习做好准备，同时鼓励有条件的学校与国内外企业及研究机构合作共建 STEM 共享实验室，引导智能制造、人工智能等企业参与 STEM 教研中心建设，将企业生产基地独特的 STEM 技术应用场景转变为学校开展 STEM 教学教研的生动课堂，开发更多以企业产品及生产场景为核心的 STEM 课程。安徽省高度重视科学教师的培训工作，并注重结合科学课程特点和科学教师实际情况，在“国培”“省培”等培训中，重点提升教师科学探究能

力、信息技术综合能力、实验设计能力。山东省重视科学教师的专业素质提升，定期组织科学学科教学研讨活动，有序开展新课程培训。

（二）科学教育装备不断加强，实验教学日渐规范

1. 科学教育装备有所改观，科创空间建设受到关注

科学教育装备是开展科学教育的关键因素，是推动科学教育发展的重要保障。随着我国基础教育的发展，各地加大了对科学教育硬件设施和教学资源的投入力度。科学教育装备有所改观，科创空间建设受到重视，为基础教育课程教学改革深化行动提供了基本保障和支持。调研数据显示，72.4% 的教师、73.8% 的校长 / 书记、65.0% 的教研员认为，所在学校或区域科学实验教学装备配备与使用情况良好。访谈发现，许多学校建设了学科功能教室、创新实验室、教育创客空间等，保障了实验教学的正常开展，一些学校利用 AR（增强现实）等技术让学生在虚拟环境中进行实验操作。2024 年 5 月，北京市教委选取首批 25 所中小学试点学校，在智能作业、辅导答疑、教学行为分析、英语伴学、智慧备课及教学管理、虚拟数字人问答等 10 余个场景中启动教育领域人工智能试点应用，加快探索人工智能赋能教育发展步伐。湖北省将人工智能等先进硬件设施引入学校，为学校提供智能教室、机器人实验室等高端学习工具，推动高校实验室向中小学生开放。广东省推动科学教育、数字化建设相融互促，建设了一批数字化教学资源和实验室，促进城乡科学教育一体化发展。

2. 实验教学逐步走上规范化道路

实验教学是学生获取科学知识、提升科学素养的重要途径，是小学科学以及中学物理、化学、生物学教学的重要组成部分，是建构各类科学理论体系的基础。各地通过制定政策、加强课程建设、开展教育督导与教学视导等方式规范实验教学。《安徽省义务教育阶段实验教学指导手册》共有小学科学、初中物理、初中化学、初中生物学四个分册，内容主要包括实验目的、实验器材、实验过程、实验结论、实验拓展、实验评价六个部分，并针对重点难点实验编写实验操作过程注意事项，有效指导广大基层实验教师科学、规范开展实验教学。湖北省部分学校增加了科学实验课程的比例，强化实验教学成果，支持高校教师依托实验室资源，开发实施实验类课程，为中小学生入门引路。甘肃省某小学作为全国中小学科学教育实验校，构建了“1+6+N”大科学课程体系，全视域拓宽科学教育教学空间。各地教研部门利用教学视导和督导

有效加强和改进实验教学工作。75.8% 的教师、78.0% 的校长 / 书记、74.7% 的教研员表示，所在学校或区域实验课开设情况已经纳入教学视导和督导。

（三）科普教育多方联动，跨界融合发展态势明显

1. 搭建科学教育多主体协同育人平台

中小学科学教育是一项系统工程，需要政府、学校、家庭、社区等多主体联动支持。2024 年 11 月，教育部、中央宣传部、中央网信办、科学技术部等十七部门联合印发《家校社协同育人“教联体”工作方案》，要求搭建常态化育人平台和活动载体，为学生参与科学教育等提供全方位条件保障。各地在实践中充分发挥全社会、多主体在解决科学教育问题上的优势和作用，汇聚多方力量，形成立体化、全方位的科学教育大格局，提升学生的科学素养。例如，上海市积极挖掘资源，联合上海市细胞生物学学会，推出面向中学教师的系列讲座，内容涉及宏观生物学与微观生物学。湖北省积极邀请科学家、高校教师、企业相关人员以科学副校长、讲座嘉宾、项目指导教师、科技辅导员等身份，助力中小学课后服务、科学实践活动等，提升中小学生科学教育的专业化水平，为学生提供了实习和研究项目的机会。黑龙江省通过高校与中小学结对合作，组建中小学环高校科学教育联盟，并签订区域高校与中小学科学教育合作协议，实现协同推进、课题同研。

2. 推动科普教育资源共建共享

科普教育是科学教育的重要环节，需要多方主体积极展开合作，形成科普教育资源共建共享的共同体。调研数据显示，60.0% 的教师、63.1% 的校长 / 书记、59.0% 的教研员认为，学校能够利用高校实验室、职业院校实训中心、博物馆、科技馆、研学基地和高科技企业等社会资源，开展科普实践活动，培养学生科学兴趣与创新能力。访谈发现，各地学校组织中小学生利用周末或寒暑假实地参观高校展馆、科技馆等，开展一系列跨界创新、科技融合、多元交互的沉浸式科学教育实践活动，中小学科普教育走向跨界融合发展。北京市通过开展“雏鹰计划”，让中小学生可以走进科技馆、博物馆以及国家重点实验室参观学习，培养其创新意识。上海市充分利用科技、科普场馆和专业学会等开展科普教育，邀请专家教师“云聚”线上，开展“万人进校园”大型科普活动。湖北省支持有条件的高校逐步向中小学开放实验室、实验基地及其他具有科学教育功能的设备设施，鼓励有条件的学校组团参观研学。福建省

教育厅等二十四部门印发《关于开展中小学科学教育“百馆千所”免费开放活动的通知》，并发布《福建省第一批免费开放中小学科学教育“百馆千所”资源清单》，清单汇总了科技馆、博物馆、气象台、高校、企业等 323 个科学教育场所资源。

五、数字赋能与专业支撑持续发力

（一）数字资源逐步丰富，国家中小学智慧教育平台影响广泛

教育领域在信息化建设中的积极进展、数字化教学资源的普及为教师的教学提供了更为多样的选择和更为高效的支持。根据调研数据，大多数教师（79.8%）、校长 / 书记（80.6%）和教研员（77.2%）认同地方和学校为教师提供了丰富的数字化教学资源或平台。80.6% 的教师、83.9% 的校长 / 书记和 78.4% 的教研员认为，教师能够有效地在日常教学中运用这些数字资源。上海市依托其智慧教育平台，开发了以“三个助手”（备课助手、教学助手、作业辅导助手）为核心的中小学数字教学系统，实现了线上线下教学的深度融合。这一系统不仅帮助教师更高效地备课和管理课堂，还为学生提供了个性化的学习辅导，改善了教师的教学质量和学生的学习体验。广东省东莞市通过建设高标准的教育大数据中心、“莞教通”（教育管理服务平台）和“莞易学”（在线资源学习平台）这“一中心两平台”，推动了教育治理、服务和教学的数字化转型和智能升级。这些举措使得教育管理更加精准，教学资源的分配和使用更加科学，同时也促进了教育公平的实现，尤其是在偏远地区和薄弱学校的教学质量提升方面发挥了积极作用。总体来看，地方和学校在数字化教育资源的建设和应用上已取得成效，为推动教育现代化和信息化提供了有力支持。

国家中小学智慧教育平台的应用与推广，不仅为教师提供了教学支持，也为我国基础教育的改革与发展提供了坚实的技术和资源保障。随着信息技术的不断进步和教育资源的日益丰富，国家中小学智慧教育平台为教师提供了一个全新的学习和互动平台，有助于提升教师的教学能力与创新意识。调研数据显示，79.2% 的教师、82.8% 的校长 / 书记和 77.4% 的教研员认为，教师定期使用国家中小学智慧教育平台开展教研活动，这表明该平台在教师日常教研中的使用频率和普及程度已经较高，且获得了各级教育工作者的广泛认可。平台不仅提供了丰富的教育资源，还通过在线交流、研讨和课例分享等形式，促进了教师之间的经验交流和教学策略的共同探讨。甘肃省依

托国家中小学智慧教育平台，建立了省－市－县三级基础教育精品课程资源库，进一步推动了教育资源的共享与整合。通过该平台，甘肃省加强了精品课程资源的宣传应用，充分发挥了精品课程的示范带动作用，帮助广大教师提高了教学质量。尤其是在一些教育资源较为匮乏的地区，教师可以通过平台获得优质的教学资源和案例，在教学中实现更高效的课堂管理和内容传授。访谈发现，中西部乡村地区学校对国家中小学智慧教育平台抱有很高的期待。教师们希望能够通过平台获得更多符合当地实际的教育资源与课程教学改革案例，特别是在教学方法、教材选择及教育评估等方面，期望能借助平台的力量提升教学质量，推动教育公平。教师们建议国家加大对国家中小学智慧教育平台的建设力度，提供更多优质的课程教学改革案例资源及在线培训课程。这不仅有助于这些地区教师的专业发展，还有助于实现教育资源的均衡配置，促进教育现代化。

（二）数字技术使用意识明显增强，人工智能得到初步应用

教育数字化是国家教育改革的重要战略部署。信息技术赋能课程教学改革，为基础教育高质量发展注入了强大动力。随着科技的快速发展，尤其是人工智能、大数据等技术的广泛应用，教育领域迎来了前所未有的机遇和挑战，教育教学正变得更加智能化、个性化。各地的成功经验在为其他地区提供可借鉴范本的同时，还为基础教育课程教学深化改革和发展注入了动力与活力。调研数据显示，72.6% 的教师、69.7% 的校长 / 书记和 67.6% 的教研员认为，学校大力推动人工智能和大数据技术在教育教学各方面的应用，这表明数字化转型正在成为教育系统的重要议题。随着人工智能和大数据的引入，学校不仅能够在课堂教学中提供更加智能化和个性化的教学内容，还能通过数据分析精确把握学生的学习状况与需求，实现更高效的教学管理和决策支持。与此同时，76.5% 的教师、79.9% 的校长 / 书记和 75.9% 的教研员认为，学校已经组织开展了关于数字化素养的专项培训。教师和管理人员对数字技术的理解和运用能力正在逐步提升，尤其是在教育信息化的实践中，教师的数字化素养成为关键因素。

为了促进教育现代化和教学质量的提升，多地多校积极推进全域数字化校园建设，将人工智能运用于课堂教学，深化人工智能与科学教育改革，基于数据为学生量身定制个性化学习方案。例如，北京市朝阳区制订了人工智能赋能教育高质量发展三年行动计划，该计划通过优化智慧课程资源体系、建立智慧作业平台以及“AI+”作

业辅导模式，利用综合素质评价系统收集学生的日常表现，并通过建立课堂教学评价标准，从育人价值、学科本质、结构优化等多个维度细化并提升教学评价工作。这样的改革不仅提升了教学的精确度，还推动了课程内容和评价体系的深度变革，使教育更加贴近学生个性化的发展需求。安徽省运用信息技术，建立了在线课堂常态化教学模式，为全省中小学师生提供优质的线上教学资源。这一模式为教师提供了更多的教学支持，也为学生提供了更多的学习机会，尤其是在偏远地区，学生能够通过互联网享受到更多优质的教学资源，有效弥补了城乡、区域之间的教育资源差距。通过这些创新举措，安徽省正在实现教育公平和教学质量的同步提升。

总体而言，随着人工智能、大数据等技术在教育领域的广泛应用，教育教学正朝着更加智能化、个性化的方向发展。各地的成功经验不仅为其他地区提供了可借鉴的范本，也为基础教育的高质量发展注入新的动力和活力。

（三）教师培训持续发力，教研支撑有所增强

各地目前已基本形成“国培”“省培”“市培”“县培”“校培”五级培训体系，围绕课程方案和课程标准解读、新课程实施和新教材使用等主题，组织了系列相关培训活动。这一多层次、多维度的培训体系为教师和教研员提供了全方位的专业发展支持，确保了课程教学改革的顺利推进。通过这些培训，教师们不仅能够深入理解课程方案和课程标准的要求，还能有效掌握最新的教学方法与工具，从而提升了课程教学的实施效果。数据显示，调研对象参加不同级别培训的频率呈现出明显的梯度，从少到多依次为国家级、省市级、区县级和校级培训。具体来看，20% 以上的教师和 10% 以上的教研员曾参加过 5 次以上的国家级培训，近四成的教师和教研员参加过 5 次以上的省市级培训，而近六成的教师和教研员参加过 5 次以上的区县级培训，最为突出的是，超过 70% 的教师和超过 60% 的教研员参加过 5 次以上的校本培训。这表明，基层学校的教师培训工作在落实课程教学改革中发挥着至关重要的作用，尤其是校本培训，它直接贴近教师的实际教学需求，对提升教师的教育教学能力有着显著的促进作用。在培训的内容和效果方面，79.9% 的教师、82.3% 的校长 / 书记和 81.1% 的教研员表示，各类专项培训注重教师的实际需求，能够精准地助力教师的专业成长。这表明，教师和教研员普遍认为，通过参加培训，他们不仅获得了新的教育理念和教学技巧，还增强了对课程教学改革的理解和实践能力。尤其是随着培训次数的增加，教研员、校长 / 书记和教师对新课程的理解愈加深刻，对“五大行动”的落实也显著增

强。这种积极的培训效果，为各类教育改革措施的落地提供了有力支撑，进一步推动了教育教学质量的全面提升。多层级的培训体系不仅为教师提供了丰富的学习机会，也通过精准的培训内容和形式提升了他们的专业素养，助力课程教学改革深入实施。各类培训活动在促进教师专业成长、落实教育改革政策、提高教学质量等方面发挥了至关重要的作用，为我国教育事业的持续发展提供了强大的动力。

教研工作担负着推进教师专业发展、教学观念转变及育人方式变革的重要职责，它不仅是提升教师素质的关键途径，也是保障基础教育课程建设质量的重要专业力量。在当前的教育改革背景下，教研工作被赋予更加重要的使命，各地教育部门高度重视教研工作的专业指导和教学服务功能，努力把加强中小学教研工作作为落实基础教育课程教学改革的重要抓手，从而推动教师的专业发展和课程的高质量发展。调研数据显示，78.9% 的教师、85.0% 的校长 / 书记和 84.3% 的教研员认为，所在学校或区域定期开展基于课程方案和课程标准的校本教研或区域教研活动，这表明教研活动已成为许多学校和地区推动教育改革的重要手段。区域教研和校本教研活动通过定期组织教师深入探讨教学方法、教学策略及课程内容，促进了教师对课程方案和课程标准的理解和实施。这些教研活动不仅为教师提供了理论指导，还为他们提供了实践操作的指引，有助于教师不断更新教学观念，改进课堂教学效果。

81.8% 的教师、84.6% 的校长 / 书记和 84.7% 的教研员认为，区域教研和校本教研活动提升了教师的教研能力。这一数据反映了教研活动在提升教师教学能力方面的显著效果。通过参加教研活动，教师能够接触到最新的教学理论与实践经验，学习同行的优秀做法，从而有效提升自己的教学技巧和解决教学实际问题的能力。教研活动还为教师提供了一个交流与合作的平台，通过集体智慧的碰撞，教师不仅能够获得更多的教学灵感，还能够在团队协作中不断提高自己的专业能力。80.1% 的教师、80.8% 的校长 / 书记和 85.7% 的教研员认为，教研员服务课程教学改革的能力不断提升。这表明，随着教研工作不断深入，教研员的专业水平和服务能力得到了提升。教研员不仅在理论上为教师提供支持，还在实践中为教师提供个性化的教学指导，帮助教师解决实际教学中的问题。教研员通过与教师的深入交流和共同探讨，不仅能够更好地了解教师在教学过程中面临的挑战，还能够根据不同学校的特点和需求，提供更加精准的教学建议。

可见，教研工作在推动教育教学改革中的作用日益凸显。通过加强区域教研和校本教研活动，教研员和教师的专业能力不断提高，教学质量和课程建设水平也得到了有效提升。教研工作已经成为促进教师专业成长和课程高质量发展的核心力量，为基础教育课程的不断优化和改革提供了强有力的保障。

六、重要主题关键领域改革有序展开

（一）课程容量难度有所改善，学生学习体验受到重视

课程教学改革的目的之一是提升学生的学习体验，确保他们在课程中能够获得更好的发展。课程教学改革已为学生带来了显著的积极变化，体现了改革在优化教育质量、提升学生体验等方面的成效。

课程教学改革有效地调整了课程容量和难度，学生的学习压力得到了有效缓解，课堂教学质量也得到了提升。调研数据显示 75.4% 的教师、83.9% 的校长 / 书记和 78.2% 的教研员认为，目前的课程教学改革已成功地调整了课程难度和容量，使其更加适应学生的身心健康发展。这种调整避免了过度的知识灌输，使学生能够在不超负荷的情况下，有效掌握知识，同时提升课堂学习效率。通过改革，课堂更加注重学生的参与感和互动性，教师的教学方法更加灵活和多样，学生能够在更具吸引力和互动性的课堂环境中学习，从而提升学习效果。82.4% 的教师、83.9% 的校长 / 书记和 79.7% 的教研员认为，教学方式的改革有效提高了课堂教学质量。

课程教学改革加强了学校在课程实施上的自主权，同时增加了学生的自主学习时间。在改革后，学校在课程安排、教学组织等方面的自主权得到了更大提升。教师能够根据学生的实际需求和学校的特点设计更加灵活的教学方案，减少了不必要的标准化教学内容，增加了学生在课外的独立学习时间和空间，有助于学生根据自己的兴趣和特长进行更深层次的学习。这一变化使学生能够在课外有更多的时间进行自我学习和探索，提升了他们的自主学习能力。调研数据显示，82.4% 的教师、82.2% 的校长 / 书记和 68.9% 的教研员认为，课程教学改革增加了学生自主学习的时间。

课程教学改革显著减轻了学生的课业负担，特别是在减少作业量和考试频次方面取得了积极成效。学生的作业量和学习时间得到了合理调整，从而减轻了过重的学习负担，有利于学生的身心健康和全面发展。78.5% 的教师、83.6% 的校长 / 书记和 70.9% 的教研员认为，新课程实施后，学生作业的总量和时长有所缩短。这种改变不仅帮助学生减轻了课外的学习负担，还使他们有更多的时间培养兴趣和提升综合素

质。与此同时，79.9% 的教师、84.2% 的校长 / 书记和 72.2% 的教研员认为，新课程实施降低了考试的频次。减少频繁的考试安排，不仅减轻了学生的心理压力，还能让学生有更多时间用于深入学习，减轻了因考试而产生的焦虑情绪，从而更好地促进学生的长期学习和发展。

可见，课程教学改革通过优化课程内容、调整教学方式、增加自主学习时间等多项措施，显著改善了学生的学习生活体验。这些改变不仅有助于学生在学习知识上取得更大的进步，也为他们的身心健康、兴趣发展和创新能力培养提供了更好的支持。改革的实施不仅提升了教学质量，还增强了学生的学习动机和自我管理能力，为培养具备全面素质的创新型人才创造了更加有利的条件。

（二）教学评价努力转型，改革目标逐渐清晰

长期以来，我国教育系统一直高度重视考试这一衡量学生学习成果的重要工具。在传统的教育模式中，考试内容和方法往往成为教师教学的核心。然而，随着课程教学改革的推进，单纯依靠考试分数的评价方式逐渐暴露出其对学生综合素养和创新能力培养的局限性。通过改变考试内容和方法来推动教学改革，成为实现课程教学改革的一条现实、必然且关键的路径。特别是，将考试内容和方法转向核心素养轨道，已经成为当前教育评价改革的重中之重。在课程教学改革的推动下，学校和教师积极探索素养导向的教学评价方式，逐步从传统的学科知识考核转向更加注重学生核心素养的评价。首先，学校着力构建素养导向的评价方案，积极尝试建立符合课程教学改革要求的评价体系。数据显示，79.0% 的教师、82.4% 的校长 / 书记和 74.6% 的教研员认为，学校已经建立了校本的教学评价体系或方案。这一变化反映出学校在评价体系上的创新，学校逐步将核心素养作为教学评价的重要标准，以更全面的方式衡量学生的学科能力、实践能力和综合素质。其次，教师也在积极尝试运用素养导向的教学评价方式。数据显示，84.8% 的教师、85.0% 的校长 / 书记和 78.2% 的教研员认为，教师在日常教学中加强了过程评价。过程评价注重学生在学习过程中表现出的思维能力、创新能力和实践能力，而不仅仅是最终的考试成绩。这种评价方式帮助教师更全面地了解学生的学习进程和发展状况，进而在教学过程中做出及时调整和优化。

教师努力运用评价结果来优化教学，促进学生的全面发展。86.2% 的教师、84.8% 的校长 / 书记和 76.8% 的教研员认为，教师能够基于评价结果改进教学。通过对学生学习情况的全面评估，教师能够识别学生在知识掌握、能力培养和个性发展方

面的优势和短板，从而有针对性地调整教学策略和内容，确保每个学生都能在适合自己的路径上不断进步。83.2% 的教师、82.7% 的校长 / 书记和 73.2% 的教研员认为，教师能够基于评价结果指导学生的未来发展。这种评价结果不仅能够帮助教师发现学生在当前学习中的短板，还能够为学生未来的学习规划提供科学指导，确保学生的成长和发展不受局限，真正实现素质教育的目标。

可见，引入素养导向的教学评价，不仅为学校和教师提供了更有效的教学反馈机制，也为学生提供了更全面的成长评估。这一改革方向不仅推动了教学方法和内容的优化，还促进了学生核心素养的全面提升，为实现教育公平和高质量发展奠定了基础。

（三）创新人才培养意识有所提升，培养体系不断完善

创新人才的培养是一项系统工程，核心在于创造一个宽松、自由的环境，并通过支持创新和创造的教育方式来促进其成长。这不仅需要政策的引导，也要求教育系统突破传统的培养模式，营造一个有利于创新人才成长的教育生态。随着我国教育改革的深入推进，广大师生迫切期待突破制约创新人才培养的教育瓶颈，构建更加符合时代需求的教育方式和路径。

1. 政府高位引领，推动专项工程多点落地

在调研中，有 12 个省（区、市）推出了基础教育创新人才培养的相应举措，例如，山东省教育厅出台了《关于加强新时代学生创新素养培育体系建设的意见》和《关于加强中小学科学教育 推进拔尖创新后备人才培养的若干措施》等文件，明确提出要通过培养创新素养和提升学科基础能力，为国家培养高质量的创新后备人才。在政策引领下，许多地方建立了专门的机构、创新基地和项目，通过这些专门的机构和基地，各地能够对创新人才进行系统化的培养，确保他们在合适的教育环境中获得全方位的支持。同时，学校和教师也在不断探索与课程教学改革相适应的教学评价方式，将素养导向的教育理念融入课程和评价设计中，从而更好地选拔和培养创新人才。北京市成立青少年创新学院，设立拔尖创新人才培养基地，推动建立市－区－校三级有组织的创新人才培养体系。上海市启动“拔尖创新人才培养基地”“上海市普通高中学生创新素养培育”等项目。湖北省教育部门推动省内高校与高中建立紧密的合作关系，建设拔尖创新人才早期培养联盟，签订人才培养基地协议，并共建创新人才早期培养实验班。通过实施导师制、搭建信息共享平台、举办各类竞赛活动等

措施，湖北省为创新人才的选拔和培养提供了全方位的支持。这些措施不仅增强了学校与高校之间的合作，还促进了教育资源的共享与优化，有效推动了创新人才的培养。

2. 探索创新人才培养模式，优化科学教育实施路径

在基础教育阶段构建起科学、系统的人才培养框架，需要注重学生的专业素养和创新能力培养，还要为其成长提供良好的教育环境与全面的支持。

北京市在推动创新人才培养的过程中，积极构建了涵盖数理、科技、人文、语言及艺术、体育等多个领域的全方位培养框架，通过市－区－校三级协同机制，有机整合各方资源，为创新人才的培养提供有力保障。上海市鼓励实验精神和科学探索精神，推动学校不断冲破现有的教学模式，探索初高中衔接、创新教育方法和课程体系，实现创新人才培养。湖北省通过统筹推进基础学科拔尖学生培养计划和中学生英才计划，积极探索创新人才的贯通式培养框架。内蒙古自治区通过完善选课模式，为创新人才的培养提供了更多的选择和灵活性。

全国各地在创新人才培养方面都取得了一定的进展，初步搭建了各具特色的培养框架。无论是北京市的多领域融合式培养、上海市的初高中衔接模式、内蒙古自治区的灵活选课制，还是湖北省的贯通式培养通道，都是各地区在基础教育课程教学深化改革中探索出的创新路径。这些系统化的培养框架和措施，不仅为创新人才的培养提供了有力的保障，也为国家的未来发展储备了创新力量。

第二部分

做法与经验

第3章

北　京

在基础教育课程教学改革深化攻坚阶段，北京市坚持以习近平新时代中国特色社会主义思想为指导，深入贯彻习近平总书记有关教育强国、教育家精神的重要论述，立足首都教育发展大格局，始终坚持政治方向与首善标准，通过强化市－区－校三级联动，扎实推进教育高质量发展，聚焦学生核心素养发展，找准深化课程教学改革的立足点和发力点，把国家的育人蓝图细化为地方、学校的育人施工图，积极发挥对全国教育的示范引领作用，努力回答好“教育强国建设，首都基础教育何为”的时代之问。自《行动方案》实施以来，北京市各区各校的中小学教师广泛认可并积极落实课程教学改革的核心理念，北京市基础教育课程教学改革取得了初步成效。

一、锚定方向，推进课程教学改革政策落实落细

新一轮课程教学改革方案的出台，受到了北京广大教育工作者的高度关注，课程教学改革理念深入人心，中小学校长、教师和教研员们通过切实行动积极推进课程教学改革，取得实效。

（一）有效提升思政教育引领力与吸引力

北京市作为全国政治中心、文化中心、国际交往中心和科技创新中心，承担着打造先进文化、建设首善之区的重要使命。北京市基础教育课程教学改革牢牢把握教育的政治属性，具有突出的政治站位和首都意识，全面落实立德树人的根本任务，把社

会主义核心价值观、中华优秀传统文化等重大主题融入教育教学全过程，培养社会主义现代化建设中堪当重任的高素质人才。通过深入实施“北京市中小学思政课内涵发展与质量提升行动”，一方面，创新思政课教学方法，丰富教学素材，提升思政课的实效性与引领力；另一方面，上好“大思政课”，利用社会大课堂的教育资源，把思政教育从课内拓展到课后、课外、校外。如丰台区、昌平区等着力构建具有区域特色的大思政课育人体系，打造行走的思政课，积极响应并落实新时代课程思政改革，致力于将中华优秀传统文化、革命文化、社会主义先进文化、中华民族共同体意识融入课程建设中，为学生成长奠定良好的思想基础。海淀区某中学建构起以铸牢中华民族共同体意识为特色的课程群，组织师生走进蒙藏学校旧址缅怀革命先辈、传承红色基因，优秀传统文化、民族精神、革命传统和社会主义先进文化等内容在课堂生根开花。

（二）积极推进课程方案和课程标准学习

新课程方案和课程标准颁布后，市区级教育部门和中小学迅速行动，组织多种形式的培训教研活动，在全市范围内掀起了中小学教师课程方案和课程标准学习的热潮。调研结果显示，近三年来，40.8% 的教师、37.9% 的校长 / 书记和 34.9% 的教研员参加过 5 次以上的国家级培训，54.9% 的教师、59.0% 的校长 / 书记和 69.2% 的教研员参加过 5 次以上的省市级培训，84.6% 的教师、84.2% 的校长 / 书记和 83.0% 的教研员参加过 5 次以上的区县级培训，89.8% 的教师、91.3% 的校长 / 书记和 80.7% 的教研员参加过 5 次以上的校本培训。随着课程教学改革的推进，课程教学改革新话语得到广泛传播，并为广大教育工作者所熟知。85.6% 的教师、90.3% 的教研员、85.5% 的校长 / 书记均表示，自己对所在区域新课程实施方案十分熟悉。访谈发现，课程方案中提出的“核心素养”“大单元教学”“大概念教学”“跨学科主题学习”“项目式学习”等话语，已经成为教育研究与教育实践领域的“高频词”和“流行语”。课程教学改革新话语的广泛传播和使用，更新了广大教育工作者的教育教学理念。各校教师把课程教学改革的要求创造性地转化为适合所在学校、班级、学科的教学方法，推动了课程教学改革的实施落地。

（三）多措并举落实“课程教学改革深化行动”

北京市基础教育课程教学改革坚持行政力量高位统筹引领，学校教师积极探索创新，专业支持精准有效，社会资源全面整合，多措并举提升课程育人质量。各区各校切实落实立德树人根本任务，围绕“课程方案转化落地规划行动”“教学方式变革行动”“科学素养提升行动”“教学评价牵引行动”“专业支撑与数字赋能行动”五大行动，推进基础教育课程教学改革深入实施。总体上，教研员、校长 / 书记和教师对《行动方案》中“五大行动”的落实情况均有较高的认可度和满意度。调研结果显示，调研对象对课程教学改革“五大行动”落实情况的满意度均分为 4.33（满分为“5”，下同），“五大行动”各维度按得分从高到低依次为“教学评价牵引行动”（4.40）、“专业支撑与数字赋能行动”（4.33）、“课程方案转化落地规划行动”（4.31）、“教学方式变革行动”（4.31）、“科学素养提升行动”（4.29）。[①] 教研员、校长 / 书记和教师对“五大行动”落实情况的评分分别为 4.42、4.41 和 4.32。总体来看，《行动方案》在北京市得到了较好落实。访谈发现，北京市不断加强区域和学校的课程领导力，稳步推进特色化课程体系建设，满足学生个性化学习需求；推进各类学校育人方式的变革，积极做好科学教育加法，自主探索创新人才早期培养；发挥实践和研究成果的示范引领作用，形成区域教育优质、特色、可持续发展的新格局。

二、系统谋划，有序推进课程方案转化落地

《行动方案》要求，“切实加强国家课程方案向地方、学校课程实施规划的转化工作。坚持因地制宜‘一地一计’、因校制宜‘一校一策’，把国家统一制定的育人‘蓝图’细化为地方和学校的育人‘施工图’”。北京市教育行政部门努力落实好国家课程教学改革政策，出台了一系列推进课程教学改革的政策文件。2024 年，北京市中小学校启动“课程改革年”，持续深化基础教育课程教学改革，高质量实施国家课程方案，建设特色课程、特色课程群、特色课程体系，形成了具有首都特色的改革方案。

（一）构建引领课程实施的区域规划

北京市教育行政部门因地制宜构建引领课程实施的区域规划，明确课程教学改革的具体路线、措施，处理好规范管理与激发活力的关系，系统谋划，有组织推进课程

① 全国调研结果表明，“五大行动”各维度按得分从高到低依次为“教学评价牵引行动”（4.14）、“课程方案转化落地规划行动”（4.08）、“教学方式变革行动”（4.08）、“专业支撑与数字赋能行动”（4.07）、“科学素养提升行动”（3.95），北京市调研对象对“五大行动”落实情况的评分远远高于全国调研数据。

教学改革。

首先，北京市通过行政统筹和规范管理，研制系列政策文件，明确市、区、校职责定位和分工。2019 年，北京市教委发布《关于实施教育部〈普通高中课程方案（2017 年版）〉的课程安排指导意见》；2022 年，北京市教委印发《北京市义务教育课程实施办法》《北京市中小学地方课程教材开发指南》；2024 年 7 月，为落实教育部的《行动方案》，北京市教委印发《北京市深化基础教育课程教学改革实施方案》，明确北京市将启动课程创新引领、教学改革深化、学生素养提升、教学评价改进、专业支撑保障、数字化赋能六大行动。为推进义务教育教学改革实验工作，海淀区于 2024 年出台《义务教育教学改革实验区行动方案》，该方案涵盖课程管理、教学改革、评价改革等七大重点领域，共涉及 20 个项目，为海淀教育勾勒出一幅高质量发展蓝图。

其次，北京市优化权力配置，坚持“一区一模式”，激发改革活力，培育探索鲜活的基层智慧。海淀区开展“大教研”海淀范式 3.0 建设，构建了贯通融合的学科育德体系、丰富可选的学科教研课程体系、纵横相通的教研联动机制、双微驱动的学科教研基地、双向互动的跨校教研模式、标准导向的教学提质系统，推进“深度学习”“学生学习方式变革”“单元作业设计与实施”等系列项目；东城区实行学区制改革探索，通过深化学校联盟机制、探索九年一贯制学校实验模式、构建优质教育资源带、探索集团化办学模式、发展区域课程，有效扩大了优质教育资源，激发了学校的办学活力和动力；西城区以任务为驱动，通过采取三级课程推进整合化、优质课程资源共享化、课程研发集约化等策略，引导学校形成从单门课程到课程群再到特色课程文化的生长链条；丰台区形成“五位一体”课程开发路径，通过研制区域课程实施办法、加强全方位专业指导、发挥优秀典型的示范作用、聚焦课程教学改革重难点问题、优化课程管理机制，有效推动学校课程建设。在访谈中，丰台区一位教研员表示：“我们形成了自上而下、自下而上、平行主体三大路径，采取课程管理、研究引领、课程评选、课程培训、资源统整五大方式，撬动各方力量，推动丰台区课程的品质提升与特色发展，形成政策导向、专业指导、示范引领、主题贯穿、优化提升相结合的‘五位一体’丰台路径。”（见案例 3–1）

案例3-1 建构“五位一体”丰台路径，有效推动学校课程建设

第一，政策导向，研制区域实施办法。研制了《丰台区义务教育课程实施办法》，立足区域实际，对学校进行整体课程一体化构建。充分研究“课程设置表中的弹性课时”“9年总课时比例”等学校具有自主探索空间的课时安排，以此为基础研制区域课程设置表，助力学校在做好规定动作的同时进行自主、特色化构建。

第二，专业指导，大规模与小精尖相结合。通过组织专家培训、课程提升工作坊、论坛等，针对具有不同需求、位于不同层面的学校、教师、课程负责人进行培训，深入解读新课程方案和课程标准，提升学校课程建设方案制定及规划能力。通过事先摸底、线上视导答疑解惑，以线上线下相结合的方式，开展专项视导和联合视导，实现了指导全覆盖。以大规模与小精尖相结合的方式，打开了区校创造性落实新课程方案和课程实施办法的思路。

第三，示范引领，促进课程二次觉醒。及时发掘并推广典型经验，发挥优质案例的示范效应，提升学校课程设计与实施能力，组织召开区域课程建设现场会暨丰台区中小学课程领导力培训，助力学校优化课程方案、整合课程内容、变革育人方式，将政策优势转化为学校发展契机，有效促进学校课程的二次觉醒。

第四，主题贯穿，合力破解难题。以“赋能课程整合 变革育人方式”为主题，以系列研讨活动为载体，辐射带动全区学校共同发展。在行动上汇聚市、区课程专家资源，合力攻坚制约区域内学校课程建设的重点和难点问题。

第五，优化提升，深入课程管理。积极探索“以征集激励创新，以评审推动优化，以共享促进改革”的课程评选与展示路径，以评选促进研究，以展示促进建设，以分享促进提升。

（二）构建统筹课程实施的学校规划

特色化的课程育人体系是学校的响亮名片。各中小学校从多样化的角度构建与实施特色化的课程育人体系，促进学生核心素养的发展，探索出“组织协同、规范实施、要素整合、结构优化、体系建设、系统创新”的课程变革路径。

第一，北京市通过组织协同和规范实施，有效统筹市级课程政策制定、区域课程战略规划、学校课程设计和开发，推进中小学校完善课程规划及其实施，提升学校课程整体育人的效能。北京市不断提升学校课程建设的主动性，将课程实施自主权下放给学校，探索学校课程自主创新与特色发展模式，引导学校在市－区－校三级课程管理制度下，不断研究实践、推陈出新、做亮学校品牌、推动课程建设可持续发展。调

研结果显示，87.8% 的教师、92.9% 的教研员、87.3% 的校长 / 书记认为，所在区域或学校根据国家和地方课程方案修订了学校课程规划；87.3% 的教师、87.8% 的教研员、87.5% 的校长 / 书记认为，所在区域或学校的课程实施规划方案对教师的教育教学具有很强的指导性；89.1% 的教师、87.8% 的教研员、87.7% 的校长 / 书记认为，所在区域或学校形成了体现学校办学特色的课程体系。在访谈中，北京市某新建小学校长指出，学校依据国家和地方的课程政策，依托科研课题，持续推进课程体系的重构优化、转型升级，推进课程规划方案修订工作，努力将课程方案应用于课堂教学，推动教学方式变革。

第二，北京市通过要素整合和结构优化，突破学校、学段、学科边界，推进集团化学校课程建设创新实践，实现了集团校课程的共研、共建与共享。2023 年，北京市集团化办学覆盖率已达到 75%、学区覆盖率已达到 90%。在学区制改革、集团化办学的背景下，北京市注重集团内中小学校资源共享、开放互动与协调发展，提升课程设置、教学实施的系统性和衔接性，加强优质校对成员校在课程规划、研发与实施上的指导，促进集团校内知识信息与资源要素流动、重组和共享，形成兼容并蓄、创新多元的课程文化生态。例如，某小学有一个主校区、五个分校区，在统一理念的指导下，在校园文化、德育课程、实践活动、教育评价以及家校工作中，形成了具有自身特质的育人模式。在访谈中，海淀区某中学校长指出，学校在 2017 年加入某集团后，在集团的统筹引领下，加强顶层设计、构建五育并举课程体系，学校课程建设对于学校发展起到了关键作用，有效地促进了教师和学生的发展。

第三，北京市通过体系建设与系统创新，加强课程顶层设计和课程群建设，形成了学校课程整体推进的有效路径。为落实基础教育课程教学改革，北京市探索了学校课程整体推进的多元路径。一是学科实践活动课程开发，即以学科核心素养为纲，强化学科实践、重视综合学习、重组课程内容、拓展课程时空，探索与素养目标和内容结构化相匹配的学科典型的学习方式，推进育人方式的变革。如创造性地提出了“大小课”与“长短课”相结合、课内外与校内外相融通的课程实践形式。二是学校课程一体化建设，即在学校课程框架下，为了促进学生核心素养的形成，学校将具有关联性（纵向衔接或横向关联）的学科或课程模块进行重新组织，形成学科融合、结构合理、循序渐进、系统多元的课程组织形式，促进学校课程一体化发展。随着课程教学改革的持续深化，课程群建设已成为推动学校课程系统化设计与一体化发展的抓手。如某中学构建了学科课程群和跨学科课程群，其中 13 个学科课程群是语文课程群、数学课程群、英语课程群、思想政治课程群、历史课程群、地理课程群、物理课程群、化学课程群、生物学课程群、信息技术课程群、通用技术课程群、艺术课程群、体育与健康课程群；跨学科课程群包括作为国家课程的综合实践活动课程与劳动课程的校本化实施、服务国家发展战略的人工智能课程群，以及满足学生个性化发展需求的特色跨学科课程（群）系列。三是三级课程整体建设，即从课程实施纵向维度出发，将国家课程、地方课程和校本课程三个层级进行统整，通过对三级课程的扁平化再造，构建全新的学校课程结构，进而实现国家课程校本化实施、地方课程文化创新、校本课程特色化建构的目的。

（三）初步构建基于数据的循证课程实施监测体系

北京市建立基于数据的循证课程实施监测体系，通过强化顶层政策导向、利用高校科研资源、挖掘区域特色亮点等一系列举措，引导各区域、各学校以科学、全面、精准的数据为基础，对课程实施进行监督与测量、调控与问责、指导与改进，真正促进课程方案扎实落实到课堂教学中。

一是强化顶层政策引导，完善组织机构保障。北京市教委制定相关政策，搭建系统完善的组织机构，为构建课程实施监测体系提供保障支撑，为各区推进基于数据的循证课程实施监测指明方向。2023 年，北京市教委要求各区加强课程实施监测和指导，以监测结果为依托，不断增强和改进课程育人功能。2024 年 7 月，北京市教委发布《北京市深化基础教育课程教学改革实施方案》，明确提出建立基于证据的课程教材实施监测机制，要求市级教育行政部门制定全市课程教材实施监测方案，研制监测标准、组织监测工作，形成反馈改进机制，为有效推进课程教材实施提供参考依据。基于此，各区立足当地教育实情，依托相关组织机构，建立督政、督学和质量监测三位一体的督导体系，为开展基于数据的循证课程实施监测提供组织保障。如海淀区依托海淀区教育科学研究院教育质量监测与评估中心，运用前沿技术构建科学监测体系，精准采集分析课程相关数据，为课程实施的各个环节提供数据支撑；顺义区成立教育质量评价中心，承担该区教育系统重点领域和重要环节的监测、综合诊断、科学评价工作，指导区内各学校开展自我评价与监测工作，为优化课程实施精准“开方”，助力构建以数据为依托的监测闭环。

二是利用高校科研资源，合力提升监测水平。北京市在构建基于数据的循证课程实施监测体系进程中，全力整合各方优势，各区积极引进外部支持，尤其是充分利用高校资源展开深度合作，提升课程实施监测的科学性、精准性、有效性。例如，海淀区借助其科研资源优势，与北京师范大学、首都师范大学等高校达成多层次合作，积极探索将课堂观察与前沿技术手段紧密结合的创新方式，实现对课堂教学过程的全方位、精细化监测。海淀区教育科学研究院与北京师范大学、教育技术企业联合开展课堂教学智能评价与诊断改进项目，共同探索人机协同、量质兼具的课堂评价、诊断与改进优化服务。此外，海淀区与首都师范大学联合开展“教师素养提升课堂大数据分析项目”，先后服务 34 所中小学、617 名研修教师。该项目借助电子教学设备记录教学全程，课后生成分析报告，不仅帮助教师依据每节课后提供的系统反馈报告识别教学优劣、调整教学策略，还能为各学校提供周期性、系统性汇总报告，以扎实的数据帮助学校管理者更加精准地了解学校课程实施情况。

三是挖掘区域监测需求，凸显区域特色亮点。北京市形成了“市级统筹、区域自主、学校落实”的三级管理机制，各区根据自身情况，提炼各具特色的监测需求，并构建相应监测方案。例如，朝阳区在课堂监测中紧扣学科育德这一关键着力点，在区域整体的课堂教学评价标准中设置“师德”与“学科育德作用的发挥”两项评价指标，借助区域课堂教学监测之力，积极引导教师深入钻研在课堂教学中融入社会主义核心价值观、立德树人的有效路径与实用方法，促使主渠道育人成为常态化实践。访谈资料表明，在这一措施下，区内教师授课时，能将学科育德切实融入课堂，彰显出监测方案对教学实践的积极引导成效。海淀区以增值评价为核心，围绕长线课程实施效果打造特色化监测方案。以七年级入学起点测为开端，记录学生起始学业状态；八年级结束时再测，跟踪阶段性学习成果；九年级模拟测试阶段，深入分析学生个体及学校群体的多维数据，精准洞察学生知识积累、能力提升等动态变化。基于这些数据，对学校进行增值评价，区分高增值、平均增值或低增值，精准指出各学校课程实施的优势与不足，为后续课程实施调整提供有力依据。

三、以点带面，有效促进教师教学方式变革

教学方式变革是课程教学改革的核心，其关键在于重塑课堂学习的方式和秩序。北京市通过精品课遴选、优秀教学案例推广等方式，不断推动课堂教学向“学习中心课堂”的转型，统整学科知识，促进学生在实践中学习。

（一）突出典型示范性，推动教师教学方式变革

首先，北京市发挥实验区、实验校的示范效应，积极探索培育核心素养导向的教学改革实践模式。2020 年，北京市教委遴选了 4 区、11 校作为普通高中新课程新教材实施市级示范区和示范校。2023 年，北京市 2 区 6 校分别入选教育部义务教育教学改革实验区实验校。2024 年，《北京市深化基础教育课程教学改革实施方案》提出，全市要设立一批课程教学改革实验区、实验校（集团），发挥示范引领作用，全面提升课程建设与实施质量。作为基础教育课程教学改革的试点区域和学校，实验区、实验校课程教学改革基础好、起步早、进展快，在课程教学改革方面探索出了有效的经验和做法，对学校教师教学方式的变革发挥着积极的引领和示范作用。

其次，北京市通过建立科学的评选机制、加强宣传推广、提供培训支持以及鼓励实践探索等措施，加大优课展示与成果推广的力度，有效推动教师教学方式的变革和创新。调研结果显示，85.7% 的教师、94.4% 的教研员、89.1% 的校长 / 书记认为，所在区域或学校教师积极参与了各级精品课、说课评课、优质课展示交流活动；80.4% 的教师、93.1% 的教研员、87.3% 的校长 / 书记认为，所在区域或学校教师参与过区域基础教育优秀教学成果推广应用活动。2023 年 12 月 28 日，北京市教委组织召开北京市基础教育课程教学改革暨教研工作会，展示一系列基础教育课程教学改革成果案例，包括 2000 多项干部教师暑期全员实训优秀成果、197 项推广成果、231 个基础教育课程建设优秀成果和 868 节“基础教育精品课”，另有优秀作业设计、优秀课堂教学设计、实验教学说课活动优秀案例等，为我国基础教育课程教学改革提供了有益的首都经验。

（二）凸显学习实践性，分步开展项目式学习活动

项目式学习是以学生为中心，围绕真实的情境，学习者通过自主学习或小组合作等方式开展探究，从而获得知识和能力发展的学习方式与教学模式。北京市各区学校通过开展丰富多彩的项目活动，培养学生的实践能力和创新思维，推进素养时代学习方式与育人方式的变革。调研结果显示，90.1% 的教师、90.7% 的教研员、88.9% 的校长 / 书记认为，教师能在教学中开展学科实践活动（如探究、实验、考察、操作、设计、制作等）。自 2021 年 7 月起，丰台区作为“指向核心素养的项目学习区域整体改革”首批试验区，分步推进项目化学科实践，目前已发展到初中九学科全进入、覆盖所有初中校，并逐步向小学和高中延伸，形成“政策导向 – 专业指导 – 示范引领 –

主题融合 – 优化提升”五位一体的系统性区域推进“丰台路径”，取得了良好的成效。访谈中，一位丰台区教研员提出：“我们去年召开了四次中小学项目式学习展示研讨会，效果非常好，学生们很喜欢，老师们觉得做得有意义，社会反响也十分热烈。”

（三）加强课程统整性，深入推进跨学科主题学习

跨学科主题学习活动的主题不仅源自课程标准和教材，还源于学生真实的生活和兴趣点，北京市各学校教师从学生对自然、对社会、对学校生活、对社区生活的认识当中提炼主题，通过跨学科主题学习创建以学生为中心的课堂。调研结果显示，86.6% 的教师、87.9% 的校长 / 书记和 81.6% 的教研员认为，教师能在教学中组织跨学科主题学习。

北京市各区中小学在此方面做出了积极探索。一是创新跨学科组织形式。昌平区鼓励不同学科教师的交流合作，共同研究教学方法和策略，打破学科壁垒，拓宽教师视野，提高教师综合素质和应对复杂教学问题的能力，促进教学方法的多元创新。通州区某小学推行年级制，设立年级内课程首席，较好地推进了跨学科主题学习活动有效落实（见案例 3–2）。二是开展丰富多彩的跨学科实践活动。昌平区某小学开展了主题为“诗词中的大美中国”的跨学科主题学习活动，将小学 6 年所有语文教材中的诗词进行梳理，学生结合自己感兴趣的内容进行研讨，自下而上形成研究主题，全校共确定 217 个研究主题。昌平区某中学在科学课上整合物理、化学、生物学、地理、劳动等学科知识，采用小实验、小制作等活动方式，引导学生体验科学与生活的联系，体验科学方法的应用。昌平区一位教研员指出，昌平区某学校以学生为中心，围绕课文中学生感兴趣的内容问题，带领学生开展跨学科主题学习活动。例如，数学教师发现《西游记》中有很多数学问题，便从学生感兴趣的“一盏茶”“一炷香”“丈”“尺”等入手，带领他们研究《西游记》中隐藏的时间密码，用多学科知识和技能进行探索实践。三是总结跨学科主题学习模型。在访谈中，昌平区一位教师表示自己在实践中总结出一个跨学科主题学习模型。该模型以真实问题为引领，以活动任务为驱动，强调教师的引导作用和学生的主体地位，有助于学生在实践中掌握知识、提升能力。

案例 3-2　通州区某小学创新跨学科组织形式

第一，深化推行年级制。突破既有的跨学科组织架构，创新组织形式，进一步对学校组织进行扁平化改造。年级主任统筹年级内的各个学科、德育教学各项资源，进行跨学科课时安排、组织实施等，有效推动跨学科课程的有效落实。

第二，设立年级内课程首席。课程首席负责本年级的跨学科课程实施方案制定、课程研发设计、内容选择、过程指导等，组织跨学科教研，并借助持续的、多方参与的力量，不断修改完善课程方案，提升跨学科课程的设计与实施质量，开展创造性实践。

第三，设计和调整课时。由年级统筹安排，采取课堂教学与课后服务一体化设计、固定时间与弹性时间相结合的方式，每周一下午根据课程内容有序开展跨学科教学。

四、优化创新，把评价“指挥棒”变成“赋能棒”

北京市通过持续改革创新，从优化作业设计、实施综合素质评价、改革考试评价等不同维度推进教学评价改革，破除“唯分数论”，把评价从教育教学的“指挥棒”变成学生素养提升的“赋能棒”，助力学生全面发展、个性成长，推动教育回归育人本质。

（一）优化作业设计，促进学生学习减负提质

作业不仅是巩固知识的工具，而且是促进学生个性发展、培育学生核心素养的重要方式。“双减”政策实施后，北京市高度重视作业设计与管理工作，在作业设计、作业形式与类型、作业管理等方面进行了积极探索。

第一，加强指导，优化作业设计。北京市教委和各区教育行政管理部门出台作业设计与实施的相关文件，指导优化作业设计。北京教育科学研究院发布文科类、理科类、语言类中小学作业指导手册，详细分析学科作业中存在的问题，提出解决策略，并给出作业设计的大量样例示范；发布《北京市义务教育阶段优秀作业设计暨作业案例集锦》，覆盖义务教育阶段 12 个学科，为全市教师优化作业设计提供指导资源。海淀区发布《义务教育阶段学科作业设计与实施指导意见》，要求发挥作业的育人功能，提升教师作业设计、布置、批改、反馈和指导的能力。丰台区发布《中小学作业设计与实施指导意见》，制定中小学作业设计和实施指导手册，结合课前、课中和课后作业要求，帮助教师科学合理地进行作业设计。调研结果显示，90.0% 以上的教研员和

校长 / 书记重视对教师作业设计的培训、开展优质作业展示交流活动。

第二，敢于创新，探索多元化作业样态。在各种实施意见和手册的指导下，各校积极探索多样化的作业形式与类型。调研结果显示，90.9% 的教研员、89.3% 的校长 / 书记表示所在地区或学校的教师能够在日常教学中设计探究性、实践性、跨学科性作业；88.7% 的教师认为自己能设计探究性、实践性、跨学科性作业。访谈中发现，昌平区教师开展大单元作业设计，使学生跳出孤立的、零散的知识点，进行结构化学习；石景山区某小学探索设计合作式、体验式作业。同时，学校尝试布置分层式、弹性化和个性化作业。如某小学根据学生特点设计基础、提升、拓展三种类型作业，学生可根据自己的基础和能力层级选择不同的作业；还有小学分层布置作业，在全体学生完成基础型作业夯实基础的前提下，学优生完成拓展提升培优作业，中等生根据需求完成个性化作业，学困生根据实际情况完成基础型作业，让不同能力和水平层级的学生均有所收获。

第三，统筹推进，完善作业管理制度。各区发挥区域优势，建立管理机制。海淀区发挥“大教研”专业优势，提出作业提质的“六项赋能”（制度赋能、系统赋能、骨干赋能、研究赋能、众筹赋能、资源赋能），构建区 – 学区 – 学校三级联动的作业管理机制，形成作业管理的多维驱动系统。其中，区级教研部门自上而下、统筹推进，加强专业指导与服务；学区内联片教研，组织研读文件、开展研修；学校开展校本教研，实现实践转化。三级管理上下联动，形成合力。学校内部制定细化管理制度。例如，某中学完善“作业链”管理，形成“设计—布置—控量—精批—反馈”的良性运作链条，同时实施作业公示、作业分享、每月作业量调查等措施。

（二）完善综合素质评价，破除唯分数评价

北京市综合素质评价始终坚持育人导向，从关注评价要素转向注重评价体系的建构，并在实践中不断发展和完善，取得了显著成效，涌现出了典型经验。

第一，构建学生综合素质评价体系。北京市重视综合素质评价的理论研究与顶层设计，系统构建综合素质评价体系。以普通高中学生综合素质评价为例，北京市基于学生发展理论、教育评价理论和教育激励理论，结合首都功能与定位，构建了学生、同伴、教师、家长和社会人士全员参与，涉及高中三个年级六个学期，囊括学生思想品德、学业水平、身心健康、艺术素养和社会实践的全方位立体化综合素质评价体系，旨在促进学生全面而有个性地发展。

第二，完善综合素质评价工作机制。北京市在综合素质评价改革中逐步形成了市、区、校整体推进，行政主导、专业引领、学校实施、技术支撑、多方密切配合的工作机制。在市级层面，已形成行政部门、教科研机构、教育网络和信息中心等组织机构联合推进的合作机制。市级行政部门负责顶层设计和整体规划，指导监控工作进程；市科研机构研制综合素质评价方案，指导区科研部门和学校落实评价方案要求，通过案例挖掘、培训、调研指导、交流推广等方式，推进评价落地；市教育网络和信息中心等技术部门提供管理服务平台的开发、维护、更新以及培训、答疑、统计、数据对接等信息技术支持。在区级层面，各区结合实际情况探索各具特色的推动机制。在学校层面，形成“一校一案”的校本化实施机制。

第三，积极探索综合素质评价结果的多元使用。一方面，将综合素质评价与高一级学校招生录取相结合。根据北京市教委发布的《关于做好 2024 年高级中等学校考试招生工作的意见》，北京市在“校额到校”招生中使用综合素质评价结果。“校额到校”招生采用校内选拔方式，依据考生志愿及成绩录取。其中，学生综合素质评价结果须达到 B 等。另一方面，强调基于证据的教学改进。通过写实记录与过程性数据的挖掘和使用，为教师有针对性地教育引导学生、提高学生综合素质、进一步明确发展目标提供参考依据。

第四，有效提升综合素质评价的育人实效。经过多年的评价改革，学校、教师、学生和家长等普遍认可综合素质评价在促进学生发展、改进教育教学工作中的价值与意义。学校充分认识到综合素质评价的重要性，将其作为落实立德树人根本任务、提升育人质量和深化教育综合改革的一项重要抓手。各校依据自身特色，开展校本化实施，综合素质评价得到有效落实。调研结果显示，92.5% 的教师、93.0% 的教研员、90.0% 的校长 / 书记认为，所在区域或学校教师有效落实了综合素质评价的实施方案。

（三）改革考试评价，发挥导向作用

为配合课程方案的实施，北京市近年来积极探索、大胆尝试，不断优化调整基础教育阶段的考试改革，期望以考试招生制度改革牵引教育综合改革，以评价改革引领学生核心素养的发展。2023 年 9 月，北京市教委发布《关于深入推进高中阶段学校考试招生改革的实施意见》，开启了新一轮的中考改革，通过考试方式及命题改革引导课堂教学走向素养教育。

一是推进考试方式的多样化。北京市新一轮中考改革方案将义务教育课程方案

设定的科目分为考试科目、考查科目和考核科目。其中，道德与法治科目笔试变为开卷，且将综合素质评价日常行为成绩计入中考成绩；物理学科强化实验操作，引导学生进行场景化、体验式学习；体育与健康学科强调过程性考核；外语学科关注听力和口语考试。这些新型考试方式考查相关学科知识的应用能力，不仅在一定程度上弥补了纸笔测试的不足，而且对于引导培养学生的动手能力、问题解决能力、创新意识等具有积极意义。

二是积极推动考试命题改革。考试命题改革是撬动考试内容改革的重要“杠杆”，对于推动基础教育课堂教学转向促进学生全面发展具有重要引导作用。近年来，北京市围绕“素养立意”的考试命题进行深入探索，取得了显著成效。一方面，坚持正确的命题导向。严格依据课程标准命题，命题导向不是“刷题”，而是让学生运用所学知识解决新情境中的新问题，引导学生把公式、方法等基本知识运用到现实当中，包括应用数学知识解决生活中的数学问题、运用物理学知识解释生活中的现象；道德与法治的开卷考试不是从书中查找答案，而是给出新情境、新素材和真实问题的开放性考试。另一方面，提升素养导向的试题命制质量。北京市在考试方案设计、命题管理与命题队伍建设、阅卷管理和阅卷队伍建设，以及题目类型、问题设置、命题情境、评分标准等方面进行了深入探索，努力提升命题质量和命题水平，着重考查学生独立思考和运用所学知识分析问题、解决问题的能力。

三是增加多元升学渠道，促进录取方式多元化。北京市逐步淡化中考的选拔功能，探索减少纯以分数升学的人数比例，拓展多元升学渠道。如实行指标分配招生（包括“校额到校”和市级统筹），鼓励各具特色的高中教育集团建立连续培养机制，支撑学生的内部升学和连续培养；开展高中学校自主招生，为学生和学校提供相互选择的机会，在满足学生个性化发展需要的同时，促进高中学校的多样化特色化发展。

五、先行先试，推进科学教育高质量发展

北京市科学谋划，超前布局，积极发挥国家级实验区、实验校辐射带动作用，探索和实践新的科学教育理念和方法，通过实施学校科学教育提质增效、构建科学教育社会协作格局、探索创新人才贯通培育模式等行动举措，在教育“双减”中做好科学教育加法。2024 年 12 月，北京市教委等十七部门发布《关于加强新时代中小学科学教育工作的二十条措施》，提出要开齐开足开好科学类国家课程，完善对科学类课程

教学的评价机制，构建大中小贯通的培养链条，支持中小学与高校联合教研，鼓励高中学生参加高校学术活动等。

（一）有效推进学校科学教育提质增效

北京市各区各校不断加强科学类学科教学，切实开展实验教学，强化跨学科综合性教学。调研结果显示，89.2% 的教师、89.6% 的教研员、88.2% 的校长 / 书记认为，所在区域或学校科学教育改革有效提升了学生的科学素养。

一是不断加强科学类学科师资队伍建设。调研结果显示，87.0% 的教师、80.0% 的教研员与 89.0% 的校长 / 书记认为，所在区域或学校已配足配齐科学课教师，许多教师能够自主进行科学课教学模式的探索。例如，房山区根据学生参加国际学生评估项目（PISA）的结果有针对性地进行科学课程的教学改革，取得明显进步。近半数的学校能够为教师提供多次课外科学教育培训机会，这些培训活动由多元化的组织机构举办，包括教育主管部门、科技馆以及高校和科研机构等。

二是切实开展实验教学。北京市已将实验操作纳入中考，北京市教委发布的《关于深入推进高中阶段学校考试招生改革的实施意见》提出，物理是考试科目，分值为 80 分，其中实验操作分值为 10 分。调研结果显示，86.3% 的教师、86.7% 的教研员和 89.1% 的校长 / 书记认为，所在区域或学校能按照课程标准完善相关学科实验教学。昌平区一位教研员指出，昌平区非常重视科学实验，改善实验条件、保证实验教学时间、提高实验教学质量、研磨课例分享经验，形成了良好的区域科学教育研讨氛围。

三是强化跨学科综合教学。各区各校通过强化跨学科综合教学，推动了科学教育提质增效。在访谈中，昌平区一位教师提道："我们依托'我们的农场'这一主题开展跨学科综合教学设计，去年北京开展的第一届跨学科案例征集活动，我们有一个造纸术的案例获得了二等奖，通过参加这个活动，我们对于以主题开展融合性课程也有了更多的想法。"跨学科主题学习活动的主题来源于学生的真实生活、学生感兴趣的问题，北京市各中小学通过跨学科主题学习创建学习中心的课堂，引导学生体验科学与生活的联系，体验科学方法的应用。

（二）日渐形成科学教育社会协作格局

北京市统筹高校、科研院所、科技馆、博物馆、青少年活动中心、企事业单位等资源，打造了校内外相结合的科学教育社会协作新格局，推动了科学教育资源的共建共享与优化配置。

一是广泛开发社会大课堂资源。北京市教委累计建立了753家社会大课堂资源单位，其中科技类近200家，每学期为学校提供超过1000项活动课程。调研结果显示，73.3%的教师、80.0%的教研员、85.5%的校长/书记认为，所在区域或学校教师会利用高校实验室、职业院校实训中心、博物馆、科技馆、研学基地和高科技企业等社会资源，培养学生科学兴趣与创新能力。

二是各区各校利用校外资源持续开发科学课程。丰台区某教研员指出，丰台区某小学利用学校周边资源开展探秘活动，还有小学开发花卉主题的综合实践活动，并因地制宜地开发了教学植物园湿度调控与优化设计研究项目。怀柔区一位教研员提出，该区学校依托在地资源进行特色课程建设，注重规范校外教育基地建设，利用怀柔科学城独特的教育资源开发特色科技课程。石景山区一位校长指出，学校利用离科技馆特别近的优势，和石景山区的科技馆合作，共同研发了科技课程群。

三是校外科学教育资源主动支持中小学科学教育。例如，怀柔区由区教委出项目经费及支持政策，鼓励科学家到中小学开展科学教育；北京林业大学基于丰富的生态文明学科与人才资源，支持某小学设计自然科学课程；北京建筑大学依托学校工程实践创新中心成立“开放实验室”，面向周边的社区、高校和中小学开放4大类81项开放项目。

（三）积极探索创新人才衔接贯通培养模式

党的二十大报告提出，全面提高人才自主培养质量，着力造就拔尖创新人才。创新人才是国家长远发展的战略力量，事关全面建设社会主义现代化国家大局，事关高水平科技自立自强，事关教育强国建设。北京市创新人才牢牢把握人才培养的定位，突出兴趣、素养导向，坚持面向人人，因材施教、共享未来。北京市及各区响应国家战略方针，通过平台搭建、竞赛评比、课程创新等多种方式，积极探索创新人才衔接贯通培养模式。

一是搭建创新人才早期培养的组织体系。创新人才培养的组织与架构是带动学科高质量发展的有效机制，是推进教育科技人才一体发展的重要举措。北京市从组织与架构上发力，探索具有首都特色的青少年创新人才培养模式，做好科学教育加法。2023年12月，北京市教委成立“北京青少年创新学院”，命名首批18家北京青少年拔尖创新人才培养基地，启动数学、科技两个领域试点工作，朝阳、东城、海淀、房山、怀柔等区相继成立青少年创新学院分院，并选定创新人才培养基地校。访谈发现，北京青少年创新学院海淀分院通过开展数学节、科技节等一系列活动，深化中小学生的科学教育改革；北京青少年创新学院朝阳分院管理、组织、协调全区青少年创新实践活动，建设朝阳区首批拔尖创新人才培养基地校，在集团、学区、学校内开展创新实践成果展示活动。北京青少年创新学院的成立，开辟了创新人才培养的新赛道，在课程建设、资源共享、师资队伍建设、生态环境塑造上为创新人才早期培养创造条件，支持具有不同兴趣和不同发展潜能的学生有效学习、个性化成才。

二是开展创新人才早期培养活动。北京市开展“翱翔计划”“雏鹰计划”等一系列项目活动，助力培养具有国际一流水平的基础学科领域创新人才。创新人才早期培养的项目活动以首都丰富的科技资源为依托，将科研院所、高校、科普基地等丰富的科技资源转化为中小学科技创新教育课程资源，探索创新人才早期培养的育人模式、培养机制，更好地提升学生科学素养。以“翱翔计划”为例，该计划激发了学生的研究兴趣，89.0% 的学员愿意献身科研工作；提高了学生的科研能力，95.4% 的学员初步掌握了科研的一般方法，促进了学生社会性的发展。

三是探索创新人才早期培养课程体系。丰台区某中学以传播钱学森精神和航天精神为己任，设立了工作室，开展特色科技教育活动，让学生在课程实践中学科学、爱科学，体验科学探究历程、创造科学实践成果，通过这类着眼当下国家战略任务、面向国家未来发展的课程模式，全面提高人才自主培养质量，着力造就创新人才。石景山区某中学设计了高端挑战课程，坚持学赛结合、以竞赛为抓手、项目式推进，推动在某一个领域有特长有天赋的学生开展更精深的研究，为对科技感兴趣的学生提供更多接触 3D 打印、机器人等高精尖技术的机会。

六、整体协同，加强课程教学改革专业支持

北京市全面提升区域课程教学专业支持力度，通过构建集团内学科教研共同体、打造“纵向进阶、横向联合”的教研联动机制、强化数字化赋能落地举措，达成全域深度贯通、校际紧密联合、学段顺畅衔接的协同支持格局，多层次构筑课程教学专业支持网络，助力课程教学改革朝着精准化、个性化、高效化的方向大步迈进。调研结果显示，90.1% 的教师、94.7% 的教研员和 89.9% 的校长 / 书记认为，教师定期参加基于课程教学改革的区域教研和校本教研；90.5% 的教师、94.8% 的教研员、89.8% 的校

长 / 书记认为，区域教研及校本教研活动极大地提升了教师的教学能力；90.6% 的教师、95.6% 的教研员、87.1% 的校长 / 书记认为，教研员服务课程教学改革的能力不断提升。

（一）构建集团内学科教研共同体

北京市各区以集团化办学改革为着力点，探索以集团校为单位的跨学校共同体教研模式，通过积极开展多样化集团教研活动，探索建立精细化集团教研机制，将不同学校的教研力量联结在一起，为课程教学改革注入源源不断的专业活力。

一是积极开展多样化集团教研活动。各教育集团聚焦多元主体、创新活动形式、拓展交流渠道，促使集团内校际教研合作多点开花，全面激发教师参与教研的热情与创造力。北京市顺义区某中学在深化教育综合改革背景下，与某教育研究院合作开展集团化办学联合教研培训，围绕“研课标、研教材、研实施”，详细解读如何在新课程新教材下精准备课，提升教师专业素养。丰台区某小学教育集团变革校本教研研讨方式，创制切块拼接法，把复杂项目式学习拆解为六个专项问题，分组引导教师深入探究，形成专项问题解决策略，充分调动教师能动性，降低研究难度，为教师智慧碰撞搭建平台。北京市某中学教育集团开展“人工智能促进联合教研提质行动”，采用线上线下相结合的方式，围绕核心素养视域下的新教材学习与应用，分享教学经验和研究心得。

二是探索建立精细化集团教研机制。各中小学教育集团各施所能，通过多元策略优化教研流程、强化协同联动，切实将集团教研的效能最大化，为教学质量提升筑牢根基。北京市某小学教育集团统领多个薄弱学校改革发展，实现教研科研联动互动：学期初，教学总负责人统一征求各分校意见，并由各分校统一填写教研需求表，提出需要总校具体支持的内容，总校统一协调安排听评课，同时邀请分校区的干部教师来总校区参加教研活动；逐渐形成“四级分层教研”和跨校区的横向教研组评价机制，组长和骨干教师在组内起引领、示范作用，带动不同年龄、不同发展阶段的教师及时了解教研动态。某教育集团基于“一纵一横”策略构建教研模式，纵向搭建跨学段教研知识链，确保各学段知识过渡顺畅，横向搭建教研平台，组建起一体化的大教研组与备课组，常态化开展跨校区教研活动，凝聚强大教研合力；抓框架备课、靠集团视导、依质量评价、用数字赋能、靠成果培育，多措并举激发集体教研氛围；充分整合空间，初中部采用同址办学模式，集中进行大型教研交流，小学部灵活调配师资、空间资源，通过走班、走师等形式，为小型多样的教研活动提供便利。

（二）形成“纵向进阶、横向联合”的教研联动机制

北京市各区注重将零散的教研活动升级为系统化联动机制，基于日常教研活动积累经验，探索出涵盖多个维度、兼具深度与广度的“纵向进阶、横向联合”教研联动机制，串联区域内不同层级、不同学校、不同学段、不同学科的教研力量，在对话实践中不断碰撞、突破，有效提升学校教师的课程领导力。

一是建立纵横联合的系统化教研支持体系，打破学段间、学科间壁垒，实现学段间纵向进阶、学科间横向联合。纵向上，建设学段贯通的教研共同体，以跨学段教研提升学生培养贯通性；横向上，搭建学科融合的教研平台，建设跨学科联动的教研助力体系。朝阳区打破学段界限，贯通大学和教研部门，强调学生成长的连续性。通州区、昌平区等组织跨学科主题学习交流活动，通州区围绕“跨学科综合实践活动课程整体规划、设计与实施的学校路径”召开交流活动，昌平区主办“跨越学科蕴素养，五育并举促发展”跨学科主题学习交流展示活动，展示各学校跨学科主题学习研究成果，总结典型案例与优秀策略，加强区域研究型学校建设。海淀区基于学生核心素养发展、教师课程育人能力提升，努力探索“全要素整合、全方位覆盖、多主体协同、多领域服务”的一体化教研支持系统，实现“跨学段纵向衔接、跨学科横向关联”的全方位教研覆盖，注重教研员、教学干部、教研组长和教师多主体参与，围绕课程指导、教学研究、质量评价和资源建设提供多领域的专业服务，整体构建“大教研”的海淀范式，促进区域内教师课程领导力的提升。

二是构建纵横相通的联动深度教研机制，兼顾区域整体规划和学校个性差异，实现跨层级纵向统筹、跨学校横向互动。纵向上，各区统筹安排全区教研规划，以全局化思维绘制教研活动蓝图，分层分类实施精准指导，发挥学科教研基地和学区优势学科的引领作用，实现教师课程领导力的综合提升。海淀区建立优势互补的多级教研体系，在区级层面，整体规划学年教研，开展学科专业指导，每年召开区教研工作会，凸显整体性；在学校层面，根据学校需求入校交流，尝试建立不同学段的关联，有针对性地开展学科诊断与改进指导；在学科层面，由学科教研员面向学科教师，着眼于学科发展整体状况、优势及问题，进行凸显学科特点的教学改进指导。横向上，调动各学校力量，建立双向互动的跨校教研模式，以校际联研碰撞出思维火花，把单个学校的优秀经验转化为群体的优秀经验。海淀区坚持以课例为载体，组织开展“一体化

联研”活动，依托在线互动平台组建云端教研共同体，系统规划组织主题式教研，形成具体的联研方案，研发动态跟进的联研工具，构建高效的联研机制，三年内先后开展 13 个系列 50 余场联研活动，区域内 13 所学校、500 余位教师深度参与，全国各地超 11 万人次观看在线直播并参与研讨，助力普通校教师集群式成长。

（三）数字化赋能课程教学改革创新

北京市深度聚焦课程教学改革前沿阵地，以人工智能与大数据技术为核心驱动力，精准切入学校教学提质与教师专业精进两大关键维度，系统性、突破性地赋能课程教学改革实践。

一是精准挖掘学校痛点，让数字技术与学校教育教学工作紧密结合。在区域引领下，各学校扎根自身实际，深度探寻数字技术与学校教学改革的适配路径，激发数字技术在课程教学改革创新中的赋能增强作用，使教育大数据真正成为变革教育的战略性资产。调研结果显示，80.6% 的教师、86.7% 的教研员、81.8% 的校长 / 书记认为，教师会在教育教学各方面有效使用人工智能和大数据技术。海淀区某中学借助“我们想要做什么？”“我们正在做什么？”“我们需要什么样的支持？”三连问开展自省，深度剖析需求后，将海淀区大数据分析项目中契合教师成长需求的主题培训、研修、论文写作等模块，无缝嵌入学校教学日常，由此孵化出基于课堂教学行为大数据的前沿教学研究范式，多元拓展研究视野，厚植教师实践智慧，牵引课堂教学持续迭代，促使处于不同成长阶段的教师稳步提升专业素养。某教育集团深度整合校内数字化资源，依托智慧教学系统中枢，有机联动听评课、智慧教室、双师课堂、大数据教学诊断及作业管理等多元平台，匠心构筑具有学校特色的双师课堂教学模型，并常态化落地推行。某小学敏锐捕捉到基于教师直觉经验和个人喜好的旧模式对课堂教学改进的严重掣肘，通过数字化项目深度融合课堂教学行为大数据分析报告与校内调研、问题剖析及循证研究成果，将“问题的结构设计与改进”作为核心议题，以问题设计为突破口，撬动课堂品质跃升，赋能学生多元思维绽放，牵引教师专业素养拔节。

二是提升教师数据素养，为教师开展数字化驱动的课程教学改革夯实基础。各学校深刻意识到教师作为知识传播的关键引领者，其数字素养将成为撬动课程教学创新的有力支点，搭建相关平台，为教师提供数字素养进阶的有力途径。例如，某小学借助海淀区与首都师范大学联合开展的“教师素养提升课堂大数据分析项目”，锚定高素质创新型专业化教师队伍培育目标，全方位助力教师洞悉数据内涵、精研采集技巧、强化解读能力，进而内化基于数据优化教学流程的专业素养。学校面向全体教师铺展课堂教学行为大数据全维度采集与深度分析培训链路，并巧借青年教师与老教师的差异化优势，将青年教师的技术优势、专业优势以及敢于接受新鲜事物的特点和老教师有经验、能发散、能迁移的特点相结合，促进二者协同互补，让前沿技术与深厚经验相互交融，加速知识迭代，切实达成课堂质效跃升，助推教师队伍专业素养提升。

在上述有力举措推动下，各学校从教师发展、课堂教学、资源整合等多个维度深度运用数字技术，在优化教学流程、创新教学模式、完善教学评价、助力教师成长等方面展开前瞻性探索。创新的实践经验为全国数字化赋能课程教学改革创新提供了可资借鉴的“北京样板”。

第4章

内　蒙　古

为贯彻全国教育大会精神，加快构建中国特色高质量基础教育体系，内蒙古自治区积极响应国家深化基础教育课程教学改革号召，立足当地自然人文生态与数字信息平台的有机融合，扎实推进在地生态与外部经验相结合的特色课程教学改革方案。同时，全区坚定铸牢中华民族共同体意识，在大力推进通用语言文字教育基础上，着力培养学生爱国主义引导下的核心素养与在地生态实践素养，以数字技术与学科教学的深度融合提升教师专业能力、扩展教研服务边界，开展一系列基础教育课程教学改革活动。基于调研反馈，内蒙古自治区基础教育课程教学改革工作已经取得了实质进展与初步成效，集中体现在以下方面。

一、课程方案在地实施积极推进

内蒙古自治区教育行政部门积极响应课程教学改革政策，采取系列措施整体引导全区课程教学改革发展方向。各地学校不懈探索具有校本特色的课程实施方案，坚持凸显学科融合、聚焦核心素养培养。在多方主体协同推进下，广大教师普遍认同新课程理念，进一步推动课程教学改革走深、扎根、落实。

（一）教育行政部门积极统筹规划

1. 以政策为导向，整体引领课程教学改革方向

内蒙古自治区积极响应国家基础教育课程教学改革要求，出台了《内蒙古自治区

“十四五”教育事业发展规划》《内蒙古自治区中小学（中等职业学校）课程教学管理规范（试行）》《内蒙古自治区义务教育阶段学科作业设计与实施指南（试行）》等文件，引导全区全面启动课程教学改革行动。

首先，以政策法规切实巩固“双减”工作落实。针对学生作业负担和校外学科隐形培训负担过重等问题，以《关于进一步减轻义务教育阶段学生作业负担和校外培训负担的意见》为依据，内蒙古自治区教育厅联合多部门出台《内蒙古自治区校外培训机构设置标准（试行）》《内蒙古自治区非学科类校外培训机构审批流程（试行）》《内蒙古自治区校外培训机构预收费资金监管暂行办法》等文件，巩固校外治理成果，强化培训监管效能，防范化解风险隐患，持续减轻学生作业负担及校外补习所带来的家庭经济负担。

其次，区市联动出台课程教学改革实施操作指南，保证课程教学改革政策精神“一竿子插到底”。调研发现，在自治区教育厅的统筹管理下，呼和浩特市、鄂尔多斯市、呼伦贝尔市等市均颁布了课程教学改革实施操作性指南，课程教学改革顶层设计有序推进，有组织、全方位、多主体参与的基础教育课程教学改革框架初步形成。

最后，聚焦留守儿童教育公平，积极改革招生制度。内蒙古自治区教育厅发布《关于严格规范义务教育学校招生入学管理工作的通知》，坚决落实“公民同招”政策，切实保障随迁子女入学“应入尽入”，不断完善“一县一案”控辍保学工作方案，不断强化招生工作监管，促进学生入学机会资源优质均衡。

2. 以机构为抓手，服务政策有效落地

一是以省区机构调整为示范引领。为切实保障新课程方案和课程标准的准确有效落实，内蒙古自治区调整机构设置与职能配置，在教育厅下设教育科学研究与监测评估院，开展教育质量评估监测、培训交流、业务咨询服务等工作，发布监测报告，开展报告解读、结果应用指导工作。

二是设立专门机构聚焦改革目标。内蒙古自治区建立“双减”工作联席会议机制，设立校外教育培训监管处，进一步加强“双减”工作的归口管理，确保全区工作“一盘棋”推进、“一条心”落实。

三是强化省地机构沟通协调。通过建立省地部门协调机制、数字资源共享机制、部门参与教育机制等，实现课程实施协同推进、公共资源教育转化、优质资源跨时空共享。

3. 以活动为载体，切实提升改革成效

内蒙古自治区教育厅基于内蒙古地域辽阔、东西狭长的地理特征，以不同区域中心城市为锚点，实施线下新课程骨干教师培训与线上新课程新教材网络研修教学设计指导相结合的教研活动，组织全区中小学校党委书记、校长示范培训与新课程新教材新高考专项培训。以网络平台跨越空间区隔，开展新课程新教材同频互动教研活动，分批次开展新课程新教材教学资源开发培训。自治区教研室主持举办全区中学课程建设与质量管理校长培训，增强质量意识，提高全区中学校长课程领导力水平。调研发现，内蒙古自治区逐步形成区域课程教学改革中心下沉式联动周边区域学校的活动模式。

（二）学校主动探索特色课程方案

学校是课程落实的关键主体，是学校课程规划的首要责任方。在国家课程政策引导下，内蒙古自治区各学校以课程方案和课程标准为落脚点，立足办学理念和学生发展需要，因校制宜研制和落实课程实施方案，努力构建体现课程方案和课程标准精神与学校特色的课程方案。

1. 完善课程实施，凸显学科融合

课程体系重构作为课程教学改革的核心任务之一，并非将学科内容进行机械拼凑或简单增减，而是立足学生身心整体协调发展，通过学科知识的有机关联与深度融合，促进学生核心素养的发展，发挥课程的实践旨趣与育人价值。内蒙古自治区各市积极响应课程方案和课程标准要求，根据学校及在地自然社会文化资源，基于学生全面发展需求与教育在地化价值功能，对既有课程体系进行系统性重构，科学规划课程结构，融入在地生态资源，聚焦学生实践素养，确保新课程内容的系统性、生态性、实践性。一方面，打破传统学科边界，积极探索跨学科整合与项目式学习新方式，鼓励学生在开放情境下综合运用多学科知识解决实际问题；另一方面，增加文化体验、实践探究等课程内容，培养学生扎根乡土、面向时代、服务祖国的实践素养。内蒙古自治区启动“课程建设行动计划”，开展自治区、盟市、旗县三级课程建设示范校、特色校创建活动，旨在深化提升全区各级各类中小学课程建设理念、课程建设能力、校级课程实施方案品质，进一步增强广大教师、校长的课程教学改革意识、课程管理能力，转变教学理念，提高教学能力。鄂尔多斯市建成自治区级研学实践教育基地 6 个、自治区级研学实践教育营地 1 个、自治区研学实践教育特色课程 1 门，其“生态

库布其　绿色中国梦”“奇遇黄河”入选黄河流域优秀研学课程，另有“天骄课程”等优秀课程案例（见案例 4–1）。

案例 4–1　呼伦贝尔市某小学课后服务课程

学校构建了“3+7+5”主题式选修课程方案。在 3 类课程（基础课程、选修课程、品牌课程）基础上构筑 7 类课后服务课程（体育竞技类、语言艺术类、科技创新类、传统文化类、学科延伸类、心理健康类、劳动技术类），服务 5 大课程目标（以德扬善、以和润心、以博启智、以智增能、以健强身），为学生提供丰富多彩的课程，助力学生核心素养的培养、发展与提升。

在师资队伍建设方面，学校扎实运用“教研指导 + 友校送课”方式提升教师专业素养，通过教研组共同备课、城乡教育互动等方式不断提升教师对课程方案和课程标准内容的理解运用，促进教师专业成长。

2. 在地生态赋能，彰显区域特色

内蒙古依托当地富集的自然生态与社会文化生态资源，广泛开展具有民族特色的快乐实践型学习，将学科学习与社会实践紧密结合，坚持寓教于乐。在探索五育并举的生态整体育人模式中，呼伦贝尔市以活动为载体，以重大节日为契机，开展学生的情境式、主题式学习，针对学生的不同特点，以劳动教育、爱国主义教育等为主题，周期性开展全员特色劳动成果展示等特色课程实践。呼伦贝尔市立足当地自然生态，开展普及性劳动教育与审美创造教育，坚持环保落入劳动、审美融入劳动，构建“学段 + 课程”的劳动少年全维培育机制，深化“绿水青山就是金山银山”的劳动教育路径探索。呼伦贝尔市某初中生物学教师表示，依据 2022 版义务教育生物学课程标准，学校借助当地富集的自然生态资源，在真实情境下开展劳动教学，让学生通过亲身经历去了解生物学知识的应用价值和文化精神；在真实情境中解决问题，培养学生正确的情感价值观、人生态度和社会责任感。

（三）广大教师普遍认同课程教学改革理念

新课程方案、课程标准和《行动方案》在全国中小学教师中引起强烈反响。主要课程教学改革政策术语，如“学科核心素养”“跨学科主题学习”“项目式学习”“整本书阅读”“大单元教学”“任务群教学”“任务情景教学”“大概念教学”“教学评

一致性”“人工智能赋能教育教学”等成为受调研教师脱口而出的日常教育教学话语，甚至成为指导教师深化课堂教学变革的指针。调研数据显示：84.4% 的教研员、87.5% 的校长 / 书记认为所在区域新课程实施方案倡导的基本理念符合自身想法；79.3% 的教师认为学校课程实施方案对教师教育教学有很强的指导性。总体来看，课程教学改革在不同层级教育工作者中均得到广泛的认可与支持，广大教师对课程教学改革理念认同度普遍较高。访谈中鄂尔多斯市某教师提到，课程教学改革实施以来，该地区“课程实施方案有了深刻变化，老师积极尝试新的教学方法和手段，以学生为中心、注重学生全面发展的观念逐步深入。跨学科融合教研方式得到不断探索，审美实践活动丰富，家校合力逐渐形成”。

二、素养导向课程教学改革亮点初显

在多方主体协同努力下，内蒙古自治区以核心素养为导向的课程教学改革已经取得初步成效，学校形成了具有生态特色、跨学科的课程育人模式。

（一）多元主体合力推进新课程理念广泛传播

新课程方案和课程标准颁布后，各地教育部门迅速行动，组织多种形式的培训，推动课程教学改革新理念广泛传播。调研发现，内蒙古自治区以网络平台跨越空间区隔，开展新课程新教材同频互动教研活动，分批次开展新课程新教材教学资源开发培训，依托内蒙古自治区教育科学研究与监测评估院，整合广大师生、校长、教研员的课程教学改革合力。

一方面，加大经费投入，保障新课程理念培训效能。内蒙古各地从教育事业费中按中小学教师工资总额的 1%—2% 安排专项经费，中小学按照年度公用经费预算总额的 5% 安排教师培训经费，用于教师培训、研修，帮助教师及时了解新课程理念。

另一方面，启动实施自治区中青年优秀教师助力乡村振兴行动。自治区教育厅等 6 部门印发《优秀中青年教师助力乡村振兴实施方案（2022—2025 年）》，部署支援受援旗县、学校间建立长期稳定的结对帮扶机制，每年选派 1000 名城区优秀中青年教师赴 200 所旗县及以下薄弱学校组团支教帮扶，采取“专题讲授 + 实践教学 + 返岗教研”等混合型帮扶培训方式，确保新课程理念、课程标准及《行动方案》有效下沉至广大基层学校。

内蒙古形成自治区抓示范、盟市抓骨干、旗县抓全员、学校抓校本的四级联动、分级培训研修机制，强调新课程理念向全区广大基层地区与乡村学校广泛传播，以广大基层教师对课程方案和课程标准的有效跟进确保学生核心素养的全面提升。数据显示，82.0% 的教师认为自己能够开展素养导向的坚持教学评一致性的教学设计。该数据表明，内蒙古自治区已经对广大偏远乡村薄弱地区的教师实施有效的新课程理念及方法培训，许多教师在教学设计时尝试将新课程理念逐步融入教学过程，促进学生学习效果的持续提升。

（二）学校持续推进跨学科课程规划和教学方式变革

作为课程教学改革的主阵地，学校对课程的规划与实施直接影响课程理念的落实与教学质量的提升。内蒙古自治区广大学校教师深入分析当地资源特色，扎实推进落实课程方案和课程标准行动，形成初步成效，为深化课程教学改革提供了有益的经验与参考。

1. 依托实验校推进课程教学方式变革

自 2023 年 9 月以来，内蒙古自治区在全区范围内建立 5 个实验区、40 余所实验校，用以推进基于大概念、大单元的教育改革、教学方法创新、课程体系优化等方面的课程教学深化改革。以实验校、实验区为平台，探索落实课程教学改革的理念、方法和手段，长周期检验课程教学改革效果，构建课程教学改革落实整体方案。在具体实施过程中，实验校接受自治区教育科学研究与监测评估院及国内知名高校专家的专项指导，努力打造“基础学科拔尖学生培养基地”。40 余所实验校聚焦课程方案和课程标准，根据当地文化课程资源与课程教学改革基础，通过广泛深入研讨，形成适合学校实际与当地特色、符合课程方案和课程标准精神与发展方向的课程教学改革主题，构建整体课程体系，多种途径开展教学改革实践，推进课程方案和课程标准在各地各校转化落地。

2. 逐步制定适切学校的课程规划

内蒙古自治区严格按照教育部相关文件要求，认真执行课程实施的区域计划。各学校在教育行政部门及专业机构的支持下，依据自治区级基础教育课程实施办法，制定了学校整体课程规划，促进各类课程有效实施。

其一，优化课程结构。自治区各级各类学校根据课程方案和课程标准要求，重新梳理学科课程结构，合理设置基础课程、拓展课程和研究型课程，形成层次分明、相互衔接的课程组织架构。数据显示，79.8% 的教师表示学校进行了课程实施规划。

其二，重构教学设计，促进学科间的有机联系与深度融合。一方面，打破传统学科界限，推动跨学科整合与项目式学习，使学生在解决实际问题中综合运用多学科知识；另一方面，增加实践性、探究性课程内容，强调学以致用，培养学生的创新精神和实践能力。数据显示，77.1% 的教师表示正在课堂教学中尝试组织跨学科主题学习等。

其三，深化课程内容，打造生态人文赋能的学科实践活动。内蒙古自治区依托自身富集的自然生态资源和人文资源，一方面，将自然人文生态融入情境化学习，通过构建贴近真实生活或专业领域的情境化学习任务，使学生在模拟或真实的情境中探索知识、解决问题。如呼和浩特市"物理情境课程"、呼伦贝尔市"真实情境生物课堂"等，均在当地真实的自然生态情境中开展教学，使学生基于亲身经历形成深入的知识理解、实践素养、文化精神及社会责任感。另一方面，促进跨学科整合，通过学科间的交叉融合，打破传统学科壁垒，设计跨学科项目或主题活动，促进学生审美思维、创新思维和综合问题解决能力的发展。如呼和浩特市"声音"跨学科主题学习设计，即以物理学科内容为基点，协同美术和音乐教师共同进行设计，涵盖物理实验、乐理理解与音频图像美工等课程内容。数据显示，82.2% 的教师表示能够在教学中开展学科实践活动。

3. 幼小初整体性规划不断推进

《内蒙古自治区"十四五"教育事业发展规划》强调建立幼儿园与小学有效衔接机制。《内蒙古自治区"十四五"学前教育发展提升行动实施方案》《内蒙古自治区推进幼儿园与小学科学衔接实施方案（试行）》均提出强化幼儿园和小学双向科学衔接，在幼儿园做好入学准备教育，在小学开展入学适应教育，推动以儿童全面发展为本的保育教育实践，充分利用本土资源、地区优势创设适宜的环境，扎实推进幼儿园课程教学改革，探索符合地方实际的经验。比如，鄂尔多斯市康巴什区根据教育部印发的《关于大力推进幼儿园与小学科学衔接的指导意见》，借助中国科学院心理研究所，开展幼小科学双向衔接培训活动。鄂尔多斯市东胜区的体育学科为实现幼小初一体化的育人目标，在课程建设、队伍培养以及体制提升三个方面做了幼小初衔接，形成了幼儿体育游戏化、小学基础趣味化、初中发展多样化的体育生态，逐步构建幼小初一体化的大课程方案。

具体而言，自治区各学校围绕幼小初一体化课程建设开展了大量扎实的实践探索。呼和浩特市各学校以幼小初一体化衔接为载体，整合国家课程标准与民族体育文化特色，综合培养学生的多元运动素养与团队合作能力。借助人工智能对学生体质进行实时监测，有效推动注重个性化、实效性的体育课程教学活动的顺利开展。对课程设置进行优化，按照体育活动的运动量与素养标准，实施体育课程走班管理和行政管理的改革。鄂尔多斯市在教育教学中立足幼小初一体化衔接，实施“卷入式教师培训”，开展特色文化融入课程的整体性课程开发与多元评价指标构建，形成“幼小初一贯美术课程”“幼小初一体化衔接课程”等特色课程方案。呼伦贝尔市围绕幼小初衔接下的生活生态文化情境，实践创造力评价等课程教学探索，形成重视学生综合素养和个性特长发展的课程方案。

（三）地方特色资源丰富的课程教学形态

内蒙古自治区立足富集的人文与自然生态资源，全面探索核心素养的特色落实路径，致力于探索一条既能弘扬中华文化又能培养核心素养的特色教育之路。改革不仅关注学生知识技能的提升，更注重其情感态度、价值观和社会责任感的培养，旨在为学生提供全面发展的教育，使之成为具有国际视野和本土情怀的未来公民。

1. 自然生态赋能劳动审美课程

内蒙古自治区借助当地富集的自然生态教育资源，广泛开设生态审美劳动一体化课程，使学生深度融入当地自然环境，学习生产劳动知识技能，鼓励学生在不同的环境中学习成长，实现自然生态赋能下由传统教学模式向生态实践型教学方式的转变，通过课程教学评价稳步推进学生实践创造力的培养。在特色课程建设方面，一方面，各地市立足当地自然生态，开展普及性劳动教育与环保创造教育，努力打造生态、审美、劳动、环保、爱国一体化劳动课程；另一方面，以在地自然人文生态为载体，以通用语言文字为媒介，整合语文、音乐、劳动、思政课程内容，聚焦学生审美感知和艺术表现素养，提升学生文化自信。数据显示，79.8% 的教师认为，学校形成了体现学校办学特色的课程体系。

2. 人文生态提升课程育人品质

内蒙古通过深度融贯中华优秀传统文化与课程方案的要求，以特色文化赋能课程教学改革，以课程教学改革铸牢中华民族共同体意识，有力推动学生全面发展和民族团结共同进步。内蒙古自治区积极推进通用语言文字教育，2023 年遴选 25 个（所）中华优秀传统文化传承基地（校），采取多种行动建设现代化学校美育体系。在课程建设上，融入书法、舞蹈、戏剧、影视、数字媒体等内容，推动美育课程一体化建设；在教师素养上，依托京蒙教育协作机制，开展旗县（市、区）、乡村学校美育教师专项帮扶培训，推动美育名师跨学段、跨学科、跨区域一体化交流研修；在课程资源上，依托国家和自治区智慧教育公共服务平台，开发美育教学、展演展示、互动体验等优质数字教育资源；在主题实践上，持续推动国家级艺术院团和优秀地方艺术院团深入学校开展高雅艺术进校园活动，积极开发非物质文化遗产主题课程和实践活动；在评价机制上，开展艺术学科教师素质与能力监测，积极推进中小学生艺术素养测评工作。在全体教育工作者的集体努力下，内蒙古自治区涌现出“非遗文化进校园”“乡村生态整体育美课程”“娜荷芽课程”“昭君文化博物馆主题课程”“诗词流淌课程”等优秀课程案例。

三、初步建立课程实施监测体系

内蒙古自治区依托基础教育质量综合评价改革开展基础教育课程实施监测工作，有效推动了基础教育课程深入实施。

（一）完善动态监管机制，提升跨部门协同评价治理能力

1. 创新机构设置，保障课程方案和课程标准落实

内蒙古自治区积极调整机构设置与职能配置，明确评价责任机构，完善动态监管机制，提升跨部门协同评价治理能力。自治区教育厅下设教育科学研究与监测评估院，开展教育质量评估监测，发布监测报告，开展报告解读、结果应用指导工作。自治区教育厅印发《内蒙古自治区中小学（中等职业学校）课程教学管理规范（试行）》《内蒙古自治区初中学生综合素质评价实施意见》《内蒙古自治区初中学生综合素质评价实施指南》，从思想品德、学业发展、身心健康、艺术素养、劳动与社会实践五个维度，通过平时成绩评价、阶段检测、定期考试、综合实践活动等考核监测办法，以及问卷调查、访谈等方式，积极收集学生自评与他评数据，不断提升学校育人质量，扭转单纯以考试成绩衡量学生发展、以升学率评价教育质量的倾向。

2. 精细学校管理，以评价倒逼课程教学改革

其一，通过校长培训提升学校课程质量意识。为推进自治区课程建设行动计划有效实施，增强质量意识，提高全区中学校长课程领导力水平，自治区教研室开展以“向精细化管理要质量　向精准化施策要质量”为主题的课程建设与质量管理校长培训，提高校长的政治站位与教育认识，推动学校课程实施精细化管理监测。数据显示，77.7% 的校长 / 书记认为专业培训能够对新课程理念进行准确阐释，85.8% 的校长 / 书记认为专业培训有助于提升教师的新课程实施能力。

其二，以评促改，倒逼学校课程教学内容方式改革。调研发现，评价改革可以倒逼课程教学改革。数据显示，80.6% 的校长 / 书记、77.1% 的教师、84.9% 的教研员认为，国家、自治区两级课程实施监测为推进学校课程实施提供了参考依据，79.7% 的教研员会根据监测标准督促指导所在区域学校和教师规划学校课程。在内蒙古自治区各旗区、学校，加大课程监测评价力度、推进课堂高质量发展已成为普遍共识。内蒙古自治区通过评价改革倒逼教学目标向核心素养转变，教学观念向促进个性化学习转变，教学内容向课外拓展转变，教学方法向深度学习转变，教学活动向重视教学过程转变，教学手段向主动学习新技术转变，师生关系向平等对话转变，学生评价向全阶段动态追踪发展式评价转变。

（二）形成多元立体的基础教育课程教学质量评价框架

1. 追求全面发展的评价主体多元化

单一的教师评价主体无法胜任课程方案和课程标准导向的多元评价体系与综合评价方法。为此，由教育行政部门、教研机构、教师共同体、学生、家长及其他社会人员等组成多元评价主体，构建教学评一体化评价体系势在必行。自治区各地积极探索课程评价新方法，呼伦贝尔市开展“组备试教活动”“包联视导活动”等议课评课活动，深化“备、教、学、评”一体化改革，开展小学低学段乐考探索，指导构建成长积分评价支持微社会育人课程，涌现出“教学评一致性下的习题研究”、“九环节教学法”（见案例 4-2）等优秀教学评价案例。鄂尔多斯市实施“面向深层思维的多元课程评价”，开展学练赛一体化教学，以评促学，提升学生团队意识和良性竞争意识。数据显示，85.5% 的校长 / 书记、86.1% 的教师认为所在学校有效落实了综合素质评价实施方案，能够对学生进行综合素质评价。

案例 4-2 呼伦贝尔市某中学“九环节教学法”

呼伦贝尔市某中学按照教学活动阶段，将课堂教学分为三个阶段（目标展示阶段、目标落实阶段、目标检测阶段）与九个环节（新课导入、复习巩固、目标展示、智慧讲授、合作探究、点拨引导、课程小结、评价反馈、布置作业）。阶段与环节彼此连接，可根据教学需要调整顺序。教师可以有效地控制课堂节奏，确保教学目标的实现。教学的分解能够激发学生的学习积极性，培养学生的自主学习能力和批判性思维。

2. 核心素养导向的评价内容多维化

评价内容的多维化旨在更加真实地反映学生综合素养的长期发展趋势，在注重个体差异基础上，通过建立弹性评价标准，为被评价者的个性化、长期化、均衡化发展提供空间。内蒙古自治区稳步推进课程教学评价，小学审美评价、劳动实践过程评价、文化体验评价、幼小初衔接下的生活生态文化情境实践创造力评价等顺畅展开，出现了呼伦贝尔市“快乐伊萨仁”课程评价方案（见案例 4-3），以及鄂尔多斯市“面向深层思维的多元课程评价”等优秀案例。数据显示，72.3% 的教师认为学校建立了校本教学评价体系或方案。

案例 4-3 呼伦贝尔市伊敏小学“快乐伊萨仁”课程评价方案

“伊萨仁”源自鄂伦春语，意指集会或聚会，寓意着欢乐、共享与交流的文化氛围。“快乐伊萨仁”课程评价涉及 5 大类（生活技能、体育技巧、动手能力、文明公德、安全防护）、13 个小项（图形探索者、计算小能手、小小朗诵家、识字小达人、唱一唱、画一画、道德标兵、动手能力、运动技能、生活技能、安全自护、围棋、轮滑），强调学生情感、态度和价值观的重要性，并通过家校沟通合作等多种途径提升学生学习的效能。

3. 面向实践素养的评价方法多样化

评价方法的适切程度是评价准确性的重要依据，在评价过程中，综合采用量化指标与定性分析相结合的评价方法，能够更加准确地反映学生的真实情况。内蒙古自治区积极采用无纸化评价、成长积分评价、档案资料长时段增值性评价、多维框架下的素养精准增量评价、真实情境下的生物学科实践素养评价、差异化激励性评价、文化情境实践创造力评价等多样化评价方法，着眼学生综合素养长期均衡发展，对齐学科知识实践素养指标与合格性考试评价细则，确保学业评价的客观性、准确性、发展性、公正性。呼和浩特市某数学教研员指出，多样化的教学评价方式能够明显提高学生对数学的兴趣和理解深度，有效提升数学素养评价的准确性。数据显示，79.4% 的教师能够在日常教学中设计具有探究性、实践性、跨学科性的作业。

4. 试点推进人工智能与教师人工双评价机制

内蒙古自治区采取试点推进方式探索人工智能与教师人工双评价机制，积极探索“智慧 + 教育”背景下人工智能赋能学科素养评价新方式，包括技术赋能中考生物学实验技能合格性考试评价、数字化实验室场域下的物理光学实验评价、人工智能赋能学生自主监测体育运动等。呼和浩特市某初中生物学教研员表示，呼和浩特市正在研究中考生物学实验技能合格性考试的评价细则，其主要亮点是引入人工智能技术辅助生物学实验技能评价。通过人工智能和教师人工双评机制确保评价的客观性和准确性，有助于构建连续的、全面的学生评价体系。呼和浩特市某数学教研员表示：“信息技术工具如几何画板或其他类似的动态几何软件的应用，可以极大地丰富教学内容和评价方式。”呼和浩特市某体育教研员表示：“试点学校通过人工智能覆盖体育场地，为学生开展体育锻炼长时段增值性评价服务，通过对比学生不同学年乃至学段的体育动作标准程度、体育锻炼心率变化、单位时间锻炼强度等指标，让学生自愿、积极、主动地开展体能训练。”技术赋能数字化评价正成为呼和浩特市课程教学改革的新发展趋势。

四、数字平台赋能下沉式教研

调研发现，教育数字技术平台在内蒙古自治区的应用具有天然合理性：一方面，数字平台的跨时空性能够帮助教育工作者克服辽阔空间带来的交流障碍，服务其开展深度教研合作学习；另一方面，数字平台的顶层支持与层级整合能够有效建立国家 - 自治区 - 盟市 - 旗县四级教育数据生态，促进课程方案和课程标准的理念与一线教学实践的有效契合。借助下沉式教研服务，可以实现优质教育资源借助数字平台向基层学校尤其是乡村或偏远地区学校延伸。通过线上精品课展示、送课下乡、帮扶结对、蹲点教研等“线上 + 线下”活动，推动教育数字资源的均衡分配，促进教师专业成长，提升教学质量。内蒙古自治区广泛运用区域数字技术平台，开展优质课程学习、教研指导合作、域内外课程教学改革经验交流等活动，极大拓展了课程方案和课程标准的实施范围。某教研员表示，以前的实地教研，光是教师往返就要花一个星期的时间，现在凭借数字平台，仅靠十余人的团队，便可实现对市级教研的基本覆盖，并通过四级教研体系对某些乡村学校“一竿子插到底”。

（一）借助数字平台开展卷入式教研

基础教育课程教学改革对教师教学能力提出了更高要求，培训和教研支持尤为重要。内蒙古自治区教育厅和呼和浩特市教育教学研究中心为推进课程教学改革采取一系列措施，普遍采取“线上＋线下”教研模式，对基层学校教师开展卷入式教研培训和指导活动。内蒙古自治区教育厅组织多种“走出去、请进来”活动，邀请专家对教研员、骨干教师乃至普通教师进行线上讲座和线下指导。聚焦课程教学改革主题，呼和浩特市教育教学研究中心组织多次专题培训，着眼课程教学改革的关键点，借助国家中小学智慧教育平台和内蒙古中小学智慧教育平台，通过课例展示的方式，直观地向教师们呈现新的教学方法和策略，帮助教师理解和应用。网络名师工作室聚集一批有经验的教师，通过集体研讨、案例分析、示范教学等活动，引导教师转变教育观念、创新教学方式，并通过线上展示和线下指导的方式，以学期为单位，对基层教师开展完整单元式培训。各旗县区的教研中心积极响应课程教学改革的号召，依托内蒙古中小学智慧教育平台，开展单元整体教学名师工作展示与教研指导，实施跨越自治区的超前式线上备课展示，以课题专项通道为激励机制，为教师提供网络备课、远程教研、在线交流等服务，推动数字化转型与学科教学实践方案的深度融合。访谈发现，内蒙古自治区广泛举行课程方案和课程标准解读培训、新课程新教材培训、新课程实施全过程实践化培训等活动，深入基础教育一线，为偏远薄弱地区学校教师提供常态化、周期性的专业培训。

（二）深入旗县开展四级教研共同体联动帮扶

自治区－盟市－旗县－学校四级教研共同体建设有力，教研活动制度化推进成效显著。内蒙古自治区教研室联合鄂尔多斯市教体局，以月为周期，开展“五个一”下沉式教研，即跟进一个旗区、开展一次浸入式指导、每次围绕一个主题、组织一次专题教研、解决一个共性问题，2023 年共深入一线跟进 126 所学校，形成校际一对一结对帮扶、自治区示范园牵头组建帮扶共同体、由旗区教体局牵头开展集团化办校三种教研帮扶模式。四级研修共同体对深化教学改革的作用主要包括以下方面。

首先，教研共同体通过周期性的教学视导和城乡交流活动，实地检查和指导乡村学校教师教学工作，确保课程方案和课程标准的精神和要求得到有效贯彻。

其次，以名师引领确保课程实施与教学评价的一致性，通过学科带头人的“线上＋线下”课例展示，引导教师关注课程方案和课程标准落实以及学生核心素养培育情况，强化基于课程方案和课程标准理念的大单元教学设计。

最后，以名师工作室为核心，带领名师团队深入县区直属学校以及有教学指导需求的学校，点对点开展课堂教学展示交流、教师培训等全方位的研修活动，促进教师共研共学共享共进，不断促进教材理解、课程方案和课程标准理念践行以及教学智慧共享，推动教育均衡高质量发展。

（三）创新共同体教研内容方式

调研发现，学习共同体的构建是一种有效提升区域教育质量、促进教师专业发展和教育资源共享的策略。首先，以学科骨干教师为中心的共同体能够引导教师对课程方案和课程标准的学习和实践，确保教师理解课程方案和课程标准并能够将其要求融入日常教学。其次，共同体有助于形成完整的课程探索方案，以动态追踪方式形成理念探索、初期试课、反思总结、深度提升、经验总结、成果推广的完整链条。最后，以学期为周期，共同体会展示阶段性成果，包含教学策略、案例分析或教学资源等。相关成果展示不仅可以促进共同体内部的知识交流，也为广大一线教师提供了学习和借鉴的机会，确保了最佳实践成果得以广泛传播，进而增强基础教育系统的整体效能。数据显示，80.3% 的教师认为，区域教研和校本教研正在步入周期化、常态化轨道。

1. 国家中小学智慧教育平台推广优质课程资源

在课程教学深化改革背景下，国家中小学智慧教育平台已经成为促进中小学教师发展的重要支持力量。调研发现，内蒙古自治区广泛开展国家中小学智慧教育平台应用暨数字化能力提升培训活动，大力推进人工智能赋能教育新理念、新路径。自治区教育厅建立呼和浩特、包头、鄂尔多斯、乌兰察布四市数字教育资源公共服务共享平台，实施“互联网＋教育”示范引领项目。数据显示，73.5% 的教师在教育教学中能有效使用人工智能和大数据技术，技术赋能、平台支撑正成为内蒙古课程教学改革的新发展趋势。

2. 人工智能赋能课程教研指导深度开展

教育数字化是国家教育改革的重要战略部署，信息技术赋能课程教学改革，为基础教育高质量发展注入动力。调研发现，内蒙古自治区对数字技术的应用主要体现在以下方面。其一，依托内蒙古中小学智慧教育平台，开展单元整体教学名师工作展示与教研指导，实施跨越全自治区的超前式线上备课展示，以课题专项通道为激励机制，为教师提供网络备课、远程教研、在线交流等服务，推动数字化转型与学科教学实践方案成果的深度融合。其二，围绕如何运用数字资源进行备课授课、分层作业、出题组卷等开展培训，开拓教师开展数字化教学的思路，为设计符合课程标准要求、贴近学生需求的课程教学与评价提供精准指导。呼和浩特市以省级网络信息平台为依托，广泛借鉴中国教育科学研究院等机构的智慧经验，建设跨区域网络教研培训指导平台；鄂尔多斯市借助区域特色优势，广泛吸纳周边骨干教师及先进经验；呼伦贝尔市在借鉴沿海地区教育经验的基础上开展具有地方特色的项目式学习实践模式探索。内蒙古自治区各市旗广泛深入运用人工智能、数字技术辅助课程教学，涌现出“几何画板赋能数学教学”等优秀案例。

3. 跨空间教研培训巩固专业支持

内蒙古自治区以数字平台为依托，以教师培训为延伸，创设多元立体式的教师培训方式，为教师专业成长提供支撑。调研访谈发现，内蒙古教育厅为推进课程教学改革采取了一系列措施，组织多种“走出去、请进来”的活动，邀请专家对教研员、教师进行培训。呼和浩特市设立教育教学研究中心，组织多次线上专题培训，与全国名师工作室形成线上联动，聚焦课程教学改革难点痛点，通过网络课例展示，直观呈现新的教学方法策略，帮助教师理解应用。鄂尔多斯市以教育教学研究室为依托，组织区域间教研合作、特色文化课程开发，构建线上＋线下课程教学改革教研机制。呼伦贝尔市设立教育事业发展中心，以下沉式服务巩固教研力量指导一线课程教学改革能力，以数字化平台突破空间限制，增强教学教研指导的即时性针对性。各旗县教研中心积极组织当地教师参与线上培训，不断探索和优化人机协同教学方法，提升教学效果。呼和浩特市某音乐教研员表示，在课程教学改革背景下，教师培训呈现多样化发展趋势。

总体来看，内蒙古自治区教研的突出亮点是借助数字平台广泛开展下沉式教研服务，组织教研骨干力量深入旗县，实施针对性、骨干式、实践化、全周期帮扶指导。

其一，内蒙古自治区教育装备技术中心在前期了解学校实际需求的基础上，深入学校详细讲解国家中小学智慧教育平台的资源获取、课件制作等使用方法，并同教师一起进行现场操作应用，及时解决使用过程中可能出现的各种问题，扎实提升教师有效利用资源开展教育教学的能力。其二，采用线上精品课展示、送课下乡和帮扶结对等活动，扎实提升教研质量。线上精品课展示通常由经验丰富的教师或专家在特定主题下展示高质量的教学示范课，具有创新性、示范性和可推广的特点，能够给一线教师提供优秀的教学案例和教学策略，帮助教师提升教学技能。送课下乡是指将优质的教学资源和师资力量下沉至乡村学校，通过网络媒介，直接面向乡村学生进行授课，不仅直接提升乡村学生的受教育质量，也为当地教师提供观摩和学习的机会，有助于提高乡村教师的教学水平。帮扶结对是指城市学校或优质学校与乡村学校或薄弱学校形成一对一的帮扶关系。其三，通过定期交流、资源共享、共同教研等“线上 + 线下”方式，帮助乡村学校提升教育教学质量，促进教师间的相互学习和支持，探索具有内蒙古特色的数字赋能项目式学习实践模式。

五、通用语言文字教育铸牢中华民族共同体意识

2022 年，教育部联合 11 部门印发《关于加强学校铸牢中华民族共同体意识教育的指导意见》，要求学校将铸牢中华民族共同体意识融入办学治校、教书育人全过程。铸牢中华民族共同体意识教育对塑造学生的中华民族共同体认同、厚植中华民族共同体情感，具有不可替代的作用。内蒙古自治区各地将铸牢中华民族共同体意识与课程融合，纳入课程思政必修内容，打造铸牢中华民族共同体意识主题教育品牌，创建铸牢中华民族共同体意识的学校文化环境，丰富社会实践活动。调研发现，内蒙古自治区铸牢中华民族共同体意识的举措有三项。一是编订通用语言文字教材，以《语文读本》为桥梁，贯通通用语言文字与蒙古语课程教学。二是建设学校阵地。三是深入开展爱国主义教育主题活动，从历史印记、民族团结、交融发展等角度铸牢中华民族共同体意识。数据显示，86.4% 的教师赞同“把铸牢中华民族共同体意识融入教育教学全过程”，体现出内蒙古教师较高的中华民族共同体意识。

（一）大力推进国家通用语言文字课程教材建设

内蒙古自治区依据《中华人民共和国国家通用语言文字法》开展中小学地方课程

教材审查工作，发布《内蒙古自治区实施〈中华人民共和国国家通用语言文字法〉办法》，编订并审查《蒙古语文》教材，以《语文读本》为桥梁，贯通通用语言文字与蒙古语课程教学。自 2020 年以来，呼和浩特市为促进民族语言授课学校使用国家统编教材，开展了教师专项培训、分层培训、课题研究、备课指导等工作。

1. 大力开发通用语言文字教辅资源

内蒙古自治区高度重视国家通用语言文字教育，将加强国家通用语言文字推广使用、全面推行使用国家统编教材列为《内蒙古自治区“十四五”教育事业发展规划》的主要目标，采取多种措施，以通用语言文字教辅资源开发为中心，多主体联合推进通用语言文字教育工作。首先，成立自治区－地市－高校三级语言文字工作委员会，分层联动实施国家通用语言文字推广普及工作，确保国家通用语言文字教育事业有序推进。其次，加大财政投入和教学科研投入，开发与通用语言文字国家统编教材相适应的教辅资源。在自治区教育厅的统筹安排下，各学校深入研究国家通用语言文字教育在地化的教辅资源建设方案，细化通用语言文字教学大纲和教学计划的对应知识结构，整合各级学校教研力量，编写了一系列通用语言文字读本，作为从《蒙古语文》到国家统编教材的桥梁。系列读本在全自治区原民族语言授课学校中广泛推广，起到关键的补充和支撑作用。在此基础上，内蒙古中小学智慧教育平台组织优秀教师录制国家统编教材单元复习课和教材同步示范课（迄今为止已录制 26 节单元复习课和 94 节教材同步示范课），丰富了公共教育服务平台推进通用语言文字教育的功能。最后，基于语言知识库，融贯蒙古语与通用语言文字间的关联规范标准。

2. 多渠道提升师生国家通用语言文字素养

内蒙古自治区全面推进通用语言文字教学工作，通过多种渠道，综合提升师生运用通用语言文字开展教育教学的素养。

首先，组织教师培训，提升教师运用通用语言文字实施教学的能力水平。一是充分利用自治区国家通用语言文字应用能力提升项目，提升教师国家通用语言文字水平。二是联合北京师范大学等 14 所区外高水平师范院校，协同区内 6 所师范院校，对教师持续开展培训。三是根据原民族语言授课学校教师队伍情况，开展“一对一”“多对一”对口结对或联盟帮扶，有效提高原民族语言授课学校教师使用国家统编教材的能力和课堂教学质量。四是借助四级教研体系，引领原民族语言授课学校教师用好新教材，掌握新教法。五是根据原民族语言授课学校教师现状及教学工作需求，合理规划分年度、分学科的支教人员规模，千方百计建强原民族语言授课学校教师队伍。

其次，采取多种措施，扎实提升学生运用通用语言文字学习效能。一是确保从幼儿园到高中，各级各类学校全学段贯彻国家通用语言文字教育。二是从识字、写作、阅读、表达等方面进行知识存量补给研究，以原民族语言授课学校为抓手，扎实培养学生通用语言文字能力。三是通过加强教师队伍建设、优化课程设置、改进教学方法等手段，用国家通用语言文字铸魂育人。四是积极开展普通话水平测试和通用语言文字规范化达标评估专项督查，确保各级各类学校学生达到国家规定的等级标准。五是将国家通用语言文字工作纳入校园文化建设和文明创建的整体工作中，通过诗词大会、全民“悦”读等活动，将国家通用语言文字教学内容融入学生的日常生活。

3. 提升通用语言文字育人功能

实施“1+4+N”模式，即 1 所原民族语言授课学校与 4 所优质学校合作，开设 N 门课程，精选 22 名优秀教师进行走教，深入 3—4 所原民族语言授课学校，为其提供专项指导、帮扶、示范和答疑课程，以增强原民族语言授课学校的实际教学效果。呼和浩特市逐步夯实通用语言文字教材在促进中小学德育课程建设与学科教学有机融合中的作用，努力提高德育课程的教学效果。数据显示，79.8% 的教师认为通用语言文字教材符合国家、地方新课程方案与学校课程规划。

（二）重点打造中华民族共同体课程

一是将中华民族共同体意识纳入必修内容。内蒙古自治区各级各类学校深入细致地梳理中华优秀传统文化在地生长的历史脉络，将中华民族共同体意识教育全面纳入中小学教育体系，引领中小学生牢固树立正确的国家观、历史观、民族观、文化观、宗教观，加强对青少年的历史文化教育，全面推广普及国家通用语言文字，为推进中华民族共同体建设提供强大精神文化支撑，以社会主义核心价值观为课程培根铸魂。

二是将铸牢中华民族共同体意识与课程知识深度融贯。内蒙古自治区各族人民的文化自觉和历史实践与中华民族共同体意识天然一体，从长城沿线到万里茶道，内蒙古自治区无处不是流淌着民族大爱的沃土，“齐心协力建包钢”“三千孤儿入内蒙”的动人故事，诉说着各民族共同团结奋斗的光荣传统，共同见证各民族交融汇聚成多元一体中华民族的历史。内蒙古自治区融汇红色文化、农耕文化、黄河文化、长城文化等于一体，深入挖掘内蒙古自治区大地上各民族团结奋斗、守望相助的史实背后的课程育人价值，生动展现各民族交往交流、共生共享的教育生态，并将其作为弘扬中华民族伟大精神、增强中华文化认同的重要载体。其优秀案例有“昭君文化博物馆主题课程”“革命文化课程”“‘馆校共育石榴籽中华民族一家亲’民族团结主题课程”“‘让古诗词流淌在校园里’年级阶段提升课程”“中华优秀传统文化校本课程”等。

三是发挥少先队先锋作用，开展中华民族共同体意识教育。内蒙古自治区少先队通过一系列创新性的教育活动，致力于培养青少年对中华民族共同体的认同，强化青少年对中华民族多元一体格局的认知及观念。呼和浩特市红领巾名师工作室与全国各地的教育专家合作构建集研究、教育和培训于一体的跨区域平台，团结各中小学红领巾名师工作室，承担自治区“石榴籽小课堂”开发项目，完成了五期“石榴籽小课堂”的筹备、策划和拍摄工作，深入浅出地讲述了各民族相互依存、和谐共生的故事，不仅丰富了学校教育的内容，也使学生在成长过程中逐渐树立起正确的民族观、历史观和国家观，增强学生作为中华民族一员的自豪感和责任感，感受中华民族大家庭的温暖和力量。

四是加强阵地建设，优化铸牢中华民族共同体意识的整体文化环境。内蒙古自治区基层学校的一大特点是深度融入在地生态，其中最为关键的生态便是中华民族共同体的生产生活与精神文化活动。一方面，许多学校采用升国旗、唱国歌、讲述红色故事等方式传播爱国主义精神，深入培植学生“我的脚下是祖国”的爱国主义信念；另一方面，将爱国主义教育与日常生产生活紧密结合，积极开展学生讲述民族团结故事、“我心中的祖国”主题绘画等活动，在一点一滴中潜移默化地陶冶学生的民族团结一家亲的情怀。

呼伦贝尔市建设了生态、审美、劳动、爱国一体化育人课程。首先，将学生直接带入草原林场的生态情境，使学生具身体验自然生态之美、学习畜牧业林业的劳动知识；其次，通过环保回收教育，使学生直观感受并亲身实践“我的脚下是祖国，我们都要爱护她”的课程理念；最后，学生使用收集到的废弃物品开展手工劳动和爱国主义主题创作，深化其爱国主义信念和劳动实践素养。诸如此类的活动使各民族中小学生更加深刻地认识和体会到各民族当下幸福的生活来源于党和国家带领全国人民开展的共同建设，从而更加强烈地认同祖国，产生中华民族的归属感，生成鲜明的爱国主义精神和扎根家乡、建设家园的生态文明劳动素养，以在地化的劳动实践凝聚起实现中华民族伟大复兴的磅礴力量。

（三）优化中华优秀传统文化课程

内蒙古自治区各学校立足坚定的中华民族共同体意识与丰富的民族特色文化，采取多样措施，提升课程育人品质。

一是形成中华优秀传统文化课程资源共同体。中华优秀传统文化课程建设是内蒙古自治区课程教学改革的重要环节，需要多方主体积极展开合作。内蒙古自治区开展自治区、盟市、旗县三级优秀传统文化课程建设示范校、特色校创建活动，旨在提升全区各级各类学校中华优秀传统文化课程建设理念、课程建设能力、校级课程实施方案品质，进一步增强广大校长、教师的课程教学改革意识与课程实践能力，转变教学理念，提高教学能力。

二是推动文化赋能美育课程体系一体化建设。在课程资源上，依托国家和自治区智慧教育公共服务平台，开发美育教学、展演展示、互动体验等优质数字教育资源，融入书法、舞蹈、戏剧、影视、数字媒体等内容。在评价机制上，开展艺术学科教师素质与能力监测，积极推进中小学生艺术素质测评工作。

第5章

黑　龙　江

在教育部的领导和部署下，黑龙江省各级教育部门、学校和教师积极响应和贯彻国家基础教育课程教学改革政策和措施，全省基础教育课程教学改革取得明显成效。通过体制机制创新，形成了多级联动的课程教学改革体系。教育行政部门出台课程教学改革相关政策，广泛宣传，有序推进，做好地方课程实施规划，指导学校完善课程体系，聚焦关键领域，推动课程教学改革稳步前进。教研系统积极行动，通过多种途径开展教研工作，着力提升教师施教能力，努力提高科学教育质量，为课程教学改革提供有力的专业支撑。学校积极整合课程资源，优化课程结构，创新教学方式，变革教学评价，努力将国家课程政策落到实处。教师自觉参与课程教学改革，更新课程理念，提高专业能力，参与学校课程建设，积极变革教学方式，努力打造核心素养导向的课堂教学。

一、积极推进体制机制创新，形成多级联动的课程教学改革体系

（一）建立省 - 市 - 县 - 校四级联动教研模式

为全方位落实课程方案和课程标准理念，黑龙江省形成了省 - 市 - 县 - 校四级联动教研模式，采用集中培训与分散培训相结合的形式狠抓教研员和教师培训，通过主题式教研培训、联盟式教研、跨学科教研、跨区域主题教研等方式确保课程方案和

课程标准能在教学过程中得到全方位落实。

一方面，各地以教研机构改革为契机，打造上下联动、高效运行的教研工作机制。黑龙江省将原有教研、科研、教师培训、电化教育、考试评价等省级业务部门进行整合，成立黑龙江教师发展学院，服务教育质量提升和教育决策。另一方面，各地围绕课程领导力、项目式学习、作业评价改革等课程教学改革的重点领域和关键环节，采用基于证据、项目式、线上线下融合等多种教研方式，助力教师专业成长和学生全面发展。

哈尔滨市成立6个领航示范发展共同体，由领航学校引领，示范学校跟进，带动薄弱学校共同进步。全市积极推动建设市－区－校三级联盟，先后三批组建12所基地学校、15所城乡联盟学校，组建66个学科教研联盟，通过“确定一个主题、破解一个难题、组建一支团队、培养一批名师、练就一项真功”的“五个一”活动，加强对基地学校的指导并进行全市展示交流，推进市－区－校三级教研联动。开展全市教研组展评活动，百个教研组千名教师参加市级展示，提高了教研工作的针对性和实效性，促进了全市教育教学质量提升，实现了区域教育均衡发展。

大庆市针对中青年教师组织培训班，以教育行政部门为领导，以教研部门为动力，以课题研究为抓手，推进课程教学改革，全方位提升教师、教研员专业能力。大庆市初中历史学科采用全市集体备课形式提升教师教学研究能力，提高教学质量。

黑龙江省已经形成有组织、多主体、可持续的省－市－县－校四级联动教研模式，使全体教师的教科研能力提升有了制度保障。齐齐哈尔市某小学教师表示，区域内学校联动教研模式提高了薄弱学校教师的教学水平，为学校全面推进创新教育提供了源头活水。

（二）构建政府、高校、学校、家庭多方协同机制

各地在实践中积极探索校内外多方协同机制，充分发挥政府、高校、学校、家庭等多元主体在解决课程资源开发、人工智能应用、科学教育、师资培养培训等重难点问题上的优势和作用。通过高校与中小学结对合作，组建中小学环高校科学教育联盟，并签订区域高校与中小学科学教育合作协议，实现协同推进、课题同研。哈尔滨市某中学在省市教育行政部门、黑龙江教师发展学院、哈尔滨市教育研究院的支持下，依据省级基础教育课程实施办法，制定学校整体课程规划。

一是层级递进，丰富课程内容。构建“三育课程”体系为学生提供多元的课程选

择。在课程体系建设上统筹国家课程和校本课程，关注学生核心素养的提升，构建了由“普育筑基”“个育延展”“卓育提升”组成的“三育课程”体系。“普育筑基”课程聚焦学生终身成长必备的基础知识、基本能力。“个育延展”课程服务于不同学生的特长发展和兴趣延伸，并给学生更多的课程选择。“卓育提升”课程服务于能力、禀赋出众的学生，培养创新人才，并突出高中与大学的链接、高中与国家省市重要项目的链接。课程内容涵盖科学知识探究、人文素养提升、技术实践创新、审美情趣陶冶、信息意识培育、传统文化浸润、国家公民素养、国际视野素质、社会生活参与、健康身心养成等十大类。

二是整合资源，提升课程品质。从“内部挖掘”“外部引进”“借助项目”三方面开发课程，为学生提供更专业的指导，搭建更优质的平台。“内部挖掘”指遴选在学科专业知识上有更深研究的教师，开设数学、物理、化学、生物学、科创等竞赛课。“外部引进”指引入高校和科研院所资源弥补高中资源不足问题。利用北京大学、中国人民大学、哈尔滨工业大学等资源，开设大学先修课程；邀请知名专家学者走进校园，进行科技创新讲座，分享科技前沿动态；与哈尔滨工业大学、哈尔滨工程大学等高校与科研机构建立合作关系，设立科普基地。“借助项目”指借助国家、省、市以及高校的创新人才培养项目，拓展学生发展空间、提升创新教育品质。

（三）形成常态长效的示范引领机制

针对不同地区、不同学校教育发展不均衡的现实，各地充分发挥改革先行地区、样本学校和优秀教师的示范引领作用，辐射带动薄弱地区、农村学校和全体教师共同发展。

哈尔滨市某中学以校本研修为平台，抓教师队伍建设，打造与时俱进的学习型团队，进一步更新教育观念，深化课堂教学改革。以教学评一体化为统领，完善学校多元评价体系，发挥评价的导向激励作用，以评促改、以评促教、以评促学。提升学校校长和教师的课程领导力，让课程教学改革真正落地见效。哈尔滨市还有中学构建了“三学六研”集体研修范式：“三学”指的是学理提升、学科理解、学情跟踪，“六研”指的是研学教育理论、研习模式方法、研讨教学内容、研究核心素养、研磨例题习题、研创阶梯作业。其中学科理解着力凸显教师对学科知识及其思维方式和方法的本原性、结构化认识，将学科理解与课程标准、核心素养、课程内容、学习目标紧密结合，提升课堂教学质量。

在开齐开足国家规定的课程外，哈尔滨市有中学坚持开设科学知识探究、人文素养提升、技术实践创新等 10 大门类校本选修课程。其中最受关注的是学生讲坛课程，这是由学生自行选题、自主编排讲义并担任授课讲师的校本课程项目。课程要经过严格的审查程序：确定课题，撰写授课内容，提交学生讲坛申请表，进行课程介绍和课时计划分析，制作宣传海报，参加学生预选，进行试讲，评委综合评定，最后确定上课人选。近三年来，已有 30 余名学生走上讲台。学生社团活动课程排进课表，每学期社团课达 85 门。

哈尔滨市另一中学在课程实施方面也进行了创新性调整。时间上长短课时相结合。音乐、美术课程采取大课时走班制 + 学科选项课的教学模式。空间上让课程走出校园，让学生走进社区、博物馆。形式上分类选项课和传统教学模式相结合，体育组开展选项教学，形成必修选项课、选修课和活动课“三位一体”的教学模式。资源上聘请校外专家走进课堂。两院院士、大学教授、艺术家、非物质文化遗产传承人等纷纷走进校园成为讲授者。

二、行政部门出台课程教学改革落实政策，规划课程教学改革

各级教育行政部门结合地方教育实际情况制定一系列有针对性的教育政策，将国家政策不折不扣地落到实处。各级政策文件为深入推进基础教育课程教学改革明确了方向，学校根据政策需要和办学现实科学编制课程发展规划、新课程实施发展方案、课程体系建设方案，形成课程教学改革的行动方案。

（一）广泛宣传课程政策，提高课程理念认同程度

各地对新课程教学改革保持高度关注。新课程方案和课程标准一经颁布，各地便掀起了学习的热潮。哈尔滨市组织 3 万名教师参加“读课标、研课标、谈课标、用课标”教研活动，深化对新课程教学改革时代价值和现实意义的认识。某中学校长指出，学校开展了老教师解读课程方案和课程标准的行动，老教师带着新教师结合教学经验解读、认识、使用、落实课程方案和课程标准，使全体教师在实践过程中逐渐对课程方案和课程标准的理念有了更深的认同，为全面深化课程教学改革奠定了基础。

新课程教学改革继承了历次课程教学改革的宝贵经验，吸收了教育教学研究的最新成果，提出了许多新理念、新举措、新方法。随着课程教学改革的推进，这些

新理念、新举措、新方法得到广泛接受和深刻认同，诸如“核心素养”“学生中心课堂”“大单元教学”“大概念教学”“学科实践”“跨学科主题学习”“项目式学习”“整本书阅读”“教学评一致性”“任务群教学”“人工智能赋能教育教学”等概念术语备受关注，不仅成为教师讨论的高频词语，也成为教育教学研究、课堂教学实践的概念指针。

黑龙江省各地教育行政工作者、广大教师普遍认为，新一轮课程教学改革的方向是对的、理念是好的。数据显示，75.1% 的教师认为所在学校课程实施规划方案对教育教学具有很强指导性；84.2% 的校长 / 书记认为所在学校在行政部门和专业机构的指导下，规划了学校课程并组织实施；80.9% 的教研员督促指导了所在区域学校和教师规划学校课程。这表明，教师、校长 / 书记、教研员总体上认真落实了课程规划制定与实施工作，并认为课程实施规划方案对地方教育教学具有较强的指导性。

黑龙江省紧抓课程实施与教材使用常态化监测，对课程实施与教材使用质量进行持续监管。按照教育部印发的《国家义务教育质量监测方案（2021 年修订版）》的要求，黑龙江省组织开展全省中小学课程实施视导调研、全省普通高中选科情况调研和创新人才遴选及培养情况调研，结合地方、学校实际提出指导改进意见，研制《中小学课程实施与教材使用监测工作方案》，在全省有序推进课程实施常态化监测，确保课程实施与教材使用质量。

（二）有序推进改革进程，落实学生主体

黑龙江省明确作业改革计划，深入细致地研究作业设计的走向，同时将整个改革进程划分为三个关键阶段。首先是重调研阶段，全面深入地剖析当前作业体系中存在的各类困境，精准找出问题的症结所在；其次是重问题阶段，针对调研发现的问题，积极探寻切实可行的作业优化路径，不断尝试新的作业模式与方法；最后是重实效阶段，依据前期探索的成果，大力改进作业设计与实施方式，切实提升作业的质量与效果。通过这一系列有条不紊的步骤，充分激发学生的好奇心、想象力以及求知欲，让学生从繁重的课业负担中解脱出来，真正实现轻负高效的学习目标。

数据显示，实施作业改革后，认为学生自主学习时间增加的教师、校长 / 书记、教研员比例分别为 79.5%、83.2%、71.2%。

（三）构建完善课程体系，突出课程特色

精心打造多种课程形态，以全方位满足学生个性化学习需求以及全面成长的目标追求。在课程实施过程中，巧妙且有机地将德智体美劳五育融入教育教学的每一个环节。紧紧围绕核心素养导向这一核心，紧密贴合学校的育人目标，提出课程构建总体思路。其中，基础课程作为基石，涵盖国家和地方规定的课程内容，为学生奠定坚实的知识基础；拓展课程作为延伸，是国家级课程在学校层面的个性化拓展，进一步拓宽学生的知识视野；实践课程则围绕五个维度的育人目标开展丰富多彩的主题活动，并将每一个系列活动进行课程化处理，例如，让学生在专属的节日活动中，深刻感悟并传承经典文化、积极探索科学奥秘、踊跃参与体育运动、尽情领略艺术魅力、切实体验劳动价值，实现学生综合素养的全面提升。

（四）聚焦突破关键领域，力求减负提质

加强减负提质研究。以“双减”撬动基础教育整体变革，必须紧紧抓住课堂教学、课后服务和作业设计三个重点，以素养作业开启学生全面成长之旅。学科教研团队坚持作业改革的三个导向：立足课堂，坚持目标；关注学生，坚持素养；强化实践，坚持成果。

数据显示，76.1% 的教师、85.2% 的校长 / 书记、74.2% 的教研员认为学生作业总量和时长缩短了。

三、教研系统积极行动，推动课程教学改革具体落实

（一）多种途径开展教研工作，构建教研联盟

各级教研部门紧密结合地方教育教学实际，深入开展扎实且富有成效的教研工作，为中小学基础教育课程教学改革输送专业力量。设立市区薄弱学校教研员联络制及市区优质学校与县域学校托管帮扶制，多校借助智能备课系统依课程标准教研，通过技术助力教师专业成长，有力推动城乡义务教育一体化发展，积极构建“教联体”帮扶模式，覆盖所有农村中小学校，促使联盟学校多方面同步提升。同时，名师工作站也充分发挥示范引领功效，借主题教研传递课程教学改革理念，助力教师提升教科研能力。

（二）聚焦课堂教学，促进教师施教能力提升

各级教研部门将课堂教学改革作为教研的重点工作，采取多种措施促进教师施教能力提升。齐齐哈尔市以“自主互助学习型课堂”为根基，秉持核心素养以生为本理念开展顶层设计，以学定教，借助“学、展、评、练”四步教学环节保障教学目标精准实现。为科学评价基础课程，构建研修共同体，采用课堂观察策略，重点关注学生的学、教师的教、课程实施、课堂文化四个维度，凸显学生主体地位，落实学科核心素养，全方位加强施教能力研究与实践，从教学理念、环节设计到评价体系构建等多维度提升教学质量与效果。

数据显示，79.0% 的教师认为区域教研及校本教研活动极大提升了自己的教学能力，83.0% 的校长 / 书记认为区域教研及校本教研活动极大提升了本校教师的教学能力，85.4% 的教研员认为区域教研及校本教研活动极大提升了本区域教师的教学能力。这表明，区域教研及校本教研活动能够有效提升教师教学能力。

（三）加强实验区建设，提升科学教育质量

黑龙江省重视科学教育，教研系统着力加强实验区建设，为科学教育质量提升提供专业支持。齐齐哈尔市被评为全国首批中小学科学教育实验区，以培养学生核心素养为指引，聚焦科学教育重难点，探索区域有效模式并实施专项行动。齐齐哈尔市教研部门履行教研、科研、培训职能，依国家课程方案与课程标准开展科学类基础课程实施工作，以科学学科项目化、教学系统化为导向组织教研，以开发“科学 +”跨学科课程为目标拓展领域，全面推动科学实验区创建工作迈上新高度，提升科学教育质量与影响力。

数据显示，75.3% 的教师认为自己能够按照课程方案和课程标准完善学科实验教学，77.9% 的校长 / 书记认为所在学校教师能够按照课程方案和课程标准完善学科实验教学，75.5% 的教研员认为所在区域学校能够将实验课开设情况纳入教学视导和日常督导。这表明，教师、校长 / 书记、教研员总体上能按照课程标准完善学科实验教学并将其纳入督导。

四、学校整合资源，落实课程教学改革

（一）积极整合课程资源，优化课程结构

课程资源是提高教育质量的重要保障，是学校教育事业发展的重要组成部分，直接影响学生的学习效果和综合素质提升，是课程方案有效落实的重要条件。注重课程整合与结构优化，打破学科壁垒，构建跨学科、综合性的课程体系，有助于学生更好地理解和应用知识，提高解决问题能力，实现全面发展。

学校普遍重视课程资源建设，在国家课程方案的框架下利用学校文化特色、区域历史文化等打造特色化、个性化的课程体系。大庆市教育局、教师发展学院计划三年内认证 100 个美术名师艺术工作坊，重点打造 10 项美术学科品牌课程。大庆市还在“工业学大庆”号召提出 60 周年之际，充分利用大庆精神、铁人精神资源和地域特色，活化形式、拓宽途径、丰富内容，积极推广大庆校园版画课程，校园版画艺术传承在全市幼儿园、小学、初中、高中与大学开展，版画特色教学蔚然成风，成为大庆地域美育品牌课程。

齐齐哈尔市以“五色教育育桃李”“航天精神培根铸魂”“多元活动燃星火之辉　红色文化育燎原之势”“探索自然　快乐生活”“从‘责任田里’走出的少年郎”“托举恒昌梦　一生工匠心”等系列化项目式活动构建德育课程体系，让教育更加生动、深入而全面，在潜移默化中铸牢中华民族共同体意识，打好学生生命底色。此外，基于智慧型学伴关系、思维关系结构及关系阶段模型，大庆市探索初中思政课程建设，围绕智慧型学伴关系推进主题深度学习，解决师生发展过程中存在的瓶颈问题。

互联网时代信息技术是深入推进课程教学改革的重要资源。哈尔滨市依托“冰城小数”“哈市小语教研”等网络教研平台与名师工作室开展专题学习和研讨，参与学习人数超过 3 万人。积极挖掘网上教学资源成为深入推进课程教学改革的着力点，也为教师专业发展提供了契机。数据显示，77.1% 的教师认为自己在日常教学中能够有效使用各类数字资源，78.4% 的校长 / 书记认为所在学校教师在日常教学中能够有效使用各类数字资源，78.5% 的教研员认为所在区域学校教师在日常教学中能够有效使用各类数字资源。

（二）创新教育教学方式，突出课程育人功能

中华民族共同体意识是民族团结之本、国家兴旺之基。全面铸牢中华民族共同体意识，需要以社会主义核心价值观为引领，深化爱国主义、集体主义、社会主义教育，引导各族群众牢固树立正确的国家观、历史观、民族观、文化观、宗教观，着力构筑中华民族共有精神家园。将铸牢中华民族共同体意识贯穿立德树人全过程，需要抓牢教师队伍主力军，用好课堂教学主渠道，巩固课程建设主战场，创新教育教学方式，突出课程的实践价值，强化课程的育人功能。

黑龙江省积极加强思想政治理论课程建设，突出“四个认同”教育，将铸牢中华民族共同体意识教育融入日常教学。黑龙江教师发展学院成立基础教育思想政治教育研究指导中心，召开专题党委会研究中小学思政课建设工作，研究制定《黑龙江教师发展学院推进新时代中小学思政课建设工作实施方案》，对教研赋能大中小学思政课建设进行一体化设计，统筹推进全省新时代中小学思政课建设研究指导工作；实施中小学德育“红扣子”工程，每年评选 100 所红色基因传承校、1000 个班团队活动典型案例、10000 个青少年儿童颂党恩成果，引导学生扣好人生“第一粒扣子”。数据显示，80.8% 的教师认为自己能够将铸牢中华民族共同体意识融入教育教学全过程，85.5% 的校长 / 书记认为所在学校教师能够将铸牢中华民族共同体意识融入教育教学全过程，80.7% 的教研员认为所在区域学校教师能够将铸牢中华民族共同体意识融入教育教学全过程。

《义务教育课程方案（2022 年版）》提出：“加强课程与生产劳动、社会实践的结合，充分发挥实践的独特育人功能。突出学科思想方法和探究方式的学习，加强知行合一、学思结合，倡导‘做中学’‘用中学’‘创中学’。”创新教学方式可以让学生在实践中不断思考，探索问题的本质和解决方法，培养创新思维。课程教学改革倡导的新型教学方式得到广大教师的普遍关注，课堂教学正日益从认识型教学转向实践型教学。随着课程教学改革持续推进，教学方式变革将取得更加突出的成绩，成为深化课程教学改革的有效抓手。

（三）变革教育评价方式，强化教学评一致性

新课程方案和课程标准坚持教学评一致性原则，增加了学业质量标准和考试命题建议，并在此基础上明确提出素养立意的命题思想。命题素养立意体现在知识、能

力、价值的融通与应用中。测评学生的素养水平，要求强化对思维过程、探究过程和做事过程的测量和评价，从注重考查记忆理解的结果到注重考查思维过程、探究过程和做事过程的发展水平。为实现“作为学习的评价”“基于学习的评价”“针对学习的评价”的统一，过程评价越来越受重视，强调客观、真实、有效地对课堂教学和学生学习进行评价，并将评价结果用于改进课堂教学，全方位落实立德树人根本任务。数据显示，73.6% 的教师、81.5% 的校长 / 书记认为省级课程监测为推进本校课程实施提供了参考依据，75.9% 的教研员认为省级课程监测为推进所在区域课程实施提供了参考依据。

为深入贯彻落实中共中央办公厅、国务院办公厅《关于进一步减轻义务教育阶段学生作业负担和校外培训负担的意见》等文件精神要求，齐齐哈尔市教育教学研究院深化学校作业治理，落实“压总量、控时间、调结构、提质量”的作业管理总体要求，以全国中小学科学教育实验区建设为契机，通过开展“双减背景下的作业设计评比交流活动”推进教学改革，实现学生减负目标，取得显著成效。该市英语学科以“核心素养导向下的教学与测评”为题研究构建核心素养测评体系与核心素养课堂实践，在教、学、评三个维度中实现学科核心素养目标可视化、可操作。

大庆市某学校制定“三核五点六维”的课堂教学评价模式，致力于将教学评价融入课堂教学中，实现教学评一体化。“三核”中，“核心知识”是课堂教学的基础，“核心问题”是激发学生思维的引擎，“核心素养”是学生全面发展的关键。应用“三核五点六维”教学模式开展教学设计时，应从教学理念、目标、方法上准确把握该模式的内涵，让导、学、展、结、评等五个要素（五点）有机体现在教学流程中，确保学习目标的准确度、自学指导的明晰度、合作学习的有效度、展示提升的精彩度、拓展延伸的合适度和当堂反馈的有效度（六维）。

五、教师自觉参与课程教学改革，推动教学转型

（一）更新课程理念，提高专业能力

课程教学改革的主体是教师，关键在课堂。全方位落实新课程教学改革理念需要全体教师身体力行，心中有爱，眼中有光，通过一节节课的具体行动将基础教育课程教学改革理念落到实处。数据显示，76.1% 的教师认为自己能够积极参与各级精品课、

说课评课、优质课展示交流，85.6% 的校长 / 书记认为本校教师能够积极参与各级精品课、说课评课、优质课展示交流，86.9% 的教研员认为所在区域学校教师能够积极参与各级精品课、说课评课、优质课展示交流。

提高教师专业能力是切实推进课程教学的奠基工程。黑龙江省通过“5G+ 教师综合评价”项目构建教师综合评价大数据运用体系，为教师专业发展赋能。遵循“全员、全学段、全学科”的“三全”原则，以点带面、滚动卷入，通过“做中学”“赛中学”“研中学”的方式更新教育理念，提炼教学主张，打造课程教学改革品牌，实现教学改革与课堂实践深度融合。深入实施基础教育教师能力素质提升五年计划，打造国家、省、市、县四级名师名校长队伍，构建名师名校长工作室体系。依托“国培”，加大市域跨县域支教力度，实施省域跨市域“组团式”援边行动，加快推动优质教师资源均衡配置。

哈尔滨市教育研究院采取网络教研模式，采用智能备课系统开展基于课程方案和课程标准的教研活动，即时生成备课报告，为教师专业能力提升提供技术支持，取得了积极效果。哈尔滨市某小学校长认为，课程方案和课程标准落地关键是教师，该校通过上好五种课型——上好理论课、上好辨析课、上好历史课、上好研究课、上好跟进课，促进全体教师将课程方案和课程标准理念落到实处。大庆市充分发挥教研员负责的特色工作站的作用，通过名师引领方向，积极传递课程教学改革理念，实现教师之间的智慧碰撞，最终提升全体教师的教科研能力，为全面落实基础教育课程教学改革奠定基础。

（二）建设特色课程，拓展课程实践形式

黑龙江省形成了以国家课程为主体，以地方课程和校本课程为拓展和补充的课程体系。在开齐开足国家规定的课程外，学校积极推进课程教学改革，落实省级基础教育课程实施办法，统筹国家课程和校本课程，构建独具特色的校本课程，为学生提供多元的课程选择，促进学生全面而有个性地发展。

校本课程基于学校、为了学校、属于学校，是弘扬办学特色、实现学生个性发展的重要内容，有利于关注学生个性发展、尊重学生个性差异、满足学生好奇心和求知欲。校本课程建设需要以学校为基地、为基础、为主体，为学生全面发展和教师专业发展提供契机。新课程教学改革特别强调基于学校特色建设校本课程，全方位落实立德树人根本任务。调查发现，多数学校形成了体现学校办学特色的课程体系。数据

显示，76.1% 的教师认为所在学校形成了体现学校办学特色的课程体系，76.0% 的校长 / 书记认为所在学校形成了体现学校办学特色的课程体系，74.3% 的教研员认为所在区域学校形成了体现学校办学特色的课程体系。

（三）变革教学方式，提高课堂教学质量

学习是一个不断积累和进步的过程，每个学生都应在自己的学习轨迹中获得鼓励和认可。这就需要评价体系更加注重纵向评价，围绕德智体美劳五育融合，统整结果评价和过程评价，通过对学生学习过程中的积极参与、思维发展和技能提升进行全面记录和反馈，真实反映和激励学生成长，使评价成为学生不断进步的动力源泉。过程评价关注学习过程中的活动表现、学习方法、情感态度，结果评价强调通过标准化测试甄别和区分学习结果。《深化新时代教育评价改革总体方案》明确提出新时代教育评价要“改进结果评价，强化过程评价，探索增值评价，健全综合评价”，凸显“评价即学习”的课程教学改革理念。通过评价改进教学，为学生的核心素养发展奠定基础。调查发现，教师、校长 / 书记、教研员总体上认为教师能够基于评价结果改进教学。82.2% 的教师认为自己能够基于评价结果改进教学，82.9% 的校长 / 书记认为所在学校教师能够基于评价结果改进教学，77.5% 的教研员认为所在区域教师能够基于评价结果改进教学。

第6章

上　海

21 世纪以来，上海市基础教育持续保持奋发向上、锐意进取的姿态，始终“先一步、高一层”[①] 地规划发展蓝图和确立实现步骤，不断夯实课程在学校教育中的核心地位，以诸多开拓性的创举推动基础教育课程教学改革深化和发展。总的来说，上海市积极响应教育部深化基础教育课程教学改革的号召，全面推进课程教学改革实践，以新课程新教材（“双新”）的实施为核心，力求构建符合时代要求、具有上海特色的基础教育课程体系。通过持续深入探索，素养本位的课程教学理念在上海市落地生根，各级教育部门及学校开展了富有新意的改革行动，也积累了诸多经验，使国家基础教育课程教学改革政策的落实与转化实践取得了显著成效。

一、多主体联动推进课程方案转化落地

（一）协同联动，精心编订区域课程实施规划

上海市基础教育课程教学改革的落实行动始于全市层面的顶层设计。上海市教委每年都会颁布学年度课程计划及其说明，并要求各区教育行政部门及中小学认真执行课程计划，同时鼓励各区和学校因地制宜创新实施。《义务教育课程方案（2022

① 1989 年的《上海教育发展战略研究报告》首次提出了“先一步、高一层”的总体发展要求。所谓“先一步”，就是提前谋划、主动而为，体现的是抓住机遇、先行先试的前瞻性和主动性；所谓“高一层”，就是真抓实干，高标准、高要求，体现的是深化改革的计划性和行动力。

年版）》发布后，上海市教委及时组织教研部门、高校和一线中小学等机构的多方专家代表启动区域课程计划修订工作，于2024年印发了《上海市义务教育课程实施办法》，并以此为依据研制了下位课程文本，确保课程政策有效转化落地。以幼小衔接为例，上海市顺应课程衔接的改革趋势，关注幼小衔接教育中幼儿园“一头热”现象，以小学为主体，以课程为载体，着重引导和支持小学在课程教学上主动对接幼儿园，一方面立足国家课程教学衔接，另一方面立足专门的衔接课程，即小学低年级主题式综合活动课程，支持学生在玩玩、做做、探探中渐进适应。可以说，市级层面统一的顶层设计既保证了各级学校忠实贯彻国家基础教育课程教学改革的政策精神，又强调了国家基础教育课程教学改革政策在当地的落地转化，能将国家基本政策与地方具体实情有机结合，从而彰显课程教学改革的统一性与特殊性。

此外，各区均按照市教委的总体要求整合多方资源进一步细化实施规划，形成了各有侧重、各具特色的区级课程实施规划。例如，浦东新区作为上海市首个教育综合改革示范区，印发了《浦东新区全面深化教育领域综合改革示范区建设方案（2021—2025年）》等系列课程教学改革文件，聚焦区域教育治理机制优化、育人方式改革、教育数字化转型等重点领域，逐条逐项明确改革的任务书、路线图和时间表，推进区域教育综合改革。黄浦区教育局2023年印发《黄浦区深化基础教育课程教学改革实施方案（2023—2027年）》，提出紧密围绕黄浦区“高、先、精”的发展定位和打造“教育改革引领区、创新教育先行区、教育发展精品区”的建设目标来推进课程教学改革，使区域课程教学改革呈现新气象。普陀区教育局2024年印发了落实《上海市义务教育课程实施办法》的意见，要求以践行普陀区“适合教育”理念为指引，将课堂转型实践研究与“普陀杯”教师专业能力评优、教育部基础教育精品课遴选以及国家、市、区三级各类课程教学改革优秀经验成果征集深度融合，加快推动匹配“双新”素养导向的课堂教学方式转型，激发义务教育阶段学校高质量办学的内驱动力，构建适性普惠的区域教育生态。青浦区教育局在2024年印发的《青浦区义务教育“新课程新教材”实施方案》要求，赓续“青浦实验”精神，以“指向育人方式变革的课堂攻坚：‘学用合一’的新教学建构与区域实践”区域改革项目为引领，整体有序、系统平稳地推进区域义务教育新课程新教材实施。

总的来看，基础教育课程教学改革的理念在上海市各级教育部门中得到了广泛的认同。调查数据显示，96.2%的教研员、96.6%的校长/书记认为所在区域新课程实施方案倡导的基本理念符合自己的想法。得益于此，区域课程实施方案备受各方关注。调查数据显示，94.8% 的教研员表示熟悉所在区域新课程实施方案，91.0% 的教研员表示督促指导过所在区域学校和教师规划学校课程。

（二）一校一策，精准研制学校课程实施方案

2023 年教育部印发的《行动方案》明确指出要切实加强国家课程方案向地方、学校课程实施规划的转化工作，坚持因地制宜“一地一计”、因校制宜“一校一策”，把国家统一制定的育人“蓝图”细化为地方和学校的育人“施工图”，明确课程教学改革的具体路线、措施，提出困难问题破解之策。为贯彻落实国家课程政策，2024 年上海市教委印发的《上海市义务教育课程实施办法》和《关于做好义务教育新课程新教材实施工作的通知》，明确要求各学校因校制宜制定课程实施方案，高质量落实国家课程，规范开设地方课程，合理开发校本课程，构建体现学校办学特色的课程育人体系并持续优化。

目前，上海市教师教育学院（上海市教育委员会教学研究室）和区级教研部门研发了支持性工具包，引导学校科学编制课程实施方案。例如，青浦区不断完善《青浦区学校课程实施方案编制操作指南》，为学校课程实施方案编写提供更加精准的指导。全体教师围绕学校课程计划开展深度研讨，已经成为上海市各学校每学年开端的“重头戏”，以学校课程计划为依据开展各项教育教学活动也成为学校的“常态事”。可以说，上海市各中小学校都在积极探寻国家课程与学校发展的结合点，着力精准研制学校课程实施方案，从而进一步提升学校课程实施的适切性。

总的来看，上海市在校级层面高度重视学校课程实施方案的优化与创新，积极推动各校根据自身条件和特点，采用学校自主、区域助力、专家引领的方式设计出符合学生成长需求的独特课程体系。在对校长 / 书记和教师所进行的问卷调查中，96.9% 的校长 / 书记表示所在学校在行政部门和专业机构的指导下，规划了学校课程并组织实施；95.1% 的校长 / 书记、89.7% 的教师表示所在学校形成了体现学校办学特色的课程体系。在调查中还发现，88.9% 的教师肯定了学校课程实施方案对于其开展教育教学活动的指导价值。

（三）关注效果，建立健全课程实施监测体系

为保障国家基础教育课程教学改革政策的有效落地及持续深化，上海市建立健全课程教学改革的质量监测与评估体系。首先，上海市汇聚各方力量，构建了具有详

细指标的监测体系。例如，普通高中课程实施质量监测体系包含了 6 个一级指标、25 个二级指标以及若干监测点，详细的指标有助于全面系统地评价课程实施的质量。同时，在监测中采用多种方法，注重过程性监测，如采用访谈、网络平台在线填报和实地走访学校、深入课堂听课调研等相结合的方式进行，由此能够更全面准确地反映课程实施的情况。通过持续不断地收集课程实施中有价值的信息，并将之作为教育决策管理的依据，可以及时发现问题、改进教学。该监测与评估体系包括学生学习成果的评估和课程实施情况的监测，鼓励教师、学生、家长以及教育行政部门等多方面参与监测，以获得全面的反馈信息，利用收集到的数据进行分析，以数据驱动的方式指导课程实施和改进。此外，上海市中小学生学业质量“绿色指标”也是衡量上海市基础教育学生的成长环境、发展均衡程度和增值发展情况的综合评价指标体系，旨在通过对学生学习风格的观察和分析，适时调整和改进课程。区教研室以及教研员会依据平时听课、视导、访谈中获得的资料和“绿色指标”的测试数据，对学校实施课程的有效性进行评估并提出改进建议。

相关调查数据显示，92.7% 教研员、94.7% 的校长 / 书记和 86.3% 的教师认为上海市已经实施了常态化的课程实施监测，而且 92.1% 的教研员、94.2% 的校长 / 书记和 87.3% 的教师认为上海市的课程实施监测对于考察所在区域或学校课程实施的有效性具有很高的参考价值。

二、以课程领导力提升带动系统性变革

（一）凝聚共识，建立行动框架

课程是学校内涵发展的核心领域。伴随课程教学改革进入深水区，基于深化课程教学改革、推进学校内涵发展、促进课程建设者和实施者专业发展的需要，上海市提出基础教育每一所学校、每一个校长、每一个教师都要提升课程领导力。经过多方研讨，上海市基础教育系统达成共识，认为：课程领导力是以校（园）长为核心的课程团队为提升学校课程品质，在课程实践过程中所体现出来的规划、执行、建设和评价的能力。① 课程领导力直接影响着学校的教育教学质量和内涵发展状况。2010 年，上海市教委正式印发《上海市提升中小学（幼儿园）课程领导力三年行动计划（2010—2012

① 见《上海市提升中小学（幼儿园）课程领导力三年行动计划（2010—2012 年）》。

年)》，明确提出以“实践导向、互动生成、关注特色、促进提升”为工作目标，通过试点学校的研究和实践，探索提升课程领导力的有效做法，培育一批有推广价值的典型经验。随着课程教学改革的不断推进，2023 年，上海市教委启动了第四轮中小学课程领导力提升行动研究项目，继续立足破解“双新”“双减”等政策落地中的重难点问题，推动育人方式变革，形成深化课程教学改革的上海方案、区域行动和学校特色。

上海市的课程领导力提升项目以解决实践中的问题为导向，以项目推进的方式开展。历经多年的大规模行动实践，形成了校本化实施课程的有效途径、提升学校课程领导力的运行机制、大兵团协同攻关的行动研究范式等丰硕成果，在全国产生较大影响。项目主要采取行动研究的方式，探索出了一套系统的深化课程教学改革做法，为中小学校提供了切实的行动指南，以项目学校为点，以上海教育为面，从而带动了全市课程教学改革工作的系统推进。

(二)重点攻关，逐轮纵深推动

自启动课程领导力提升项目以来，上海市教委连续开展了四轮项目研究。经由四轮项目持续推动，上海市基础教育课程教学改革进一步深化，学校办学活力得到进一步激发。

第一轮课程领导力提升项目遴选了 51 所市级项目学校和 1 个整体试验区(黄浦区)，以学校课程计划、学科建设、课程评价和课程管理四个方面为突破口，具体设置了关于学校课程计划编制的研究、学校课程计划评价与完善的研究、学科课程建设的研究、学科教学有效性的研究、教研团队建设的研究、课程资源开发与利用的研究、课堂教学评价的研究、作业设计与评价的研究、课程组织管理与制度建设的研究等 9 类子项目，关注校长课程领导力，形成了可推广的经验和操作性的范式。

第二轮课程领导力提升项目遴选了 58 所市级项目学校和 1 个整体实验区(黄浦区)，立足课程方案、课程设计、课程实施、课程管理、课程评价五大课程要素，设置了学校课程计划编制及其基于证据的完善研究、基于课程表彰的教学与评价实践研究等 16 个子项目，实施重点在于学科课程领导力，重在为教导主任、教研组长、年级组长等教学组织者提供各类学科管理工具。

第三轮课程领导力提升项目遴选了 119 所市级项目学校和 1 个整体实验区(黄浦区)，设置了彰显学校特色的课程体系设计研究、基于生态课堂建设的实践研究等子项目，实施重点在于教师课程领导力，聚焦课堂发展和变化，进一步提炼、检验、优化前两轮课程领导力提升项目的成果和经验，进一步促进教学方式变革。

第四轮课程领导力提升项目遴选了172所市级项目学校和5个项目区（浦东新区、嘉定区、松江区、奉贤区、青浦区），设置了新课程理念引领下教师数字化研修的实践探究等子项目，实施重点在于区域课程领导力，以“政策引领、实践导向、互动生成、规范创新”为指导思想，遵循学校自主发展与区域整体发展相结合、重难点突破与领导力提升相结合、研究与培训相结合、经验孵化与成果转化相结合等理念，关注“双减”“双新”等政策高品质落地的区校，强化区校课程领导力提升的基本策略、方法和途径。

整体项目采用必选项目和自选项目相结合的推进方式。必选项目围绕国家和上海市课程教学改革中前瞻性、战略性、共通性的重大政策实践问题，开展整体性、长周期的研究。根据当前各学段课程教学改革重心，各学段必选项目各有侧重。自选项目是指项目区和种子校围绕课程教学改革与学校发展的重点领域，自主选择研究主题，开展实践研究。自选项目由项目区和种子校自主申报，经专家论证通过后实施，以适应“双减”“双新”形势下课程教学改革的需要，充分发挥课程建设对落实立德树人根本任务的作用，为学生核心素养培育再添活力。例如，嘉定区以必选项目“推进学校课程实施方案编制、实施、评估与完善的区域行动”和自选项目“依托深度教研指向核心素养的课堂教学实践探索”为驱动，聚焦课程教学改革政策高品质落地，引领区域教育改革向纵深发展，着力提升区校两级课程领导力。

上海市基础教育课程教学改革现状问卷调查结果直观显示了学校课程领导力的提升：89.8%的教师表示所在学校修订了学校课程规划，92.5%的教研员认为所在区域学校形成了体现学校办学特色的课程体系，并且有88.9%的教师表示所在学校课程规划对个人教育教学具有很强的指导性。

此外，面向上海市中小学校长/书记和教研员的基础教育课程教学改革现状问卷调查结果与面向教师的问卷调查结果比较一致，89.5%的校长/书记和81.8%的教研员认为学校课程实施的自主权提高了，反映出学校课程领导力提升的成效。

（三）经验共享，重视区域交流

总的来看，课程领导力提升项目是上海市持续深化基础教育课程教学改革的标志性龙头项目。项目形成了一套行之有效的深化课程教学改革的举措，设计了“研究—开发—试点—推广”的工作模式，确定了“聚焦问题、理论指导，点面结合、纵贯横通，专家引领、强化过程”的研究策略。从第一轮聚焦提升“校长课程领导力”、第二轮着力发展“学科课程领导力”、第三轮侧重建设“教师课程领导力”到第四轮重在提升“区域课程领导力”，上海市中小学校长驾驭课程教学改革的能力、教师把握教学实践的能力和教研员指导课程实施的能力得到持续提高。

在整个课程领导力提升项目的运行中，各实验区、各项目校都很重视经验共享，形成了“让经验在共享中增值”的课程文化。课程领导力提升项目组专门开展了“课程领导经验校际共享”主题研修，研制了“经验属性表”作为支持性工具（见表 6-1）。“经验属性表”类似产品说明书，可以作为经验提炼时的导引单，促进经验聚焦，提升经验的结构性和逻辑性；也可用作经验推介宣传单，提供经验概览，促进经验理解，以便参与者快速领会经验的核心、要点和创新之处。[①]

表 6-1 “经验属性表”示例

<table>
<tr><td rowspan="6">基本信息</td><td>经验名称</td><td colspan="3"></td></tr>
<tr><td>提供学校</td><td></td><td>执笔团队</td><td></td></tr>
<tr><td>适用领域</td><td colspan="3">□课程计划 □课程目标 □课程结构 □课程实施 □课程评价
□团队研修 □机制保障 □资源建设 □其他：</td></tr>
<tr><td>适用对象</td><td colspan="3">□分管校长（领域： ） □中层干部（部门： ） □教研组长（学科： ） □年级组长（年级： ） □其他：</td></tr>
<tr><td>适用年级</td><td colspan="3">□全校 □六年级 □七年级 □八年级 □九年级 □其他：</td></tr>
<tr><td>实施周期</td><td colspan="3">□一个月 □半个学期 □一学期 □一学年 □其他：</td></tr>
<tr><td rowspan="8">经验简述</td><td>适用场景</td><td colspan="3">回答“为什么”，介绍经验产生的背景、解决的问题、适用的场景等。</td></tr>
<tr><td>行动目标</td><td colspan="3">回答“做到什么样（应然层面）”，介绍运用经验的结果预期，可以达成哪些目标。</td></tr>
<tr><td>实施要点</td><td colspan="3">回答“怎么做（基本程序）”，包括整体设计、基本流程、关键步骤等。</td></tr>
<tr><td>实施保障</td><td colspan="3">回答“怎么做（支持系统）”，例如，核心观点＋关键策略＋实施工具（包括各类量表、属性表、关键问题链等）＋各类资源（包括各类文本、具体案例、信息化平台等）＋组织机制等。</td></tr>
<tr><td>理性诠释</td><td colspan="3">回答“为何这样做会有效”，提供理论依据，解释经验背后的有效机理、创新之处等。</td></tr>
<tr><td>实践成效</td><td colspan="3">回答“做得怎么样（实然层面）”，经历几轮或多长时间的实施，基于证据呈现实效。</td></tr>
<tr><td>实践反思</td><td colspan="3">回答“怎么做（注意事项）”，反思经验的不足之处，思考进一步深化的方向，并对经验运用可能存在的风险做必要提示。</td></tr>
<tr><td>附件</td><td colspan="3">典型案例、相关资源等。</td></tr>
</table>

① 张玉华 . 提升学校课程领导力的上海行动 [M]. 上海：上海科技教育出版社，2024：116.

项目成果凝练成型后，项目组及时将具有典型意义的探索实践向全市推广辐射。例如，在各轮项目实施过程中，除了上海市教师教育学院（上海市教育委员会教学研究室）召集举办市级展示活动和培训外，实验区和项目学校也组织开展了数百场展示会、现场会，数万人次的校长、教师参加了交流分享活动。就区域层面而言，如杨浦区经过多年探索，形成了多元对话研修机制，通过专题讲座、工作坊、学段研讨、年会交流等多元研修活动，引领学校和教师解读课程领导力的内涵与要素、载体与路径等，帮助学校和教师加深理解和达成共识。2024 年，杨浦区 35 所项目实验学校积极联动，项目组以“突出重点、突破难点、凸显特色”为工作思路，聚焦“合规与适切”“综合与特色”“循证与改进”，围绕学校课程实施方案编制与实施、课堂文化转型评估引导，扎实有序推进项目研究，取得了预期成效。问卷调查结果也显示，85.5% 的教师表示自己积极参与各级精品课、说课评课、优质课展示交流活动，78.6% 的教师表示自己参与过所在区域基础教育优秀教学成果推广应用活动。

三、以项目化学习撬动课堂教学转型

（一）行政推动，形成工作机制

为了推进课堂教学转型，上海市教委积极推动中小学开展自主学习、合作学习、探究学习、单元整体教学等教学方式改革实验。其中，项目化学习是上海市教委近年来尤为倡导的新型教学方式。项目化学习中，以校长为核心的教育教学团队，在学校活动领域、学科领域和跨学科领域，设计真实、富有挑战性的问题，引导和指导学生在一段时间内持续探究，尝试创造性地解决问题，形成相关项目成果。[①] 通过多年的实践，上海市已形成了“从实践中发现问题—尝试解决问题—形成小规模本土经验—发现新问题—引入国际经验并结合本土经验进行改造—提炼推广—形成本土标准—构建本土理论—广泛应用”的项目化学习推行思路。

2020 年，上海市教委出台《上海市义务教育项目化学习三年行动计划（2020—2022 年）》，提出培育 100 所左右的项目化学习实验校，以创造性问题解决能力为导向，以项目化学习的实践和研究为着力点，进一步激发学校办学活力，促进义务教育学校教与学方式变革。计划达成后，上海市教委继续推进项目化学习。《2024 年上海

① 见《上海市义务教育项目化学习三年行动计划（2020—2022 年）》。

市教育委员会基础教育工作要点》明确提出，要加快能力培养导向的育人方式转变，推进项目化教学实践。目前，各区和义务教育学校都已将项目化学习作为推进义务教育教学改革的重要内容，加强学习和宣传，并根据区域和学校实际，通过主题学习、专题教研等方式，积极开展相关学习和研究。例如，黄浦区、徐汇区、浦东新区、闵行区等区域通过示范校、种子校带动所有学校参与项目化学习实践，开展多维立体的项目化学习活动，积累并推广了一批优秀案例，培养了一批骨干队伍。此外，上海市还在小学生成长手册和中考综合评价、高中自主录取等环节中适当增加项目化学习的考察内容，通过评价改革强化项目化学习的实施。

（二）细化任务，分类分层推进

上海市项目化学习行动计划由市级教育科研部门牵头，教研、师训等部门配合开展专业指导，形成了分类分层推进的实施路径，确保高质量落实国家课程方案、课程标准。根据学生认知特点与知识结构的差异，上海市确立了活动项目、学科项目和跨学科项目三大类型项目，开展项目化学习的实践研究。活动项目指向学生真实生活和发展需求，强调从真实情境中发现问题并将其转化为项目，既可作为劳动、综合实践活动、地方课程、校本课程的实施方式，也可作为课后服务的活动方式。学科项目指向学科核心素养培育，强调从学科实践中发现真实问题并将其转化为项目，可在学科教学中实施微项目、单元项目或跨单元项目。跨学科项目指向两个及以上学科的核心素养培育，强调将自然、社会中真实而复杂的问题转化为项目，综合运用多学科知识和能力解决问题，可结合相关学科课程标准中的跨学科主题进行实施。

同时，上海市形成了项目化学习实验区、种子实验校、项目实验校分层推进结构。项目化学习实验区要根据项目化学习的推进思路和要求，整合区域内的教研、科研和基层学校的专业力量，形成区域项目化学习的实践研究方案，指导区域内义务教育学校分类实施。种子实验校通过制定和实施全面推进项目化学习方案，发挥辐射引领作用，带动项目实验校协同创新。项目实验校则需结合学校实际，选好主攻方向，整合力量，重点突破某一类项目，制定和实施相关方案。①

总之，上海市构建了市、区、校三级纵向管理与学科专业指导横向配合的项目化学习工作机制。在上海市教委的指导下，各校以项目为抓手，融合学校特色，选好主

① 见《上海市义务教育项目化学习三年行动计划（2020—2022 年）》。

攻方向，整合力量，重点突破某一类项目，形成具有校本特色的项目化学习实践与研究案例，推进相关科研课题的深化研究，总结提炼项目化学习设计与实施经验。

（三）提升品质，全面常态实施

《义务教育课程方案（2022 年版）》明确提出学校要“积极开展主题化、项目式学习等综合性教学活动”，对此，2023 年上海市教委出台了《关于实施项目化学习推动义务教育育人方式改革的指导意见》，提出了 4 年工作目标：2023 年，全面启动实施项目化学习；2024 年，市级层面基本建成覆盖各年级和各学科的项目化学习典型案例库，力争项目化学习覆盖义务教育阶段所有学校；2025 年，项目化学习典型案例库进一步丰富，各区涌现一大批项目化学习的改革成果；2026 年，义务教育学校常态化实施项目化学习，教师教学理念、教学行为和学生学习方式发生积极变化，基本形成教与学的新样态。

上海市明确要求学校将项目化学习纳入学校课程实施方案，体现在学校的课程设计、教学安排、教师研修、教学管理、课程评价等方面，并规定原则上国家课程中每学期开展学科项目化学习的课时不低于 5%、地方课程和校本课程中的项目化学习课时比例不低于 5%。在此情形下，各中小学校积极推动项目化学习常态化实施。例如，徐汇区某小学将项目化学习作为推动学校“高起点办学、高品位育人”的抓手，围绕国家课程实施中跨学科项目化学习“如何跨”的现实问题，形成了“顶层设计”孕育“跨”、“学科融合”形成“跨”、“重构时空”促成“跨”、“培育种子”保障“跨”四位一体的跨学科项目化学习实践路径。又如，某中学提出了“桥梁建筑师”项目，教师将“改造曹家沟桥”作为驱动性问题，开展综合数学、物理、地理、劳动、信息技术学科的实践，学生利用学校创新实验室和校内外资源，通过实地测量、问卷访谈、查找资料，完成数学建模、模型搭建，经历了桥梁设计的全过程，培养了学科能力、工程思维、跨学科思维以及解决实际问题的能力。目前，上海市各区已结合区域特点，形成了区域项目化学习实施方案。问卷调查结果显示，通过以项目化学习为代表的教学方式改革，90.9% 的教师、93.8% 的教研员认为课堂教学质量有效提高了。

四、以“绿色指标”优化学业质量综合评价

（一）育人为本，完善评价指标体系

面对单以学生的学科测验分数和升学率来评价教育质量的惯性及其带来的不利影响，2011 年，上海市教委印发《上海市中小学生学业质量绿色指标（试行）》，正式实施“绿色指标”课程评价体系，以关注学生健康成长为核心价值追求。经过 7 年磨砺探索，2018 年，上海市教委颁布了“绿色指标”2.0 版。2022 年版义务教育课程方案和课程标准印发后，上海市随即启动“绿色指标”修订工作。2024 年，上海市教委印发《上海市义务教育质量绿色指标评价实施方案（2024 年修订版）》，推出“绿色指标”3.0 版。

根据上海市教委有关介绍，“绿色指标”3.0 版在充分吸收 1.0 版和 2.0 版经验成效的基础上，对标对照“建设教育强国，基点在基础教育”等要求，以树立科学的人才观、成才观、教育观，营造健康的教育环境和生态为目标，在聚焦关键要素评价、优化评价方式、强化评价结果运用等方面进行了改革升级。具体说来，“绿色指标”3.0 版基于课程标准而研制，分为 10 个评价指标，从过度注重学科知识成绩转向全面发展的评价，变一维评价为多维评价，力求克服传统分数定量评价的弊端，使得评价真正成为学生成长成才的助推器。综合来看，“绿色指标”3.0 版既关注学生的学业，又考察影响学生学业质量的各种因素；既衡量学生一般认知能力水平，又衡量学生高层次能力的水平；既以学生发展为中心，又兼顾了教师、校长、学校乃至家庭对学生发展的影响。简言之，“绿色指标”3.0 版更加契合新时代教育评价改革总体要求，着重全面考查学生德智体美劳发展的整体水平及进步状况，有助于推进落实立德树人根本任务。

（二）素养导向，聚焦关键要素评价

随着素养导向教育理念的确立，“绿色指标”指导理念与时俱进，指向学生发展核心素养的评价。具体说来，“绿色指标”3.0 版设计了“品德发展”“学业水平”“身心健康”“审美素养”“劳动素养”等考查要点，并建立了数据共享机制，强化结果综合运用，助力办好每一所学校。

在“学业水平”测评上，主要依据国家义务教育课程标准，更加关注学生综合运

用知识、技能、方法和观念等解决真实情境问题的素养水平，确保学科命题更具开放性、综合性与引领性。在“课程教学”测评上，重点关注校长和教师实施课程方案的情况、提升学校课程教学质量的能力等。此外，“绿色指标”3.0 版注重科技和创新素养评价，对原有的“科学”学业水平测试进行迭代升级，增加“工程与技术素养”内容，强化对学生科技素养的测评，同时增加“创新素养”测评。“绿色指标”课程评价体系采用等第制和评语相结合的评价方式，评价结果不与学生毕业升学条件挂钩，不需要学校、师生开展针对性训练，也不增加学生学业负担。

（三）以评促强，深化评价结果运用

总的来说，“绿色指标”课程评价体系以课程标准为主要依据，坚持五育融合，体现了均衡与发展的双重要求，对深化课程教学改革具有重要意义。上海市教委持续将“绿色指标”课程评价改革纳入重点工作，拨出专项经费用于全市“绿色指标”的研究与实践，并在教育费附加中列出“课程评价改革”项目，支持全市课程评价改革的硬件建设、技术引进、师资培训。“绿色指标”为各区提升义务教育内涵发展水平提供重要参考因素，各区可以通过科学运用评价结果，推进基于评价结果的教育教学改进，不断提升区域义务教育质量，从而改善区域教育生态。得益于此，上海市义务教育课程教学改革成效显著：中小学校优化了课程教学管理、提高了课程领导力，教师积极开展“基于课程标准的教学与评价”，切实转变以片面的升学率、考试成绩为唯一评价标准的倾向，构建了绿色、和谐、可持续的教育生态环境。调查显示，90.7% 的教师认为自己的教学评价能力能够适应课程教学改革的要求，92.8% 的校长 / 书记认为所在学校教师的教学评价能力能够适应课程教学改革的要求。

按照“市指导区、区指导校”的原则，上海市非常注重评价结果的应用分析和教学改进。例如，对比近 10 年的“绿色指标”评价结果，杨浦区喜欢教学方式的学生由 40%—50% 变为 70%—80%，学生的创新思维培养的过程质量得到有效改善，复杂问题解决能力显著提升。简言之，“绿色指标”评价有助于培养创新人才。问卷调查数据显示：91.0% 的教研员认为通过实施“绿色指标”课程评价体系，教师能够基于评价结果指导学生未来发展，助力创新人才培养。

五、以教研体系创新强化专业引领

（一）创新教研机制，提升服务水平

上海市根据学校和教师的实际情况，发挥市区校各级教研部门专业力优势，整合各学科、各学段、各领域的教研力量，构建多种类型的合作共同体，探索创新教研方式，推动教研高质量发展。

第一，建立市－区－校三级教研共同体。上海市逐步建立完善市－区－校三级教研共同体，创新深度教研工作方式，推进高素质教研队伍建设，提升教研服务课程教学改革水平，以高品质教研引领区、校教学研究发展。在市－区－校三级教研共同体的协同下，上海市持续推进“问需于校、问需于师”的课程与教学调研机制。立足“双新”不断完善常态调研与常规调研的工作机制，通过建立“基于标准的调研内容、基于规范的调研流程、基于促进发展的分层反馈”的工作机制，以及通过研制调研工具、编制调研手册、汇编调研报告、开展调研培训等途径，为区校和教师总结、反思、改进教学工作提供可参照的方向，也为调研员有效达成调研目标提供思维方向和操作路径，创设调研员与被调研者之间平等对话、共同改进的愿景平台。

第二，构建校际教研共同体。上海市通过先行先试、点面结合的方式有针对性地进行不同学校和学科教师之间的合作联动，例如，由于各校小学信息科技教师人数较少——很多学校只配备一位专职信息科技教师，校内没有本学科的备课组，更没有本学科的教研组，因此教师开展教学实践时无法开展有针对性的校内教学研讨。基于此，区教研员组织项目组教师多次开展跨校实地听课研讨，找出问题，想出对策，调整设计，然后教师再次实践。又如，区教研员先单周下沉学科团队研修和校本教研，打磨课例试讲，落实“内容情境化”“素养目标化”“目标问题化”“问题活动化”“学评一体化”设计与实施策略，指导学科团队和教研组提炼实践经验及成果，再利用双周开展区域主题教研，针对经过打磨的课例进行教学展示或交流，组织全体教师观摩课例，汲取教研组特色经验或成果、接受专家指导、开展互动研讨，由点及面带动区域教师的“双新”探索与实践。

第三，建立多元化联合教研共同体。为帮助中青年教师夯实教学基本功、加速专业成长，上海市通过区校协作，精心构建了多元化联合教研共同体：通过设立“读书班”“教学沙龙”，鼓励教师共读教育经典，深化教育理解；组建“首任毕业班教学

组”，让青年教师在面对毕业班挑战时能够携手并进、共谋良策；打造“试卷命制团队”，提升教师的教学评估能力，确保教学质量。

多元化教研共同体的创建，极大促进了教研员、教师在不同层面的合作交流，有益于教研员、教师自身专业素养的提升。94.0% 的教研员表示经常与专家进入所在区域学校听课评课，96.1% 的校长 / 书记和 91.9% 的教师表示所在学校经常邀请教研员和校外专家入校听课评课。

（二）采用项目驱动，实施深度教研

上海市在落实课程教学改革政策之时重视将特定的项目研究与主题教研相结合，以点带面促进教研与项目之间的良性互动。以项目驱动教研作为教学研究与实践应用的主要方式，研究内容聚焦于实施素养本位课程的重点及难点领域，主要包括单元整体教学、项目化学习、跨学科主题学习、作业设计、数智技术赋能等。例如，有的区着力研究“‘双新’视域下的课堂教学变革的实践研究”总课题及 5 个子课题：总课题着眼认知建构与实践应用两大学习任务，设计实施能使学生深度学习真正发生的活动；5 个子课题分别聚焦影响课堂学生主体学习活动的不同因素，各有侧重。有的区基于项目“依托深度教研指向核心素养的课堂教学实践研究”，一方面对照核心素养培育要求了解学科教学现状，从而探索大任务、大单元等指向核心素养教学的有效方法和策略；另一方面利用深度教研驱动教学设计和优化，基于对视频录像等实证数据的分析进行多轮改进，从而生成优质教学资源库。通过这些项目研究，教师有机会将培训中所获得的认识在实践中进行尝试、探索并积极反思，这样就将常规性的培训与课程教学改革重点领域的研究紧密结合、融合发展，形成素养指向鲜明的深度教研模式，从而在教学的设计、实施过程中持续关注综合学习，关注学生学习经历，关注多元评价等多个层面（见案例 6-1）。

案例 6-1　上海市某中学的问题驱动式校本研修模式

上海市某中学在“双新”背景下，着力探索常态化有效校本教研的新模式，引导广大教师在参与教研过程中不断提升教学能力。经过长期研究与探索，形成了问题驱动式校本研修模式，该模式具体实施情况如下。

1．方案引领。由学校校长室、教师发展中心共同制定《课堂教学改进“行动化研究”教师校本自主研修方案》，细化实施背景、策略、重点项目推荐、研修成果呈现方式、自

主研修推进步骤。

2. **合作推进**。学校教师发展中心与教学指导处合作，共同推进该项活动，引导各教研组教师开展“行动化教研”，形成“教”“研”“训”一体化的培训模式，促进教师专业发展。

3. **项目驱动**。各教研组从“双新”要求出发，就当前亟须解决的教学问题“立项”，组内几个备课组确定具有近似性的子项目，自下而上形成教研组总课题。教师个人也可以因需自选项目，满足个性化发展需求。

4. **多元实施**。研修与组内开课结合，也可以和一师一优课、课堂工程、卓越教师计划等结合。纳入师训体系，改进师训行为，改进组室行为。各备课组共同备课、磨课，共同听课，并开展评课活动。

5. **反思评价**。教师根据该过程撰写年度反思论文。学校为每个教研组安排大会交流、沙龙分享的时间，整个过程与培训学分挂钩。

各区在推进校本化深度教研的过程中，开展了丰富多彩的精品课遴选、说课评课以及优质课展示等交流活动，这些活动得到了学校热烈响应，教师的参与热情高涨。97.0% 的教研员和 94.0% 的校长 / 书记表示学校教师参与各级精品课遴选、说课评课、优质课展示交流活动。此外，85.5% 的教师表示自己积极参与各级精品课、说课评课、优质课展示交流活动。

（三）构建实践范式，提升教研实效

为促进教研高质量发展，上海市采取了一系列措施。其一，开展学科教学高地建设，推动学科教研深度发展。上海市逐步制定普通高中学科教学高地建设工程项目指南，立足学科特点，围绕新课程、新教材高质量实施要求，市区校协同打造学科教学改革策源地、学科教学高地和教师队伍培养平台。学科教学高地建设聚焦七大重点领域（五育融合的学科建设、高质量实施学科课程与教学、深化学科教育学方式变革、建设高水平教师队伍、推进教育数字化转型、深化高中教育评价改革、促进教学资源建设共享），推进全市高中学科教学改革，意在催生一批体现上海一流水平的具有全国影响力的名学科、名教师和名团队，形成核心素养培育与育人方式转型的上海案例。

其二，探索教育数字化与教学研究深度融合，建立线上线下共融互通的教研生态和文化。上海市积极探索数智技术在教研中的深度使用，尝试借助信息技术赋能教

研发展，为教师的教学研究搭平台、集资源、促改进。具体而言，搭平台强调互助共促，增强跨省市、跨区域、跨学科的教学案例展示和研讨交流；集资源强调共享创新，依托国家中小学智慧教育平台，上海市持续建设和完善“空中课堂”，加速迭代升级，把教研活动作为建立资源的重要抓手，打磨精品教研资源；促改进强调精准教研，富有活力的基层学校探索对信息化采集的教学数据进行精准分析，以支持教研，进而改进教学。

此外，上海市教研重视“引进来”，大力发挥师范高校在教研中的作用。上海市基础教育系统积极与华东师范大学、上海师范大学等合作交流，通过多种方式持续在教研中发力，在理论与教学实践等层面提升教师能力。例如，华东师范大学课程与教学研究所作为首批教育部人文社会科学重点研究基地、国家高校高端智库联盟首批成员、国家教材重点基地，围绕基础教育课程教学改革的重点难点问题，与上海市教委教研室及多个辖区开展了一系列卓有成效的合作研究。

六、以大科学教育助力创新人才培养

（一）加强基础学科教学

上海市高度重视科学教育，以大科学教育理念推进科学教育深度发展。具体说来，上海市着力创建市－区－校协同、家－校－社联动的大科学教育工作格局，汇集高科技企业、高校实验室和校外各类科技场馆等高水平科学教育资源，优化科学教育校外培训资源供给，打造多元辐射的科学教育“中央厨房”，努力形成学校教育的有益补充。

上海市目前有浦东、徐汇、普陀、虹口、宝山 5 个全国中小学科学教育实验区和 39 所全国中小学科学教育实验校。加强科学类学科教学是推进科学教育高质量发展的首要前提。上海市主要从以下几方面加强科学类学科教学：

首先，加强“双新”推进，引领科学类学科教学方向。上海市以培养学生核心素养为根本目标，贯彻落实《普通高中课程方案（2017 年版 2020 年修订）》《义务教育课程方案（2022 年版）》以及科学类学科的课程标准的精神与要求，编制《学科教学要点和实施指导意见》《新旧教材衔接教学指引》等文本。在高中课程方案、新教材全面推行的过程中，关注学生核心素养培育和学科大概念的落实，引导教师教学研究，关注可持续发展，在义务教育阶段的新教材审读、指导等工作中提出积极改进建议，关注实验活动的设计、课标要求的更好传递、教材与学生年龄段的适切性，促进单元整体教学的落地实施。为更好地推进“双新”落地实施，上海市举办了丰富的教师教学评比活动，促进科学教学，除了上海市中小学中青年教师教学比赛、上海市民办中小学青年教师教学竞赛等活动，每年还组织科学类学科的教师实验能力大赛、中小学实验教学说课活动等。这些活动极大地调动了教师的主动性，提升了教师的科学素养，有效促进了“双新”的落地实施。

其次，关注教学常规，突出学科特点。常规教研关注新教材推进中的问题解决、学科实验实践活动、学科德育、学生创造力培养等方面，关注学科作业系统的建设，在“双新”推进中，教研注重进一步推进结构化的单元教学，强化单元整体设计、能力进阶设计、知识学习背后的观念形成及在真实问题解决过程中的素养提升等，关注学科德育和环境教育、生态文明教育、节能减排教育等的融入，如配合海洋强国建设开展全市围绕海洋教育的学科主题教研和学校主题调研等。同时，在教研中，科学领域各学科也突出“数字化赋能”“数字化转型中的科学学习活动设计”“培养学生的创新思维”“实验教学和问题引领”“跨学科知识融通”“教学评一致性”“深度思维”“小学科学跨学科主题学习”等主题实践探索，注重真实情境下问题解决能力的培养，总结相关经验并形成案例。在长期的教学中，科学类学科教学形成了“情境－任务”的课堂实践模式。该模式基于单元视角，突出任务线、问题线、资源线和评价线的有效融合，体现整体化和进阶性特征，并结合教学中的数字化教学实践，推动科学教育从数字化实验向教学数字化发展。

再次，关注教师培训，提升专业素养。加强科学类学科教学要不断提升教师的专业素养。上海市积极通过各种培训，提升教师专业能力：开展新教材实验培训课程，帮助教师扫清实验教学的障碍，克服实验教学中的各种困难，保障学科实验的更好落实；开展数字化实验专项培训，使教师能利用数字技术更好地开展学科实验教学，并在此基础上开设高质量的校本课程；组织科学教师参加各类场馆培训，为后续开发场馆课程做好准备；多样化培训活动推进实验教学的研究，促进队伍建设。此外，上海市还开展全市初中物理、化学的实验教学调研，全面了解基础实验教学的真实情况和水平，发现问题，研究加强实验教学的有效策略和保障措施等；开展教师实验能力模型验证研究，开展教师专业知识培训，开展教研员、教师沙龙以及骨干教师交流学习等活动，关注青年教师、教研员队伍建设。

最后，深化 STEM 教学研究。多年来，上海市基础教育战线通过项目引领、校本实践等开展了一系列中小学跨领域实践创新课程的研究与实践，在全国中小学科学教育实验区、实验校建设项目中，注重 STEM 教学的研究，加强与国际 STEM 教育组织的合作与交流，旨在通过 STEM 教育培养更多具有创新精神和国际视野的科技人才。上海市建设“双前沿课程平台”，以“培养创新意识、经历科创过程、发展创新能力”为理念，通过“种子课程开发、落地及全方位支持”推进中小学科技创新教育，以真实的科技创新任务为载体，搭建一站式平台服务，助力学校开展科创教育，通过实践科研课题，提升学生的科技创新能力，促进学生高阶思维的发展，实现深度学习。

（二）深入开展科普教育

上海市主要通过以下几个方面的做法开展科普教育：

一方面，开展科普教学研究和课程资源建设。在上海市教委和上海市科技艺术教育中心的指导和统一部署下，高校、科研机构专家与学科教师共同研发科普课程和录制科普教育公开课，为激发小学生科学学习兴趣提供更为有效的资源。相关专家指导区、校两级学科教研，协助各校积极开展科技节、科技小发明、科普书阅读、学生实验能力操作大赛和寻找最崇拜的科学家等活动，为学生树立科学理想提供更为优质的支持和服务。结合学科长周期探究项目的研究与实践，积极引导学科教师开展科学创新实践活动，提升学生科学实践意识与能力。鼓励学科教师将课程中的跨学科实践项目（初中）和学期活动（高中）与学校的科技节活动结合起来，将科学学习延伸到校园生活中。2024 年上海市第九届中学生学术竞赛恢复与大学生竞赛联合举办，中学生再次进入高校，在竞赛期间感受大学校园生活及浓浓的学术氛围。

另一方面，充分挖掘并利用社会资源开展科普教育。上海市立足自身，通过合作将上海天文馆、上海科技馆等作为常态化开展科普教育的重要资源，将专业学会、高校和科研单位实验室作为重要的社会资源，有效促进了社会资源的整合与利用、增强了科学教育的专业性。上海市在积极挖掘社会资源的同时，也充分利用相关社会资源，常态化开展丰富多彩的科普教育活动：与上海市细胞生物学学会联合，推出面向中学教师的系列讲座，从宏观生物学到微观生物学均有涉及，具体包括“靶向调节器官大小有效抑制肿瘤生长”“修复 DNA 损伤、调控肿瘤发生，一起来听核酸的故事”“怎样讲好一个自然故事”“新型基因编辑工具的构建与应用”等。依托上海市植物学会组织第三届上海市“百草杯”青少年自然笔记及科学探究活动。该活动鼓励学生从观察者的视角，通过拍摄、手绘、制作植物标本等形式，记录和介绍身边的中草药植物；从研究者的视角，通过设计实验方案、撰写研究综述等形式，探究身边的中草药植物对保持健康、防治疾病等方面的作用。目前，上海市已常态化开展科普教育，这不仅开拓了学生的科学视野，提升了教师的专业素养，也推动了科学教育的深度发展。调查数据也充分证实了这一点：约 80.0% 的教研员表示所在区域推动中小学定期开展科技节、科技小发明、科普书阅读、学习科学家精神等活动，并推动高校实验室、职业院校实训中心、博物馆、科技馆和高科技企业等向普通中小学开放。

（三）重视教学装备建设

为促进大科学教育资源建设，合理配备与使用教学装备，上海市主要采取了如下做法：

一方面，编制中小学新教材配套教学仪器配备目录。根据课程方案和课程标准的精神与要求，编制义务教育学科及高中学科教学仪器配备目录。一是利用信息技术优化“装备指南”呈现方式。通过市教委教育技术装备中心网站动态发布中小学新教材配套教学仪器配备目录，提供查询和模拟估算功能，以实验（实践活动）为主线，帮助教师根据新教材实验教学内容，精确了解实验教学仪器配备数量和规格功能，为各区校采购实验仪器提供科学依据，提高“装备指南”及时服务区校的效率，保障新教材全面实施。二是完成义务教育学科教学仪器配备目录的编制工作。在上海市教委基教处牵头下，建立跨部门协作机制，上海市教委教材和语管处、上海市教师教育学院（上海市教育委员会教学研究室）和上海市教委教育技术装备中心协作推进编制工作：成立各学科编写组，同步新教材编制工作要求；各学科编写组以新教材实验（实践活动）目录为主线，形成实验表；再根据实验表确定每个实验（实践活动）所需仪器，归纳整理仪器目录以形成初稿。三是继续完善高中学科教学仪器配备目录的编制工作。根据高中艺术、地理、通用技术等 8 门学科新教材内容，逐步编制完成实验（实践活动）和相关教学仪器目录，通过门户网站分批公布，结合教学实施情况进行动态调整。

另一方面，推动跨学科综合学习空间建设。积极落实上海市教委等七部门印发的《关于进一步促进本市义务教育学校建设的实施意见》文件要求，全市 16 个区 527 所学校开展跨学科综合学习空间建设，30 所学校优化学科实验室，对接国家新课程新教材要求，优化学习空间和资源环境配置。同时，通过开展全市专题培训会、总结交流会，明确建设要求和重点，推广区校优秀建设经验；开展上海市义务教育学校“跨学科综合学习空间”建设与应用特色案例评选工作，遴选出 128 个跨学科综合学习空间特色案例，将部分优秀案例进行宣传推广。

七、以数字化赋能促进教学质量提升

（一）融入日常实践，突出整体转型

自 2021 年获批成为全国首个“教育数字化转型试点区”以来，上海市在教育数字化转型方面取得显著进展。无论在区域层面还是学校层面，上海市在落实与转化国家基础教育课程教学改革政策的过程中，都十分重视持续开展数字化转型实践。例如，浦东新区作为全市唯一一个教育综合改革示范区和国家级信息化教学实验区，以“快转型、更智慧、高质量”的教育数字化建设与应用为目标，打造了“智能、交互、一体化”的数字化新型学习空间，开展数据驱动的大规模因材施教人才培养模式探索，致力于让每一位教师和学生都能得到全面而有个性的成长。调查数据显示，89.9% 的教研员表示所在区域学校推进了人工智能和大数据技术在教育教学各方面的应用，91.7% 的教研员表示所在区域学校为教师提供了数字化教学资源或平台，87.3% 的校长 / 书记表示所在学校推进了人工智能和大数据技术在教育教学各方面的应用，94.1% 的校长 / 书记表示所在学校为教师提供了数字化教学资源或平台。

在学校层面，各中小学也都鼓励教师积极开展数字化教学转型实践。例如，嘉定区某小学打造了“e 智课堂”，助力教师基于动态学习数据分析，实现教学决策数据化、评价反馈即时化、交流互动立体化、资源推送智能化，为学生营造了数字化的学习环境，更好地赋能学生全面发展。又如，徐汇区某中学教师将数字化平台与点阵笔联动使用，作为信息化教学建设的抓手，致力于信息化与日常课堂教学的融合，切实变革课堂教学生态，打造高品质的课堂教学。在调研中，82.5% 的教师表示自己在日常教学中能有效使用数字技术。这与区域层面教研员和校长 / 书记的判断基本一致，调查数据显示，94.8% 的校长 / 书记表示所在学校教师在日常教学中能有效使用各类数字资源。总的来说，上海市教师数字胜任力较强，教师对数字化赋能有着敏锐的认识和自觉的应用。

（二）研发“三个助手”，加强专项培训

整体推进首先需要硬件的支撑。自 2021 年以来，依托上海智慧教育平台，上海市建设中小学数字教学系统，研发备课助手、教学助手以及作业辅导助手（简称“三个助手”），融入数字教材、“空中课堂”视频课等优质资源，为师生打造线上线下深度融合的教学空间，优化资源配置与服务支持，推动教学方式变革，实现公平而有质量的教育。

其一，研发备课助手，打造“教师备课 1 帮 1”的应用场景。教师利用备课助手提供的内容分析、教学设计、作业设计、教学课件、学科工具等优质资源，理解与把握教学内容、要求、方法，进行课件的研读、编辑与加工，从而减轻备课负担与压力，提升备课成果质量。

其二，研发教学助手，打造“课堂教学 1 加 1”的应用场景。教师依托教学助手提供的教学课件、学科工具、学习任务、数据分析、结果呈现等功能，优化演示讲解，丰富学生探究体验。教学助手呈现教学过程性信息，促进师生有效互动，培养学生高阶思维。基于学生课中产生的实时数据（结构化的、非结构化的）分析，教师当堂获悉评价反馈，再次以问题为导向及时调整学习内容与活动。整堂课在循环的学与评中，突出学生的主体地位，实现教师的精准指导，促进主体的深度学习。

其三，研发作业辅导助手，打造“课外辅导 1 对 1”的应用场景。教师依托作业辅导助手提供的课后作业、数据统计、错因分析、智能推送等功能，根据收集到的学生练习完成情况数据，推送个性化的课后作业，让不同学习程度的学生因需选择。

整体推进也需要教师数字化素养的提升，上海市区、校两级针对此组织开展了专项培训，教师的参与度很高。95.5% 的教研员表示所在区域及学校开展了关于数字化素养的专项培训，94.3% 的校长 / 书记表示所在学校组织教师参与了关于数字化素养的专项培训，近 90.0% 的教师表示参加过关于数字化素养的专项培训。

（三）抓好基础建设，保障应用环境

上海市从多维度抓好数字化赋能的基础环境保障工作。首先，注重项目引领。以上海市中小学教学数字化转型项目为抓手，出台《上海市中小学教学数字化转型三年攻关行动方案（2022—2024 学年）》等配套政策，自上而下形成联动机制，全力推进数字技术在课堂、备课等方面的开发、应用及推广。

其次，规范质量标准。上海市注重建立各类资源的质量标准、规格要求与属性标签。采用“标准引领、一区领衔、全市参与、市级审核”的众筹机制，建设市级资源。此外，指导建设区本、校本资源超过 12 万个，为师生持续提供丰富多样、能用好用的优质数字化资源，有效解决了提高教学效果的内容瓶颈问题。

再次，关注升级改造。上海市高标准做好各类技术环境建设工作，采取多样措施升级改造校园网络，探索配置设备终端的有效办法，保障师生的日常应用。通过综合应用专题培训、线上答疑、交流展示、现场调研、课例研修等形式，加强了对学校、教师应用教学技术的业务指导。

最后，加强实践创新。上海市关注数字赋能层面的持续创新，例如有学校基于数据分析进行教学改进，以“云平台”“云教学”“云评价”“云治理”这“四朵云”作为数字化校园建设的落脚点，全方位赋能师生成长、赋能学校发展。总之，上海市聚焦数字赋能教育高质量发展这一主题，尤为注重以数字化转型促进基础教育课程教学改革，为基础教育课程教学数字化赋能行动提供了生动实践和典型样板。

第 7 章

安　徽

在基础教育变革浪潮中，安徽省积极响应国家号召，全面推进课程教学改革，力求教育质量实现飞跃。总的来说，安徽省基础教育坚持教育公平原则与核心素养导向，系统开展多维度课程教学改革探索：完善了顶层规划，确保政策供给的高度联动协同，实施逐级递进的课程落实策略，健全课程实施监测与评估体系；建构了省–市–县–校四级教研联动体系，促进了城乡教研深度融合；打造了“皖美课堂”，推行跨学科主题式学习、大单元教学、教学评一致性改革，在课堂教学转型方面迈出了重要步伐；因地制宜全面加强科学教育，开展“小科学家培养工程”，重视创新人才培养；探索开展教学数字化转型实践，推动数字化在拓展教学时空、共享优质资源、优化课程内容与教学过程、优化学生学习方式、精准开展教学评价等方面广泛应用。这些举措共同绘就了安徽省基础教育深化课程教学改革的宏伟蓝图，引领基础教育高质量发展。

一、完善顶层规划，深化课程教学改革进程

顶层规划在课程教学改革中至关重要，安徽省通过“三主一协同”模式，即行政主导、教研主抓、学校主体、多部门协同，构建了科学系统的政策体系，确保政策高度联动。该规划遵循教育规律，深刻理解改革复杂性，要求政府和教育部门制定具体方案，注重政策衔接，形成改革合力。同时，采取逐级递进的课程落实策略，确保改革举措有效落地。安徽省在课程教学改革中展现出坚定决心和高效执行力，力求全面

提升教育质量，为其他地区提供了宝贵经验和示范。

（一）确保政策供给的高度联动协同

安徽省在推进国家基础教育课程教学改革的过程中，构建了“行政主导、教研主抓、学校主体、多部门协同”的“三主一协同”模式。各级政府和教育部门出台了一系列实施方案和政策文件，这些文件之间形成了紧密的联动关系，共同构成了安徽省基础教育课程教学改革的政策体系。

省级层面，不仅制定了《安徽省普通高中新课程新教材实施方案》《安徽省普通高中学业水平考试实施办法》《安徽省普通高中学生综合素质评价实施办法》等系列改革文件，还进一步细化了相关配套措施，如安徽省教育科学研究院针对各学科给出教学指导意见，明确各科目的教学目标、内容要求和教学建议，《安徽省中学生综合素质评价工作指南》《安徽省普通高中学生综合素质评价实施办法》则指导学校建立科学、全面的评价机制。市级和县级层面，根据省级实施方案，结合当地实际，制定了相应的实施方案。以芜湖市为例，该市出台了《芜湖市 2020 级普通高中实施新课程指导意见》《芜湖市普通高中实施新课程指导意见》《芜湖市义务教育阶段学校考试管理实施办法》《关于全市义务教育学校作业设计质量与作业管理水平提升行动工作实施方案》等政策文件，并定期开展督导评估检查和课程开设情况调研。

各级政策之间具有高度的联动关系。省级实施方案为市级实施方案提供了总体框架和指导方向。例如，《安徽省普通高中新课程新教材实施方案》为芜湖市制定相关指导意见提供了依据和参考。市级实施方案在遵循省级实施方案的基础上，结合当地实际进行细化和补充。例如，芜湖市在省级新课程新教材实施方案的基础上，制定了更具操作性的指导意见和实施办法。市级实施方案为县级实施方案提供了指导和约束。县级实施方案需要在市级实施方案的框架内，结合当地实际进行制定。县级实施方案是市级实施方案的具体落实和体现。通过县级实施方案的制定和实施，市级实施方案的目标和要求得以在基层学校得到贯彻和执行。不同政策文件之间形成了相互支撑、相互补充的关系。例如，安徽省教育科学研究院发布的各学科教学指导意见与《安徽省普通高中新课程新教材实施方案》相配套，共同构成了普通高中新课程新教材实施的完整政策体系。政策文件还体现了对学生全面发展、教育质量提升、教育资源均衡配置等多方面的关注和要求，这些要求在不同政策文件中得到不同程度的体现和强调。

（二）实施逐级递进的课程落实策略

在学校层面，安徽省各中小学将区、县的实施方案与学校的课程体系构建紧密结合，建设既体现国家基础教育课程教学改革要求又彰显学校办学特色的学校课程体系。学校不仅积极参与从国家到学校层面的五级培训，学习、了解、熟知、掌握相关政策、规定、方案的基本要求、操作规范和实施流程，还主动搭建校际交流平台，通过组织教学研讨会、公开课展示等活动，促进教师之间的经验分享与相互学习。

具体操作上，学校课程实施领导小组下设专项工作组，负责课程规划、教材选用、教学评估等关键环节。如合肥市在市县教育主管部门指导、学校课程实施领导小组领导下，由教科室具体负责组织学科教研组长、骨干教师、教学教研主任，依据省级及《合肥市实施普通高中新课程新教材工作方案（试行）》，结合学校实际情况，制订详细的课程实施计划和教学进度安排。同时，学校还注重课程评价体系的构建，通过定期的教学质量监测、学生满意度调查等方式，及时反馈教学效果，为课程调整与优化提供科学依据。此外，学校还积极鼓励教师参与课程研发与教学资源建设，编写校本教材、开发特色课程等。如芜湖市的部分学校就形成了具有地域特色的校本课程，进一步丰富了学校课程体系，满足了学生多样化的学习需求。问卷调查显示，72.8% 的教研员能够积极履行职责、有效指导和监督学校进行课程规划，为提升教育质量奠定了坚实基础。79.5% 的校长 / 书记指出学校在行政部门和专业机构的指导下有效规划并实施了学校课程，体现了学校管理层对课程规划的高度重视和有效执行。

在教师依据国家、地方新课程方案修订学校课程规划方面，72.7% 的教师表示所在学校修订了学校课程规划。72.3% 的教师认为学校课程实施规划方案在指导教师教学实践方面发挥了重要作用，有助于提升教学质量和效果，这反映了学校课程规划的科学性和实用性。

（三）健全课程实施监测与评估体系

安徽省教育部门已经建立了较为完善的省级课程实施监测制度，明确了监测的目标、内容、方法和周期，确保了监测工作的有序开展。教育部门会及时向学校反馈监测结果，并针对存在的问题提供具体的改进建议和指导，帮助学校优化课程实施。如 2023 年安徽省开展了普通高中课程实施质量评价研究，围绕认知与态度、投入与保障、方法与策略、效果与反思四个维度编制问卷和入校调研工具，组织专家入校调研，形成 28 份调研报告，制定省教育科学研究院、市级教研部门和学校三个成果转化清单，将研究成果转化为推动普通高中高质量发展的创新思路和有效举措。再如，以课程教学改革样本校为依托，分片开展大规模的入校调研和问卷调查，基本上摸清了全省高中课程教学改革实施现状，找准了问题和改进方向，分片分批次召开课程教学改革推进会，深受基层欢迎。2024 年 5 月，安徽省又进行了省教育科学研究院内设机构调整，成立教育质量监测研究所，全面负责学前教育保教质量评估和基础教育各学科课程实施、教学、考试等质量监测评估研究，承担中小学综合素质评价工作。

调查显示，67.2% 的教研员、73.8% 的校长 / 书记以及 67.5% 的教师认为，安徽省已经开展了课程实施监测。70.8% 的教研员、74.0% 的校长 / 书记和 70.5% 的教师认为，省级课程实施监测为推进学校课程实施提供了参考依据，这表明省级课程实施监测在推进学校课程实施方面发挥了重要作用，得到了广大教研员、校长 / 书记和教师的认可。

在对学校校长 / 书记的访谈中，这一情况也得到了印证。多位校长均表示，在上级主管部门的指导下，学校经常参与省级课程实施监测，并高度重视课程实施监测工作，注重听取教师对课程实施的意见和建议，鼓励教师积极参与课程调整工作，形成共同推动课程教学改革的合力。每次收到监测反馈结果后，学校会对数据进行认真分析，及时查漏补缺，对课程设置、教学内容、教学方法等进行调整和改进。

二、构建四级联动体系，促进城乡教研融合

在推动城乡教育融合的过程中，构建一个高效、协同的教研体系是至关重要的。安徽省教育部门通过搭建省－市－县－校四级联动的教研组织架构，实现了从顶层规划到底层实施的全方位覆盖。这一架构不仅确保了教育政策的顺畅传达与执行，更为城乡教育资源的均衡配置提供了有力保障。四级联动教研体系能够通过打破层级壁垒，促进信息流通与资源共享，显著提升教研活动的针对性和实效性，为城乡教育融合发展奠定坚实基础。

（一）搭建四级联动的教研组织架构

安徽省教育部门力求将省－市－县－校四级教研贯通，构建四级联动体系，强化教研的深度与广度。教研机构积极提升为学校、教师、学生、行政服务的意识与能

力，通过定期调研、组织研讨、开展培训等方式，满足各方在课程教学改革中的需求；搭建线上线下相结合的教研交流平台，促进教师之间的经验分享与互动交流，推动课程教学改革理念的传播与实践。此举旨在抓住教学骨干，明确教研方向，借助平台推动课堂教学向素养培育方向转变，引导学生从单纯做题向实践应用过渡，实现从“做题”到“做事”的实质性转变，以确保课程教学改革的深入实施。在省级统筹领导下，各地市纷纷完善教研组织架构，建立健全市域教研工作体系。例如，合肥市构建了“三级两核七指向”教研工作体系，通过共同体建设提升教研品质，以推进课程教学改革，实现教研价值（见案例 7–1）。

案例 7–1 合肥市构建“三级两核七指向”教研工作体系

为充分发挥教研工作对区域教育高质量发展的支撑作用，合肥市教育科学研究院构建了“三级两核七指向”教研工作体系，搭建了市域、县域、学校三级教研平台（三级），紧扣新课标、新教材的核心理念（两核），立足教学目标、教学内容、教学方法、教学评价、教学资源、教学环境和教学管理七大指向（七指向），以教研助力课程教学改革。这一体系涵盖了课题研究、项目实施、名师工作室建设、学科建设、学校课程实施、课堂教学改革以及教育评价改革七大领域。全市教研氛围浓厚，构建“赛–研–学”规范教研机制，“勤于在工作中研究，精于在研究中工作”。教研工作在推进课程教学改革、指导教学实践、促进教师发展、服务教育决策等方面发挥了十分重要的作用。

安徽省力求在广度和深度两个方面强化国家基础教育课程教学改革的教研工作。首先，为保证教研的广度，安徽省在区域层面和学校层面能较好地定期开展各类教研活动，教师们的参与度也比较高。这在调查数据上得到了体现：80.4% 的教研员、77.0% 的校长 / 书记、69.4% 的教师认为，学校定期开展基于课程教学改革的区域教研和校本教研。其次，在教研深度上，一方面安徽省重视教研员和校外专家进入学校现场进行指导，另一方面区域与学校层面组织并激励教师积极参与各种交流活动。这样，教研员、专家及学校教师经由自上而下和自下而上两条路径，创造了深度教研的机会。

数据显示，75.7% 的教研员经常进入学校听课评课，这表明大多数教研员能够积极参与学校的教学指导工作，通过听课评课等方式促进教师教学水平的提升。60.5% 的校长 / 书记和 69.7% 的教师表示学校经常邀请教研员和校外专家入校听课评课。这表明多数学校重视外部专家的指导作用，通过邀请专家听课评课等方式提升学校的教学质量。

调研还发现，87.3% 的教研员、80.1% 的校长 / 书记、69.2% 的教师认为，学校教师能积极参与各级精品课遴选、说课评课、优质课展示交流活动。这表明各级教研活动得到了教师的广泛参与和认可，有助于提升教师的专业素养。

（二）培育多元开放的研修体系

安徽省在四级联动教研体系的实施过程中重视从不同层面创新教研方式，培育研修共同体。首先，以多元化的方式进一步夯实学校范围内的研修共同体。例如，学校通过组内选拔、校内打磨、校际拜师、评价赋能等方式，不仅使一批青年教师在老教师的带领下通过各级各类比赛脱颖而出，而且在新一轮学科带头人、教坛新星、骨干教师等方面评比中实现了突破；又如，组建支撑团队，即教师若参加各级精品课遴选，学校会组织相关学科优秀教师形成支撑团队，为参加比赛教师提供全面支持，从课程教学指导、打磨到教育技术支持乃至后勤服务等方面提供全面保障，共同为参加比赛的教师服务，同时在学校教科室组建学科教学团队，共同备课、磨课，发挥集体智慧，另外邀请各级专家到校为教师提供面对面的悉心指导，帮助教师完善教学设计、改进教学方法等；再如，以赛促研，即学校每学期举办系列校内教学比赛，如说课比赛、教学设计比赛、系列课堂比赛等，为教师提供展示和交流教学技能的平台。

其次，安徽省重视省域范围内城乡师资水平存在较大差异的实际情况，特别关注农村地区和薄弱学校的师资提升问题。在访谈中调查组了解到，各地针对当地情况以多种方式推进城乡之间教师研修共同体的培育，通过城乡共建的路径，将城市区域的优势师资输送到师资相对比较薄弱的区域。例如，合肥市采用了送教下乡、网络研修与校本研修整合、工作坊研修等方式。送教下乡是指组织专家和优秀教师团队到农村学校进行现场指导和培训，以提升乡村教师的课堂教学能力。此方法通过诊断示范、研课磨课、成果展示和总结提升四个阶段，将理论与实践相结合，帮助乡村教师改进教学方法，提高教学质量。例如，小学语文学科的送教内容为优秀课例现场教学、课后教学评析、主题讲座、互动交流、校本教研指导；又如，针对皖北教育发展问题，开展皖北教育提质增效活动，通过学校之间结对帮扶、组织专题教研活动、加强师资队伍建设等，加大帮扶力度，引导优秀教师服务基层。网络研修与校本研修整合，不仅为乡村教师提供了持续的专家指导，也为他们送去了优质的课程资源。这一模式鼓励乡村教师通过网络平台进行学习和交流，同时结合校本研修，将所学应用于实际教学中，形成常态化的校本研修运行机制。工作坊研修则侧重通过集中培训和实践活动，针对乡村教师的具体需求开展具有针对性的教学改进和技能训练。此外，通过组建由骨干教师和专家组成的培训团队，实行置换脱产研修，即在乡村教师参加培训期间，由培训团队成员替代其进行教学，以保证教学不受影响。调查数据显示，73.9% 的教研员、71.9% 的校长 / 书记、72.0% 的教师认为，各级教育部门在组织教师培训时能够充分考虑教师的实际需求，提升培训的针对性和实效性。71.8% 的教研员、71.6% 的校长 / 书记、58.2% 的教师认为，所在区域开展了基础教育优秀教学成果推广应用活动。大多数城乡学校能够参与优秀教学成果的推广应用，这在组织层面得益于研修体系的建立。

（三）强化教研活动的辐射引领作用

在四级联动的教研体系中，课堂教学改革是安徽省教研关注的一大重点。安徽省教育科学研究院注重课堂教学展示的辐射引领作用，充分发挥省级教坛新星、省级优质课评选一等奖获得者在课堂教学中的引领、示范作用。

自 2023 年起，安徽省各学科陆续举行了近百场“教研江淮行——皖美课堂”教学展示研讨活动。例如，2023 年 10 月至 2024 年 5 月，小学数学学科举办了 5 场“教研江淮行——皖美课堂”活动，累计现场观摩达 2800 人次，同步线上参会达 6 万人次，共计展示了 15 节次来自五个地市的省教坛新星、省优质课评选一等奖获得者的精彩课堂，同时有 14 场市级、区级教研员的主题讲座及点评，有 9 位一线骨干教师或校长进行观点报告，邀请了来自杭州师范大学、北京师范大学等高校的多位教授和苏教版、北师大版、人教版数学教材编委会成员或分册主编进行多场专家主题讲座。这 5 场教研活动均体现了“四级联动、主题明确、聚焦课堂”的特点，促进了教师的专业成长与发展，推动课程教学改革深入进行，帮助不同地区的教师相互学习，促进了优质教育资源的共享。此外，小学语文学科围绕八个研讨主题，由省小学语文教坛新星和省优质课评选一等奖获得者现场展示 24 节优质课例，内容涵盖三个学段，文体多样、课型丰富；举办名师教学点评 24 场，省内外学科专家主题讲座 24 场，共有 4260 多位骨干教师来到活动现场，还有 177825 名省内外教师在线上同步参与，此活动受到一线教师的好评。

又如，合肥市教育科学研究院组织了“大练兵大比武”“大研讨大交流”活动。

前者基于“每人一节课，人人有收获”的宗旨，按照学校选拔阶段、共同体初评阶段、市级评比阶段三个阶段逐步推进；后者在“大练兵大比武”的基础上引导教师破解大单元教学中的问题与障碍。在这一过程中很多学校采取走出去的方式，向专家学习，向优秀同行学习；同时，挖掘校内资源，让种子教师分享成功经验，有的学校每周开设一节典型案例研讨课，以研究引导思考，以交流达成共识，积极探寻问题解决途径。案例成果的凝练和形成是“大研讨大交流”的关键环节，当年，合肥市评选出学科行动案例 355 个、研究课例 348 个、问题解决方案 425 个、学校“双新”成果案例 85 个。

对课堂教学变革的关注促进了安徽省师资水平和课堂教学质量的提升，这在调查数据上得到了一定程度的反映。调研发现，82.1% 的教研员、77.5% 的校长 / 书记、74.6% 的教师表示区域教研及校本教研活动在提升教师教学能力方面发挥了重要作用。

三、打造“皖美课堂”，助推核心素养培育

21 世纪基础教育改革聚焦于核心素养培育，安徽省教育部门积极应对，创新教学方式以推动此目标实现。近年来，安徽省着力打造“皖美课堂”，在全省范围内开展交流展示活动。2023 年，安徽省教育科学研究院印发了《“教研江淮行——皖美课堂”活动方案（2023—2025 年）》，通过充分发挥省级教坛新星和省级优质课评选一等奖获得者的示范作用，系统推进课堂教学方式创新。具体说来，跨学科主题学习、大单元教学、教学评一致性改革等新倡议成为“皖美课堂”的实施亮点。

（一）推行跨学科主题学习

《义务教育课程方案（2022 年版）》强调课程的综合性和实践性，强调跨学科主题学习。跨学科主题学习旨在打破学科壁垒，帮助学生综合运用知识与技能，从而解决真实的复杂问题。跨学科主题学习是新时代综合育人的有效模式，也是培育学生核心素养的必然路径。在贯彻《义务教育课程方案（2022 年版）》和执行国家相关文件要求的基础上，2023 年，安徽省教育厅印发《安徽省义务教育课程实施办法》，明确提出“发挥跨学科教学育人功能”，强调加强综合课程建设，要求通过主题化、项目式学习等综合性教学活动，促进学生对知识体系间内在逻辑结构的认识和掌握，提高

学生运用知识解决问题的能力，并规定各门课程用不少于 10% 的课时设计跨学科主题学习。

为促进跨学科主题学习的落地，安徽省教育厅于 2023 年印发了《关于开展跨学科主题学习省级基地学校培育工作的通知》，启动了省级跨学科主题学习基地培育校遴选工作，最终确定了 45 个省级基地培育校。同时，安徽省还开展了省级跨学科主题学习说课教研活动优秀案例评选，例如，在 2024 年推出了 87 个跨学科主题学习说课教研活动优秀案例，通过举办展示观摩活动、主题研讨会等，加强对优秀案例的推广和应用，向广大教师推介优秀案例的成功经验和做法。

安徽省中小学教师、校长 / 书记和教研员的调查结果相互印证，显示大多数教师能积极组织跨学科主题学习：70.7% 的教师认为自己能够在日常教学中积极组织跨学科主题学习，65.1% 的校长 / 书记认为所在学校教师在组织跨学科主题学习方面表现良好，58.7% 的教研员认为所在区域学校教师能有效组织跨学科主题学习。这表明跨学科主题学习在区域内得到一定程度的推广和实施。

例如，合肥市在跨学科项目主题选择、教师培养和学习环境建设等方面积累了一定的经验，取得了较大的成果。合肥市每年都举办跨学科主题学习研讨观摩活动和种子教师的培训，开展多种项目式学习，邀请专家多次进行指导，并致力于跨学科主题学习指导教师队伍建设。通过一系列推进工作，适当拓宽了学生的学习空间，并将跨学科主题学习纳入学校课程，提高了跨学科主题学习的规范化和完整性。合肥市某小学开展了跨学科教学的新探索（见案例 7–2）。合肥市某中学以“三融合”为课程创新机制，推进跨学段、跨学科、跨领域深度融合，开发跨学段融合课程、跨学科融合课程、跨领域融合课程，构建大中小学纵向贯通、家校社横向联动的科学教育课程创生机制。鉴于普通高中科学教育以单学科为主的现状，该校还着力推进跨学科教学研究和实践探索，在教学实践层面注重科学学科之间的融合，以及科学学科与其他学科的融合，其中跨学科主题 STEAM 学习已经成为区域探索的亮点。

案例 7–2 诗意田园，智启未来——合肥市某小学的跨学科教学新探索

在合肥市义务教育阶段跨学科主题学习典型案例征集评选中，合肥市某小学的两个作品“探农耕之乐 品悠悠诗韵”和“跟着春天去旅行”荣获一等奖。以“探农耕之乐 品悠悠诗韵”为例，该校语文教师巧妙融合了古诗词教学与农耕文化体验，利用合肥市教育云

平台上的丰富资源和虚拟实验室功能，为学生设计了一系列跨学科主题学习活动。学生们不仅在课堂上学习古诗词，还通过虚拟现实技术体验农耕生活，亲手种植作物，感受古人诗歌中描绘的田园风光和劳动之美。此外，教师团队还充分利用平台上的数据分析功能，对学生的学习过程进行跟踪和评估。通过分析学生的学习数据，教师能够及时发现学生在古诗词理解、语言表达等方面的薄弱环节，从而调整教学策略，为每个学生提供个性化的学习支持。

（二）探索并实施大单元教学

《义务教育课程方案（2022 年版）》明确提出要“探索大单元教学，积极开展主题化、项目式学习等综合性教学活动”。大单元教学即以大概念、大任务、大情境开展相关的学习活动，旨在发展学生的核心素养。《安徽省义务教育课程实施办法》顺应课程教学改革趋势，进一步提出：“积极探索大概念、大单元教学，课程教学要实现‘以知识与技能为本’向‘以学生发展为本’的真正转变。”事实上，自 2020 年起，安徽省就组织中小学校开展大规模的大单元教学实验。2021 年，安徽省教育厅出台了《关于提高中小学课堂教学质量的指导意见》，在“着力提高备课质量”方面，指出要认真落实安徽省中小学各学科教学指导意见，规范教学设计，深入理解学科本质，着力做好教学内容分析和学情分析，引导教师备教材、备学生、备教法，做好单元整体教学设计。在《义务教育课程方案（2022 年版）》颁布后，中小学校积极探索大单元教学的热情进一步激发。例如，合肥市某中学着眼学科核心素养的培养，构建智慧课堂，结合不同学科特色，通过技术赋能和数据驱动，积极探索基于智能应用与学科深度融合的大单元教学模式，助力学科教学大整合、大迁移、大贯通。

针对学校和教师开展大单元教学时的疑难，安徽省各级教研部门积极行动，给予有效指导支持。例如，安徽省教育科学研究院遴选了大单元教学实践探索的省教研基地学校，立项了“大单元教学中情境任务创设的路径与实践研究”“‘三新’背景下高中语文大单元教学实践研究”等课题，评选了《大单元视域下小学道德与法治教学策略探索》《核心素养视角下的初中生物大单元教学设计》等省级优秀论文，通过表彰示范引导全省中小学校广泛开展大单元教学改革。合肥市教育科学研究院先后举办了基于学科核心素养大单元课堂教学“大练兵大比武”活动、“基于学科核心素养的大单元教学设计及实施”系列课堂教学主题研讨活动等，围绕大单元教学系统开展了“大练兵大比武”“大研讨大交流”活动（见案例 7–3）。

案例 7-3 合肥市某小学大单元教学设计研讨活动

在合肥市某小学的大单元教学设计研讨活动中，该校二年级、三年级和四年级的语文备课组分别就各自负责的单元进行了深入的研讨和展示。二年级组围绕“大自然的秘密”这一主题对第一单元的识字教学进行了探讨，采用灵活有趣且多样的方法抓字词，让学生结合图片及情境说一句或一段完整的话。他们强调，大单元可以更好地整合教学资源，使学生在有趣味的活动中掌握基础字词，为后续学习打下坚实基础。

紧接着，三年级组围绕“我与自然”这一主题聚焦第七单元的教学，注重培养学生的核心素养，引导学生通过感受大自然的美丽与奥秘，形成正确的世界观、人生观和价值观。而四年级组的老师们围绕“览大美自然 绘内心图景”这一主题对第一单元的教学内容进行设计，他们从大单元视角出发，对整个单元的教学设计进行了全面梳理，并设置了三个学习活动，分别是“跟着课本去旅行”“我的足迹串串”“我的私人足迹手册”，意在引导学生深入理解文本，提升阅读理解能力和阅读兴趣。

在研讨过程中，大家一致认为，大单元教学设计能够帮助学生更好地构建知识体系，提高学习效率。同时，教师们还就如何在教学过程中更好地融入语文要素、如何提高学生的自主学习能力等问题进行了深入的交流和探讨。

安徽省问卷调查的结果直观显示了教学方式变革的成效：大多数教师、校长 / 书记和教研员认为，教学方式改革有效提高了课堂教学质量。调研发现，74.7% 的教研员、74.5% 的校长 / 书记和 75.5% 的教师认为，教学方式改革在提升课堂教学质量方面取得了显著成效。

（三）推动教学评一致性改革

《义务教育课程方案（2022 年版）》及各科课程标准明确提出，要注重实现教学评一致性，全面推进基于核心素养的考试评价，强化考试评价与课程标准、教学的一致性，促进教学评有机衔接。基于此，《安徽省义务教育课程实施办法》尤为强调教学评一致性改革，明确提出全省义务教育课程教学改革要坚持素养导向，将培育学生的核心素养贯穿教育全过程，落实到具体教育教学活动中。

在政策的鼓励下，安徽省各中小学校纷纷开展教学评一致性改革探索，教师在教学评一致性方面的专业素养明显提升。安徽省中小学教师、校长 / 书记和教研员问卷调查的结果相互印证，显示大多数教师能积极开展素养导向的教学评一致性改革。

数据显示，73.8% 的教师认为自己能胜任素养导向的教学评一致性改革工作，

77.0% 的校长 / 书记对所在学校教师在素养导向的教学评一致性改革方面的表现给予肯定，70.1% 的教研员认为所在区域学校教师能开展素养导向的、坚持教学评一致性的教学设计。

通过行动研究，一些学校和教师在教学评一致性改革方面也积累了有益经验。例如，合肥市某小学语文组开展“基于教学评一致的作业设计探索”活动，对标 2022 年版语文课程标准，探索大单元下的整体教学策略，持续优化作业设计与实施。淮北市某中学制定了《“一课一研”活动的管理规定》，开展以“追求理解的教学评一致性”为指向、以导学单为媒介、以活动为载体、以合作学习为主要形式的高效课堂范式改革。

安徽省教育科学研究院在教科研论文和课题项目设置方面，也有意通过加大相关主题入选比例来引导学校积极开展教学评一致性改革。例如，在 2023 年安徽省中小学教育教学论文评选中，《以问题引领以评价促教——小学道德与法治“教学评一体化”例谈》《小学语文习作单元“教学评一体化”探索与实践》等论文入选省级二等奖，《小学道德与法治教学评一体化的探索与实践》《聚焦核心素养的“教学评”一体化实践探索及思考》入选省级三等奖。此外，“基于教学评一致性的中小学信息科技实验教学实践研究”“单元整体视角下高中地理‘教学评’一致性理论与实践研究”“教学评一体化视域下高中生物学过程性评价的实践研究”等一大批中小学申报的项目获批 2024 年度安徽省教育科学研究项目。

四、基于现有资源，全面加强科学教育

在科技日新月异的今天，科学教育对学生创新思维、实践能力和科学素养的培养至关重要。安徽省教育部门致力于依托现有资源，全面强化科学教育。巩固学校科学教育基础、提升教师实验教学能力、评估教育成效，是提升科学教育质量的三大支柱。这些举措旨在为学生提供优质学习环境，确保科学教育有效实施，并推动科学教育持续改进，对提升学生科学素养、促进教育公平具有深远意义。

（一）巩固并拓展学校科学教育的基础建设

安徽省一直高度重视科学教育。2024 年 1 月，安徽省教育厅等十六部门联合印发《安徽省关于加强新时代中小学科学教育工作实施方案》，从改进学校教学与服务、

拓展社会科学教育多元渠道和推进科学教育与相关改革衔接三个方面全面部署、统筹规划科学教育质量提升工作（见案例 7–4）。近几年，省教育厅出台了《安徽省深化基础教育改革全面提高育人质量行动计划》《安徽省中小学实验室工作条例》等文件，对落实国家课程方案、开齐开足科学课程、实验室建设、实验人员配备、实践活动开展等提出了明确要求，并要求配合开展检查、调研、评估、教学视导等督查活动，确保各项政策执行落地。

案例 7–4 安徽省高质量推进中小学科学教育

一是完善体系建设。制定《安徽省全国中小学科学教育实验区实验校建设实施方案》，提出“加强科学教育场所建设”“加强科学教育师资队伍建设”“统筹社会科学教育资源”等八项具体举措，首批入选的 4 个全国中小学科学教育实验区和 35 个实验校分别制定建设方案，形成 1+N（1 个省级方案 +N 个实验区实验校建设方案）的建设体系。

二是推进区域合作。将科学教育教学实践探索活动纳入第十批次对照学习沪苏浙政策和举措清单，举办“科学教育：现实使命与实践方略”中国长三角校长高峰论坛，遴选长三角地区 8 所在科学教育方面有亮点做法的中小学校作为嘉宾学校，共同探讨科学教育的时代价值、现实挑战与实践路径。

三是深化课题研究。以教研活动为抓手，以课例展示、专家点评、主旨报告、主题沙龙为载体，推动科学教育教学方式革新，举办科学类学科“教研江淮行——皖美课堂”活动共计 19 场。开展“基于 STEAM 理念的学生科学素养培养研究”课题研究，立足中小学校教学实际，打造适合学校特色的课程，努力提升学生解决问题能力，不断强化核心素养培育。

同时，安徽省高度重视科学教师的培训工作，并注重结合科学课程特点和科学教师实际情况，在“国培”“省培”等培训中，重点提升教师探究能力、信息技术综合能力、实验设计能力等科学教育理论和实践能力，连续多年开展全省中小学优质课评选、论文和实验说课评选、“一师一优课、一课一名师”活动、中学化学实验教学创新成果评选、全省学生信息素养提升实践活动等，从而进一步提升科学教师的教学水平和教科研能力。调查数据显示，教师在科学教育方面开展的多样教学活动与科学教师专业素养的提升有着一定的相关性。

此外，安徽省重视科学教育装备建设。良好的配套建设，为教师开展科学教育提供了较好的环境，这在调查数据上有一定的显示。调研发现，56.9% 的教研员认为所在区域学校科学实验教学装备配备与使用取得明显进展。60.6% 的校长 / 书记认为所在学校科学实验教学装备配备与使用情况良好。

调研还发现，53.7% 的教研员认为区域推动高校实验室、职业院校实训中心等资源向普通中小学开放工作取得了一定进展，47.9% 的教师认为自己能够积极利用社会资源开展科学教育活动。

（二）着重提升教师的实验教学能力与素养

安徽省在发展科学教育的过程中，非常注重加强中小学的实验教学。2023 年 1 月安徽省教育科学研究院与省教育技术装备中心共同研制出台了《安徽省义务教育阶段实验教学指导手册》，共编写小学科学、初中物理、初中化学、初中生物学 4 个分册，内容主要包括实验目的、实验器材、实验过程、实验结论、实验拓展、实验评价 6 个部分，并针对重点难点实验编写实验操作过程注意事项，有效指导广大基层实验教师科学、规范地开展实验教学。

市级层面，各地市积极推动教师实验教学能力提升。例如，合肥市教育科学研究院自 2015 年到 2024 年共举办九届实验说课比赛，1800 余名科学教师参加了县区级评选，200 余名教师参加市级评选。2024 年，合肥市教育科学研究院推荐多名教师参加省级评比，其中 17 名教师获得省一等奖、1 名教师获得省二等奖。6 名获得省一等奖的教师代表安徽省参加全国比赛，赛前省、市、县区科学教研员等组成的指导专家团队多次深入学校对参赛教师实验说课的实验目标设计、实验教学内容安排以及实验创新等进行有针对性的指导。举办科学实验说课大赛评选活动，使教师的实验教学能力得到明显提升。

调研数据显示，60.1% 的教研员认为所在区域学校实验课开设情况被纳入了教学视导和日常督导，60.8% 的校长 / 书记认为所在学校按照课程方案和课程标准完善了相关学科实验教学，66.9% 的教师表示自己能按照课程方案和课程标准完善相关学科实验教学。这表明实验教学已被各方重视，大多数学校的实验课程得以规范开设和有效实施。

（三）彰显并评估学校科学教育的实际成效

安徽省在发展科学教育的过程中，侧重基于学校发展的实际需求来确定发展的重点。例如，有的学校在整体师资比较紧张的情况下，通过建设专兼职结合的科学教师团队加强科学教育教学研究，主要通过跨学科教学，促进科学教育与数学、技术、工程等的融合，以培养学生的综合科学素养。在一些学校，科技社团成为科学教育的第二阵地，在教师的指导下，学生进行丰富多样的小发明、小制作活动，在“做中学”，在实践中学习科学知识、提升科学素养；有的学校配备了比较完整的科学教育活动教具，如现代化人工智能实验室、科教机器人、智能平板、人工智能编程控制系统软件等；还有的学校入选教育部中小学人工智能教育基地，学校统筹规划校内实验空间，建成人工智能、无人驾驶、机器人、无人机、3D 打印、航天模型、航空模型、航海模型、数字地球地理实验室等多个功能室，实现科技创新课程、科技社团和科技竞赛的“共管、共用、共享”，同时积极挖掘校外资源，与高校相关实验室、省市科技馆与创新馆、高新企业等合作，寻求合适的校外场所开展科技课程。

调查数据证实科学教师因校制宜开展了各种学科实践活动。数据显示，69.2% 的教研员认为所在区域学校教师能有效开展学科实践活动，75.4% 的校长 / 书记认为所在学校教师能有效开展学科实践活动，同时，62.3% 的校长 / 书记表示所在学校定期举行科技节、科技小发明、科普书阅读、学习科学家精神等活动。

五、融合数字资源，提升课程教学品质

在信息化高速发展的背景下，数字技术正深刻影响着教育教学改革。安徽省教育部门积极探索数字技术与教育教学的融合，旨在提升课程教学品质。数字技术的应用丰富了教学手段，提高了教学效率，促进了学生学习方式的转变和信息素养的培养。统筹规划应用、加强资源开发与整合、高效利用国家平台，是构建数字化教育生态、推动教育现代化的关键。这些举措助力安徽省打造高效、开放、互动的课堂，进一步提升教育教学质量。

（一）统筹规划与推动数字技术的教育应用

为借助数字技术提升教学质量，安徽省主要在以下几个层面持续发力。一是提升教学质量，引入智能教学平台，为学生提供个性化学习路径。利用人工智能技术实时监测和分析教学过程，为教师提供反馈，优化教学策略。二是建设师资队伍，制订中小学人工智能教师培训计划，提高教师的专业素养和教学能力，确保他们能够有效利用人工智能技术进行教学。三是开展科普教育，利用人工智能技术开发科普教育资源，如虚拟实验室、在线课程等，激发学生对科学的兴趣，培养他们的创新精神和实

践能力。四是促进学校管理，利用人工智能技术实现校园安全监控、智能考勤等，提高学校管理的效率和水平，通过数据分析技术，对学校运营数据进行挖掘和分析，为决策提供支持。五是推广智慧教学，持续推进平板进课堂，开展“智慧课堂教学展示”活动，在学校教学中，充分运用大数据技术，精准推送重点题目，实现精准教学、有效教学。一些具体做法见案例 7–5。

案例 7–5　以“数”促“育”赋能教育数字化高质量发展

一直以来，安徽省大力推进教育信息化建设，教育管理信息系统实现了较高水平的可管理性和可使用性。与此同时，各大系统在应用过程中也面临着标准不一致、系统难协同、数据难共享、应用支撑弱等一系列问题。

为打破数据孤岛，提高跨部门、跨单位协作效率，省教育厅通过全省一体化数据基础平台提供的“云管、数管、用管”等公共支撑能力，打造安徽教育数据综合应用平台，归集融合国家、省级等信息系统数据，同时不断完善统一教育行业数据标准体系，逐步实现对教育数据的汇、治、用、管、看、评全流程统一管理，推动教育数据从“散”到“聚”、从“有”到“优”，为教育数字化转型提供有力支撑。

值得一提的是，安徽教育数据综合应用平台充分利用了省一体化平台提供的基础设施资源、网络资源、公共组件资源等，构建起平台各项功能，实现“集约利用，共享复用”；通过省一体化平台提供的源代码管理和一站式低代码开发工具，“轻量开发，快速应用”得以实现；统一使用省级数据工程提供的整体防护、标准架构等基础，实现了“数据安全，共享可控”。

在市级层面，安徽省各地市因地制宜统筹推动数字技术赋能。例如，为实现教育数字化转型目标，芜湖市在实践中凝练了“1452”教育数字化转型建设模式和“‘皖’美教育智学‘芜’优”应用模式。其核心是：依托 1 个芜湖智慧教育大平台，汇聚学生、家长、教师、管理者 4 类主体数据，围绕智慧教学、智慧学习、智慧化、智慧生活、智慧管理 5 类核心场景，强化总集成和总服务 2 项支撑，推动芜湖教育高质量发展。迄今为止，芜湖智慧教育平台累计访问量超过 1 亿次，智慧课堂开课数高达 85 万余节，网络电子备课累计达到 344 万余次，共建共享了 77 万余项优质资源，开展了近 9000 次智慧教研活动，实现了超过 16 万人次的参与，平台业务数据和资源数据总量约 108TB。2023 年，《芜湖市中小学“人工智能 + 教育”应用星级实验学校实施方案》出台，通过规模化的创建工作，促进“人工智能 + 教育”在学校教育教学中的广泛、深度应用，推动全市中小学教育数字化转型。经过一个学年的创建，2024

年全市有 240 所学校通过应用星级认定审核，其中 9 所学校被认定为应用十星级学校。通过近年来的实践，芜湖市教育数字化发展取得了新突破，“打造‘数字引擎’，构建教育社会服务和治理新生态”入选 2023 年中国基础教育实践创新典型案例，“数字化赋能中小学教师专业化发展的芜湖实践”获评 2024 年度全国智慧教育优秀案例。

（二）持续加强优质数字教育资源开发与整合

为扩大优质教育资源覆盖面，安徽省人民政府办公厅出台《安徽省智慧学校建设总体规划（2018—2022 年）》，要求基教、师资、教研、电教、装备等部门密切配合，运用信息技术，建立在线课堂常态化教学模式，全省 800 多万名中小学师生共享线上优质教学资源。在市级层面，合肥市先后投入数十亿元资金，分期分批推进全市各类学校智慧课堂的硬件建设，市教育科学研究院围绕数字化赋能课堂教学方式和学习方式，分学科开展智慧课堂教学研究、教学案例展示、培训应用推广等活动，在转变传统教学方式、提升课堂教学质量、促进教师专业成长、促进学生学业发展、促进学校管理方面做了大量工作。例如，在作业设计当中，有的学校充分利用学校智慧校园系统的优势，结合智慧平板，实行作业分层设计与布置，区分线上作业和线下作业，注重作业的针对性和有效性。同时，通过专家引领，聘请科创教育顾问，利用数字技术打破校园围墙，将高校、企业、社会优质教育资源引入学校。

上述情况在问卷调查中也得到一定程度的印证。调研发现，75.9% 的教研员表示所在区域学校为教师提供了数字化教学资源或平台，73.3% 的教研员认为所在区域及学校开展了关于数字化素养的专项培训，72.7% 的校长 / 书记表示所在学校组织教师参与了关于数字化素养的专项培训。得益于数字化教学资源建设和数字化素养培训的常态化开展，教师的数字应用意识和能力明显提升。64.5% 的教师表示会在教育教学各方面有效使用人工智能和大数据技术，74.4% 的教师表示在日常教学中能够有效使用各类数字资源。

（三）高效利用并优化国家数字教育资源平台

在数字化时代，高效利用国家数字资源平台已成为提升教育质量、促进教育公平的重要途径。安徽省积极响应国家号召，通过整合优质资源、创新应用模式、强化平台建设等措施，高效利用国家数字资源平台，为全省师生提供了丰富多样的学习资源和服务。安徽省教育厅高度重视国家数字资源平台的利用工作，积极与教育部等上级部门对接，确保国家数字教育资源能够及时、准确地传递到基层学校。同时，安徽省教育厅还结合本省教育实际，组织专家团队对国家数字资源进行二次开发和本土化改造，使其更加符合安徽省学生的学习需求和教师的教学习惯。在平台应用方面，安徽省依托国家中小学智慧教育平台，构建了覆盖全省的教育资源服务体系。这一体系以“皖教云”为核心，整合了各类教育资源和应用服务，为师生提供了统一、便捷的资源获取渠道。通过“皖教云”平台，教师可以轻松获取海量的教学课件、教案、习题等资源，还可以参与在线备课、教学研讨等活动，提升教学能力和水平。学生则可以在平台上进行自主学习、在线测试、互动问答等，满足个性化学习需求。

“合肥市教育云平台”与国家数字教育资源公共服务平台紧密对接，实现了优质教育资源的无缝链接与共享。通过平台，合肥市不仅引入了大量的国家级精品课程、教学案例和专家讲座，还结合当地教学实际，进行了资源的二次开发与本土化改造，确保资源更加贴近合肥市学生的学习需求。同时，合肥市利用大数据和人工智能技术，对平台上的资源使用情况进行深入分析，精准把握学生的学习动态和需求，为教师提供个性化的教学建议，进一步提升了教学的针对性和有效性。

芜湖市在国家数字资源平台的应用上走出了自己的特色之路。依托“芜湖智慧教育平台”，该市不仅实现了与国家数字资源平台的高效对接，还创新性地构建了“智慧教育资源超市”，将各类优质教育资源以“超市化”的方式呈现给师生，方便他们按需选取。同时，芜湖市还注重资源的共建共享，鼓励师生上传自己的教学资源和学习成果，形成了良好的资源生态循环。芜湖市三山经济开发区教育文体局报送的“基于智慧教育平台开展网络教研促进教师专业成长”案例成功入选教育部 2024 年数字化赋能教育管理信息化建设与应用典型案例。教师利用平台资源，进行线上教学研讨、课例分析，有效提升了信息化素养和教学质量。同时，平台还提供了丰富的数据分析工具，帮助教师精准了解学生学习情况，实现个性化教学。

为了进一步提高国家数字资源平台的使用效率，安徽省还建立了一套完善的评价反馈机制。通过对平台使用情况的数据分析，及时发现和解决存在的问题和不足，不断优化平台功能和资源质量。同时，安徽省还鼓励师生积极参与平台建设和资源共享，形成了良好的资源共建共享氛围。

总之，安徽省在高效利用国家数字资源平台方面取得了显著成效。通过整合优质资源、创新应用模式、强化平台建设等措施，安徽省为全省师生提供了丰富多样的学习资源和服务，有效提升了教育质量、促进了教育公平。

第 8 章

福　建

在教育部的领导和部署下，福建省各级教育行政部门、教研机构、高校、中小学校和教师积极投入基础教育课程教学改革，贯彻落实国家基础教育课程教学改革各项政策和措施，全省基础教育课程教学改革取得明显成效。各级教育行政部门出台课程教学改革相关政策，完善相关制度，加强部门间联系与沟通，打造改革样本校，促进课程教学改革落地生效。教研机构积极行动，完善教研体系，创新教研内容和方式，建设高质量教研队伍，有力支撑课程教学改革。高校之间加强合作，运用理论优势指导课程教学改革实践，培育样本校，参与教师培训，深度参与和服务课程教学改革。学校加强课程规划，深化课程内容，重构教学模式，变革评价方式，优化育人环境，推动国家课程方案在学校转化落地。教师努力学习领会课程方案和课程标准，做好课程方案和课程标准下的教学设计，积极打造核心素养导向的课堂教学。各部门努力构建良好教育生态，推动教育高质量发展。

一、教育行政部门积极部署，落实改革政策

福建省各级党委和政府、教育行政部门与教科研机构在推进国家基础教育课程教学改革政策落实与行动深化过程中继往开来、锐意进取，在优化组织领导、强化支撑保障和提供专业引领等方面取得了实际成效，积累了改革经验。

（一）出台政策，解决重点难点问题

一是持续巩固“双减”工作落实成效。针对学生作业负担和校外培训负担过重问题，近年来福建省教育厅在中共福建省委办公厅、福建省人民政府办公厅印发的《关于进一步减轻义务教育阶段学生作业负担和校外培训负担的实施方案》基础上，不仅联合多个省级部门出台《福建省规范面向中小学生的非学科类校外培训工作实施方案》《关于整治社会事务加重中小学师生负担问题营造良好教育教学环境的工作方案》等文件，还成立福建省“双减”工作专门协调机制办公室，持续规范学校教育和校外培训，切实保障“双减”工作落到实处。如《福建省2024年巩固深化校外培训治理专项行动方案》围绕严查严处学科类违规培训、推进非学科类培训全面监管、加强校外培训广告管控、强化校外培训安全管理、加强校外培训行政执法等五项重点任务展开，通过组织开展2024年巩固深化校外培训治理专项行动，聚焦重点，攻克难点，巩固近三年来的校外培训治理成果，强化校外培训监管效能，提升校外培训行政执法水平，防范化解各类风险隐患，持续减轻学生校外培训负担，切实减少家庭教育支出和家长相应精力负担。

二是聚焦招生制度改革、留守儿童帮扶等教育公平问题。稳步推动中小学招生制度改革，如三明市创新完善基础教育招生制度改革，大力推进“小学入学一件事”招生服务平台建设，持续深化市区中心城区小学积分入学和公办幼儿园“多园划片”招生改革，有效保障招生工作公开公平公正。同时，推进市区普通高中融合招生改革，推动“县域普通高中提升计划”实施，打造区域优质教育。创新完善留守儿童教育帮扶机制，如三明市人民政府办公室印发《三明市开展贫困留守儿童“雏燕”关爱行动工作方案》，实施“红烛暖心”“爱心家长”等行动计划，形成全社会关爱保护留守儿童的良好氛围，2.58万名留守儿童全部建档立卡，“爱心家长”结对全覆盖，相关经验做法入选2022年度全国基础教育综合改革典型案例。

课程教学改革相关政策的出台，为福建省推进基础教育课程教学改革的深化提供了依据。各地各校在相关政策的指导下，制定符合所在地所在校的课程教学改革规划方案，将国家基础教育课程方案转化落地。数据显示，福建省教师、校长/书记、教研员认为自己熟悉所在区域新课程实施方案（省级/地市级义务教育课程实施办法或普通高中课程实施指导意见）的比例分别为75.0%、84.9%、83.0%；认为地方课程实施方案比较符合或非常符合自己或所在校、所在地的想法的教师、校长/书记、教研员所占比例分别为 78.3%、86.0%、85.2%。这表明，相关政策的出台促进了教师、校长 / 书记、教研员对基础教育课程教学改革的认知和认同，为落实课程教学改革奠定了坚实的基础。

（二）完善制度，服务改革政策落地

一是成立专门机构组织，服务学校课程教学改革。如三明市坚持把教育放在优先发展的战略地位，加强党对教育工作的全面领导，秉持“教育好，三明才会好；三明好，教育会更好”的发展理念，市委、市政府坚持用改革的思维谋划工作、用改革的方法解决问题，成立了以市委主要领导为组长的教育综合改革领导小组，市纪委监委将教育教学改革纳入专项监督工作；福州教育研究院成立“课程研究与指导中心”，并组建课程研究与指导中心组，主要负责福州市基础教育课程教学改革推进过程中课程规划、建设、实施和管理等工作的研究与指导，促进全市中小学提升课程领导力，提高教师的课程开发与实施能力，提炼和推广福州市国家课程实施和校本化课程体系建设的成果。

二是创新改革体制机制，实现基础教育扩优提质。如福州市和三明市围绕增加优质教育资源总量，聚焦集团化办学和总校制办学探索，走出殊途同归的改革之路。福州市在推进教育强市建设过程中，实施优质校集团化办学，推动中小学、幼儿园集团化办学，把工业（产业）园区配套学校纳入教育集团覆盖范围，持续做大做优教育资源，到 2025 年，全市计划形成 50 个教育集团，培育 25 个优质教育集团。集团化办学经验获中央全面深化改革委员会办公室推广。三明市创新完善基础教育“总校制”办学机制，积极推动基础教育资源深度融合和优质教育资源区域扩容，组建总分校 344 所（总校 115 所、分校 229 所），促进优质教育资源均衡下沉，扩大优质教育资源总量，经验做法入选 2021 年度全国基础教育优秀工作案例。

基础教育课程教学的制度建设为课程教学改革的贯彻落实提供了保障。以基础教育课程实施监测为例，福建省实施基础教育课程实施质量的相关监测，对促进基础教育课程教学改革起到了积极的作用。数据显示，福建省教师、校长 / 书记、教研员认为课程实施监测已经开展的比例分别为 75.2%、86.2%、80.6%，认为课程实施监测为学校课程实施提供了参考的比例分别为 75.7%、84.9%、79.8%。

（三）强化沟通，加速贯彻落实政策

各地不断完善跨部门协调联动机制，解决基础教育课程教学改革中的重难点问题，确保教育事业与经济社会发展同频共振。其一，建立资源共享的数字化赋能机制。充分利用数字技术赋能基础教育，建好用好智慧教育平台，推动数字化在拓展教学时空、共享优质资源、优化课程内容与教学过程、优化学生学习方式、精准开展教学评价等方面广泛应用。其二，建立协同联动的共同体建设机制。例如，福州市发挥优质学校、优秀校长、优秀教师的带动作用，实现课程实施整体上的协同推进，促进域内教育优质均衡发展。三明市建立健全部门协调机制，市委、市政府协调编办、组织、财政、人社等有关部门参与教育改革全过程，优先保障教育发展需求，一般公共预算中教育经费由 2017 年的 56.92 亿元增加到 2022 年的 76.93 亿元，所占比重由 19.56% 增加到 22.01%。除此之外，不断完善的部门间协调联动机制促进了基础教育课程教学改革的推进。通过基础教育课程教学改革相关部门的组织协调，教师获得了更多的机会了解课程教学改革的最新进展，更好地落实课程方案和课程标准。数据显示，福建省教师、教研员、校长 / 书记认为教师参加过基础教育优秀教学成果推广应用活动的比例分别为 63.6%、75.3%、72.2%。

（四）打造样本，促进改革成效显现

福建省围绕“基础教育精品课”、普通高中特色示范项目、中小学学科德育精品项目、“智慧校园试点校”、基础教育综合改革实验区等课程、项目、试点校、实验区的遴选评比和培育推广活动，制定实施了一系列省级政策文件，有效保障了课程教学改革典型经验的总结与推广。同时，支持各级各类实验区、示范校建设。如支持和指导三明市、龙岩市创建教育部基础教育综合改革实验区，遴选确认 20 个县（市、区）为省级基础教育综合改革实验区，鼓励实验区聚焦基础教育教学中的重点难点问题，积极改革创新；支持和指导三明市和相关学校创建普通高中新课程新教材实施国家级示范区、示范校，有效解决教学过程中的重点难点问题；总结和提炼福州市鼓楼区和南安市基础教育国家级优秀教学成果推广应用示范区建设的可行路径和有效措施，发挥示范引领作用。2023 年，遴选省级基础教育精品课 835 节，持续扩大精品课遴选规模，逐年提升数量和质量；遴选中小学优质课 287 节及幼儿园优质课例 37 节，以“优课”示范带领产出一批精品课程，推动教学方式变革；遴选幼儿园优秀游戏案例

180 个，深化幼儿园改革，全面提高幼儿园保育教育水平。

基础教育课程教学改革的示范区、示范校、样本校的遴选、培育与建设，为福建省基础教育课程教学改革提供了可借鉴、可推广的典型案例，促进了区域教研和校本教研的开展。在福建省各级教育部门的组织协调下，教师通过区域教研、校本教研接触到更多的课程教学改革优秀案例和典型案例，对课程教学改革的深化和推进起到了积极的作用。数据显示，福建省教师、教研员、校长 / 书记表示教师定期参加基于课程教学改革的区域教研和校本教研的比例分别为 76.9%、84.4%、85.0%；认为学校加强与其他学校的交流，借鉴其他学校课程教学改革经验的比例分别为 76.3%、79.4%、79.1%。

二、教研系统积极行动，支撑课程教学改革

（一）完善四级教研体系建设

教研体系是保障基础教育质量的重要支撑，在推进课程教学改革、指导教学实践、促进教师发展、服务教育决策等方面发挥了十分重要的作用。2020 年 12 月，福建省教育厅联合福建省人力资源和社会保障厅、福建省财政厅共同印发了《关于加强和改进新时代基础教育教研工作的实施意见》，为新时代福建省基础教育教研工作的有序推进与高质量发展指明了方向。近年来，福建省强化教研工作支撑作用，理顺教研管理体制，创新教研工作机制，打造具有福建特色的新时代基础教育教研体系，为基础教育课程教学改革深化行动提供专业引领。

从省级层面看，福建的省级教研部门是福建省普通教育教学研究室，作为独立设置的、省教育厅直属的教研部门，它与福建省教育科学研究所、福建省电化教育馆、福建省教育评估研究中心等部门是有业务往来的同级事业单位，负责统筹协调与福建省基础教育有关的课程、教学、评价等方面的研究、指导、服务工作。

从地市层面看，以本次调研的福州市、莆田市和三明市为例，其教研部门分别是福州教育研究院、莆田市教师进修学院和三明教育学院，三者的名称虽各不相同，但都是兼有教研、科研、教师培训等多种职能的地市教育行政部门的直属单位，发挥教育研究、指导、服务、管理职能，主要负责所在地区中小学的教研工作，以及与省级和区县级教研工作的沟通协调。区县层面的教研机构则以教师进修学校为主，如福州

市鼓楼区教师进修学校、莆田市荔城区教师进修学校、三明市三元区教师进修学校等，这一级教研部门是指导各地中小学教研工作的主力，也是与中小学校教研组和教师联系最密切的教研部门。学校层面则以非正式的教研组、年级组或学科组的形式开展日常教研工作。教研组建设有助于教师专业发展，受到各地重视。如福州市教育局颁布《福州市中小学教研组建设指南》，加强教研组建设，开展优秀教研组评选活动。总之，当前福建省已建立相对完善的省 – 市 – 县 – 校四级教研体系。数据显示，教师、校长 / 书记、教研员总体上表示定期参加基于课程教学改革的区域教研和校本教研的比例分别为 76.9%、84.4%、85.0%。

（二）创新教研内容和方式

四级教研围绕构建全面育人体系和提升教育教学质量，聚焦教学方式方法、作业设计、质量监测、考试评价等方面，对提高学校特别是农村学校教育教学质量发挥了重要作用。

一是多举措推进教研工作。如福建省普通教育教学研究室持续开展立足于需求导向的新课程新教材实施培训、问题导向的教学研讨活动；开展义务教育课程方案和课程标准第一轮、第二轮共 40 场省级培训，线上线下参与达 300 万人次，提升教师课程实施能力；加大建设基础教育学科教研基地，2023 年启动第五批教研基地校建设，确定基地校 139 所、基地园 18 所、基地县 11 个；倡导并实践“用中国大智慧、创大智慧课堂”理念，持续推进“明德共进善研立行”教研文化，围绕打造“双减”背景下“备、教、学、评一体化”课堂教学新格局，开展区域教研和校本教研；持续推进教育数字化赋能，做好国家中小学智慧教育平台全省试点工作，持续培育建设和遴选推广优质教育资源，以点带面推进优质数字教育资源助力基础教育高质量发展。

二是积极探索地方政府、高校、教研部门和学校之间的协作。如莆田市通过深化与福建师范大学等的校地合作，打造了一批市域推进课程教学改革的样本学校，培养一批落实课程方案和课程标准的教学名师。2022 年 9 月，莆田市政府与福建师范大学等高校签订战略合作框架协议，借助高校在师范教育、科学研究、人才聚集、平台集成等方面的优势推进莆田市基础教育高质量发展。在此背景下，莆田市教师进修学院与教育部福建师范大学基础教育课程研究中心签订“新课标下教育高质量发展”合作项目协议，在全市遴选 20 所中小学校作为“新课标下教育高质量发展”样本校进行培育；莆田市教育局则委托福建师范大学相关团队，从全市普通中小学（含特殊教育）和教师进修院校在职教师（教研员）中选拔 100 位专业素养较高、发展潜质好的中小学青年骨干教师作为“领头雁”，按照名师成长路径进行为期三年的指导和培育，帮助他们成为本市推进课程方案和课程标准实施、课程教学改革的学术型、研究型教学名师。

三是促进教育优质均衡发展。针对区域基础教育发展不均衡的问题，各地教研组织积极创新教研方式，缩小校际和城乡教育差距。如莆田市以小片区为基础管理模式，将木兰溪两岸初中学校划定为 18 个教研片区，小学以中心校联盟为基础划定 50 个教研片区，以核心素养为导向，形成义务教育优质均衡发展新生态；三明教育学院在小学、初中、高中三个学段成立各学科教学巡回讲师团，由一线正高级、特级教师以及省市学科名师、带头人组成，集中集体智慧，全市、全学段、全学科教学全面发力，以“菜单式”“点单式”形式通过教师共同体互助、大区域教研、工作坊研讨等形式精准有效地开展特色巡回活动，将讲师团教师教育教学研究成果与教学经验传达、渗透给全市的学科教师，全面提升全市教育教学水平和质量；福州教育研究院通过永泰县教师进修学校联系 12 所基层学校，采用 1+1+1 教研模式，即 1 位市级教研员带 1 位县级教研员带 1 所薄弱校的方式，在课堂诊断、集体备课指导、作业设计、课程建设、校本活动、质量监测、评价改革等领域以送培送教、现场诊断、线上工作坊等方式发挥以点带面作用，每学期定期沟通交流，研讨工作重点，协商解决问题，探索形成了三级联动教研共同体建设的福州模型。数据显示，74.6% 的教师、78.4% 的校长 / 书记、82.3% 的教研员认为参加过的各类专项培训注重教师实际需求、能够精准提升教师专业成长。

（三）建设高素质教研队伍

教研是沟通国家教育政策与学校课程教学实施的重要桥梁，高素质的教研队伍是推进课程教学改革、指导教学实践、促进教师发展和服务教育决策的关键。其一，配齐配强各级各科教研员。近年来福建省根据五育并举和课程教学改革的需要，进一步加强了各级各科教研员的配备。以本次调研为例，在接受问卷调查的 1024 名教研员中，省级教研员 32 人，占 3.1%；地市级教研员 123 人，占 12.0%，区县级教研员 869 人，占 84.9%。其中，教龄超过 20 年的教研员达到 819 人，占 80.0%；拥有高级职称的教研员达 562 人（正高级 43 人、副高级 519 人），占 54.9%；拥有本科及以上学历的教研员达 970 人，占 94.7%。上述情况表明福建省各级教研员多来自一线优秀教师，是教师队伍中经验丰富、学识较高、能力突出的佼佼者。此外，福建省立足教研机构功能职责，对省市和县级教研机构提出不同要求，调整优化教研机构专业技术岗位结构比例。数据显示，76.7% 的教师、82.9% 的校长 / 书记、85.0% 的教研员认为区域教研及校本教研活动极大地提升了教师教学能力。

其二，制定了符合地区实际的教研员专业标准和评价办法。2020 年，福建省参照中小学（幼儿园）教师专业标准，结合教研员岗位职责，制定《福建省中小学（幼儿园）教研员专业标准（试行）》。该标准围绕专业精神、专业知识和专业能力三个维度，从专业意识、专业情怀、专业品质、通识知识、学科知识、教研知识、教师教育知识、教育教学指导能力、课程开发能力、教育科研指导能力、培训实施能力、咨询服务能力、反思提升能力等 13 个领域提出 32 个具体指标，是教研员队伍准入、聘任、培训、考核等工作的重要依据。2023 年，三明市教育局印发《三明市教研员评价办法（试行）》，该办法围绕专业精神、专业知识和专业能力三个维度提出 15 个具体指标，对市、县两级教研机构专职教研员进行评价，评价结果作为教研员提拔任用、职务晋级、职称评聘、年度考核及评先评优的重要依据。

其三，组织开展有针对性的教研员培训研修，提高教研员的教研能力和教学指导水平。如福州教育研究院针对不同阶段、不同学科的教研员，通过新入职教研员内训研修、“教苑大讲堂”系列活动、市县两级教研员能力提升专项培训班、“教研能手”竞赛活动等形式定期开展定制化的培训研修，转变教研员教育观念，提升教研员综合素养；莆田市教师进修学院紧扣当前教育发展形势，以问题为导向，注重专家引领，坚持行动研究，致力于打造莆田市专兼职教研员、莆田市学科中心组、莆田市名师工作室、莆田市阅读中心组、莆田市命题工作坊等五支高素质专业化的研训队伍，建成上下联动、左右互助、高效有序的新时代莆田市基础教育教研新体系、新格局，为加快推进育人方式变革，全方位推动莆田市基础教育高质量发展提供专业支撑。数据显示，74.8% 的教师、78.7% 的校长 / 书记、87.3% 的教研员认为教研员服务课程教学改革的能力不断提升。

三、高校力量深度参与，服务课程教学改革

（一）强化“U-G-S”合作，形成课程教学改革合力

福建省重视利用高校专业力量促进基础教育课程教学改革。福建师范大学、闽

南师范大学拥有高水平的课程与教学论研究队伍，长期从事基础教育课程与教学论研究，是福建省基础教育课程教学改革的重要专业力量。福建省教育厅与大学保持密切合作，建立了良好的“U-G-S”（高校 – 政府 – 中小学）合作机制体制，推动高校课程与教学论专业队伍深度参与基础教育课程教学改革。教育部福建师范大学基础教育课程研究中心 20 余年来深度参与福建省基础教育课程教学改革，形成了以课程研究中心为龙头，以高校（学科）课程与教学论专家队伍为核心，以中小学名师、正高级教师、骨干教师为重要合作伙伴的课程教学改革服务团队，致力于推动福建省基础教育课程教学深度变革。在具体的合作方式上，福建省采用项目制的方式，聚焦基础教育课程教学改革关键问题与核心任务，与高校签订合作协议，形成政府出钱、高校出智、中小学出力的合作框架，政府与教育行政部门在经费拨付、行政管理、政策支持等方面为高校专业力量促进基础教育课程教学改革创造良好的工作条件，高校组建专家团队采用团队集体指导、个性化指导、入校交流研讨、共同观课评课、组织区域校际交流等工作方式，指导中小学教师围绕基础教育课程教学改革的关键问题与核心任务开展教学研究和教学改革实践。

（二）深耕课程教学理论，提高实践指导站位

课程教学是专业性的工作，课程教学改革需要专业的理论指导，推进基础教育课程教学改革需要研究基础教育课程教学改革。教育部福建师范大学基础教育课程研究中心长期致力于研究基础教育课程教学改革，紧跟国家课程教学改革步伐，对基础教育课程教学改革的前沿议题进行理论探索，为教育实践提供高水平、高站位的理论支持。2014 年以来，团队围绕基础教育课程教学改革，对核心素养、课程方案和课程标准解读、学科实践等展开了深度探索，提出并倡导“读思达”教学法，发表了《关于教学改革的原点思考》《从三维目标走向核心素养》《论学科核心素养形成的机制》《论学科核心素养的课程论意义》《我国基础教育课程改革与发展 70 年》《从“双基”到三维目标再到核心素养——改革开放 40 年我国课程教学改革的三个阶段》《我国基础教育课程方案变革 70 年的回顾与展望》《论“读思达”教学法》《以核心素养为导向：建立与义务教育新课标相适应的新型教学》《论义务教育新课程标准的教育学意义》《指向中国式基础教育现代化的课程改革》等学术论文，构建了指导基础教育课程教学改革实践的方法和方法论。

（三）着力培育课程教学改革样本校，谋求创新性突破

打造基础教育课程教学改革样本校，可以发挥良好的示范效应，使其他学校看到基础教育课程教学改革的成功案例和实践路径，从而更好地吸引更多学校有效投入课程教学改革的实践。教育部福建师范大学基础教育课程研究中心与福建省莆田市密切合作，着力打造20所基础教育课程教学改革样本校。该中心组建了7个专家指导组，分别对接20所“新课标下教育高质量发展”样本校，各专家指导组每月进入各样本校进行深度调研、交流和研讨，为每一所学校选定适合学校课程教学改革历史与愿景的落实课程方案和课程标准的课程教学改革主题，指导各样本校积极开展课程方案和课程标准学习活动，全面理解、深入领会、准确把握课程方案和课程标准的理念实质和核心要义，推进课程方案和课程标准落地系统研究，促进学校创造性实践课程方案和课程标准，形成可借鉴、可推广的课程方案和课程标准实施路径、方法与经验，打造市域推进落实的样板。经过持续的深度指导，20所样本校均结合自身校情以及课程方案和课程标准的基本精神与核心要求，确定了新的课程教学改革主题，在教学观念、教学设计、教学实施等层面实现了新突破，形成了特色化的落实课程方案和课程标准的理论、模型、方法、技术、技巧。2024年11月27日，教育部福建师范大学基础教育课程研究中心、莆田市教师进修学院联合主办，莆田市多所学校共同承办了“基础教育课程教学改革深化行动阶段成果展示暨实验学校经验交流会”，莆田市政府相关人员以及来自福建省9个地市、平潭综合实验区和广西北海的校长和教师代表，福建师范大学教育学院教师团队和博士研究生代表等约450人参加会议。会议展示了福建省基础教育课程教学改革深化行动的阶段性成果，也为各实验学校提供了交流平台，发挥了良好的示范和辐射效应。

（四）积极开展“下沉式”培训，托举教学改革底部

基础教育课程教学改革的难点在于普通学校、普通教师，边远地区的学校和教师难以获得支持和促进其进行课程教学改革的相关资源和信息。针对基础教育课程教学改革中的这种不均衡现象，福建师范大学、闽南师范大学等高校专业力量利用福建省教育厅发起和组织的基础教育“下沉式”教师培训项目，以实施课程方案和课程标准为重点，设计适合普通学校、普通教师需求的培训内容，努力推动普通学校、普通教师落实课程方案和课程标准，创新教学。2024年，教育部福建师范大学基础教育课

程研究中心承担了南平市、建瓯市、漳州市龙海区、福州市马尾区、莆田市湄洲湾、莆田市湄洲岛 5 个市（区）基础教育师资“下沉式”培训任务，培训主题为“构建与新课程标准相契合的教学”，培训内容聚焦于课程方案和课程标准实施的关键环节与重点问题。精心组建的送教专家团队深入各市（区）进行前期的需求调研、课程内容的严谨论证，并圆满完成了包含 5 个阶段的沉浸式培训计划，累计举办了 100 余场培训活动，参训教师约 1800 人次，培训辐射近万名教师。

四、学校主动规划设计，推进方案转化落地

（一）加强课程规划，构建系统、科学的学校课程体系

加强课程规划有利于促进学科间的有机联系与深度融合，增强课程的时代性和实践性。课程规划作为课程教学改革的核心任务之一，并非简单地将学科内容进行拼凑或删减。福建省莆田市“新课标下教育高质量发展”样本校积极响应课程方案和课程标准要求，根据学校自身实际情况，基于学生全面发展需求和社会对人才的要求，对原有课程规划进行系统性重构：科学规划课程体系，确保课程内容的系统性、连贯性和时代性；积极打破传统学科界限，推动跨学科整合与项目式学习，使学生在解决实际问题中综合运用多学科知识。数据显示，教师、校长 / 书记、教研员认为学校课程实施规划方案对教育教学具有很强的指导性的比例分别为 76.6%、86.5%、80.6%，教师、校长 / 书记、教研员认为学校形成了体现本校办学特色的课程体系的比例分别为 72.7%、75.1%、66.6%。

各校注重增加实践性、探究性课程内容，强调学以致用，培养学生的创新精神和实践能力。莆田市某小学制定“和雅”教育课程规划，积极绘就学校课程实施的时间表、路线图，有效实施国家课程、规范开设地方课程、合理开发校本课程，满足学生多样化学习需要，促进学生全面而有个性发展。学校积极建设了三类课程。一是基础型课程。学校确保开齐开足开好国家的必修课程和选择性必修课程。二是拓展型课程。在课程方案和课程标准指引下，学校立足特色化发展，紧密融合“和雅”办学理念，建构起全学科式校本特色课程体系——“融合五科”，赋能学校绿色高质量发展，培育德智体美劳全面发展的四有新人。三是发展型课程。为有效促进学生核心素养发展，学校开设了德育课程、劳动实践类课程、研学课程等校本课程，进一步增强课程

的综合性、实践性、体验性，加强课程内容与学生经验、社会生活的联系。福州某中学根据生源情况和学校发展定位，依托“校智达”等智慧校园软件，系统统筹课程安排、教师调度、教学管理、班级编排、学生管理、资源调配、评价反馈等工作，最大化利用好教学设施，满足走班教学需要，实行教学资源精准供给的教学班管理制度。依托大数据教学软件，助力个性化精准教学，减负提质增效。

（二）深化课程内容，突出学科知识的结构性和实践性

在教育领域，随着认知科学、学习理论及信息技术的飞速发展，传统的知识传授模式正逐步向更加注重学生主动参与、实践体验与深度理解的“学科具身学习”转变。这一转变不仅是对教育理念的革新，更是对课程内容与教学方法的深刻重塑。传统教育模式往往侧重于知识的灌输与记忆，忽视了学生在学习过程中的主体性、创造性以及知识与实际情境的关联。而学科具身学习则强调通过身体的参与、情感的投入和与环境的互动，使学习成为一种深度体验与意义建构的过程。它要求课程内容不是文字、符号的堆砌，而是能够触发学生感官体验、情感与思维全面参与的实践活动。一方面，设计情境化学习任务。调查发现，不少学校着力构建贴近真实生活或专业领域的情境化学习任务，使学生在模拟或真实的情境中探索知识、解决问题。如在化学课程中，通过设计实验让学生亲手操作，观察化学反应现象，而非仅仅背诵方程式；在历史课上，通过角色扮演重现历史事件，加深学生对历史背景与人物关系的理解。另一方面，促进跨学科整合。学校鼓励学科间的交叉融合，打破传统学科壁垒，设计跨学科项目或主题活动。这样的课程内容不仅能够拓宽学生的知识视野，还能促进批判性思维、创新思维和问题解决能力的发展，如在科学教育项目中，结合生物学、地理学等多学科知识，共同探讨环境问题的成因与解决方案。数据显示，教师、校长/书记、教研员认为当前课程教学难度容量与学生身心健康发展相匹配的比例分别为68.8%、78.7%、73.9%。

（三）重构教学模式，推动学习从知识接受转向素养生成

聚焦核心素养发展是21世纪全球教育改革的指向，也是我国课程教学改革的重要方向。核心素养导向的教学本质上是把知识加工成素养的过程，就是把书本上的知识变成学生身上“正确价值观”“必备品格”“关键能力”的过程，这个过程是“化学反应”的过程，是“深加工”的过程，是“增值”的过程。

如莆田市开展了基于深度学习的教学变革，遵从课堂－学校的系统联动，架设学校愿景、系统条件、学习文化和教师协同的支持系统，完成由“教为中心”向“学为中心”、由“知识教学”向“素养教学”、由“学科认识”向“学科实践”的三重转变。莆田市教师进修学院以课程教学改革为引领，以普及优质均衡的全学科阅读为目标，聚焦立德树人，全面发展学生核心素养。通过不同学段学科教师的共建共享，跨越学科界限，搭建融合共生的阅读新生态。在当前理科阅读还被忽略淡化的情况下，莆田市教师进修学院以科学阅读为突破口，聚焦热点、重点、难点问题，实现前瞻性思考，组建了“莆田市中小学科学教育指导组”，联动科学名师工作室、阅读研究中心科学组等，强化科学阅读的区域化教学实践，提升师生及家长的整体科学素养。数据显示，教师、校长 / 书记、教研员认为自己通过教学方式改革有效提高了课堂教学质量的比例分别为 77.7%、80.3%、76.8%。

（四）变革评价方式，加快从单一评价到多元评价的转型步伐

评价体系改革是教育改革的重要组成部分。访谈发现，不少学校已经树立了全面发展的教育理念，注重学生的综合素质培养和个性特长发展；同时，还建立了科学、公正、有效的评价体系，确保评价结果的客观性和准确性，并注重评价结果的有效运用和反馈机制建设，为教育教学工作的持续改进提供有力支持。

第一，从片面到全面，促进评价内容的多元化。传统的评价体系往往只关注学生的学业成绩，即分数或等级，而多元评价体系则涵盖了更广泛的内容，如学生的思想观念、道德品质、心理素质、创新能力、实践能力、团队协作能力等。这种全面的评价方式能够更真实地反映学生的综合素质和发展潜力。多元评价体系尊重被评价者的差异，通过建立有一定弹性的评价标准，为被评价者的个性发展提供空间。如教师会根据学生个体智能、认知、学习风格和创造力等方面的差异，采取不同的评价方式，更好地促进学生的发展。

第二，定量与定性相结合，促进评价方法的多样化。在评价过程中，可量化的指标（如学业成绩）会尽量量化，而对于那些难以量化的内容（如道德品质、心理素质等），则采取定性分析的方法。这种定量与定性相结合的评价方式，能够更准确地反映学生的真实情况。在多元评价体系中，除了传统的考试、测验等评价方式外，还引入了口头评价、同伴评价、自我评价、家长评价等多种评价方式。这些评价方式能够从不同的角度为教师和家长提供有关学生学习、发展状况的信息，有助于学生更全面

地认识自我。数据显示，教师、校长 / 书记、教研员认为自己或教师在日常教学中注重使用过程评价的比例分别为 81.9%、83.9%、74.9%。

第三，从单一到多元，促进评价主体的多元化。在传统的评价体系中，教师往往是唯一的评价主体。而在多元评价体系中，评价主体变得多元化，包括教师、学生、家长、管理者以及社会人士等。这种多主体评价方式能够从不同的角度为教师和家长提供有关学生学习、发展状况的信息，有助于学生更全面地认识自我。在评价过程中，评价者和被评价者要加强沟通和协调。通过自评、他评和互评等方式，学生可以更好地了解自己的优点和不足，从而制订更合理的个人发展计划。同时，教师和家长也能够更全面地了解学生的学习情况和发展需求，为学生提供更有效的支持和帮助。数据显示，教师、校长 / 书记、教研员认为教师教学评价能力能适应课程教学改革的要求的比例分别为 76.5%、77.9%、72.1%。

（五）探索适宜途径，创造创新人才培养的有利环境

创新人才培养关系到国家发展战略能否顺利实现，基础教育课程教学改革虽然不直接指向创新人才培养，也应该为创新人才的早期培养提供适宜的途径和方式，创造有利于创新人才发展的教育环境。有教研员认为，创新人才有四个突出特征：自律严谨、善于纠错、抗压耐挫、学有余力。对于基础教育而言，创新人才不宜简单地以“学业成绩领先”或“大量超前学习”为标准。福建省部分学校在为创新人才的早期培养创造有利环境上做出积极探索，努力提供适宜的途径和方式做好创新人才的早期培养工作。2024 年 5 月，某中学成立“润德求索书院”，通过完善的制度以及科学的课程设置建构一个从小学至高中的完整基础教育链，探索“螺旋上升、循序渐进”的长效一体化育人模式，为高校输送优质人才。2024 年 1 月，福州某中学成立“鸣阳书院”，承载与管理“丘成桐少年班”的相关工作，并实行“双导师制”。“丘成桐少年班”的培养内容主要包括以下方面。学术能力：提供一系列学术课程，包括核心课程、专业课程和拓展课程，帮助学生建立坚实的学术基础和知识体系。实践能力：提供一系列实践机会和培训，帮助学生在实践中提高能力和技能。综合素质：注重学生的综合素质培养，包括领导力、创新思维、跨文化交流等方面，通过各种活动和课程来提高学生的综合素质。国际视野：通过国际交流和合作项目，让学生了解和体验不同的文化和环境，提高国际视野和竞争力。有教师表示，“创新人才”的早期培养在优质学校有其优势，“九年一贯制”乃至“十二年一贯制”的贯通式培养要求教师在

尊重学生的基础上因材施教，让学生实现全面而有个性的发展。

五、教师学习并实施课程方案和课程标准，努力转变育人方式

（一）参悟精神，学习领会课程方案和课程标准

对教师而言，学习和领会课程方案和课程标准的核心精神及基本要求是落实课程方案和课程标准的第一步。为落实课程方案和课程标准，福建省各级教育行政部门组织了多项活动，有力推动了对课程方案和课程标准的学习和传播。广大教师采用多种方式学习和领会课程方案和课程标准，使课程方案和课程标准入脑入心，为运用课程方案和课程标准指导课堂教学设计与实施，打造体现和蕴含课程方案和课程标准精神的课堂教学打下了坚实的基础。

1. 参加全员培训和考试

福建省对新一轮课程教学改革非常重视，在课程方案和课程标准颁布后，以最快的速度部署落实，要求教师学习课程方案和课程标准，参加各类培训。莆田市教育局开展课程方案和课程标准学习与培训活动，要求所有教师学习并参加考试。在市教育局的统一部署和推进下，学习课程方案和课程标准一时间成为莆田市中小学教师的“必修课”，看、读、背成为广大教师的“标志性动作”，课程方案和课程标准很快成为教师最为关注的“关键词”。通过多种多样的方式，课程方案和课程标准大面积地进入广大教师的视野，教师开启研读、理解、认同和使用课程方案和课程标准之路。

2. 参加小组学习和研讨

教师需要深度学习和理解课程方案和课程标准，学校组织的各种学习活动为教师深入学习理解课程方案和课程标准提供了良好的条件和机会。为更好地落实课程方案和课程标准，福建省各中小学校根据自身的条件和目标，开展了形式多样的学习活动。学科组学习和研讨是促进教师理解和认同课程方案和课程标准的重要途径。相较于教育行政部门和学校统一组织的学习活动，学科组的学习活动具有明显的自发性和专题性。学科组内的教师具有统一的学科视角、敏锐的学科直觉和专业的学科教学技能，他们在学科组的学习中更多采用研讨的方式，对课程方案和课程标准进行深入分

析，精准挖掘和把握课程方案和课程标准的新精神和新要求，有效将新精神和新要求转化为学科组教学研究的新方向和新主题。

3. 个人自觉学习和思考

个人自觉学习和思考是使课程方案和课程标准“入脑入心”的根本力量。课程方案和课程标准包含着关于基础教育课程教学改革的真知灼见。具有行动积极性和变革意识的教师会被课程方案和课程标准的智慧和远见所吸引和打动，主动学习和思考课程方案和课程标准。对于课程方案和课程标准，教师越是主动投入、自觉思考，就越能发现其中的精妙，越能体会国家基础教育课程教学改革的境界和意义，从而更加有效地吸收其精华，更好地按照课程方案和课程标准构建自身对教育教学的新认识和新理解，发现教育教学改革的前进方向和光明前景。

（二）绘制蓝图，做好体现课程方案和课程标准的教学设计

学习课程方案和课程标准的目的在于使用课程方案和课程标准，让其成为教师教学设计与实施的指南。教学设计是课堂教学的计划环节，是教师“心目中的教学”。教师在课程方案和课程标准的指引下做教学设计，根据课程方案和课程标准的精神和要求绘制好自己心中的课堂蓝图，是将其精神和要求转化为实实在在的课堂教学效果的关键环节。

1. 反思传统教学弊端

教师作为实践工作者，每天忙于日常教学工作，常常对自己所采用的教学方式方法习以为常，感觉教学“本就是如此”。如果教师不加反思，传统教学就会以其强大的惯性主宰着教师的日常教学行为。教师如果看不到传统教学的弊端，就会认为自己的教学是没有问题的，就会拒绝变革。引导教师用课程方案和课程标准的精神和要求反思与审视自己的日常教学行为和课堂教学方式方法，使教师看到传统教学的弊端，才能使教师认识到变革的价值和意义，才会使教师将课程方案和课程标准的精神和要求运用到教学设计与实施中。如莆田市中小学教师在多轮学习的基础上，在教育部福建师范大学基础教育课程研究中心专家的指导下，运用课程方案和课程标准的精神和要求，对自己的教学进行剖析和反省，发现了传统教学的诸多弊端，为自己的教学改革打开了突破口。

2. 把握教学新要点

课程方案和课程标准提出了很多课程教学的新要求、新做法。为更好地落实课程方案和课程标准，福建省中小学教师采用了“以点带面、逐步展开”的策略，首先在整体上把握其新要求，再找到具体的突破点，按照新要求进行新的教学设计和实施。经过多轮培训和专家指导，教师们认识到，课程方案和课程标准以核心素养为导向，培育和发展学生的核心素养是教师教学的目标所在。为了更好地培育核心素养，教师需要打破以知识掌握为目标、以知识点为线索展开教学的做法，以大概念统整教学内容，以大单元为形式进行单元教学，以大任务为载体进行项目化教学，以真实性评价为主要方式开展大视域教学评价。为更好地推进课程方案和课程标准落地，莆田市中小学采用“学校定点、教师实施”的方法，在课程方案和课程标准的框架下确定学校教学改革的主要方向，以学科组为单位进行具体的教学设计和实施。如莆田市 20 所“新课标下教育高质量发展”样本校确定了“以大概念为本的大单元教学”“基于核心素养的学科实践”“基于素养目标的单元教学”“基于读思达的学习中心课堂”“跨学科主题学习的实践”“全学科整本书阅读”“分层教学改革”“基于深度学习的大单元教学”“充满思考的学习中心课堂”等教学改革主题。在这些主题的引领下，教师将自己的教学牢牢地锚定在课程方案和课程标准的范畴内，成为落实课程方案和课程标准的“排头兵”。福州市某小学面对体育教师专项技能有差异的实际，设立 18 课时以上的大单元计划，让学生在小学和初中阶段体验各种运动技能，提高对教师的专业技能要求；某中学重视科学教育，尤其强调科学学习的实践性，为保证科学实验的有效实施，分批次采购新仪器，提高实验教学比例，加强学生实验操作和学科融合交叉训练，提升综合素养。数据显示，教师、校长 / 书记、教研员认为自己所在学校或区域教师能开展素养导向的坚持教学评一致性的教学设计的比例分别为 72.8%、73.8%、64.3%。

3. 构建教学新框架

教学是一种系统性行为，诸多教学行为只有统一在某个方向上，为着共同的目标、遵循共同的逻辑，才能发挥最佳的系统效应，达成教学目标。变革传统课堂教学，创造新型课堂教学，需要在新理念下对课堂教学进行新的整体设计，构建新的课堂教学框架，将新型课堂教学的“骨架”立起来，使教师的课堂教学行为不变形、不走样，将课程方案和课程标准的精神和要求落到实处。莆田市充分发挥专家引领的作用，邀请专家深入学校，确定学校教学改革的方向和主题，指导学校教师围绕教学改革方向和主题进行教研，在多轮合作指导和研究下，沿着学校课程教学改革方向和主题构建校本化的课堂教学新框架，为教师实施课程方案和课程标准提供有力的“脚手架”。莆田市某小学在专家的指导下，对“充满思考的学习中心课堂”进行了深入的理论剖析，将素养导向、学生主体、学习中心作为学习中心课堂的基本特征，将思考具体阐释为联系、转化、创造，确定了让学生的思考动起来、放开来、深下去的课堂教学关键任务，形成了以问题、任务为抓手的课堂教学设计思路，将关键问题、核心任务的提炼作为教学设计的重点，构建了“充满思考的学习中心课堂”的教学新框架。福州市某中学紧扣基础教育课程教学改革深化和发展的要求，针对学校人才培养的关键环节，积极探索基于情境、问题导向的课堂教学，建立以课前、课中、课后（三环）整体贯通为设计点，“想学”“互学”“探学”（三学）三种方式综合运用，以“共情认同”“共情认知”“共情理解”“共情应对”“共情唤醒”为五个维度的“三环五维三学”共情课堂教学模型，试图走出一条特色化的普通高中育人方式转变之路。三明市三元区一直致力于推进整本书阅读活动，着力建构整本书阅读教学模式：一是启动课，注重兴趣激发、方法指导；二是推进课，注重分享收获、推动阅读；三是分享课，注重交流分享、总结提升。这三种课型既相对独立又有内在关联，可以根据班级学生阅读情况有所侧重，能够让学生的阅读渐入佳境，提升学生语文素养。

（三）磨炼技术，落实核心素养导向的课堂教学

教学设计是计划的教学实施，教学实施是实现的教学设计。好的教学设计为教学实施提供了好的蓝图，但蓝图能否转化为理想的教学实施，还取决于教师的教育技能、方法、技术与技巧。将基于课程方案和课程标准的新型课堂教学框架转化为现实的课堂教学行动，需要教师发展和形成与新型课堂教学相适应的新的课堂教学技能、方法、技术与技巧。福建省通过磨课攻关和课例开发，使教师逐步建立起与课程方案和课程标准相适应的课堂教学方法与技术体系。

1. 磨课攻关

福建省中小学校采用行动研究的方法，以学科组为单位，经过多轮研究，集中力量磨课攻关，努力形成课程方案和课程标准下的新型教学方法和技术体系。教师采用集体备课、集体上课、集体听课、集体评课的方式，群策群力钻研和磨炼出学校课程教学改革主题下的新型教学方法和技术体系。通过磨课攻关，教师在学科组中获取

了课程方案和课程标准下新型教学方法和技术体系的公共知识，越来越多的教师对课程方案和课程标准“有了感觉”，掌握了落实课程方案和课程标准的“看家本领”。福州市某中学推进“乐群名师”项目建设，以赛促改、以赛促教。2023 年 3 月 13 日举行了“乐群名师·教坛新秀”遴选演练比赛。比赛包括现场片段教学、课程教学问答、课堂诊断分析、育人工作案例分析四个环节。在各个环节中，选手们各展风采。2023 年 8 月 16 日开展“乐群名师·教学能手”遴选演练活动，按学段、学科分两个小组同时展开评选，要求参赛教师提前提交大单元整体（主题）教学设计，并现场进行解题析题、课堂教学以及课程问答。在活动中，参赛教师都能从课程方案和课程标准出发进行大单元教学设计，以积极认真、精益求精的态度运用新理念。三明市某中学语文组将磨课、听课、评课活动“常规”化，促使公开课收实效、促成长。每次活动都认真抓好“反馈式说课”“复盘式过课”“支架式磨课”“聚焦式议课”，努力提升教研活动质量，一课一研讨、一人一席话，不流于形式唱高调，而是切中要点找问题，让每一位教师都能从活动中找到自身存在的不足，寻求改进的方法，在教研活动中历练、在思维交汇中成长。数据显示，教师、校长 / 书记、教研员认为教师能在教学中开展学科实践活动（如探究、实验、考察、操作、设计、制作等）的比例分别为 77.0%、78.1%、69.7%。

2. 课例开发

对很多教师而言，理论是灰色的，不但难以理解，更难以转化为实践。课例则是鲜活的，可以直接展现课的过程和样态。因此，开发出符合和体现课程方案和课程标准精神和要求的课例，是推动课程方案和课程标准在学校落地生根的比较直接有效的方法。莆田市某小学探索“基于大概念的大单元教学”，以提取的单元大概念为主线，统整教学内容，实施结构化教学。在教学活动中，教师不再只盯着知识点、考点，视野从学习领域扩大至生活领域，使教学从“文本”走向“生本”。实施大单元教学后，学生的学习能力得到了提升，打破了旧有的点状知识学习进程，加强了知识的内化与运用，构建了知识体系网，培养了综合解决问题的能力。学校在专家团队指导下，将教学改革的探索历程、理论阐述和各科课例汇集出版。福州市某中学积极推进课程思政建设，组建跨学科教研组，定期进行主题教研，充分挖掘各学科中“铸牢中华民族共同体意识”的思政元素，开展项目式教学，采用案例教学法和情境教学法等，课程中穿插丰富的案例和故事，如各民族共同抵御外敌、团结互助的历史事件，使学生从中感受中华民族共同体意识的深刻内涵。数据显示，教师、校长 / 书记、教研员认为教师能在教学中组织跨学科主题学习的比例分别为 72.1%、67.9%、57.9%。

3. 推广普及

落实课程方案和课程标准最难的不是点的突破，而是面的普及，因为面的普及面临更加复杂的情况、更多的问题，需要更多的资源和力量。福建省部分学校在落实课程方案和课程标准方面先行先试，探索出一些具体的方式方法，积累了一定的经验教训，这些都可以成为在更大范围内推动落实课程方案和课程标准的资源。莆田市积极推动落实课程方案和课程标准经验和方法的推广与普及。一是注重在校内推广。将学科组探索形成的教学设计和教学实施方法与技术作为学科组的常态教研主题，尽可能使学科组所有教师成功掌握这些“看家本领”。二是加强市内交流。利用莆田市教育局提供的项目与活动，组织教师参加课程教学改革汇报与交流会，与其他教师相互学习、共同提高。三是向省内国内学校推广普及。利用各种培训机会，选派教师外出做报告、上示范课，向省内国内同行展示、交流课程教学改革成果与经验，吸引更多的教师关注和学习落实课程方案和课程标准的“莆田经验”。

六、构建良好教育生态，推动教育高质量发展

（一）加强教师团队协作，集体攻破课程教学改革难题

在构建良好教育生态、推动教育高质量发展的过程中，教师团队的协作无疑是破冰前行、集体攻克课程教学改革难关的关键所在，不仅关乎教育资源的优化配置，更触及教育理念与实践的深度融合。福建省通过强化教师团队协作，构筑课程教学改革的坚实基石。

首先，构建跨学科交流平台，促进知识融合与创新。莆田市教师进修学院建立常态化的跨学科教研组，鼓励具有不同学科背景的教师围绕共同的教学主题或难题展开研讨，并通过组织工作坊、学术沙龙等，促进教师间的思想碰撞与智慧交融，打破学科壁垒，探索跨学科整合教学的新路径。此举有效促进了教师知识结构的多元化，使得教学内容更加丰富立体，学生的学习兴趣与创新能力显著提升。同时，跨学科合作也为解决复杂教育问题提供了多角度、多层次的思考框架，为教育创新注入了不竭动力。

其次，实施项目制教学合作，攻克教学难关。三明市针对教育改革中的重难点问题，如学生核心素养培养、个性化教学实施等，设立专门教学项目，组建跨学科、跨年级的教师团队，共同设计教学方案，实施并评估教学效果。通过项目驱动，促使教师紧密合作，共同探索解决之道。

最后，建立教师成长共同体，共享资源与智慧。福州市教育研究院构建线上线下相结合的教师成长平台，鼓励教师分享教学心得、教学资源与研究成果，形成资源共享、智慧共生的良好氛围。通过师徒结对、教学观摩、在线研讨等方式，加速新教师成长，促进老教师技能迭代。数据显示，教师、校长 / 书记、教研员群体中，认为教师积极参与各级精品课、说课评课、优质课展示交流活动的比例分别为 70.9%、80.3%、85.5%。

（二）积极争取家长合作，构建家校育人联盟

积极争取家长合作，构建家校育人联盟，是构建良好教育生态、推动教育高质量发展的关键所在。搭建多元化沟通平台、开设家长教育课程、组织家校共育活动等策略的实施，不仅能够有效提升家校合作的效率与质量，更能为学生的全面发展提供更加广阔的空间与机遇。其一，搭建多元化沟通平台，畅通家校信息沟通渠道。莆田市某中学利用现代信息技术，如微信公众平台、班级微信群等，搭建家校沟通的新桥梁，教师的专业建议与家长的教育智慧在平台上交汇，形成了家校共育的合力，促进了学生身心的健康成长。其二，组织家校共育活动，增进情感联结与理解。莆田市某小学定期举办家长会、运动会、文艺晚会等家校共育活动，邀请家长参与其中，与孩子共同体验学习的乐趣，感受校园文化的魅力。在活动中，家长可以直观了解学校的教育理念与环境，与教师、其他家长建立情感联结。家校共育活动不仅丰富了学生的学习生活，更增进了家长对学校教育的理解与支持。在活动中，家长与孩子之间的情感交流得到加强，家庭教育的力量得以传递。同时，活动也为家长、教师、学生三方提供了面对面交流的机会，促进了家校合作的深化与升华。

（三）拓展社会支持力量，彰显课程实践取向

在构建良好教育生态、推动教育高质量发展的过程中，拓展社会支持力量，彰显课程实践取向，是激发教育活力、培养学生创新精神与实践能力的关键所在。福建省莆田市教育局通过打造社会实践大课堂，拓宽学生学习边界。莆田市教师进修学院积

极寻求与社区、企业、高校及科研机构的合作，建立校外实践基地，涉及科技馆、博物馆、工厂车间等，将课堂延伸至社会各个角落。通过组织学生参与志愿服务、社会实践、项目研究等活动，让学生在真实情境中学习，将理论知识与实践操作紧密结合。此举不仅打破了传统课堂的局限，拓宽了学生的学习视野，更在实践中培养了学生的问题解决能力、团队合作精神及社会责任感。学生在与社会的互动中，学会了如何将所学知识应用于解决实际问题，实现了知识与实践的深度融合。同时，社会实践大课堂的构建，也促进了学校与社会的双向交流，为教育资源的优化配置提供了新思路。

福建省注重构建协同育人机制，促进教育资源共享。莆田市建立了由政府、学校、家庭、社会多方参与的协同育人机制，通过政策引导、资金支持、资源共享等方式，促进各方力量深度融合，如邀请行业专家进校园开设讲座、与企业合作开展实习实训项目、利用社区资源开展研学旅行等，形成共建共享共育的教育生态。

福建省协同育人机制的构建，有效整合了社会资源，为教育高质量发展注入新活力。学生在多样化的教育活动中，不仅获得了丰富的知识体验，更在实践中锻炼了创新思维与动手能力。同时，协同育人机制也促进了教育公平的实现，让不同背景的学生都能享受到优质的教育资源。协同育人机制的建立还推动了教育与社会发展的深度融合，为培养适应未来社会需求的高素质人才奠定了坚实基础。数据显示，教师、校长 / 书记、教研员认为教师会利用高校实验室、职业院校实训中心、博物馆、科技馆、研学基地和高科技企业等社会资源培养学生科学兴趣与创新能力的比例分别为72.8%、73.8%、64.3%。

第9章

山　东

山东省是教育大省，也是我国基础教育课程教学改革的重镇。课程教学作为一项复杂的系统工程，其改革需要长期不断地探索实践。近年来，山东省各地各学校在落实课程方案和课程标准、全面推进教学方式变革等方面进行了积极探索，为学校课程教学改革奠定了良好的基础。2023 年《行动方案》发布以来，山东省守正创新，在已有课程教学改革取得良好成效的基础上，聚焦课程教学改革重难点问题，制定了一系列推动课程教学改革的制度文件，稳步推进“五大行动”取得新成就。

一、有效推动课程方案转化落地

山东省各地结合地方教育实际发展情况，多措并举、切实推进国家课程方案向地方、学校课程实施规划转化的工作，将素养导向的课程教学改革要求落实落好。调研发现，山东省落实课程管理主体责任，打造特色化课程体系，以各种形式开展课程实施监测，有效推动国家课程方案转化落地。

（一）行政引领，压实课程管理主体责任

教育行政部门和教研部门积极落实课程管理与建设主体责任，通过“国家课程方案—地方课程方案—学校课程规划—课堂教学”的逐级转化，将国家课程方案落到实处。山东省根据普通高中和义务教育课程方案，修订完善《山东省普通高中教学指导意见》和《山东省义务教育课程实施办法（试行）》。省教育厅组织专家分学段、分

学科研究制定了《山东省中小学课堂教学基本要求（试行）》，并于 2022 年底面向全省发布（见案例 9–1）。在此基础上，进一步组织各学科编制“学科教学指南”，围绕教学目标、评价任务及教学活动设计、教学实施与评估等要素进行系统指导，为国家课程方案高质量实施和课程标准落地提供省域方案。

案例 9–1 制定《山东省中小学课堂教学基本要求（试行）》

起草阶段，深入学习国家、教育部有关文件，全面梳理国内外课堂教学最新发展成果。研讨阶段，邀请华东师范大学、曲阜师范大学、齐鲁师范学院等高校的教育学专家，济南、泰安等市级县级教科研机构教研员，以及部分学校校长共同研讨，并深入一线学校开展实地调研。论证阶段，召集山东省教育科学研究院各学段各学科教研员以及教育基本理论、教育管理领域教科研人员，邀请首都师范大学、上海师范大学、山东师范大学、曲阜师范大学等高校专家学者论证研讨。审核阶段，邀请华东师范大学相关专家、课标修订组专家对各学科课堂教学基本要求再次进行审核。

该文件主要包括教学设计、教学实施、教学评估与改进三部分内容，突出引领性、规范性、兼容性、针对性等特点。通过教研员培训和实验学校引领，指导各地市编制学期课程方案、学科课程方案、单元课程方案，指导学校基于育人目标规划课程体系，并对课程实施优秀案例进行评选和推广；编写单元视角下的学科教学指南，落实素养导向的大单元教学。

2024 年 10 月，为更好指导各地落实《行动方案》，山东省教育厅印发《进一步深化基础教育课程教学改革的若干措施》的通知，提出推进课程方案落地、深化课堂教学改革、深化教学评价改革、强化教研支撑、组织保障等 17 项举措，明确了省级、市级、县级和中小学校工作任务清单及每项任务的完成时限，把国家统一制定的育人“蓝图”细化为地方和学校的育人“施工图”，明确课程教学改革的时间表、路线图和具体措施。山东省制定这些制度政策，有效调动了相关部门的积极性，盘活了科技馆、企业、高校、科研院所等校外资源，激发了学校的创新活力，为课程实施探索“一地一计”“一校一策”提供了重要遵循。

在政策引领下，不同调研对象对课程方案及其落地转化认可度高。数据显示，超过 90.0% 的校长 / 书记、88.0% 以上的教研员和近 80.0% 的教师熟悉所在区域新课程实施方案，并通过逐级转化将国家课程方案落实到具体的课堂教学中。90.6% 的教研员、91.8% 的校长 / 书记、82.8% 的教师反映所在区域和学校根据国家和地方课程方案，修订完善了学校课程规划；89.0% 的教研员、91.4% 的校长 / 书记、82.2% 的教师认为学校的课程实施规划对教师教育教学具有较强指导性，表明课程方案在地方、学校得到了很好的转化落地。

（二）挖掘资源，构建特色化课程体系

山东省各地普遍重视课程资源建设，深入挖掘当地文化资源潜力，鼓励学校在国家课程方案的框架下利用学校办学特色、区域历史文化等打造特色化、个性化课程体系，因地制宜建设具有山东特色的“学科优质课”、“大思政课”、思政“金课”、优秀传统文化“春秋课堂”、“特色足球”等。同时，为了确保优质课程资源能够广泛传播并惠及更多师生，山东省以多种方式促进课程资源共享，发挥优质资源的辐射引领作用。山东省自 2019 年起组织开展优秀课程方案评选活动，包括学校课程规划方案、学科方案、综合实践活动方案和校本课程方案等；进一步研制课程方案评选标准，评选、推广优秀案例，引导各地明确“好的课程方案应该是什么样的”。

从学校层面看，山东省各学校课程教学改革积极性高，校长、教师将课程建设放在课程教学改革的重要和关键位置，“谈教育改革，必先谈课程”的意识强烈。各地学校主动作为，积极构建兼具时代性与地域性的特色化课程体系。数据显示，85.0% 的教研员、87.8% 的校长 / 书记、82.2% 的教师表示学校已经形成体现办学特色的课程体系。济南市历城区某小学将劳动课程与数学等学科课程相融合，基于毗邻农科院的优势，聘请农科院专家为学校校外辅导员，开发了中草药种植等特色课程；设置了足球特色课程，学校被评为 2023 年足球特色学校。日照市东港区依托区位优势，深化海洋教育课程建设，架构“海洋特色课程体系图谱”，以“学科 + 海洋”为路径，聚焦海洋教育与学科课程的有机整合，实现海洋教育与学科核心素养的有机对接；探索课程方案和课程标准下“3+N”劳动教育体系，编制校园、家园、田园劳动教育资源图谱，推动建立具有东港特色的中小学劳动课程体系，做到家园劳动实践日常化、校园劳动实践规范化、田园劳动实践多样化。昌邑市某小学聚焦传统文化，开发幸福家政、智慧农耕课程，构建小规模农村学校劳动教育课程，设计适合各年级学生的劳动任务清单，提升学生动手能力和问题解决能力，为学生带来了多样化的实践体验，极大提升了学生的劳动积极性。

（三）关注效果，多种形式开展课程实施监测

山东省高度重视对当地课程实施状况的监测，在《进一步深化基础教育课程教学改革的若干措施》中要求省教育厅制定科学合理的评价指标体系，加强对课程实施的日常监测。调研发现，山东省主要依托国家义务教育质量监测、山东省义务教育质量监测、各级督导或视导评估工作、市 / 区级各种课程实施调研项目、评选活动等多种形式，对全省和各地市课程实施情况把脉问诊，为有效推进课程实施提供参考依据。数据显示，超过 80% 的教研员和教师、近 90.0% 的校长 / 书记反映所在区域开展了省级课程实施监测，并为推进学校课程实施提供了参考依据。

除配合做好国家层面的义务教育质量监测外，山东省自 2022 年以来，结合本省实际，每年在省域内开展义务教育质量监测，锚定“更高的内涵质量”，开展德育、语文、数学等 9 个学科领域学生学业质量及相关影响因素的监测工作；在监测结果运用上，采取组织专家深入解读监测报告、梳理印发监测问题清单、设立监测结果运用改革实验区、表彰先进典型等多种措施，推动各地各学校将监测结果转化为教育教学改革的实际举措，助推区域教育高质量发展。省和各市、县每年开展基础教育课程教学视导，走进学校、走进课堂开展视导评估工作，提升学校课堂教学质量。如日照市东港区教体局教学视导暨课程实施水平小组通过课堂观摩、实地考察、交流研讨、现场反馈等方式，为学校教育教学工作精准把脉、指导方向。从更微观的层面看，专家进校听评课也是对教师课程实施水平的一种把脉和问诊。数据显示，超过 80.0% 的调研对象反映学校经常邀请教研员和校外专家入校听评课，提升教师的课堂教学质量。

二、有序推进素养导向的课堂教学变革

山东省各地各校围绕素养导向课堂教学改革的重点领域进行了一系列探索，并且取得了明显效果。课程教学改革倡导的新型教学方式得到广大教师的普遍关注，项目式学习、跨学科主题学习、大单元教学等成为教师实践教学改革的重要主题，素养导向的课堂教学变革正在发生。

（一）打造“齐鲁好课堂”

山东省教育厅印发的《进一步深化基础教育课程教学改革的若干措施》要求，打造“齐鲁好课堂”，改变传统的课堂教学方式和学习方式。尊重学生主体地位，注重情境式、启发式、互动式、探究式教学，引导学生主动思考、积极提问、合作交流、提升发现问题和解决问题的能力；开展差异化教学，加强个性化指导，满足学生多样化学习需求。在其引领下，山东省各地各校积极加强课堂建设，提升课堂质量与效果。部分地区和学校尝试构建“以学习为中心”的课堂，激发学生内在学习动力，促进学生深度学习的发生。区域层面，烟台市芝罘区秉持“和谐高效思维对话”的课堂教学改革理念，打造“活力新课堂”，先后经历了“个性化”活力新课堂、“互联网+”活力新课堂、学科思维特色课堂、“教学评一致性”深度学习活力新课堂。东营市努力构建“学为中心”课堂教学模式，落实学生主体地位，让学习真实有效发生（见案例 9–2）。通过行政主导、专家引领、改革策略指导、教师实践提升、建立区域教研机制等措施，让区域内所有学校、所有学科教师、所有学生都参与“学为中心”改革实验，并与“双减”政策相配合，将其融入课后服务与作业设计中。“学为中心”的区域教学改革，改变了学生的学习生态、促进了教师的专业成长、改变了学校的育人模式、促进区域教育质量内涵发展。

案例 9–2 “学为中心”课堂建设的探索与实践

东营市胜利教育管理服务中心自 2015 年起实施“学为中心”课堂建设的探索与实践。通过区域化推动、典型化带动、常态化行动和成果化带动，着力提升课堂育人质量，促进教师专业发展，推动区域教育优质均衡发展。

在区域化推动方面，构建了以学习为中心的课堂教学模式，并制定了相关实施方案，通过行政主导、专家引领、策略指导和实践提升，激活了区域教研生态，为重构课堂育人生态打牢基础。

在典型化带动方面，实施教师赋能提升工程，培育区域课程教学改革典型学校和骨干教师，形成区域协同、典型带动、资源共享、共同发展的良好局面，提升了全体教师的课堂领导力。

在常态化行动方面，综合施策、分步实施，通过常态化开展综合视导工作、启动教学过程优化升级工作、立项校本专项课题等方式，保障课程教学改革工作运行基础坚实、支撑有力。同时，量身打造学科主题教研活动，构建区域推进体系，以常态化行动推进课程教学改革，突破教育均衡发展瓶颈。

在成果化带动方面，将“学为中心”课程教学改革工作纳入学校综合考评和校长职级考核，激发了内驱力。通过出版著作、发表论文、召开经验交流会等方式，展示课程教学改革成果，优化区域基础教育育人生态。在“双减”政策背景下，将“学为中心”课程教学改革与课后服务、作业教学有机融合，实现了减负增效，和谐了师生关系，增进了亲子关系，优化了学生学习、生活和成长环境。

此外，部分学校探索建设了高效课堂和生态课堂。潍坊市某小学以让学生在实践中发现问题为导向，创立了“尝试－助学”生态课堂，从教学目标的制定到评价的设计与实施，再到教学过程的实践探索，充分给予了学生思考与实践的空间，实现了以学生的学习为中心。济南市某中学开发了覆盖课前、课中、课后三个阶段，包括学情分析、预习分层达标、情境创设、答疑解惑、课堂检测、个性化作业六个环节的“三阶段六环节”深度学习模式，构建高效课堂，先后组织一课三摩、课堂教学达标活动，形成以学生发展为本的课堂教学模式，极大增强了学生的问题意识、质疑精神、批判性思维能力。

（二）推动教学方式转变

山东省聚焦学生核心素养，全方位深化教学方式变革，突出实践育人、综合育人，各地各校积极探索项目式学习、跨学科主题学习，开展大单元教学等，课堂教学正从认识型教学转向实践型教学，由单一的知识型教学转向整体性素养的培育。数据显示，84.0% 的教师表示能在教学中开展探究、实验、考察、操作、设计、制作等学科实践活动，80.0% 以上的教师和校长 / 书记、70.0% 以上的教研员反映所在区域或学校教师能组织跨学科主题学习。素养导向的课堂教学方式改革取得了一定成效，75.0% 以上的调研对象反映教学方式改革后学生自主学习时间增加了，85.0% 以上的调研对象认为教学方式变革有效提高了课堂教学质量。

在访谈和实地考察中，教学方式转变也进一步得到印证。济南市槐荫区某小学以传统节日为项目式学习主题，在探寻春节习俗系列活动中，引导学生通过赶年集、蒸花馍、剪窗花、写春联、守年夜、逛庙会等实践活动，继承和弘扬中华优秀传统文化。同时，该校强调跨学科主题学习。在科学课上，师生共同研究制作空气净化器，完成绘制图纸、采购材料、切割木板、粘贴组装等任务，知识运用与动手实践相结合，实现科学知识传递与劳动技能实践的相辅相成。在劳动课上，教师带领学生探索校园，了解学校的植物种类，测算学校的绿化面积，开展种植养护活动，制作树叶标本，开展校园丰收节活动，将生物学、统计学、劳动与美食制作等有效结合。课堂教学不再仅仅是知识的传递，更是学生积极参与、动手实践、交流互动的过程。

此外，山东省绝大多数学校已不同程度开展大单元教学，积极探索符合大单元教学理念的课堂教学，充分挖掘大单元教学的育人价值。学校尝试打破传统碎片化、针对单一知识点的教学，以整体和系统思维组织、设计教学活动，使学生在更宏观的背景下理解和掌握知识，建立起知识之间的内在联系，系统培养批判性思维、创造性思维和解决问题的能力。济南市历城区某所小学结合学校实际研制“大单元教学设计范式”，设计实施以学生核心素养为目标的大单元教学设计范式六步曲：单元背景分析、单元组织中心、单元学习目标、单元评价设计、单元学习进程、单元学习反思。济南市一小学提炼出素养本位的大观念学程设计的主题设计和操作流程，即“大观念统整—评价量规先行—主题子任务引领—探究活动实施”，为该校教师系统开展大单元教学提供了“脚手架”，推动大单元教学的常态化实施。

（三）强化优秀成果示范引领

山东省通过精品课遴选、教学成果推广应用带动各地各校广泛参与，发挥优秀典型成果的示范引领作用。山东省以基础教育精品课遴选为抓手，组织各级优质课展示交流活动，引导广大教师深入研究课程教材内容和课堂教学规律，创新教学设计和教学方法，在交流中共同提升课堂教学能力。山东省教育厅持续开展“一师一优课、一课一名师”活动，鼓励全省广大中小学教师积极参与在线晒课，并从中评选出一批省级、市级优质课程（有的后来获评国家级优秀课程）。山东省教育科学研究院构建省级教育资源公共服务平台——山东省教育公共服务平台，建立起省 - 市 - 县（区）- 校四级联动的共建共享机制，鼓励各级各类学校上传自制的精品课程视频、教学设计、课件等资源，实现全省范围内的广泛共享。青岛市全域打造“青岛好课”，以优质课、一师一优课、基础教育精品课评选为抓手，组织优质课例展示交流，示范带动更多教师主动参与教学变革。数据显示，90.0% 以上的校长 / 书记和教研员、80.0% 以上的教师积极参与各级精品课、说课评课、优质课展示交流活动。

同时，山东省建立推广机制，加大基础教育优秀教学成果推广应用力度，促进成果“本土化”落地。在省级优秀教学成果评选中，山东省将可转化性、可复制性作为关键指标。在市、县层面，深入挖掘与培育优秀教学模式和案例，通过搭建交流平台、定期展示，扩大影响力和覆盖面。省级教育行政部门积极总结提炼区域和学校的教学改革经验，遴选课程教学改革先行区，并对示范成效显著的单位进行表扬，以引领学校改革创新。淄博市入选国家级优秀教学成果推广应用示范区，高青县教研室成为国家级优秀教学成果的第一批推广应用实验单位。数据显示，86.2% 的教研员、87.3% 的校长 / 书记、73.2% 的教师参与了优秀教学成果推广活动，80.0% 以上的学校与其他校相互交流与借鉴，促进了优秀教学成果的传播与转化。山东省成立“基础教育课程教学改革研究中心”，在推进课程教学改革中，强化示范引领，充分发挥各级基础教育教学改革实验区、实验校的作用，搭建优秀改革成果展示交流平台，注重发现培育典型教学模式和优秀教学案例，总结成功经验并推广应用，让广大一线教师学有所依、思有所源、用有所据、行有所循。

三、多举措做好科学教育“加法”

山东省各地各学校针对当前科学教育中的问题，优化科学教育资源配备与供给、深化科学类课程建设和课堂教学改革，全面加强中小学科学教育改革，将科学教育作为创新人才培育的重要助推器。

（一）优化科学教育资源配备与供给

山东省在科学师资配备、科学教育资源供给、教学装备配备等方面积极探索，为区域和学校推进科学教育奠定坚实基础。

一是加强科学课师资队伍建设，配足配齐科学教师，提升科学类教师专业素养。数据显示，80.0% 左右的校长 / 书记和教师认为所在学校已配足配齐科学教师。青岛市某中学配备专职实验教师，购买学科网仿真实验室，为物化生实验教学提供辅助支持。同时，山东省重视科学教师的专业素质提升，定期组织科学类学科教学研讨活动，有序开展课程方案和课程标准培训。以物理学科为例，2023 年连续在全省范围内举行多场关于课程方案和课程标准的学习研讨活动：4 月在泰安市举办全省初中物理课程方案和课程标准培训研讨活动，5 月在菏泽市举办全省初中物理单元教学主题研讨活动，7 月在日照市举行全省初中物理学科青年教师教学基本功展示与教研员专业素养展示交流活动，10 月在济宁市举行全省初中物理学科课程标准研讨交流活动，等等。

二是支持中小学与科技馆、企业、高校及科研院所合作，建立校外研学实践基地，持续推进科普教育。数据显示，70.9% 的校长 / 书记和 65.1% 的教师表示学校会利用高校实验室、职业院校实训中心、博物馆、科技馆、研学基地和高科技企业等社会资源开展科普教育。例如，青岛市邀请高校、科研院所的教授、专家、学者，以及校外青少年活动中心、科技实践基地和中小学的骨干科技辅导员，组建青少年创客导师团，为青少年提供高质量的创客教育服务，通过联合开发课程、举办创意大赛等形式，鼓励学生进行科技创新实践。

三是整合校际资源，形成合力扩充科学教育资源。山东省在全省遴选建设了一批科学教育实验区和实验校，形成了一批科学教育典型案例，发挥其辐射带动作用；组织遴选中小学科学精品示范课例，实现城乡、校际优质资源共享；开设“齐鲁科学大讲堂”，2 万多名教师参与，积累了 1000 余份文本资源和 1200 余份视频资源。青岛市李沧区青少年科技教育基地建立区、校两级科技教育联盟，通过与区内 42 所中小学合作，以项目制实现“资源共享、抱团发展”。

四是加强学校科学实验教学装备保障。山东省通过制定和完善科学实验教学装备标准、建立信息化管理平台、加强安全管理及维护保养等多项举措，为提升科学教育质量奠定了坚实的基础。在“十四五”期间，山东省强调落实教育部最新科学教育装备配置标准，探索形成省级综合实验室、创新型实验室装备配备标准，优化教育装备结构。组织开发全省教育装备和实验教学管理信息化平台，通过该平台更好地掌握全省基础教育装备“建、配、管、用”数据，强化对实验教学的常规管理和评价管理。数据显示，82.0% 的校长 / 书记、74.6% 的教研员以及 77.3% 的教师表示，所在地区或学校科学实验教学装备和使用情况良好。

（二）以学科融合和项目探究推进科学类课程教学

高质量的科学课程教学体系是保障科学教育质量、提升学生科学素养的核心和关键。山东省各地各校重视科学类课程的建设，打造“科学 +”跨学科课程体系。济南市某中学以教育部“白名单”为依据，装备了无人驾驶赛事套装、无人驾驶赛事套装配套课程、无人驾驶赛事配件包、赛事地图、人工智能教学管理平台等相关竞赛设备；根据校情学情开设“DIY 手工小制作”“小小发明家”“无人机”“AI 创意 ·AI 发明”“Scratch 创意游戏编程”“机器人”“生物奇趣课”“地理探索与发现”等多门科学教育校本课程。济南市天桥区某小学开发了“海绵家园”“会唱歌的泥巴”“抗震小屋”“魔法泡泡”“桥”“图说校园，码上精彩”“空降包”等十余项 STEM 科学课程；自主设计开发“过程与控制——光能飞机”“畅游交互式校园动物博物馆”“怎样设计一个智能音乐喷泉”等多门信息科技校本课程。

在科学课的课堂教学中，山东省重视项目推动下的跨学科主题学习，突出实验探究与实践育人的课堂教学方式，着重培养学生的动手操作能力和问题解决能力。一方面，通过实验教学、跨学科主题学习等方式培养学生真实情境下的问题解决能力。数据显示，85.0% 以上的教研员和校长 / 书记、79.5% 的教师表示教师能根据课程方案和课程标准开展并完善科学类学科实验教学；70.0% 左右的调研对象表示教师开展过跨学科综合性实践教学。青岛市平度市一所中学提出“无实践体验不上课，自主学习，探究原理，独立建构”原则，引导学生像科学家一样思考问题；狠抓实验教学，配备专职实验教师，引导学生进行科学观察和发现；组织生物学竞赛训练，从起始年级开始“选苗、育苗、强苗”。另一方面，积极开展特色科学教育活动。山东省引导全省中小学每年至少组织 1 次“科技节”，组织开展形式多样的发明创造展示活动，激发学生参与科技创新实践活动热情；组织实施“科学家进校园”系列活动，举办青少年科学教育沙龙、青少年科学教育校长论坛，组织开展科学实验剧展演，涵养学生科学精神。数据显示，84.0% 以上的校长 / 书记、教研员和 71.2% 的教师表示所在地区或学校会组织学生定期参加科技节、科技小发明、科普书阅读、寻找最崇拜的科学家等科学活动。潍坊一所中学在每年的 5 月举办校园科博会，分阶段分年级组织开展各类丰富多彩的科学探究活动；青岛市平度市某中学广泛开展社团教育活动，成立 28 个科学社团，持续 20 余年每周开展活动，提升学生科学素养。调研发现，80.0% 以上的调研对象均认为目前的科学教育改革有效提升了学生的科学素养。

（三）以科学教育助推创新人才的培育

山东省高度重视创新人才培养工作，并充分认识到科学教育在学生创新素养培养及创新人才培育中的重要作用与地位。省教育厅印发《关于加强新时代学生创新素养培育体系建设的意见》，提出“系统推进学生创新素养培育体系建设”。2023 年底，省教育厅等部门印发《关于加强中小学科学教育推进拔尖创新后备人才培养的若干措施》，围绕强化学校常态科学教育、科学教育和人才培养工作保障等方面提出了 12 项具体措施，要求设立创新培养项目，实施“齐鲁英才计划”，重视创新后备人才的培养。

各学校也着力打造有利于科技创新型人才培养的科学教育体系。济南市历下区一小学所在教育集团围绕“和燕文化”的育人理念，探索构建了“科学 +”的立方体场域，激发“和燕少年”科创思维，培养兼具科学精神和家国情怀的新时代科学创新型人才。其中，聚焦科学教育优质资源、科技创新育人模式等，构建“5+5+6”科学教育组织体系；搭建教师专业发展平台，促进教师专业成长；建立科普功能场域、实验增效基地、科创赋能平台三大平台（见案例 9–3）。

案例 9–3　构建“科学 +”立方体场域，激发“和燕少年”科创思维

在机制建设方面，学校构建了“5+5+6”科学教育组织体系，形成长效且一体化的科学教育工作体系。通过五个基点（学生发展、科学课程标准、课堂教学、课题研究、多元活动）和五个着力（制度文化、课程体系、精品课程、多维度平台实践、人才培养体系），学校搭建了六个场域，即“科学 +”立方体场域，涵盖科普功能、精神启蒙、课程育人、实验增效、项目思维和研创赋能六个方面。

在师资队伍建设方面，学校搭建教师专业发展平台，形成“理念先行，课程为重，课堂为实”的发展思路，结合个人专业规划与梯队层级培养、团队共同体打造与主题式教学研究、文化素养培训学习与现代教育信息技术，启动培优计划，促进教师专业成长。

在场域建设方面，学校注重科学启蒙与科普功能场域、课程育人与实验增效基地建设，以及项目思维与科创赋能平台建设。通过成立科协，打造科普长廊、科学实验室等场所，以及组织项目式学习、科技比赛和科技节等活动，学校营造了浓厚的科学氛围，激发了学生的科创思维和创新能力。

四、系统推进教育评价改革

山东省各地各学校重视教育评价的“指挥棒”地位，系统设计评价体系，推进教育评价校本化实施，创新学生评价；聚焦作业设计和教学评一致性难题，落实素养立意的教学评价。同时，注重发挥评价的导向、诊断、反馈作用，实现以评促教、以评促学。

（一）系统构建全过程、全要素评价体系

系统和健全的评价体系为市、区、校各级教育管理部门提供科学依据，使其在制定教育政策、规划教育资源分配、调整教学策略等方面做出更合理、更精准的决策。

青岛市建立了一套从市到区到校，囊括区域教育质量监测、校长评价、教师评价、学生评价，包含从宏观的全市教育规划落实情况，到中观的各区特色教育发展，再到微观的各学校具体教学成效等全过程，涉及师资、教学设施、课程设置等全要素，全面且精准了解教育质量状况的评价体系（见案例 9–4）。建立了市域学业质量监测体系以及省级教育评改试验基地，运用增值评价促进学生发展，试行教师教学述评，开展校长课程领导力评估。该评价体系可明确不同层面（市、区、校）存在问题的环节与要素，同时也能清晰发现各地各学校的优势亮点，以便有针对性地发挥优势、解决问题，促进教育均衡与优质发展。

案例 9–4　青岛市构建基础教育评价体系

一是建立市域学业质量监测体系，建设省级教育评改试验基地。建立全市小初高学业监测体系，形成市、区、校三级监测报告，教研员深度参与意见整改的制定，形成“诊断 + 改进”闭环，推动课程实施水平向前向优发展。

二是通过增值评价促进学生发展。为每个学生提供学业发展诊断报告，提出个性化改进意见，指导学校形成“一生一案”，推广学生增长百分位模型（SGP）增值评价，试点初中分层教学，有效推进“学困生”转化。

三是试行教师教学述评。研制《关于开展中小学教师教学述评试点工作的指导意见》，探索“评学生、教师述、评教师、用结果”的路径方法，研制学业述评指标体系，将评价嵌入教学、作业、辅导、考试各环节。

四是开展校长课程领导力评估。从课程顶层设计、课程体系构建、课程组织实施、课程评价、改进课程管理机制、课程研究成果六个维度制定校长课程领导力评估标准，引领校长提高课程教学改革、落实课程方案和课程标准的能力，把校长听评课、校长教研工作纳入学校绩效考核内容。

学校作为各种评价制度的实施主体，在教育部、省、市、区整体框架下开展评价的校本化实施，这也是落实教育评价改革的必然路径。山东省绝大多数学校能根据区域和学校优势、学校办学愿景、人才培养目标等开展灵活探索，形成个性化与特色化的校本评价体系。据调查，超过 80.0% 的调研对象反映所在区域或学校建立了校本化的教学评价体系或方案。济南市一所小学探索实践“立体绿色评价体系”，开展各年级学生成长全过程纵向评价、德智体美劳全要素横向评价，促进学生全面而有个性、可持续地发展；潍坊一所中学基于本省教育评价政策导向，形成了包含六项评价内容、四大评价主体、三种评价方式、七种结果使用用途的“6437”学生评价体系，打破以分数为唯一标准来评价学生的做法，培养全面发展又各具特长的卓越学生。

（二）落实“四个评价”，促进学生发展

《深化新时代教育评价改革总体方案》指出要“改进结果评价，强化过程评价，探索增值评价，健全综合评价”。山东省各地各校积极探索“四个评价”的落地实施，不断探索和完善学生评价方式。

一是关注评价的过程性。数据显示，87.5% 的教师在日常教学中开展了过程评价。山东省某中学倡导评价方式的多元化和多样化，通过整合过程性、形成性和终结性评价，覆盖学生的学习过程，刻画学生核心素养的发展进阶，形成了十二年贯通式的评价体系。超过 85% 的教师将评价结果用于指导学生未来发展（86.4%）和教师的教学（88.2%），注重发挥评价的过程育人功能。

二是积极探索增值评价。青岛市以增值评价促进学生发展；济南市对部分区域的学生综合素养发展状况进行增值评价，创新增值评价实施机制，构建增值评价指标体系，研制科学的增值评价工具，全面、动态、客观、真实地呈现学生综合素养的增值发展情况，促进知识本位到素养本位的转变。

三是开展综合素质评价。数据显示，88.1% 的教师对学生进行了综合素质评价。其中，潍坊市围绕综合素质评价探索了近 20 年，无论是区域层面的工作机制，还是学校层面的校本化实施机制等，都积累了丰富经验。潍坊市围绕诚信机制建设，着力提升师生的诚信品质，构建“全程式”诚信评价保障体系和“立体化”诚信评价监督体系；将评价结果在中考招生中“刚性”使用，促进中考招生录取多元化等，这些经验引起广泛关注。

四是积极推动考试命题改革。近年来，山东省围绕“素养立意”的考试命题改革进行了深入探索。全省坚持正确命题导向，严格依标命题，不断提升命题质量和水平，考查学生关键能力和高阶思维，并充分发挥考试评价对课堂教学的引导作用。调研发现，79.3% 的教研员、87.3% 的校长 / 书记、79.9% 的教师认为能命制出考查学生核心素养发展水平的试题。

调研还发现，山东省围绕如何科学评价学生核心素养进行了积极探索，尤其是在创新素养监测与评价、阅读素养评价等跨学科核心素养评价方面积累了经验。如探索建立中小学生创新素养监测制度，分学段研制学生创新素养观测点，发布年度中小学

生创新素养白皮书；建立完善义务教育和普通高中综合素质评价制度，写实性记录学生参与科学教育活动情况，考察学生思维发展、创新意识养成状况等。潍坊市某学校通过课题研究构建了小学阅读素养评价体系，建立了小学语文学业质量总标准、阅读能力分阶评价标准及分阶评价测评资源库，开发了线上分阶测评系统，形成了易于操作、诊断精准、评价及时、以评价撬动阅读课堂变革的小学生语文阅读能力分阶评价体系。通过评价改革，82.0% 以上的调研对象认为当前的教学评价导向有利于创新人才的培养。

（三）破解作业设计和教学评一致性难题

作为日常教学评价的一种重要方式，作业成为“双减”政策后学校、家长和学生关注的重要议题，如何设计高质量的作业、发挥作业的育人功能亟待探索。此外，针对以往教学评价外在于课程与教学的错误倾向，如何落实课程方案和课程标准强调的教学评一致性仍是当前教学评价中的关键点和难点。山东省聚焦这两大关键问题，在作业设计与布置、落实教学评一体化方面进行了有益探索。

第一，优化作业设计与布置。山东省不断探索作业改革，提升教师作业设计能力。一是研制了义务教育 12 个学科作业设计与实施指导意见，进一步明确了作业的价值与功能、作业内容、作业管理机制等。二是创新作业类型，增加更多与生活息息相关或跨学科的内容。数据显示，83.8% 的教研员、87.6% 的校长 / 书记反映所在地区或学校教师能设计探究性、实践性、跨学科型作业；82.0% 的教师表示能设计探究性、实践性、跨学科型作业。三是严控作业量和作业时长，减轻学生过重作业负担，80.0% 以上的校长和教师认为学生的作业总量减少了，所用时长缩短了。四是注重提升教师作业设计能力。山东省开展全省义务教育优秀作业设计评选与展示交流活动，加强教研机构对学校作业设计与实施的研究与指导，提高教师自主设计作业能力，实现优质作业资源共建共享。数据显示，87.5% 的教研员、90.4% 的校长 / 书记、78.9% 的教师表示组织或参加过作业设计培训、优质作业设计展示交流活动。

第二，积极落实教学评一体化。山东省中小学有意识地将素养目标作为教学评价的重要导向，将目标转化成具象化的评价任务，并将评价任务嵌入学习活动，让学习、教学和评价紧紧联系在一起。80.0% 以上的教师表示能开展素养导向的、坚持教学评一致性的教学设计。济南市某学校注重将评价融入教、学全过程，持续收集学生学习信息，让学生学习的过程成为收集学生学习信息的过程，并化信息为证据，开展基于证据的教学。潍坊市自2019年以来，在全市中小学推进基于课程标准的教学评一体化改进行动，形成了“三一三”工作机制，即“三层推进机制”（核心引领、联盟推进、整体提升）、“一主题引领机制”（评价任务的设计与实施、融入教学的形成性评价、教师评价素养的提升等主题）、“三级（校、县、市）三说（说学习目标、说课堂评价、说教学活动）机制”。

五、着力打造强有力的教研体系

各级教研部门结合地方教育教学实际情况开展扎实有效的教研工作，通过多种方式提升教师和教研员专业化水平，为深入推进中小学基础教育课程教学改革提供专业支持，确保高质量落实课程教学改革要求。

（一）建立纵向联动、横向合作的教研机制

山东省各级教研系统积极行动，建立了“纵向联动、横向合作”的四级联动机制，强化教研专业引领、提供优质教研服务、促进教研协同发展，引领课程教学改革高质量落实。

纵向上，完善省－市－县（区）－校四级联动机制。出台各学科课堂教学基本要求，并拟编制学科教学指南；围绕义务教育课程方案和课程标准落地实施，举办全省性学术研讨会，发表系列解读文章；举办全省性教研大讲堂和系列工作坊研修活动；多次举行协商式、对话式教学视导；评选出123个基础教育教研基地、104所创新素养实验学校、63所大单元教学实验学校等，鼓励先行先试。

横向上，建立“政府＋高校＋科研机构＋中小学”的“G–U–I–S”伙伴合作机制。召开山东省基础教育评价改革与高等师范专业人才培养协同改进研讨会等学术活动，多种措施提升四方协同创新的积极性。下一步还将围绕教研机构职能，以“纵横交错、双轮驱动”的有组织教研建设为抓手，协调各方，聚焦课程方案和课程标准落地实施，组织开展一系列教研活动，赋予四级教研体系以新活力和新动能。

在此基础上，青岛市市北区进一步改革，打造“学术市北”教研品牌，实现复合联动。横向建立教研、科研、师训、信息多维互助的大教研职能联合体，纵向贯通区域、共同体、集团、学校四级教研组织，垂直建立高校联动跨时空“虚拟教研组”，促进区域教研结构从单一割裂走向多元复合。调查发现，山东省基本形成了以区域调

研和校本调研推动课程教学改革的良好局面，能有序促进教师专业发展，推动课程教学改革。90.0% 以上的教研员和校长 / 书记表示会定期开展区域教研或校本教研，82.5% 的教师表示会常态化参加区域教研和校本教研。

（二）开展分层分类培训与精准帮扶

一是聚焦重点领域开展主题培训。《行动方案》明确指出："在各级教师培训中，开展教师评价能力、数字化素养、科学教育等方面专项培训"，"切实提高教师教育教学能力"。山东省聚焦重点领域对教师开展主题式、专项式培训。数据显示，85.1% 的教研员、86.3% 的校长 / 书记、81.6% 的教师表示组织或参加过针对教师评价能力的专项培训；80.0% 左右的调研对象组织或参加过关于科学教育的专项培训，80.0% 以上的调研对象组织或参加过数字化素养的专项培训。围绕跨学科教学，山东省发布《山东省教育评价改革蓝皮书（2023）》，举办全省首届教育评价素养提升种子教师培养活动暨山东省"教育评价牵引跨学科教学实践"现场研讨会；举办跨学科综合实践活动专题研讨会；选派教研人员和骨干教师参加"国培"项目，举办中小学跨学科主题学习研讨会，指导学校组织跨学科主题学习实践，开展跨学科主题学习典型案例征集评选活动并推荐优秀案例参加国家级评选活动。潍坊市聚焦课堂评价，建立了进阶式"年度教研主题"发布与研究机制，先后发布"规范确立评价目标""评价任务的设计与实施""融入教学的课堂评价""教师评价素养的提升""评价驱动的大单元教学"等年度教研主题，用进阶的主题教研提升教研员和教师评价水平。

二是针对不同层级教师开展分类分层培训。88.4% 的教研员、89.8% 的校长 / 书记、83.1% 的教师表示组织或参加过的各类专项培训注重教师实际需求，能够精准促进教师专业成长。调研发现，山东省多地针对不同教师群体需求开展培训，做到精准帮扶。潍坊市制定教师层级认定标准，根据教师专业发展层级，搭建研训平台、专业成长平台，实施领军教师、未来教育家型教师培养行动计划，建立基于"新手型""骨干型""专家型""导师型"教师的参与式项目化培训机制，促进教师分层分类高质量发展。荣成市教师成长学院基于本土教师专业成长需求，打造适合"荣成口味"的教师培训模式，面向名师、骨干教师、普通教师、青年教师、农村教师架构了涵盖全员的五大教师培训"计划"体系——领雁计划、精英计划、耕耘计划、青蓝计划、优先计划，为教师专业发展"量体裁衣"。培训提供订单式服务，教师可根据自身需求，依托大数据平台进行自主点单式参训，实现教师成长精准导航。

三是围绕教研开展多种形式的培训。山东省各地通过课题研究、教学竞赛、评优评选活动、工作坊等多种形式开展教研与培训。青岛市将教研科研相融合，构建教研主题聚焦学生核心素养、教研活动系列化、教研形式和样态多样化的教研模式；依托名师工作室和项目坊，培养了一批科研能力强、教学水准高的科研业务型教师。潍坊市积极推动教师素养提升工程，通过开展青年教师教学竞赛、课题研究、精品课评选、教学基本功大赛、学科育人能手评选等活动，提升教师课程实施所需专业素养。济南市通过专家引领建构理论、骨干教师研发教学案例，将讲座培训与实践指导相结合，带领全体教师共同研讨并付诸实践；庆云县探索采用了线上线下融合的云端“面对面”联合教研模式，极大提高了教研活动的效率与覆盖面。通过一系列措施，教师专业能力素养得到极大提升。数据显示，83.1% 的教师认为各类培训能促进自身专业发展，90.0% 以上的教研员和校长 / 书记、84.6% 的教师认为区域教研及校本教研活动极大地提升了教师的教学能力，85.0% 的教师认为自己的教学评价能力能够适应课程教学改革的要求，90.0% 左右的教研员和校长 / 书记、83.7% 的教师认为教研员服务课程教学改革的能力不断提升。

（三）开展“送教助研”和城乡一体化教研

为加速推动优质教育资源有序合理流动，构建“以城带乡、整体推进、城乡一体、均衡发展”的教育发展机制，山东省将传统零散的“送课下乡”活动升级为有组织的“送教助研”新活动，全力打造教研特色品牌，努力缩小城乡教育差距、促进均衡发展。

第一，从省级层面开展“送教助研”活动。组织千余名教师到乡村、贫困、偏远地区开展公益性、订单式、精准型“送教助研”活动，集体开展基础教育“乡村振兴送教助研”、沿黄九市“名师送教”等主题活动，在一定程度上缩小了城乡教研差距，促进山东省教育优质均衡发展。目前，“送教助研”志愿服务活动已成为山东省教研活动品牌，获山东省“五为”文明实践志愿服务奖。

第二，依托教科研机构，建立区域教研联盟。济南市教育科学研究院成立乡村教研联盟，以“乡村教研联盟”项目着力破解乡村教研工作薄弱、资源不均以及校本教研浅表化、形式化、碎片化等问题，实施城乡教研融合行动、共享教研互助行动、教师能力提升行动、数字教研赋能行动、特色品牌培育行动，以提升乡村学校的教研水平；同时与市教育局基础教育处、教师工作处合作，依托市教育科学规划办、市评估监测中心等部门协同为乡村教研联盟提供研究、评估、人才与智力支持；通过乡村教研联盟，回应城乡一体化和均衡发展要求，着力破解乡村学校教研薄弱的突出问题，努力缩小城乡教育差距。潍坊市开展教研共建活动、创新乡村教研联通策略，推进校本教研落地行动；积极开通乡村教研专项通道，创新乡村教研模式，探索乡村教研混合式共研策略，实现课例式、主题式、展示式教研迭代；创新乡村教研“四驱联动”机制，实现“输出－包靠－流通－内生”四驱联动，教育科研机构、教研员、名师、乡村学校一体发力，提高乡村教师专业水平，活化乡村育人生产力，推动乡村教育高质量发展（见案例 9-5）。

第三，大力倡导省域内各大组织和机构开展教育志愿服务活动。如山东省教师教育学会开展教师志愿者乡村教师教学技能培训、山东教育电视台开展山东省家庭教育指导志愿服务、山东省教育科学研究院开展“送教助研”学雷锋志愿服务、青岛“支教岛”团队开展助力教育脱贫教师志愿服务等。

案例 9-5　潍坊市建立区域教研联盟，助力乡村教研水平提升

分层构建三级联盟，即“教研研究联盟＋片区教研联盟＋城乡共研联盟”。市域优质学校组建“教研研究联盟”，开展“强强联合式”教研，负责开发优质教研资源，促进城市教研水平迭代提升；县域内城乡共建“城乡共研联盟”，开展“大手拉小手式”教研，活化城乡教研资源；乡村学校组建“片区教研联盟”，开展“自我把脉式”乡村在地化教研，形成内生活力；活化校本教研成效，推动乡村学校育人质量提升。

创新乡村教研“四驱联动”机制。一是教育科研机构资源输出机制，市县两级教育科研机构提供优质研究课题或资源；二是精准包靠机制，实行教研员包靠乡村学校制度，教研员每个学期到校教研不少于 2 次；三是名师流通机制，实行名师轮岗参研制度，每位名师每学期轮岗到乡村学校参与教研；四是乡村学校内生资源优化机制，各乡村学校形成的教研资源，由市县两级教研部门进行资料刊印，做好会议推介与展示评价。

六、数字赋能课程教学质量提升

响应国家数字中国建设部署，山东省加快教育新型基础设施建设，推进数字教育资源建设应用和大数据分析驱动下的精准教学，提升教师和教育管理者数字素养，形成了一系列创新教学模式和典型案例。

（一）多项政策推进教育数字化

山东省教育行政部门高度重视，通过各项政策积极推动信息技术的应用。成立山东省人工智能教育领导小组。先后下发《关于组织申报山东省人工智能教育试点市县、试点校的通知》《关于开展山东省教育系统人工智能专项调研的通知》等。省教育厅在全省中小学启动了人工智能教育试点，确定了济南市、青岛市等作为人工智能教育试点市，并在721所中小学校开展了首批试点。济南市制定了《济南市“基于教学改革、融合信息技术的新型教与学模式”实验区实施方案》，推进大数据分析驱动下的精准教学，提升教师、教育管理者的数字胜任力；成立了济南市数字教研中心、教育数字资源智作中心，还将建设济南市未来学校，推动全市中小学教育大数据应用。青岛市发布《青岛市人工智能教育实施意见》《青岛市基础教育数字化赋能教学创新行动计划（2023—2025年）》，加速人工智能与教育的深度融合，构建人才培养和科技创新体系。潍坊教育科学研究院建设潍坊教育云平台，制定潍坊教育数据标准，建成以潍坊未来教育大数据研究院为核心，以8处教育大数据研究基地、111个学校数据研究中心为一体的数据研究体系。

（二）数字化深度赋能教育全过程

《行动方案》明确指出，要推进数字化赋能教学质量提升，充分利用数字技术赋能基础教育，推动数字技术在拓展教学时空、共享优质资源、优化课程内容与教学过程等方面的广泛应用。山东省鼓励有条件的地方和学校积极将人工智能应用于教育管理、课堂教学、师生成长等方面，深入推进信息技术与教育教学深度融合，提升课堂教学质量。山东省教育科学研究院发挥研究机构的优势，开展了基于实证数据的教研转型研究，使用国产自主可控平台，逐步形成“订单式问题征集”“网络集体备课”“邀请式听评课”等数字化协同教研新方式，以数字化实现精准教研。济南市研究课堂教学“数字观评”的理论模型，探究“课堂观察”向“数字观课”迭代的课堂教学评价实施路径。潍坊市积极推进国家级信息化教学实验区建设，开展精准教学、混合式教学、项目式教学、翻转课堂、游戏化学习五大类24个新型教与学模式的研究与实践。青岛市建设虚拟教研平台，强化“线下＋线上”融合教研，利用大数据加快从经验型教研向实证型教研转型；建设应用“智慧教学与作业管理系统”“虚拟班级系统”，试点应用“智慧纸笔”系统；建设制作“青快学”教学重难点短视频平台、名师空中课堂、“名师导学 + 在线答疑”等数字资源，拓展教学时空，优化教学过程和学生学习方式，提高教学效率；精准开展教学评价，靶向提供指导反馈，构建数字化背景下的新型教与学模式。庆云县将大数据、互联网和人工智能等新技术应用于教育教学领域，全力打造 OMO（Online-Merge-Offline，线上 – 融合 – 线下）智慧融合课堂教学新模式，通过线上与线下的深度融合，构建起了“全学段、全时空、全覆盖”的线上线下课堂体系，目前已在全县域实现在线教学，智慧融合教学新模式常态化开展（见案例 9–6）。

案例 9–6　庆云县 OMO 智慧融合课堂教学新模式

OMO 智慧融合课堂教学可以满足多种教学需求。一是提供线上线下融合的课堂场景。为学校搭建一个线上线下融合、灵活多样，面向每个人、每节课的新场景。即使学生和教师不同时在学校，也可采取线上线下相结合的方式完成授课。二是进行实景化教学。学生不用出教室，就能身临其境地走进工厂、科研基地和田间地头，让在课堂上不能实现的场景变得唾手可得。三是构建多终端互动智慧课堂，即师生均在线上的智慧课堂。如因疫情、天气等不可抗因素师生均不能返校时，采用线上教学场景来实现常规教学。四是建设拖班教学场景。教育技术支持下的拖班教学既可以实现校内拖班，也可以实现校际拖班；既可以实现县域内拖班，也可以实现跨县域拖班；既可以线下拖班，也可以线上线下深度融合拖班；既可以全校同上一堂课，也可以全县同上一堂课。五是开展名校名师同步课堂活动。通过“专递课堂”“名师课堂”“名校网络课堂”实现乡村教师与名校名师同步课堂。六是开展 OMO 智慧融合校园活动。丰富多样的泛教育课堂赋学生以能力，使城乡学生各项能力同步提高。

各校也在积极探索，利用人工智能提升教学质量。如济南市天桥区某所小学引入智能教学平台，利用大模型赋能智能编程教学，为学生提供个性化的学习路径和教学资源；利用人工智能技术实现作业的自动批改和评估，为教师提供及时反馈，以便更好地调整教学策略；结合虚拟现实 / 增强现实技术，创建沉浸式学习体验，帮助学生更直观地理解和掌握知识。

（三）加强数字化资源建设与平台应用

随着教育数字化进程推进，数字化资源和人工智能技术在教学中基本得到应用。据调查，86.5% 的教研员、88.1% 的校长 / 书记、83.1% 的教师表示所在区域或学校提供了数字化的教学资源和平台，81.2% 的教研员、80.5% 的校长 / 书记、77.0% 的教师表示所在区域或学校教师能在教育教学各方面有效使用人工智能和大数据技术，86.1% 的教研员、90.5% 的校长 / 书记、83.3% 的教师表示所在区域或学校教师在教育教学中能够有效使用各类数字资源。山东省各地各校均在积极探索搭建数字化平台，推进数字教育资源的建设与应用，提升课堂教学质量。山东省教育科学研究院已开发教学公益资源 300 余个、微课 200 余节，其中 14 节精品课被收录于“学习强国”。潍坊市加强数字学习资源开发应用，汇集开放教育资源 7802 万个、优课 21 万节，有效支持师生开展泛在学习；潍坊市潍城区搭建人工智能技术平台，教师可以利用网络随时随地开展云上教研；建立教研成果资源库，开放资源路径，为教师提供潍城区最新教育科研成果。新泰市搭建全景式教学信息化共享平台，为乡村教师提供所需教学资源。庆云县依托 OMO 智慧融合课堂教学系统，使优质课堂资源、名师专家讲座、先进教学理念和学习资源等联通，提升县域教师整体业务水平。

此外，国家中小学智慧教育平台在教师研修中得到应用。国家中小学智慧教育平台现已建成世界第一大数字化教育资源库，在促进教育公平和推进基础教育高质量发展等方面具有重要作用。山东省 84.0% 的教研员、89.9% 的校长 / 书记、82.6% 的教师表示经常使用国家中小学智慧教育平台开展教研、培训等活动。青岛市实现了国家中小学智慧教育平台的常态化应用；潍坊市创新国家中小学智慧教育平台应用，形成了以“用、改、创”为核心理念的国家平台应用模式。

第10章

湖　北

湖北省基础教育课程教学改革稳步推进，积极与时代接轨。湖北省基础教育课程方案转化落地行动稳步推进，通过建设教学改革实验区、实验校和特色学科基地，系统开展教学方式变革行动。通过省、市、区县多级教研体系，聚焦课堂教学改革，打造“湖北好课堂”。实施“荆楚强师”行动，系统培育名校长、名师、名班主任、优秀青年教师。完善教联体内校长教师交流轮岗制度，开展数字化赋能教联体行动，建设教联体数字管理服务平台，常态化开展“双师”课堂教学、网络教研，助推教育优质均衡发展。通过高校与中小学校结对合作、组建中小学＋高校科学教育联盟等形式，推动大中小学科学教育有机衔接，做好科学教育加法。强化基础教育数智赋能，按照集成化、标准化、模块化原则，建设湖北教育大数据中心、湖北教育综合管理服务平台、湖北中小学智慧教育平台，遴选200余所学校开展特色智慧校园建设，构建数字化体系，为教育教学等提供支撑。

一、课程方案有效转化落地

湖北省高度重视并坚持因地制宜推进课程方案的转化与落地实施，积极探索基于核心素养的中小学课程教学改革，通过培育一批深入实施新课程的典型区域和学校，在部分地区的学校试点先行，破解了一系列课程教学改革中的重点、难点问题。制定并落实各层级课程实施规划，多级协同推动课程实施监测，及时发现问题、解决问题，推进各级各类课程有效实施。

（一）制定课程实施的各层级规划

1. 制定区域课程实施规划

湖北省教育部门严格遵循国家课程标准，结合地方特色与实际需求，因地制宜精心策划并发布了《湖北省义务教育课程实施办法（试行）》《湖北省普通高中课程实施办法（试行）》《湖北省中小学学科课程实施指导意见（试行）》等重要文件。这些文件全面涵盖了课程设置、教学实施、评价及监测体系构建等多个关键环节，为学校提供了详尽且具操作性的指导方案，确保课程教学改革的核心理念能够深入地方教育实践，并在地方层面得到有效贯彻与落实。同时，湖北省还强化了课程实施的视导与调研工作，通过实地考察和专家指导等形式，及时了解并解决课程实施过程中的难点问题。

湖北省以“教联体”建设、“湖北好课堂”和“湖北好教研”为三大抓手，着力建立健全省－市－县（区）－校四级教研体系，通过高质量教研引领推动全省基础教育课程教学改革深入发展。在基础教育课堂教学改革层面，贯彻落实《关于深化教育教学改革全面提高义务教育质量的意见》《深化新时代教育评价改革总体方案》《关于进一步减轻义务教育阶段学生作业负担和校外培训负担的意见》《义务教育质量评价指南》《基础教育课程教学改革深化行动方案》等文件精神，印发《湖北省关于加强教学改革，提高课堂教学质量的指导意见》以及《湖北省义务教育学校作业改革指导意见》，切实加强基础教育教学改革，全面提高课堂教学质量。在作业改革与学生评价层面，结合湖北省实际，湖北省教育厅制定了《湖北省普通高中学生综合素质评价实施办法》《湖北省普通高中学业水平考试实施办法》等政策文件。

2. 探索学校特色的课程规划

湖北省内各学校响应省级教育部门的号召，依据各学科课程标准，制定了符合自身特色的课程规划，充分体现了因校制宜的原则，创设了既具地域特色又有教育意义的课程，如二十四节气系列课程和机器人编程课程等，另见案例 10–1。

案例 10–1 湖北省武汉市蔡甸区某小学开发“绿洲课程”

武汉市蔡甸区某小学以“绿色教育”为核心理念，致力于为孩子们打造一个充满活力和创新氛围的学习环境。这一理念紧扣生命、生态和生活的教育内涵，始终站在儿童的生命立场上，关注每一个孩子的成长需求。学校充分利用现有资源，精心开发了“绿洲课程”，旨在为孩子们提供全面而富有个性的教育体验。

“绿洲课程”由三大类课程构成：学科拓展课程、校本实践课程和社团活动课程。其下分设“语丝坊”“艺体园”“知行苑”“生态谷”“智慧屋”“合心桥”六大课程，形成了一个多元化的教育体系。

在已有规划的基础上，学校努力推进“绿洲课程”的落地实施。从课堂教学到校园活动，从日常管理到家校共育，“绿色教育”如春风化雨，渗透进每一个细微环节。通过这些课程，孩子们不仅能够汲取丰富的知识养分，更能在实践中积累经验，培养“珍爱生命、热爱生活、关爱生态”的品质，逐步成长为阳光少年，向着未来蓬勃生长。

在此过程中，教研员积极投身学校课程规划的监督与指导工作，为学校提供了宝贵的专业支持。教研员通过组织优质课展示等活动，搭建起教师间学习互鉴的桥梁，促进了教师的专业成长和教学方法的创新。

武汉市各学校遵循湖北省基础教育课程实施办法，深入开展课程教学改革。以武汉市东西湖区一小学为例，该校尤为注重实践与创新，明确提出了学生培养的具体目标，并据此开发了一系列富有特色的校本课程和“一班一品”班本课程。这些课程紧密贴合学生发展需求，促进了学生的全面发展和个性化发展。荆州市的学校同样深刻认识到课程规划的重要性，并致力于根据学校的独特情况和学生的实际需求制定课程规划。以荆州市一所初中为例，该校通过创建劳动教育实践基地，开设校本课程，为学生提供了跨学科实践的机会。鄂州市的学校普遍重视课程多样性，努力结合学校特色和学生需求进行课程设计。其课程规划特别强调跨学科主题学习的重要性，不同学科的教师携手合作，共同设计并实施课程。这种跨学科合作不仅丰富了课程内容，也促进了学生综合能力的发展。

以下调研数据进一步反映了湖北省落实基础教育教学改革的情况。

首先，针对“本校在行政部门和专业机构的指导下，规划了学校课程并组织实施”这个问题，参与调查的校长 / 书记认为“非常符合”的占 41.2%，认为“比较符合”的最多，占 43.2%；对于“我督促指导本区域学校和教师规划学校课程”这个问题，参与调查的教研员认为“非常符合”的占 28.5%，认为“比较符合”的最多，占 51.2%；对于“本校课程实施规划方案对我的教育教学具有很强的指导性”这个问题，参与调查的教师认为“非常符合”的占 33.5%，认为“比较符合”的最多，占 44.8%。

其次，针对“本校形成了体现学校办学特色的课程体系”这个问题，参与调查的

校长 / 书记认为“非常符合”的占 29.0%，认为“比较符合”的最多，占 43.7%；对于“本区域学校形成了体现学校办学特色的课程体系”这个问题，参与调查的教研员认为“非常符合”的占 19.3%，认为“比较符合”的最多，占 48.8%；对于“我认为学校形成了体现自身办学特色的课程体系”这个问题，参与调查的教师认为“非常符合”的占 30.6%，认为“比较符合”的最多，占 45.8%。

（二）区域多级协同推动课程实施监测

湖北省已经初步建立了课程监测体系，通过视导和调研等方式对课程实施进行监控与评估。课程监测体系强调过程评价在教育质量评估中的重要性，为全面提升教育质量提供了有力支持（见案例 10–2）。例如，将体育课程中的过程评价正式纳入中考评价体系，关注学生学习与成长过程。

武汉市通过定期的学情调查，深入了解课程实施情况。以武汉市某小学为例，该校编制了详尽的课程计划，明确课程目标与实施路径；开展了“晒课表”行动，公开展示各班课程安排，以增强透明度和责任感；利用履职考核评价体系，对教师和学生的课程参与度和效果进行全面评估。这一系列举措不仅体现了学校对课程实施的系统规划和严格监测，还为其他学校提供了可借鉴的成功经验。

案例 10–2 湖北省课程实施监测体系建设现状——以荆州市和鄂州市为例

荆州市在完善省级课程实施监测体系方面取得了显著进展。该市明确了监测目标，并建立了一系列监测制度，包括教学检查制度、教学评优制度和教学督导制度。这些制度构建了一个全面的监测框架，为提升教育质量奠定了坚实的基础。通过这些制度，荆州市不仅能够有效监控课程实施的具体情况，还能及时发现和解决问题，从而实现教育质量的稳步提升。

鄂州市的多数地区和学校也已经建立了课程实施监测体系。监测体系涵盖了多个方面，包括教学方法、课程内容、学生表现和师资力量等。有些地区的教育部门在课程实施监测方面采取了一系列具体措施，如定期进行教学质量评估、收集反馈信息、调整课程内容和教学方法等；此外，还计划引入更多定量和定性的研究方法，以增强监测的科学性和有效性，并通过加强教师培训，提高他们对监测结果的解读和应用能力。逐步完善课程实施监测体系，力求在教育质量方面取得新的突破。

对于“我认为省级课程实施监测为推进本地学校的课程实施提供了参考依据”这个问题，参与调查的校长 / 书记认为“非常符合”的占 35.3%，认为“比较符合”的最多，占 43.3%；对于“我了解到本地相关部门开展了省级课程实施监测”这个问题，参与调查的教研员认为“非常符合”的占 25.8%，认为“比较符合”的最多，占 46.8%。这一结果显示，教研员普遍认为所在区域相关部门确实在开展省级课程实施监测，并且对此持较为肯定的态度。对于“我了解到本地相关部门开展了省级课程实施监测”这个问题，参与调查的教师认为“非常符合”的占 30.5%，认为“比较符合”的最多，占 44.4%。这表明，绝大多数教师已经了解到相关部门的监测工作，并对其持肯定态度。

二、积极推进教学方式变革

（一）以组织实施增强教学方式变革的驱动力

教学方式变革被视为课程教学改革的精髓所在。湖北省采取一系列措施，推动教师教学理念和行为的转变，如颁布《湖北省关于加强教学改革，提高课堂教学质量的指导意见》以及《湖北省义务教育学校作业改革指导意见》，倡导并要求教师革新教学过程和方法，把立德树人根本任务落实到具体的教育教学活动中，改变单纯的传授式教学，注重启发式、互动式、对话式、探究式、情境式教学。积极组织适合学生身心特点的以问题为导向的跨学科、研究型、项目化、合作式学习，引导学生自主学习、主动思考、自主探究。落实因材施教，重视差异化教学和个别化指导，满足学生多样化学习需求。

1. 学习中心课堂建设行动

湖北省根据教育部工作部署已建立起定期举办精品课遴选的常态机制，构建了省 – 市 – 县（区）– 校四级精品课推荐体系。此外，湖北省根据区域课程教学深化发展需求，开展以课堂建设为核心的活动，牵引教师课程领导力提升，彰显了对区域特色教学改革的高度重视（见案例 10–3）。

案例 10–3 湖北省荆州市教育局颁布《荆州市中小学校“学习中心课堂”建设行动方案》

为深化课程教学改革，推动基础教育扩优提质，荆州市根据教育部《行动方案》，颁布了《荆州市中小学校“学习中心课堂”建设行动方案》，致力于构建以学生学习为中心的课堂教学模式。这一方案的核心在于通过教与学的共生共促和深度融合，实现学生的高质量学习，从而推动基础教育的全面提质。工作的主要任务和路径为：优化任务驱动的课堂教学设计、促进深度学习的课堂样态生成、完善素养导向的课堂教学评价体系。该方案的实施有力推动了荆州市中小学课程教学改革，促进了荆州市基础教育扩优提质，赋能荆州教育强市建设。计划到 2027 年，各学段、各学科先进课堂范式基本形成。全市建成 3 个课程教学改革示范县（区）和 100 所课程教学改革先进校，培育 200 名课程教学改革名师，建设至少有 500 个学习中心课堂示范课例的资源库。

2024 年 3 月鄂州市教育局印发了《鄂州市中小学“生本课堂”建设方案》，在全市范围内开展“生本课堂”的建设工作，这是鄂州市落实课程教学改革要求、促进课程教学改革先进教学观念渗透进课堂的积极行动。“生本课堂”追求“以学生的发展为本、以学生的学为中心”的课堂样态，变“教教材”为“用教材教”，变教“书”为教“学”，让学生在深度参与学习过程中建构知识，形成正确价值观和必备品格，体验学习的乐趣，收获成功的喜悦。鄂城区在实施教学改革中推出了以学生为中心的教学模式，构建了强调学生的主动参与和学习实效的课程体系，有效提升了学生的综合素养。

2.“湖北好课堂”品牌活动常态化

“湖北好课堂”是由湖北省教育科学研究院组织，面向全省中小学各学科教师设计并实施的一项旨在提升教师课堂教学能力的展评活动（见案例 10–4）。活动从 2017 年开始，每两年举办一届，每届凸显不同的研究主题，涵盖小学、初中和高中三个学段，涉及 30 个学科类别，有 2000 余名教师现场展示，这项活动已经得到了湖北省各级行政及教科研部门的高度认同和响应，成为代表湖北省的高规格、高水平的教学展评活动。

案例 10-4 “湖北好课堂”

一、活动目的

1. 引领学科课程建设方向。“湖北好课堂”积极关注基础教育课程领域的最新动态和重要成果，在学科教育教学理论与实践的热点、焦点、难点问题上展开集体研究攻关，切实解决学科教育教学中的主要问题，引领学科发展方向。

2. 搭建学科教学研讨平台。“湖北好课堂”是面向全省中小学教师开展学科教学交流与研讨的重要载体，积极为中小学各学科开展教学研究搭建平台、营造氛围、提供支撑，助力加大学科教研力度，促进全省基础教育质量整体、稳步提升。

3. 加强教师专业发展指导。通过“湖北好课堂”展评活动，引导广大中小学教师不断更新教育教学观念、创新教育教学方式、提升教育教学能力，发现和培养一批先进典型，为教师成长提供专业指导和发展动力。

二、组织实施

1. 第一阶段：课堂教学视频评选。在教师自愿参加的前提下，经学校、县（市、区）、市（州）逐级择优推荐视频课例送省参评。湖北省教育科学研究院组织各学科专家通过网络平台开展省级评审。

2. 第二阶段：精品课例现场观摩研讨。各学科从视频课例中遴选精品课例，组织课堂教学现场观摩研讨。课堂教学现场观摩研讨的时间、地点、内容及活动组织等由各学科根据实际自主安排、设计与落实。

3. 第三阶段：精品课例网上展播。各学科根据评选实际，择时组织精品课例网上展播，促进优质教学资源共享，扩大“湖北好课堂”影响力。

4. 第四阶段：获奖教师送教下乡。集中组织“湖北好课堂”获奖教师送教下乡，让“湖北好课堂”的教学理念与教学方法在全省特别是农村中小学得到推广应用。

湖北省组织“湖北好课堂百县行”送教活动。以湖北省基础教育扩优提质为主线，以组团帮扶、精准帮扶的方式，以优秀的教学课例、优质的专题报告、丰富的教学资源助力湖北县域教育振兴，提升县域教师专业能力，为湖北省基础教育城乡一体化、高质量发展提供教研支撑。在问卷调查中，对于“本校组织教师参与各级精品课遴选、说课评课、优质课展示交流活动”这个问题，参与调查的校长 / 书记认为“非常符合”的最多，占 44.4%，认为“比较符合”的占 41.9%，大多数校长 / 书记认为学校积极组织教师参与各级精品课活动；对于“本区域学校教师参与各级精品课遴选、说课评课、优质课展示交流活动”这个问题，参与调查的教研员认为“非常符合”的占 43.4%，认为“比较符合”的最多，占 44.0%，教研员普遍认为区域内学校教师积极参与各级精品课活动，并对此持肯定态度；对于“我积极参与各级精品课遴选、说课评课、优质课展示交流活动”这个问题，参与调查的教师认为“非常符合”的占 31.3%，认为“比较符合”的最多，占 46.0%，大多数教师积极参与了各级精品课活动，并认为这些活动对自身专业能力提升具有积极作用。

湖北省通过构建四级精品课推荐体系和组织“湖北好课堂百县行”送教活动，极大地推动了教师教学方式的变革，促进了教师的专业发展。校长 / 书记、教研员和教师普遍认为这些活动对提升课堂教学质量和教师专业能力具有显著的作用。各级精品课活动提高了教师的教学水平，为湖北省基础教育的高质量发展提供了有力支撑。

（二）攻克教学改革重难点

《湖北省关于加强教学改革，提高课堂教学质量的指导意见》明确指出，学生知识的获取、能力的提高基本上是在课堂上完成的，课堂直接影响人才培养质量。提高课堂教学质量是落实立德树人根本任务、深入实施素质教育、全面提升学生综合素养的迫切需要。加强课堂教学改革，对于全面提升育人效果，促进每一个学生的健康成长，具有全局性、长远性战略意义（见案例 10–5）。

案例 10–5 湖北省关于加强课程教学改革提高课堂教学质量的实施原则

1. 目标性原则。湖北省在课程教学改革中以立德树人为基，依课程标准聚焦学生核心素养，围绕“双减”与“五项管理”精准改革课堂教学，力求减负提质，保障学生全面成长。

2. 系统性原则。湖北省重视教学改革系统性，统筹教学多方面要素，整合家校社资源，明确重点、完善配套，促使各环节协同凝聚成有机整体，高效提升教学质量。

3. 创新性原则。在巩固已有改革成果的基础上，湖北省大力推广改革的典型经验与做法，为各地区、各学校、各学科教师提供可借鉴的范例。同时，鼓励教师创新思路、路径与举措，丰富改革内涵与外延，让课堂教学契合时代与学生多样化发展的需求，迸发活力。

4. 发展性原则。湖北省注重改进结果评价、强化过程评价、探索增值评价、健全综合评价体系，以科学评价推动师生、学校全面发展。坚持教、学、评一体推进，保障育人连贯性，让评价成为教学改进、学生成长的“推进器”，营造良好教育生态，助力教育持续前行。

湖北省在实施教学改革重难点攻坚方面已经取得了阶段性成果，特别是在教学改革实验区建设、教研体系构建等方面展现出了明显的亮点。目前湖北省共有四种类型实验（试验）区校（园），其中武汉市武昌区和宜昌市为国家级义务教育教学改革实验区，黄石市、荆州市、孝感市、襄阳市、荆门市、黄冈市的 6 所学校为国家级义务教育教学改革实验校。此外，湖北省有省级义务教育教学改革实验区 10 个、实验校 28 所，省级普通高中教学改革实验区 4 个、实验校 11 所、学科基地 31 个，省级基础教育教研试验区 20 个、试验校（园）50 所。这些实验（试验）区校（园）在探索课堂教学新模式、解决课程教学改革的重点与难点问题等方面发挥了重要的先导性作用。

1. 探索素养导向的教学设计

武汉市教研员探索了核心素养视域下的教学模式，并在省内外学校进行推广应用。该教学模式体现了“以学生为中心”的特色，推动课堂教学从“以知识讲授为中心”到“以核心素养发展为中心”的转变，收获了良好的教学效果。湖北省教育科学研究院物理教研员提出“一二三”互动教学设计思路：“一”是指以学生发展为中心；“二”是指优化教学管理和优化教学过程；“三”是指互动教学设计的三环节，即自学检测发现问题、师生双主体活动探索、归纳巩固联想运用。荆州市的多数学校认识到课程教学改革的重要性，部分区域和学校开展了聚焦核心素养导向的教学设计、学科实践、实验教学等。例如，荆州市某初中通过开辟劳动基地，将劳动教育融入日常教学中，开展了跨学科主题学习与实践活动，培养学生的探究实践能力和劳动意识。鄂州市各地区根据自身特点和需求，开展了多样化的教学改革实践，包括核心素养导向的教学设计、学科实践、实验教学、跨学科主题学习等，推出了以学生为中心的教学模式，有效提升了学生的综合素养。

2. 组织跨学科融合与主题学习

《湖北省关于加强教学改革，提高课堂教学质量的指导意见》提倡教师探索“大单元教学”，依据课程标准、教材的主题、学生学情，确定单元组建方式。倡导对现有教材单元进行整合、重组、改编，引导教师围绕学科基础、核心知识，研发种子课、生长课、发展课和总结课等，培养学生的自主学习和转化迁移能力，促进学生举一反三、融会贯通，帮助学生积累学习方法和活动经验。提倡教师以单元为单位设计作业，将“大观念”贯彻教学全过程，避免碎片化的知识教学。武汉市的学校通过开展跨学科主题学习研究，尝试转变教师的教学观念，提高教学效益，如通过“群读类学——语文课程新探索”等课题研究与实践，展现了教育改革的深度与广度。湖北省武汉市某中学举办了义务教育阶段跨学科主题学习培训活动，通过课例展示、课例点评、区域交流以及专家主题讲座等环节，全面而生动地展现了“跨学科主题学习”的核心特征、实施路径和策略（见案例 10–6）。湖北省石首市某中学举办了跨学科融合研究活动，紧扣跨学科主题学习，深入探讨了高中化学和生物学两学科的融合学习研究，以提升学生的综合素养和跨学科能力。

案例 10–6 湖北省武汉市某中学开展“越王勾践剑：前世·今生·未来”跨学科主题学习活动，探索 UMS 融合新形式

湖北省武汉市某中学与华中师范大学化学学院、湖北省科学技术馆合作，开展了“越王勾践剑：前世·今生·未来”跨学科主题学习活动。此次活动探索了 UMS（高校、科技馆、中学）有效融合的形式，旨在通过跨学科的视角，将化学、历史和物理等多学科知识与技能进行整合。

在活动中，教师以跨学科大观念为统领，引导学生通过探秘的方式寻求证据，走近湖北省科学技术馆中的多个展项。这种教学方法不仅培养了学生解决问题的一般思路与方法，还从文物保护的视角弘扬了中华优秀传统文化，增强了中学生对文化传承与发展的责任感。通过这种跨学科的学习方式，学生能够在实践中学习，提升自身的综合素质和创新能力。此外，活动还融合了 AI 对话、合作探究等多种教学方法，提高了教学的互动性和学生的实践能力。这种创新的教学模式不仅为学生提供了丰富的学习体验，也为教师提供了新的教学思路和方法，推动了教育的现代化发展。

3. 开展项目化学习

武汉市的“‘墨’上花开”和“校园植物我来护”等项目化学习活动，培养了学生的综合素养和创新能力。“如何健康饮水”“如何再生纸”“人体地图”等项目化学习活动注重学生跨学科知识和实践能力的培养，为学生提供了广阔的学习空间和发展机会。荆门市开展了中小学科技教育项目化学习活动，以“实践－探索－创新”“智天下”“智慧军营”“电池课堂”“探秘航天”等不同的科技教育主题开展，激发了学生对科学的兴趣，培养了学生的创新精神和科学素养。

4. 探索分层作业设计

《湖北省义务教育学校作业改革指导意见》明确要求，加强作业设计统筹管理、科学指导，提升教师作业设计能力。开展区域、学校作业管理效能监测，将作业设计与实施纳入科研、教研、师训和教师教育教学能力评价范畴。探索运用可视化技术工具提高教师作业设计能力，即借助作业目标设计表、作业属性分析表、作业质量与评价问题链等，引导教师在作业实践中掌握作业设计与评价技术，不断提高作业设计的质量与水平，实现减负提质增效。创新作业方式，兼顾书面作业、操作性作业与口头作业，短作业与长作业，自主性作业、菜单式作业、分层作业等多种作业形式，激发学生兴趣，激活学生思维，培养学生的问题解决能力以及实践创新能力。

荆州市部分学校的分层作业设计，实现了作业设计的个性化和差异化，提高了作业的有效性和学生的学习动力（见案例 10–7）。襄阳市某中学数学教研组根据学生学习水平和特点，灵活采用口头、书面或实践性作业等形式，设计弹性作业、个性化分层作业，加深了学生对课内所学知识的理解，还培养了学生独立思考的能力。

案例 10–7　湖北省荆州市某小学在“双减”背景下探索统编语文教材四年级上册“自然之美”梯度式作业设计

荆州市某小学教师围绕省级课题“‘双减’背景下指向核心素养的梯度式作业设计模型的研究”，探索了以“梯度式作业”为切入点的实践之路。以统编小学语文教材四年级上册第一单元为例，设计了一个大单元梯度式作业。单元主题为“自然之美”，作业主题情境为“我的开学旅行”。作业分为四个板块：览大美自然、绘内心图景、游客大家谈、推荐好地方。基础型作业“览大美自然”引导学生理解和积累课文生字词，整体感知课文，把握课文表达顺序和主要内容。拓展型作业“绘内心图景”是在完成“览大美自然”的基础上进行的想象训练，结合课文内容，引导学生在阅读联想与想象、倾听与对话、朗读与创造性表达中习得“文转画”的阅读能力。综合型作业“游客大家谈”引导学生开展合作学习，通过找、画、写、说等多种形式让自己融入其中，找到自己感兴趣的方式来完成作业。活动型作业“推荐好地方”对单元习作和劳动教育的内容进行了跨学科有机整合，实现了知识与体验、实践与技能、儿童学习与生命成长的融通共生。

通过对基础教育课堂教学方式改革的调查，可得出以下结论。

首先，教师教学方式改革有助于课堂教学质量的提升。对于“本校教师的教学方式改革有效提高了课堂教学质量”这个问题，参与调查的校长 / 书记中认为“非常符合”的占 32.5%，认为“比较符合”的最多，占 46.8%。这表明，大多数校长 / 书记认为教师的教学方式改革对提高课堂教学质量具有显著效果。

其次，区域学校教学方式改革有助于课堂教学质量的提升。对于“本区域学校教学方式改革有效提高了课堂教学质量”这个问题，参与调查的教研员中认为“非常符合”的占 24.5%，认为“比较符合”的最多，占 55.3%。这一结果显示，教研员普遍认为区域内学校的教学方式改革对课堂教学质量的提升起到了积极作用。

最后，教师认为教学方式改革对课堂教学质量提升具有积极作用。对于“我通过教学方式改革有效提高了课堂教学质量”这个问题，参与调查的教师中认为“非常符合”的占 31.6%，认为“比较符合”的最多，占 49.5%。这表明，大多数教师认为他们通过教学方式改革有效提高了课堂教学质量。

在湖北省，基础教育教学方式改革在各个层面都得到了广泛认可。无论是校长 / 书记、教研员还是教师，普遍认为教学方式改革对提高课堂教学质量具有显著的积极影响。各方一致认为，教学方式改革是提升课堂教学质量的重要手段，且在实践中已经取得了较好的效果。

（三）实施优秀教学成果推广应用计划

湖北省在推广优秀教学成果方面已经取得了显著进展。通过定期组织“湖北好课堂”等评选活动以及教学设计、作业设计等竞赛活动，成功挖掘并展示了大量优秀的教学成果。同时，教研员积极参与教学成果的推广工作，通过教研活动分享优秀教学经验，为教师提供了学习和成长的平台。

武汉市教育科学研究院在武汉市多所学校举办“名特优”课堂教学展示活动，通过展示名师、特级教师、优秀青年教师的精彩课堂，助力教学质量提升，促进优秀教学成果的推广与应用。武汉市各学校依托精品课遴选活动的平台，激发教师参与教学竞赛的热情。武昌区借助“三优”评比活动，定期开展聚焦课堂教学质量的城乡主题教研活动，推广优秀教学模式。

荆州市通过“学习中心课堂”建设行动，举办全市及各学科的推荐会，由专家团队率先开展在线直播示范课程。这不仅展示了优秀的教学成果，也为其他教师提供了直观、生动的学习范本。鄂州市的许多学校和地区积极探索，力求将优秀教学成果推广应用到更广泛的教学实践中。一些学校通过内部选拔机制和教研团队协作，积极准备并参与各级教学比赛和展示活动，进一步推动了优秀教学成果的推广和应用。

在调查问卷中，对于“本校教师参与过本区域基础教育优秀教学成果推广应用活动”这个问题，参与调查的校长 / 书记认为“非常符合”的占 37.0%，认为“比较符合”的最多，占 43.2%；对于“本区域开展了基础教育优秀教学成果推广应用活动”

这个问题，参与调查的教研员认为“非常符合”的占 30.4%，认为“比较符合”的最多，占 47.5%；对于“我参与过本区域基础教育优秀教学成果推广应用活动”这个问题，参与调查的教师认为“非常符合”的占 25.8%，认为“比较符合”的最多，占 42.7%。

综上可见，湖北省的基础教育优秀教学成果推广应用活动取得了显著成效。绝大多数校长 / 书记、教研员和教师都积极参与并认可这些推广活动，说明湖北省的教育改革措施得到了广泛的支持和认同，进一步推动了全省基础教育的持续改进与发展。

三、以教联体引领课程教学改革，推动教育优质均衡发展

（一）构建四种教联体组织

湖北省着力解决优质教育资源供给不充分的问题，将教联体建设作为县域教育治理基本单元，推动教育传统城乡二元治理体系的重塑和整体重构，优化优质教育资源配置，加快义务教育优质均衡发展和城乡一体化进程，积极破解“城镇挤、农村弱”“择校热”等突出问题，此项行动是缩小区域、城乡、学校、群体之间教育差距的重要举措。湖北省委省政府高度重视教联体建设，将其纳入省第十二次党代会报告、2023 年省政府工作报告，做出全面部署，进行系统推进。各地将教联体建设作为重大教育改革项目列入政府工作报告，作为教育部门“一把手”工程开展，探索出多种形式、各具特色的教联体。

湖北省在实施教联体建设过程中，坚持建设地域范围以县域为主、实施学段以义务教育为主、管理模式以深度紧密联合型为主的“三为主”原则，通过“大校联小校”“强校联弱校”“城镇学校联农村学校”等方式，推动教联体内管理干部与教师队伍有序流动、教育教学资源常态共享、办学质量捆绑提升。教联体大多以组织推动为依托，以学校自愿为前提，采用“优质校 +”模式，按学段“合并同类项”，并综合考量地理位置远近进行组建，总体上可分融合型、共建型、特色协作型、混合型四种。融合型教联体实行以单一法人或总负责人制为主的办学形式，教联体内管理干部和教师队伍“无障碍”调配，人事、经费、教学、资源配置和考核评价实行一体化管理；共建型教联体采取委托管理、集团化、联盟校等形式联合办学，教联体内管理干部和教师队伍有序流动，教育教学资源共建共享，对教联体内学校办学质量实行“捆

绑”考核；特色协作型教联体主要基于体育、音乐、美术、劳动、信息技术、综合实践、生态环保等特色课程，由教育科研部门或一所核心学校牵头，若干特色学校结成联盟，实行“愿景协同、机制协同、研训协同、教学协同、项目协同”的协作模式；混合型教联体在建设进程中，依据不同的办学环境、需要和自身发展情况，采用较为灵活的办学方式，即内部既有紧密共享的子校，也有相对疏散独立的合作学校，以实现优质教育资源共享的最大化。

（二）定期开展“湖北好教研”展评活动

“湖北好教研”展评活动是由湖北省教育科学研究院联合《湖北教育》杂志社共同开展的一项重要教育活动，其主要目的是深化基础教育课程教学改革，贯彻落实教育科研提振行动，培育基础教育成果，提高教育教学质量。通过展评“湖北好教研”成果，充分发挥示范引领作用，树立教研成果典范，深化教研成果认知，以高质量教研促进基础教育高质量发展。“湖北好教研”展评活动为教研员提供了展示和交流的平台。

首届“湖北好教研”展评活动在2023年举行，共235项教研成果申报省级评审，最终评选出获奖成果188项。获奖成果中，很多都是团队协作、长期坚持而结出的“硕果”，这表明湖北省教育教学研究和实践正在以更加开放共享、团结合作的样态走向高质量发展。活动强调科学、有效地开展教科研工作，规范整理申报材料，将研究成果转化为教学实践性论文，助力培育基础教育成果。“湖北好教研”活动为广大教研员、一线教师冲刺基础教育国家级优秀教学成果奖提供了强有力的专业支持，为助推湖北省教育高质量发展起到了积极作用。

1. 区域特色教研工作机制

在教育不断发展变革的进程中，教研工作机制的创新对于提升教育质量、推动学校发展至关重要。湖北省区域特色教研工作机制中的“1211”工作机制应运而生，它以独特的组织形式和运行模式，为教研员与学校搭建起了紧密合作的桥梁。“1211”工作机制指的是1位市级教研员联系2所学校，每1个月深入开展1次研训活动，教研员“蹲点教研”，着力构建“深度合作教研”模式，进而形成共研、共享、共成长的良好氛围，通过明确教研员与学校的联系、规范研训活动的开展频率，深入挖掘教研潜力，促进学校间的资源共享与经验交流，营造积极向上的教育发展环境。这既能提升教研员的专业指导能力，又能促进学校之间的深度合作和共同发展。

2. 团队协作与跨区域合作模式

此模式着重突出不同学校、不同区域间的协同联动，以团队协作之力共同完成教研项目。这种团队协作与跨区域合作模式全方位地拓展了教研工作的广度与深度。从广度上看，它涵盖了更多的学校和区域，使教研活动的参与范围更广，能够整合更多的教育资源；从深度上而言，不同背景的教育工作者共同参与教研项目，能够深入研究教学中的复杂问题，挖掘教育现象背后的本质规律，推动教研工作从表面的教学方法讨论向深层次的教育理论与实践结合发展。总之，这种模式打破了传统教研的局限，促进了资源共享和经验交流，不仅提升了教研工作的效率和质量，更促进了教育公平的实现，为教研事业注入了新的活力。

3. “大教研”“大比武”“大晒课”活动模式

这种模式通过大规模的教研活动——“大教研”“大比武”“大晒课”，来提升教师的教学能力和教研水平。这些精彩纷呈的活动不仅能够激发教师的积极性，还能促进教师之间的切磋学习、良性竞争，切实提升教学质量，为教师成长提供专业指导和发展动力。与此同时，教研员通过参与省级培训、公开课观摩等专业活动，不断汲取新知，提升个人专业水平，并在教学改革中发挥专业引领作用。

武汉市教研员在课程教学改革中扮演着重要角色，他们积极参与课程规划、教学设计、教师培训等活动，为课程教学改革提供了新思路和新路径。例如，武汉市某小学教研室劳动教研员深度参与课程实施监测体系的搭建以及教研机制的优化升级，通过改进教研机制，为教研活动开辟了全新的视野与路径。武汉市一小学通过全面落实国家课程和高质量建设校本课程，精心编制学校课程实施方案，构建了无边界课程体系，这为教研员们提供了宝贵的实践案例与启示。荆州市深化教研机制改革，强化专业引领（见案例 10–8）。

案例 10–8　湖北省荆州市教研机制改革

荆州市在深入推进教研机制改革的过程中，采取了多种创新举措，以提升课堂教学质量和教师专业发展水平。

首先，荆州市常态化开展沉浸式“校本教研”，秉持简洁、实效原则，以主题研究驱动，构建校内学科团队常态化研究机制。同时，荆州市定期举办主题式“名师教研”活动，教研员借此深入学校，跟踪教学、精准指导，增进与教师的交流合作，强化教研实效。此外，荆州市还巩固深化项目式“课题研究”，鼓励各校依实际申报课题，强化指导，力促成果转化，既提升教师研究能力，又为学校发展增添新思路。

荆州市还改进优化了一体式“区域研究”，通过“校际联动”与“牵手共进”活动，促进教师专业发展和质量提升的一体化建设。这种区域研究模式加强了校际合作与交流，形成了资源共享、优势互补的良好局面。

为了确保教研工作的有效实施，荆州市明确提出要做实教研支撑，市县两级教科研机构要配齐配强学科教研员，实施“一名学科教研员 + 一所学校 + 一个学科 +N 个名师工作室”的建设工程。这种模式是强化教研专业引领的具体实践，通过整合各方资源，为教师的专业成长和课堂教学质量的提升提供了有力的支持和保障。

鄂州市各级教育部门及学校积极组织各类教研活动，涵盖公开课、示范课、教学竞赛等多种形式。教研员通过参与专业培训，不断精进自己的教学指导与研究能力。同时，部分地区还建立了教研联盟，促进了教研资源的共享和交流。例如，鄂州市通过建立鄂东南教学联盟、智学联盟等，促进了区域内教研资源的共享与流通。鄂州市还开展了城乡联合教研活动和送教下乡活动，这一系列举措让优质教育资源得以顺畅地流动到农村和偏远地区，打破城乡教育壁垒，促进城乡教师之间的沟通与协作，有力推动全市教育的均衡、高质量发展。

四、多措并举提升中小学生科学素养

湖北省在深化科学教育改革进程中，注重提升学生的科学素养，加强科学课程的实施力度，提升学生的科学探究能力和创新精神。2023 年 9 月 11 日，湖北省教育厅、湖北省发展和改革委员会等六部门印发《关于加强新时代中小学科学教育工作的实施意见》，系统部署全省中小学科学教育工作。此外，湖北省还积极打造“中小学提需求、高校送服务、教育搭平台、地方汇资源”工作模式，加强大中小学在科学教育领域协作交流，通过高校与中小学结对合作、组建中小学 + 高校科学教育联盟、签订区域高校与中小学科学教育合作协议等多种模式，实现协同推进、资源共享、课题同研、联合创新。

（一）加强科学类学科教学

湖北省教研员积极组织与科学类学科相关的教研活动，不断探索和创新教学方法。同时，部分地区和学校加大对科学类学科硬件设施和教学资源的投入力度，为学生提供了更加优质、高效的学习条件。

在实践拓展层面，湖北省积极作为。一方面，湖北省通过开放高校实验场所，引导中小学生进行实践探究。支持有条件的高校逐步向中小学开放实验室、实验基地及其他具有科学教育功能的设备设施，增强开发和共享中小学科学教育资源与服务的能力。另一方面，上线“百校百馆”实践教学平台，组织中小学生在周末或寒暑假期间实地参观高校展馆，鼓励有条件的学校组团参观研学。组织“新春打卡科普场馆”活动，开展一系列跨界创新、科技融合、多元交互的沉浸式科学教育实践活动。支持高校教师依托实验室资源，开发和实施实验类课程，为中小学生提供入门引导（见案例 10-9）。

案例 10-9 华中科技大学等高校与中小学携手，开放高校实验室，赋能中小学科学教育

华中科技大学及其科技园的 58 个实验室向中小学生开放。

武汉某中学携手多所高校，共建特色实验室推动科学教育发展。与华中科技大学合作打造“AI 机器人科普实验室”，配套先进设备，开设“AI + 机器人”选修课，构建“双师课堂”，高校专家与学校教师共同授课，培养学生创新实践能力。与武汉理工大学共建“新材料与器件实验室”，开设相关课程，高校教师走进高中课堂，帮助学生了解新材料动态，着力培养学生探究、创新精神。与武汉大学共建“空天探测实验室”，配备专业设备、模型，开设“空天探测及相关基础知识”课程，教授定期授课，激发学生兴趣，给予实操机会。

这些举措让华中高校为中小学生呈上“科学教育大餐”，帮助学生接触前沿科技，于实践中提升创新能力与科学素养，有力促进了科学教育质量的攀升。

武汉市学校不仅增加了科学类学科的课时量，还注重跨学科融合。通过建立科学实验室，并与校外实践基地建立紧密联系，为学生搭建了多样化的实践平台。有的学校通过与高校和科研机构合作，引入专家学者资源，为学生量身定制精彩的专题科学课程，取得了令人瞩目的教育成效。有的学校则通过组织学生参与科学实验和科技创新活动，如太空种子种植项目，激发学生的科学兴趣和创新思维。

湖北省探索选拔培养路径，助力创新人才培养。积极探索创新人才选拔和贯通式培养的长效机制，推动高校与高中建立创新人才早期培养联盟，签订人才培养基地协议，共建高中创新人才早期培养实验班。省内统筹推进中学生英才计划，举办“东湖论坛：科普教育发展前沿论坛”，并组织开展全省科普讲解大赛、学生信息素养提升等活动。针对对科学有浓厚兴趣的优秀高中生，湖北省还采取线上线下结合方式，开展名家大师讲座、组织科学实践，以及组织学生参观重点实验室、体验校园生活等，营造出热爱科学、崇尚科学的社会氛围。

例如，华中农业大学自2010年起举办“寻找未来科学家班”公益性科学教育活动，每年在武汉市中小学三至八年级在校生中选拔具有探索精神、热爱科学的60名学生，由大学教授担任班主任，带领他们参加为期四个月的科学探索之旅，充分激发学生的科学兴趣。荆州市的一些学校尝试通过创新教学方法和实践活动来提升学生的科学素养。例如，荆州市某小学在推进“学习中心课堂”建设行动中，特别注重作业设计的优化与革新，鼓励科学类学科教师探索探究性作业和实践性作业，如设计跨学科综合性作业等。

鄂州市的一些学校增加了科学实验课程的比例，鼓励学生参与科研项目，邀请科学家进校园进行讲座。鄂州市的某些学校增加了科学课程的课时，还引入了STEM教育模式。一些学校成功搭建了与当地科技企业合作的桥梁，为学生提供了实习和研究项目的机会。

此外，积极推动省内师范院校增加并建强一批培养科学教师的师范类专业，着力扩大数学与应用数学、物理学、化学、生物科学、地理科学等师范类专业及主修理工科的小学、初中教育专业的招生规模。鼓励省内理工科院校开办教师教育专业或与师范院校合作开设教师教育课程，设置科学教师培养专项，重点培养中小学科学教师。设计在职科学类教师培训项目，举办“荆楚新乡村教师科学文化周”，组织高校教师、科研院所专家、新闻工作者等，以主题报告、专题讲座、现场分享等方式，开设系列科学课程，为中小学科学教师培训赋能，提升教师科学实践能力。如，华中师范大学与湖北省科学技术馆合作开展“科技+”科学教育项目，组建师范生实践队，打造“图形化编程+科普”“实验+科普”“机器人+科普”系列精品课程，服务中小学科学教育，有效提升教师科学教学活动设计与实施能力。

调研结果显示，对于“本校教师能有效开展学科实践活动（如探究、实验、考察、操作、设计、制作等）”这个问题，参与调查的校长/书记认为“非常符合”的占 31.3%，认为“比较符合”的最多，占 48.2%；对于“本区域学校教师能有效开展学科实践活动（如探究、实验、考察、操作、设计、制作等）”这个问题，参与调查的教研员认为“非常符合”的占 21.1%，认为“比较符合”的最多，占 50.1%；对于“我在教学中能开展学科实践活动（如探究、实验、考察、操作、设计、制作等）”这个问题，参与调查的教师认为“非常符合”的占 30.6%，认为“比较符合”的最多，占 49.7%。无论是在校内还是区域范围内，教师们在科学类学科的实践活动方面均具备较强的能力。绝大多数校长 / 书记、教研员和教师都对教师的实践能力给予了较高评价。科学类学科的实践教学成效较显著，为进一步提升学生的科学素养和创新能力打下基础。

（二）持续深入开展科普教育

湖北省在持续深入开展科普教育方面已经取得了显著的成效。通过各种渠道和方式，如青少年科技创新大赛、“百名院士进百校讲科普”、数理文化节等活动，成功点燃了学生对科学的热情，激发了他们的创新潜能。此外，通过组织中小学科学教育现场观摩交流活动，湖北省促进了科普教育经验的互鉴与共享。这些努力为培养未来的科技人才奠定了坚实的基础。

武汉市的学校通过组织各类科普活动和竞赛，激发学生对科学的兴趣和探索欲；利用国家中小学智慧教育平台等资源，为学生提供了丰富的学习材料和科普知识；同时，通过开展院士进校园等活动，为学生搭建了一个与科学家面对面交流的宝贵平台，让他们能够近距离感受科学的魅力，领略科学前沿的无限风光。这些举措不仅增强了学生的科学素养，还能鼓励他们在科学探究的道路上勇往直前（见案例 10–10）。

荆州市的一些学校通过多元化的活动和课程来提升学生的科学素养。例如，通过优化作业设计，鼓励设计科学类学科的探究性作业和实践性作业，如围绕“水的循环”这一主题，鼓励学生通过实验操作和细致观察，深入理解科学原理。鄂州市的学校通过组织科普讲座、科学竞赛、科技节等活动，为学生们搭建了广泛接触科学、深入了解科学的桥梁。

案例 10–10　湖北省武汉市多方联动促科学教育：
高校牵手中小学，院士专家进校园

武昌区的 100 余所中小学积极与高校合作，对接机械、物理、化学、生物、地理、信息等学科领域的科研力量，组织了人工智能、航天科技、生命科学、机械工程等不同领域的科学实践活动。这种合作模式不仅提升了学生的创新意识和科学素养，还增强了他们的实践动手能力。华中农业大学与武汉市洪山区一小学共建了“大学生社会实践基地”，与武汉市另一小学共建了“现代拾源农场”，通过这些平台，高校的人才和资源优势得到了充分发挥，推动了科学教育和劳动教育的融合发展。

此外，武汉市还成立了7个院士科普工作室，汇聚了23位院士和752名专家，这些专家深入中小学，开展生命健康、自然生态、信息通信、农业科技、智能制造等领域的科学教育活动。通过这些活动，学生们能够接触到前沿的科学技术，激发对科学的兴趣和热情，这些活动同时也提升了科学教育的整体质量和水平。这种多方协作的模式为学生提供了丰富的学习资源和实践机会，有助于培养具有创新精神和实践能力的未来人才。

在调查问卷中，对于“本校科学教育改革有效提升了学生的科学素养”这个问题，参与调查的校长 / 书记认为“非常符合”的占28.7%，认为“比较符合”的最多，占45.8%；对于“本区域科学教育改革有效提升了学生的科学素养”这个问题，参与调查的教研员认为“非常符合”的占21.6%，认为“比较符合”的最多，占51.2%；对于“我认为目前科学教育改革有效提升了学生的科学素养”这个问题，参与调查的教师认为“非常符合”的占30.3%，认为“比较符合”的最多，占47.0%。各级教育工作者普遍认为科学教育改革对提升学生的科学素养具有显著成效。无论是校长 / 书记、教研员还是教师，大多数人都对科学教育改革持积极评价，认为其在提升学生科学素养方面起到了有效作用。这说明当前的科学教育改革方向和措施受到了广泛认可，并且在实际教学中取得了良好的效果，为进一步深化科学教育改革奠定了坚实的基础。

（三）加强教学装备配备和使用

湖北省在加强教学装备配备和使用方面已经取得了显著的进展。在硬件设施投入和教育信息化推进上，湖北省展现了其领先的实力。人工智能等先进硬件设施的引入，如智能教室、机器人实验室等高端学习工具的引入，极大地丰富了教学手段。同时，数字化教学资源，如在线教育平台、虚拟实验室等的应用也逐渐普及，为学生创造了更加生动、便于互动的学习环境。在调研中，对于“本校科学实验教学装备配备与使用情况良好”这个问题，64.1%的校长 / 书记认为符合现状，67.7%的教师认为符合现状；对于“本区域对学校开展理科实验教学装备配备与使用情况达标率监测”

这个问题，63.0% 的教研员认为符合现状。武汉市多数学校已经完成了基础教学装备的现代化升级，回应了现代化教学的需求。武汉市多所学校不断探索和实践教学装备的有效应用策略，为全市乃至全省的教学装备优化与利用树立了典范。

除了武汉市，荆州市在教学装备运用方面也有着积极举措。荆州市教育部门将人工智能运用于学校发展，建设了智慧教育平台，推广了智能教学系统，为教学带来了新的活力。例如，利用增强现实技术进行虚拟科学实验，让学生在虚拟环境中进行实验操作。

（四）探索长效评价机制，助力创新人才培养

湖北省对中考、综合素质评价、学业质量评价等考试评价体系进行改革，推动学生评价从单一考试向全面、多元考查转变。省级评价指标体系和工作实施方案为学生评价提供了标准化的参考，使得评价更加科学、公正。湖北省积极探索创新人才选拔和贯通式培养的长效评价机制，推动高校与高中建立创新人才早期培养联盟、签订人才培养基地协议、共建高中创新人才早期培养实验班等，助推创新人才培养。作为"国家中小学教育质量综合评价改革实验区"之一，湖北省宜昌市积极探索构建全市中小学教育质量综合评价指标框架，开发了配套测评工具，形成了比较完善的区域教育综合评价体系，积极探索增值评价。荆州市教育局研制出台《荆州市基础教育教研工作评估办法（试行）》，推动长效评价机制的探索。

在调查问卷中，对于"本校教学评价导向有利于创新人才的培养"这个问题，参与调查的校长 / 书记认为"非常符合"的占 27.0%，认为"比较符合"的最多，占 45.5%；对于"本区域考试评价导向有利于创新人才的培养"这个问题，参与调查的教研员认为"非常符合"的占 20.2%，认为"比较符合"的最多，占 47.7%；对于"我认为本校教学评价导向有利于创新人才的培养"这个问题，参与调查的教师认为"非常符合"的占 30.2%，认为"比较符合"的最多，占 46.7%。这些数据表明，教育工作者普遍对当前的考试和教学评价导向持积极态度，认为其在培养创新人才方面发挥了重要作用。这种认可为继续优化和深化教育评价体系提供了有力支持，有助于进一步提升教育质量和学生的创新能力。

五、推进数字化赋能教学质量提升工作

（一）扎实推进数字化教学资源的建设和应用

湖北省通过数字化教学资源的建设和应用，为教师和学生提供了丰富的学习材料，极大地丰富了教学内容和形式。部分地区和学校积极探索智能教学设备，如智能教室、在线教育平台等的应用。为助力教师熟练驾驭这些数字化教学工具，相关部门还组织了数字素养培训项目，提升教师运用数字化工具进行教学的能力。

武汉市实现了多媒体教室全覆盖，为数字化教学提供了坚实的基础设施支持。组织教师参与信息技术培训，提高教师队伍的数字化教学技能。鄂州市在数字化教学资源应用方面也有着积极行动。鄂州市许多学校广泛引入多媒体教学资源，如电子白板、在线教育平台等，丰富了教学手段和形式。通过培训和实践，部分教师已经能够熟练运用信息技术进行教学。荆州市探索多校区数字化管理系统。一些学校将人工智能和数字技术应用于教学和学校管理，取得了初步的成效。例如，利用在线协作平台等数字化教学手段，提高了作业的互动性和学生的创新思维水平与实践能力。

（二）开展数字平台驱动下的精品课建设

湖北省开展数字平台驱动下的精品课建设。以课堂教学质量提升为核心，以国家、省、市、县（区）级精品课评选为抓手，通过开展数字化办学条件改善行动、智慧教育平台赋能行动、师生数字素养提升行动、名师在线扶智行动等，着力推进优质数字资源建设，促进数字技术与教育教学的深度融合，推进教育教学改革，促进教师专业化成长。2023 年，湖北省教育厅、教育信息化发展中心专门就基础教育精品课工作到宜昌开展调研，听取宜昌工作经验。2024 年宜昌市教育信息技术中心坚持“三化四力”（任务结构化、操作标准化、录制模块化，汇聚教师、教研、信息、学校四方力量），助力打造线上生动课堂，以优质数字教育资源共建共享服务广大一线师生。

（三）探索人工智能和大数据技术的初步应用

湖北省部分地区还建立了智慧教育平台，为教师和学生提供教学和学习支持，探索大数据与现代科技辅助教学新路径。如洪湖市某中学自 2017 年开始将增强现实技术融入教学之中。通过增强现实技术与物理、化学、生物学学科的有效结合，解决一部分实验教学因条件限制而无法进行的问题，特别是在微观实验教学方面取得了进

展。这一创新教学模式不仅激发了学生的探究学习兴趣，还培养了他们在人工智能领域的职业兴趣。数据显示，增强现实教学实验班在对应知识点的掌握和考试成绩上均优于同一起点和层次的对照班。自 2018 年起，学校建立大数据中心，运用基于知识图谱的多维精准分析，促进了教师精准教学与学生个性化学习。此外，武汉市两所中学也在数字化作业上进行了探索（见案例 10–11）。

案例 10–11　湖北省武汉市两所中学探索数字化作业，实现教研、课堂、学业评价一体化

武汉市两所中学针对学生作业量大、作业反馈质量不高等问题，积极探索数字化作业设计的教研、课堂、学业评价一体化实践。通过数字化作业设计，学校依据学生的学习情况诊断，有针对性地推送作业形式和作业量。教师通过研讨和自主设计，逐步构建起与学生水平和发展阶梯相适应的作业资源库。这一改革不仅提升了学生的学业质量，还使教师对学科知识结构和教材分析更加深入，增强了教师以学定教的意识和能力。

经过实践，两所学校的教学效果显著提升，学生的学习积极性和主动性增强。学校还成功申报了省级课题“双减背景下初中学校精准作业的设计与实施研究”，进一步推动了教学改革的深入。在课程标准和学业质量标准的框架下，学校通过不断获取学生学习信息，对其作业表现进行数据分类，尝试自下而上地回应学业质量标准，构建起学科五级作业评价体系。这种创新的作业管理模式为其他学校提供了可借鉴的经验，也为教育改革提供了新的思路。

在调查问卷中，对于“本校推进人工智能和大数据技术在教育教学各方面的应用”这个问题，参与调查的校长 / 书记认为“非常符合”的占 23.4%，认为“比较符合”的最多，占 36.8%；对于“本区域学校推进人工智能和大数据技术在教育教学各方面的应用”这个问题，参与调查的教研员认为“非常符合”的占 18.9%，认为“比较符合”的最多，占 42.9%；对于“我会在教育教学各方面有效使用人工智能和大数据技术”这个问题，参与调查的教师认为“非常符合”的占 27.4%，认为“比较符合”的最多，占 43.5%。这些数据表明，人工智能和大数据技术在教育教学中得到了较为广泛的认可和实践应用。虽然不同岗位的教育工作者存在一定的差异，但整体上大家都对这些技术在教育中的潜力和效果持积极态度。这为进一步推广和深化人工智能与大数据技术在教育领域的应用打下了良好的基础，有助于推动教育现代化和教学质量的提升。

第 11 章
广　东

广东省基础教育课程教学改革具有创新与活力。广东省课程方案转化落地工作自上而下、系统有效；专业共同体嵌入式持续推进课程教学改革；教师娴熟使用数字技术服务日常教育教学工作；科学教育形成了“校企联动”区域案例，各类型中小学校都能够与校区所在企业互动，形成自己的科学教育特色；教学评价改革注重数字赋能；专业教研支撑系统有效，教研品牌建设鲜明；数字赋能行动联动政府、企业、学校，构建了一批面向未来的中小学校。

一、多级联动落实课程方案转化政策

（一）创新课程实施的区域与学校规划

广东省教育行政部门基于本省独特的文化底蕴、丰富的社区资源以及学生群体的实际状况，精心制定了既彰显地方特色又契合《行动方案》要求的课程规划及实施方案。这一举措不仅着眼于当前的教育发展需求，更立足长远，旨在为“十四五”规划的深入推进筑牢根基，为“十五五”规划的拓展提前布局，进而全力迈向教育强国的宏伟目标。通过该课程规划及实施方案，各级教育部门与学校协同合作，形成高效的多级联动机制，推动课程方案的切实落地与有效实施，为全省教育质量的提升注入强大动力。从整体来看，大部分地区和学校已深刻认识到课程教学改革的关键意义，并积极实践探索，取得了一定的阶段性成果。2024 年 12 月，在广东省基础教育课程教学改革深化行动实验区实验校交流活动上，相关部门与实验区实验校共同探讨推进改革的具体思路和做法，助力广东省教育高质量发展。然而，不可忽视的是，学校在课程方案的转化与落地进程中面临诸多挑战，如资源匮乏导致教学难以满足需求、师资力量有限致使教学质量提升受限等，为确保全省教育改革的均衡推进，这些问题亟待解决。

1. 制定课程实施的区域规划

广东省教育厅出台《广东省基础教育课程教学改革深化行动实施方案（2024—2027 年）》，在已有成效的基础上，对如何深化课程教学改革提出重点任务与具体行动，在财政上给予资金支持。研制《广东省基础教育教研工作三年行动方案》和各学科教研工作三年行动计划，促进课程方案转化落地实施。在《普通高中课程方案（2017 年版 2020 年修订）》颁布后，研制出台《广东省普通高中课程实施方案（2020 年修订）》。《义务教育课程方案（2022 年版）》颁布后，研制出台《广东省义务教育阶段课程实施指导意见（试行版）》。研制出台广东省《中小学地方课程和校本课程规划开发与实施指南》，形成省级地方课程实施指导方案。研制并印发《广东省普通高中新课程新教材实施省级示范区示范校建设指南（试行）》，创新开展普通高中“双新”实施工作。这些方案较为系统地为《行动方案》的落实提供了重要保障。

除此之外，广东省还举办了一系列重要的教研活动，为《行动方案》的落实提供了支持。2024 年 6 月，广东省教育研究院开展了广东省基础教育课程教学改革深化行动专题研究项目建设研讨活动。活动采取线上线下相结合的方式，全省各地级市项目负责人和各项目主持人约 150 人齐聚主会场参加活动，线上参加活动 6.96 万人次。活动依据《广东省教育厅关于公布 2024 年基础教育课程教学改革深化行动专题研究项目名单的通知》开展，并就《广东省基础教育课程教学改革深化行动实施方案（2024—2027 年）（征求意见稿）》进行说明。2024 年 10 月，广东省教育研究院在 2024 年广东省推动基础教育课程教学改革深化行动研修活动上，再次强调要坚持教研引领助推课程教学改革深化行动落地见效，并从教研工作体系、队伍建设、示范影响、内涵建设、基础保障等方面进行了回顾与展望。2024 年 12 月，广东省开展了基础教育课程教学改革深化行动实验区实验校交流活动。活动展示了广东省各地市、区域和学校近年来在基础教育课程教学改革探索中的典型经验和做法，同时对深入推进全省基础教育课程教学改革提出新的期望和要求。广东省基础教育课程教学改革注重学生德智体美劳全面发展，中共广东省委办公厅、广东省人民政府办公厅印发《广东省全面加强和改进新时代学校体育工作行动方案》和《广东省全面加强和改进新时代学校美育工作行动方案》，强化了全省基础教育学校的体育和美育工作。

2. 制定课程实施的学校规划

学校基本能够依据国家和省基础教育课程实施相关文件要求，重视国家课程的实施，同时结合学校特色和丰富资源，勇于创新并实践地方和校本课程，形成具有学校特色的课程教学模式。学校在推进课程教学改革时，注重发挥教师的主体作用，鼓励教师积极参与改革实践，并提供必要的支持和培训。同时，学校通过开展培训和研讨、成立课程教学改革研究室等举措，确保改革的方向与政策要求保持一致。有学校通过发布学校行动计划，为课程建设和管理提供了清晰明确的指导。学校结合自身实际情况，制定具体的实施方案，明确改革目标和路径。教师参与课程规划方案的编制，进一步提升对课程理念的理解和实施能力。课程实施时，教师充分考虑学校可用资源、师资力量、学生特点及教育政策，因地制宜规划开设了多样化的课程。一些学校致力于打破传统学科的界限，积极探寻并实践议题式、项目式和主题式等多样化、跨学科的教学模式。

基础教育教学改革进一步落地走实。调查问卷中，对于“本区域学校教学方式改革有效提高了课堂教学质量”这一题项，参与调查的教研员认为非常符合的占29.5%，认为比较符合的占55.6%；对于“本校教师的教学方式改革有效提高了课堂教学质量”，参与调查的校长/书记认为非常符合的占37.4%，认为比较符合的占47.9%；对于“我通过教学方式改革有效提高了课堂教学质量”，参与调查的教师认为非常符合的占26.3%，认为比较符合的占54.6%。对于“本区域学校教师能有效开展学科实践活动（如探究、实验、考察、操作、设计、制作等）”，参与调查的教研员认为非常符合的占25.6%，认为比较符合的占53.0%；对于“本校教师能有效开展学科实践活动（如探究、实验、考察、操作、设计、制作等）”，参与调查的校长/书记认为非常符合的占35.7%，认为比较符合的占49.8%；对于“我在教学中能开展学科实践活动（如探究、实验、考察、操作、设计、制作等）”，参与调查的教师认为非常符合的占26.0%，认为比较符合的占52.8%。对于“学生自主学习的时间增加了”，参与调查的教研员认为非常符合的占25.6%，认为比较符合的占47.8%；参与调查的校长/书记认为非常符合的占40.6%，认为比较符合的占44.9%；参与调查的教师认为非常符合的占 26.3%，认为比较符合的占 54.6%。通过上述数据可以看出，学校主要负责人对《行动方案》具有较全面的认识，并且积极采取措施改变教师教育教学观念。教师对课程与教学的相关理念认同，对以学生为主体开展多样化的教学方式方法持积极态度。

（二）健全课程实施监测体系

据调研，广东省多数地区和学校已经开展了课程实施监测活动，包括省级层面的监测和学校内部的自我监测。监测活动涵盖多个关键领域，如课堂教学评价、作业设计、学生评价等，同时还涉及对课程实施状况及学生核心素养培养进展的评估。这些监测结果对教学改革和课程调整具有指导性作用。东莞市松山湖地区通过参与省级监测和市级监测，积累了丰富的课程实施效果数据。这些监测数据有助于更加深入地了解学生的个体差异，进而调整教学方法和策略，为教师提供了深入反思教学问题的机会，推动教师通过研讨会等形式共同探讨和解决教学中的困难。学校利用视频会议等多样化的反馈机制，确保教师能够全面了解监测结果，引导他们对自身的教学实践进行深入反思和改进。

在问卷调查中，对于“我了解到本地相关部门开展了省级课程实施监测”，教师认为非常符合的占 25.7%，认为比较符合的占 48.2%；教研员认为非常符合的占 25.6%，认为比较符合的占 41.4%；校长 / 书记认为非常符合的占 44.4%，认为比较符合的占 42.1%。对于“我认为省级课程实施监测为推进本地学校的课程实施提供了参考依据”，教师认为非常符合的占 26.3%，认为比较符合的占 49.5%；教研员认为非常符合的占 36.9%，认为比较符合的占 46.5%；校长 / 书记认为非常符合的占 41.1%，认为比较符合的占 44.0%。

二、专业共同体扎实推进课程教学改革

（一）教研共同体有效发挥专业引领作用

1. 健全教研体系

广东省坚持把教研体系作为基础教育重要组成部分整体谋划、一体推进、重点督导，初步形成了具有广东省特色、上下联动、横向贯通的教研体系。部分地区创新

性地建立了区域教研联盟，通过整合区域内的教育资源，打破学校之间的壁垒，实现教师之间的资源共享、经验交流与协同合作，促进区域教育的整体协同发展。与此同时，教研员作为教研体系中的专业引领者，积极投身各类培训与交流活动，不断更新自身的教育理念与知识结构，优化教学研究与指导方法，从而为教研团队的持续发展注入源源不断的创新活力与智慧源泉。

各校积极融入区域教研协作网络，积极分享学校课程教学改革的宝贵经验与丰硕成果，力促校际深度交流与合作，齐心攻克教研路上的重重难关。某校巧用智慧教育技术，借力大数据分析精准“导航”，大刀阔斧地推进课程教学改革，借助“云＋端＋应用”的创新模式，打通教学、教研等诸多环节的“任督二脉”，实现协同共进、融合发展。

2. 塑造教研品牌

广东省教育研究院创设了省级教研基地项目。2021 年以来共立项建设县区教研基地、校（园）本教研基地、学科教研基地 472 个，开展本级教研（含培训、帮扶等）活动超 4500 次，开展跨区域教研活动超 700 次，参与省级教研活动超 300 次，惠及 3000 多万人次，得到全国政协“中小学教研体系建设”调研组的充分肯定。教研基地建设为教研大厦筑牢了根基，使得教研体系越发规范、坚实，成为驱动教育实践大步向前的强劲引擎，源源不断地为课程教学改革注入澎湃动力。

在教学改革推进中，最具代表性的是每周定期开展的“南方教研大讲堂”，截至 2024 年 12 月，这一活动已举办 135 场，活动全程网络直播，直播点播量超 7000 万次，辐射面积广，已发展成为具有广泛影响力的教育学术交流活动。“南方教研大讲堂”围绕落实立德树人根本任务，深入研讨基础教育发展的热点、难点、关键问题和薄弱环节，聚焦育人方式变革、课程建设、课程教学改革、学业评价等关键领域，聚焦教研模式、教研组织、教研机制创新，聚焦教育教学成果和典型案例推广。活动主题鲜明、内容丰富，包含课例展示、课例点评、教研沙龙和专家讲座等环节。活动通常以典型课例的形式展开，推举有丰富教学经验的教师上课，再通过教研员、教育专家的系统点评达到优化课堂教学、示范带动课程教学改革的目的。教研沙龙环节则聚焦教育教学实践中的热点、难点问题，组织多学科、多领域的专家与教师代表进行深入研讨与交流，通过思想的交锋与智慧的汇聚，探寻解决教育教学实际问题的有效路径与创新方法，为教育教学改革提供了丰富的实践经验与理论启示。

广东省注重推进区域教育均衡优质发展，有计划开展“走进粤东西北”教研帮扶活动。除粤东西北 12 个地市外，活动还拓展到省内江门、惠州、肇庆等教育薄弱的区县和新疆喀什、西藏林芝、贵州等地。活动通过开展区域集体备课、同课异构、课例研讨、专题讲座等丰富多样的教研活动，赢得当地学校、教师群体以及教育行政部门的高度认可，在推动区域间教育资源合理流动、优化配置方面效果明显，有力促进了教育教学质量的提升。

广东省教研内涵建设不断深化拓展。创新立德树人落实机制，实施中小学三科统编教材铸魂工程，举办义务教育道德与法治、语文、历史学科教研员专项培训。举办广东省大中小学思政课一体化教学展示交流活动。此外，遴选 2 批共 14 个省中小学数学教育高质量发展示范区和 113 所示范校，推动全省中小学数学教育高质量发展。

3. 强化专业引领

广东省构建了省 – 市 – 县 – 校四级联动教研机制，教研职能清晰，分工明确。全省在编在岗教研员人数从 2020 年 3 月的 2308 人，增长至 2024 年 11 月底的 5895 人，增加了 3587 人，增长了约 155.4%。全省有 32 个教研机构编制数达到 45 个的基本标准。广东省大力加强教研员能力提升研修培训，将教研员培训列入省“强师工程”。2024 年，共投入 1200 万元用于全省教研员研修，共培训各级教研员超 5000 人次，教研员整体满意度超 90%。

广东省积极探索并尝试运用多样化的教研方式，如案例研讨、行动研究、网络教研等，以满足不同教师群体的学习需求与多样的教学实践情境。其中，项目驱动的教研模式成为推动教学研究与实践创新的重要动力机制。该模式通过精心设制如课程标准实施、核心素养培养等具有针对性与前瞻性的教研项目，引导教师深度参与项目实施过程，在实践中深入研究、反思总结，进而持续优化教学实践策略与方法。在此过程中，部分教研团队积累了丰富的研究成果与实践经验，出版了一系列具有较高学术价值与实践指导意义的专业书籍，为相关学科领域的教学提供了系统全面的参考资料与案例示范。

以东莞市为例，该市在教研专业引领方面采取了一系列富有创新性与实效性的举措。该市启动的“品质课堂”行动计划，旨在从整体上提升课堂教学品质，通过评选“品质课堂”实验学校和实验教研组，树立起一批教学改革的先锋示范单位，发挥其引领带动作用，激发学校和广大教师参与教学改革的积极性与主动性。同时，举办教学能力大赛等活动，为教师提供展示教学风采、交流教学经验的平台，促进教师之间的相互学习与竞争，有力推动了教师专业素养的提升与教学能力的发展。

在问卷调查中，对于“本区域学校教师定期使用国家中小学智慧教育平台开展教研活动”，30.7% 的教研员认为非常符合，49.4% 的教研员认为比较符合；37.2% 的校长 / 书记认为非常符合，44.8% 的校长 / 书记认为比较符合。教师群体在回应“教师经常使用国家中小学智慧教育平台开展教研活动”时，认为自身非常符合的占 26.2%，认为比较符合的占 48.2%。针对“本区域学校定期开展基于课程教学改革的区域教研和校本教研”这一题项，教研员认为非常符合的占 41.6%，认为比较符合的占 47.1%。校长 / 书记对于“本校定期开展基于课程教学改革的区域教研和校本教研”，认为非常符合的占 41.9%，认为比较符合的占 45.6%。教师群体在回应“教师定期参加基于课程教学改革的区域教研和校本教研”时，认为自身非常符合的占 26.9%，认为比较符合的占 49.6%。这些调查数据从不同侧面反映出各级教育主体开展教研活动的现状与参与程度，为进一步优化教研体系、提升教研质量提供了实证依据与决策参考。

（二）专业共同体嵌入式持续推进课程教学改革

1. 建立专业共同体制度

在广东省教育改革的进程中，“中小学 + 教研机构 + 高校”的课程教学改革专业共同体应运而生。专业共同体制度旨在借助高校的专业力量，对教师在课程教学改革中所遇到的难以清晰理解的专业术语和改革要求进行精准阐释。同时，借助教研员的力量有效解决课程教学改革中遇到的学科教学的具体问题。通过构建共同体组织和协同工作机制，发挥各自的专业优势和潜能，持续深入推动课程教学改革。

以下呈现五个具备推广价值的做法与案例，这些案例涵盖了不同层面、不同领域的教育实践，从高校与地方的帮扶合作到区域内的课程一体化建设，展现出独特的创新模式和显著成效，为教育领域的发展提供了多元且富有借鉴意义的范例，有助于推动更广泛地区的教育进步与改革（见案例 11-1、案例 11-2、案例 11-3、案例 11-4、案例 11-5）。

案例 11-1　广州大学与清远市的帮扶合作

1. 做法及成效。广州大学与清远市人民政府签订《教育支持与合作框架协议》，在

2024—2027 年，从优化学校布局、改善办学条件、推动课程方案落地等八个方面开展教育帮扶。通过一系列举措，强化师范院校对清远县域基础教育的纵向支持，有效助力清远市教育质量提升，促进城乡教育一体化发展。

2. **主要经验**。发挥高校的综合资源优势，针对地方教育实际需求，制订多维度、系统性的帮扶计划，注重从硬件设施改善到软件课程建设的全面支持，强化教育资源的合理配置与优化，推动区域教育均衡发展。

3. **借鉴价值**。为高校与地方政府合作开展教育帮扶提供了范例，尤其是在优化城乡教育资源布局、提升县域中学教育质量等方面具有借鉴意义，有助于推动其他地区的城乡教育一体化进程。

4. **可推广范围**。适用于教育资源相对薄弱、城乡教育差距较大的地区，特别是在师范院校与地方政府合作促进基础教育发展方面具有广泛的推广价值。

案例 11-2　华南师范大学与肇庆市封开县某中学的联合教研

1. **做法及成效**。2023 年 12 月，华南师范大学与肇庆市封开县某中学开展线上线下结合、师范生培养与职后教师培训相结合的联合教研活动。活动中，该中学教师进行授课展示，华南师范大学物理学院教师进行专业点评和总结。此次活动构建了高校专家、一线教师、高校师范生共同参与的联合教研共同体，开创了校地合作、高校与中学多地实时教研的新模式，有力推动了封开县教育的高质量发展。

2. **主要经验**。创新教研模式，整合高校与中学的教育资源，实现优势互补。通过现场授课与专家点评相结合的方式，为一线教师提供教学实践指导，同时为师范生提供了真实的教学观摩与学习机会，促进了教学理论与实践的深度融合。

3. **借鉴价值**。这种联合教研模式有助于打破高校与中小学之间的教育壁垒，实现教育资源的共享与流通，对于提升中小学教师教学水平和高校师范生培养质量具有重要的借鉴意义。

4. **可推广范围**。无论是高校与中小学的合作教研，还是跨地区的校际合作教研，都可以借鉴此模式，以提升整体教育教学质量，促进教育协同发展。

案例 11-3　广东第二师范学院与广州市南沙区的合作办学

1. **做法及成效**。2022 年 6 月，广东第二师范学院与广州市南沙区人民政府举行合作办学协议签约暨授牌活动，共建 4 所中小学。广东第二师范学院采用“一校一案”合作模式，委派校长或教学副校长，派遣学科名师工作团队，并建立师范生实习基地等。在学校管理方面，提供先进的管理经验和模式；在教学质量提升方面，发挥优质教育资源优势，开展教学指导与培训，取得了良好的办学效果。

2. **主要经验**。根据不同学校的特点和需求，制定个性化的合作方案，精准投入教育资源。通过委派管理和教学骨干团队，实现高校优质教育资源的直接输入，同时建立师范生实习基地，形成了教育实践与人才培养的良性循环。

3. **借鉴价值**。为高校与地方政府合作办学提供了创新思路，特别是在如何根据学校实际情况进行差异化合作、实现高校教育资源有效落地等方面具有借鉴价值，有助于提升合作办学的质量和效益。

4. **可推广范围**。适用于高校与地方政府在基础教育领域开展合作办学的项目，尤其是在优化学校管理、提升教学质量、促进教育人才培养等方面具有推广潜力。

案例 11-4 华南师范大学与深圳市罗湖区某小学的合作交流

1. **做法及成效**。2024 年 6 月，华南师范大学教师教育学部专家团队前往深圳市罗湖区某小学调研考察。双方围绕推动粤港姊妹学校建设共同体建设、香港教师内地学习团的学校参访活动设计等内容进行深入探讨。通过此次交流，双方在粤港教师教育合作方面达成共识，为推进粤港教师教育高质量发展奠定基础，实现了优质教育资源的共享与交流。

2. **主要经验**。聚焦区域教育合作热点问题，积极开展校际交流与合作。通过深入调研与沟通，找准合作切入点，充分发挥高校在教育研究和资源整合方面的优势，为地方学校提供专业的指导和建议，促进跨区域教育资源的协同发展。

3. **借鉴价值**。为粤港地区学校之间的合作交流提供了范例，特别是在教师教育合作、教育资源共享、跨区域教育协同发展等方面具有借鉴意义，有助于推动大湾区教育一体化进程。

4. **可推广范围**。适用于大湾区内及其他地区学校之间开展跨区域教育合作交流项目，尤其是在教师教育领域的人员合作与资源共享方面具有推广价值。

案例 11-5 广州市大中小学思政课一体化建设

1. **做法及成效**。2024 年 12 月，广州市举办大中小学思政课一体化建设推进会暨一体化建设指导委员会年度会议。会议由广州市教育局主办，展示了思政大地图项目，通过整合红色资源，为思政课一体化实践教学提供了丰富的素材和实地教学支持。同时，进行了大中小学思政课一体化建设教学现场观摩，促进了不同学段思政课教学的衔接与协同发展。

2. 主要经验。注重课程资源整合与学段衔接，以项目为依托，挖掘地方特色红色资源，构建一体化的思政课教学体系。通过现场观摩等活动，加强不同学段教师之间的交流与合作，共同探索思政课教学规律，提高教学质量。

3. 借鉴价值。为各地推进大中小学思政课一体化建设提供了有益参考，特别是在课程资源开发、学段衔接、教学实践协同等方面具有借鉴意义，有助于提升思政课育人的整体效果。

4. 可推广范围。在全国范围内，对于大中小学思政课一体化建设具有普遍的推广价值，各地可借鉴广州市的经验，结合实际情况，推动思政课教学改革与创新。

2. 聚力教学改革重点攻坚

教学改革已经在全省大部分学校开展，涉及课程内容的转化、教学方法的变革、评价体系的改革等方面。学校普遍重视核心素养的培养，尝试通过不同的教学设计和实践活动来提升学生的综合素质。许多学校开展了促进教师专业发展的教研活动。一些学校将信息技术与教学改革深度融合，利用智能教学平台和大数据分析技术，提升教学效果。有的学校对跨学科主题学习和项目式学习进行持续探索实践。在评价方面，有的学校进行了综合评价和过程评价的创新尝试。

教师在课程教学改革方面进行了诸多实践探索，强调以学生的核心素养为中心，如聚焦核心素养导向的教学设计、学科实践教学等。在实践探索方面，教师参与了跨学科主题学习、作业设计、考试命题等改革实践，取得了一定的成效。在创新教学方法方面，教师采用翻转课堂、项目式学习等创新教学方法，提高学生的参与度和学习兴趣。

在问卷调查中，对于“本区域学校教师能开展素养导向的坚持教学评一致性的教学设计”这一题项，教研员认为非常符合的占 29.1%，认为比较符合的占 54.0%。对于“本校教师能开展素养导向的坚持教学评一致性的教学设计”，校长 / 书记认为非常符合的占 36.5%，认为比较符合的占 50.5%。对于“我能开展素养导向的坚持教学评一致性的教学设计”，教师认为非常符合的占 25.5%，认为比较符合的占 53.4%。

在有效组织跨学科主题学习的调研中，对于“本区域学校教师能有效组织跨学科主题学习”，教研员认为非常符合的占 23.4%，认为比较符合的占 43.9%。对于“本校教师能有效开展学科实践活动（如探究、实验、考察、操作、设计、制作等）”，校长 / 书记认为非常符合的占 35.7%，认为比较符合的占 49.8%。

在调查课程教学难度、容量与学生身心健康发展相匹配情况时，54.9% 的教研员认为比较匹配，28.7% 教研员认为非常匹配；认为比较匹配、非常匹配的校长 / 书记达到 86.1%；认为比较匹配、非常匹配的教师达到 73.5%。

除此之外，对于“我能命制考查学生核心素养发展水平的试题”，教师认为非常符合的占 23.5%，认为比较符合的占 50.7%。面向校长 / 书记的调查数据显示，认为所在学校教师非常符合该表述的占 28.6%，认为比较符合的占 50.8%，与教师的自我评价相当。教研员的调查数据较教师、校长 / 书记的略低，认为该表述非常符合的占 21.6%，认为比较符合的占 49.8%。

调研数据显示，对于“注重把铸牢中华民族共同体意识融入教育教学全过程”，教师认为非常符合的占 32.6%，认为比较符合的占 50.5%，校长 / 书记、教研员的数据和教师的数据相当，没有显著差异。在现场调研中，学校能根据广东省不同区域的民族分布，在校内开展了多种形式的铸牢中华民族共同体意识教育活动，贯穿育人全过程。

3. 加强精品课建设

多数学校和教师积极参与精品课遴选活动。许多学校制定了明确的奖励政策，提高了教师的积极性，同时还定期举办专业培训，提升教师的教学技能和课程制作能力。大多数学校非常重视精品课遴选工作，鼓励教师积极参与，并通过教学比赛等形式选拔优秀教师参与，教师表现出较高的参与度。学校建立了一定的选拔机制，如通过智囊团和多次磨课来选拔和推荐精品课程，确保每一节精品课都经过精心准备和严格筛选。

在问卷调查中，对于“本区域学校教师参与各级精品课遴选、说课评课、优质课展示交流活动”这一题项，教研员认为非常符合的占 43.5%，认为比较符合的占 45.5%。对于“本校组织教师参与各级精品课遴选、说课评课、优质课展示交流活动”，校长 / 书记认为非常符合的占 48.2%，认为比较符合的占 40.8%。

4. 大力推广优秀教学成果

多个地区的学校已展开了优秀教学成果的推广与应用工作，以国家级优秀教学成果为标杆，推动教育教学品质的全面提升。部分地区通过举办精品课遴选活动、教学设计评选以及品质课堂教学能力大赛等多种方式，为教师专业成长和教学改革注入了新的活力。学校和教育部门积极组织优秀教学成果推广活动。教师广泛参与各级精品课遴选、展评工作，通过各种平台展示自己的教学技能和创新能力。尽管已开展了一系列活动，但在对 15 名教师的调研中，有 13 名教师表示参与所在区域组织的新课程新教材公开课观摩活动的次数不超过 5 次，这显示出相对较低的参与度。而另外 2 名教师中，1 名教师参与了 10 至 15 次，1 名教师则参与了 15 次以上，这在一定程度上反映了教师间参与度的差异。

在调查问卷中，教研员对于“本区域开展了基础教育优秀教学成果推广应用活动”这一题项，认为比较符合的占 46.3%，认为非常符合的占 35.9%。校长 / 书记对于“本校教师参与过本区域基础教育优秀教学成果推广应用活动”，认为比较符合的占 43.5%。教师对于“我参与过本区域基础教育优秀教学成果推广应用活动”，认为比较符合的占 45.7%。

三、校企联动提升学生科学素养

科学教育是广东省教育发展的新动力。广东省借助广州、深圳、东莞等地高科技企业，开展了多种形式的科技活动。随着信息技术、人工智能的高速发展，智慧课程、智慧学校广泛推行，尤其是广州、东莞、深圳等科技发达城市，已经全面开展技术赋能教育行动，并在部分地区和学校做出了独创性的成果，对技术赋能教育起到了引领示范作用。学校普遍将科学类课程的教学置于重要地位，加强实验教学的实施和科普活动的组织。这些举措有效激发了学生对科学的兴趣和创新精神，提升了学生的科学素养。

（一）强化科学课程实施

大多数学校通过增加实验课程、实践教学以及跨学科实践项目，为学生提供更为丰富的科学学习体验。广泛采用信息技术辅助教学，如智能教学系统和多媒体教学等，提高教学效率，激发学生的学习兴趣。积极组织科技节和各类科学竞赛，让学生在参与中体验科学的魅力，增强对科学的兴趣和参与度。利用人工智能和数字化手段开展科普教育，让学生更加直观地了解科学知识，提高科学认知能力。学校和教师普遍认识到科学教育的重要性，并在课程中给予一定的重视。教师们通过提供科学探究机会、整合跨学科内容、利用现代技术等方法提升学生的科学素养；尝试采用不同的教学方法；鼓励学生亲自动手进行科学实验，以便更好地理解和应用科学原理；利用多媒体和虚拟实验室等现代技术手段，使学生更加生动、直观地感受科学现象。

在问卷调查中，教研员对于“本区域学校配足配齐了科学课教师”这一题项，认为比较符合的占 38.1%。校长 / 书记对于“本校配足配齐了各类科学课教师”，认为比较符合的占 42.4%，认为非常符合的占 35.5%。教师对于“据我了解，本校已配足配齐科学课教师”，认为比较符合的占 44.8%，认为非常符合的占 26.7%。

教研员对于“本区域遴选推广了一批跨学科综合性实践性教学优秀案例”这一题项，认为比较符合的占 46.2%。校长 / 书记对于“本校研发了跨学科综合性实践性教学方案，形成了一批教学优秀案例”，认为非常符合的占 25.8%，认为比较符合的占 43.1%。教师对于“我参与开发过跨学科综合性实践性教学案例”，认为比较符合的占 42.8%。

除此之外，教研员对于“本区域学校实验课开设情况纳入教学视导和日常督导”，认为比较符合的占 43.8%，认为非常符合的占 32.7%。校长 / 书记对于“本校按照课程方案和课程标准，完善相关学科实验教学”，认为比较符合的占 44.9%，认为非常符合的占 35.0%。教师对于“我能按照课程方案和课程标准，完善相关学科实验教学”，认为非常符合的占 24.6%，认为比较符合的占 49.2%。

（二）深入开展科普教育

许多学校和地区通过组织各类科普活动、竞赛和讲座来提升学生的科学素养。利用人工智能和数字化手段，如智能教学系统和虚拟实验室，为科普教育增添了生动性和互动性。学校还积极与科研机构、企业等外部资源部门合作，引入科学家和专家资源，为学生提供更加丰富和专业的科普体验。有的学校积极探索将科普教育深度融入其整体发展战略，这不仅有助于教学质量的提升，也有助于师资队伍建设。利用人工智能等先进技术，学校开发了一系列富有创意和吸引力的科普活动和课程，如编程和机器人制作课程等。

教研员对于“本区域推动中小学定期开展科技节、科技小发明、科普书阅读、寻找最崇拜的科学家等活动”，认为非常符合的占 38.1%，认为比较符合的占 43.1%。校长 / 书记对于“本校定期开展科技节、科技小发明、科普书阅读、寻找最崇拜的科学家等活动”，认为非常符合的占 40.9%，认为比较符合的占 37.5%。教师对于“我组织学生定期参加科技节、科技小发明、科普书阅读、寻找最崇拜的科学家等活动”，认为比较符合的占 43.8%，认为非常符合的占 21.8%。

除此之外，教研员对于“本区域推动高校实验室、职业院校实训中心、研学基地、博物馆、科技馆和高科技企业等向普通中小学开放”，认为比较符合的占 39.2%，认为非常符合的占 24.6%。校长 / 书记对于“本校结合科技馆、博物馆、高科技企业等校外资源开展科学教育实验”，认为比较符合的占 39.1%，认为非常符合的占 25.6%。教师对于“我会利用高校实验室、职业院校实训中心、博物馆、科技馆、研学基地和高科技企业等社会资源，培养学生科学兴趣与创新能力”，认为比较符合的占 43.8%，认为非常符合的占 18.6%。

（三）提升教育装备现代化水平

在广东省，众多企业的支持和捐赠极大推动了教学装备的现代化进程，特别是在主城区和科技发达地区，教育设施得到显著加强。企业不仅捐赠相关设备，还提供技术指导，为学校的教学条件优化提供了坚实的基础。许多学校因此得以积极引入多媒体教学、网络教学等数字化教学手段，如某学校利用企业捐赠的智能教学系统和多媒体技术，显著提升了教学的互动性和趣味性。此外，一些学校在企业的帮助下，自主研发个性化学习平台，利用大数据和人工智能技术，为学生提供精准、定制化的学习资源。某学校在企业的支持下成功实现了教育数据的常态化采集和伴随式收集。目前，大多数学校都在不断完善科学教学装备配置，并积极探索将人工智能等现代技术融入教学之中。教师利用企业支持的数字化教学资源和在线学习平台，增强了教学的互动性，为学生提供了个性化的学习体验，使得教学过程更加生动、有趣且高效。

在问卷调查中，关于“本区域对学校开展理科实验教学装备配备与使用情况达标率监测”，教研员认为比较符合的占 41.2%，认为非常符合的占 26.9%。对于“本校科学实验教学装备配备与使用情况良好”，校长 / 书记认为比较符合的占 44.9%，认为非常符合的占 30.2%。而教师对于“本校科学实验教学装备配备与使用情况良好”，认为比较符合的占 46.9%，认为非常符合的占 23.6%。这些数据反映了广东省在教学装备建设方面取得的积极进展。

四、技术赋能素养导向的课程教学改革

（一）技术赋能素养导向的教学评价

1. 技术赋能提升教师教学评价能力

在数字化教育转型的大背景下，技术的应用已成为提升教师教学评价能力、推动教育质量提升的关键。一些地区和学校实施多元化的评价方式，如形成性评价、过程评价等，利用人工智能和大数据技术，对学生的学习过程进行跟踪和深度分析，全面细致地追踪学生的知识掌握、思维发展和学习习惯等多维度信息，为精准和个性化教学评价提供数据支持。这不仅增强了评价的过程性，将学习表现整合为成长轨迹，在增值评价上也具有优势，能够评估学生的进步和潜力，提升评价的科学性和准确性。

技术平台的交流共享功能，如线上教研社区，促进了教师间的跨时空合作。教师借此分享评价经验，共同探索创新评价方法，优化评价技能，提升教学评价素养。有的学校以教师专业发展平台为教师构建专业发展评价体系，助力教师提升自我发展规划与实施能力。

课堂教学评价、作业设计和学业评价方面的改革也取得了一定成绩。教师在课堂教学评价中尝试引入多元化的评价方式，如学生自评、互评和教师评价相结合，注重评价学生在课堂的参与度、思维活跃度和合作学习能力，重视过程评价，关注学生的个体差异和发展潜力，鼓励学生发挥自己的特长和优势，并利用评价结果给学生提供具体、及时的反馈，指导学生改进学习方法。

在问卷调查中，教研员对于“本区域教研员经常与专家进入本区域学校听课评课”这一题项，认为非常符合的占 36.6%，认为比较符合的占 44.0%。校长 / 书记对于“本校经常邀请教研员和校外专家入校听课评课”，认为非常符合的占 38.0%，认为比较符合的占 41.2%。教师对于“本校经常邀请教研员和校外专家入校听课评课”，认为非常符合的占 27.3%，认为比较符合的占 49.7%。

在有关教师教学评价能力的调研中，教研员对于“本区域学校教师能够基于评价结果指导学生未来发展”，认为非常符合的占 24.8%，认为比较符合的占 53.4%。校长 / 书记对于“本校教师能够基于评价结果指导学生未来发展”，认为非常符合的占 36.4%，认为比较符合的占 47.5%。教师对于“我能基于评价结果指导学生未来发展”，认为非常符合的占 27.1%，认为比较符合的占 54.2%。

对于“本区域学校教师能够基于评价结果改进其教学”，教研员认为非常符合的占 26.8%，认为比较符合的占 55.9%。对于“本校教师能够基于评价结果改进其教学”，校长 / 书记认为非常符合的占 38.0%，认为比较符合的占 47.6%。教师对于“能够基于评价结果改进我的教学”，认为非常符合的占 29.1%，认为比较符合的占 55.5%。

2. 探索技术赋能素养导向的学生发展评价

东莞市多所学校以技术赋能，探索支持学生发展的过程评价、增值评价和综合评价。某初中以信息技术智慧课堂合作学习为载体，通过形成性评价和终结性评价相结合的方式改善合作学习的效果，并积极探索行之有效的评价策略。某高中通过设计高中信息技术项目学习记录表，解决高中信息技术教师开展新课程教学中普遍遇到的问题，在项目学习过程中做到分工明确，在行动中体现协同互助，在成果上保证多样完整，在评价上实现公平多元。某小学建设“灵动少年智能评价系统”，以深度融合学校办学理念的学生发展评价指标体系为驱动，基于可视化技术，构建德智体美劳全要素可视化评价数据体系，为学生发展及学校教育教学提供决策依据。

学生评价体系实现由单一考试成绩评价向多元化评价体系的转变。评价体系涵盖日常表现、作业完成情况、课堂参与度以及社会实践活动等多方面。学校根据学生的特长和优势，为每个学生建立成长记录档案，记录学生在学业、社会活动、实践等方面的表现，形成个性化的评价。同时，学校还加强对学生学习过程的评价，及时发现问题和困难，给予针对性的指导和帮助。这种转变覆盖了学业成绩、道德品质、身心健康等多个关键领域。新的评价体系不仅关注学生的学习成果，更重视他们在学习过程中的表现与成长，鼓励持续努力和进步。此外，学生自评和互评的引入，使得评价过程更具主体性和互动性，有助于学生自我认知和团队合作能力的发展。

在问卷调查中，教研员对于“本区域学校建立了校本的教学评价体系或方案”这一题项，认为非常符合的占 26.8%，认为比较符合的占 51.6%。校长 / 书记对于“本校建立了校本的教学评价体系或方案”，认为非常符合的占 37.3%，认为比较符合的占 46.9%。教师对于“本校建立了校本的教学评价体系或方案”，认为非常符合的占 25.4%，认为比较符合的占 51.5%。学校基本建立了校本的教学评价体系或方案。

教研员对于“本区域有效落实了综合素质评价的实施方案”，认为非常符合的占 30.1%，认为比较符合的占 51.2%。校长 / 书记对于“本校有效落实了综合素质评价的实施方案”，认为非常符合的占 41.1%，认为比较符合的占 46.7%。教师对于“教师会对学生进行综合素质评价”，认为非常符合的占 30.8%，认为比较符合的占 54.0%。对于“本区域学校教师设计了探究性、实践性、跨学科性作业”，47.3% 的教研员认为比较符合，32.2% 的教研员认为非常符合；相关题项中选择比较符合、非常符合的校长 / 书记达到 80.3%，选择比较符合、非常符合的教师达到 76.4%。

对于“本区域考试评价导向有利于创新人才的培养”，49.8% 教研员认为比较符合；相关题项中选择比较符合、非常符合的校长 / 书记达到 78.0%；选择比较符合、非常符合的教师达到 77.3%。

3. 广泛开展教学过程评价

广州市和东莞市广泛开展技术支持的教学过程评价探索，运用信息技术支持教师教学质量提高和学生学习反馈优化。教师在教学专业化行动中展现出较高的过程评价素养。例如，教师在语文大单元教学设计中，把评价设计与教学设计相统一，在任务或项目学习的过程中设计进阶性的评价；人工智能平台将过程评价与学习任务紧密结合，在每个任务完成后都呈现出评价维度、体系和结果，便于实时反馈、调整教学。再如，广州市倡导创设美感课堂，从化区开展乡村美育实践，在教学评价、作业设计和学生评价方面，以过程评价为主导，结合平常的作业，构建多元评价体系。

在问卷调查中，教研员对于“本区域学校教师在日常教学中加强过程评价”，认为非常符合的占 31.8%，认为比较符合的占 50.4%。校长 / 书记对于“本校有效落实了教与学的过程评价”，认为非常符合的占 40.1%，认为比较符合的占 45.8%。教师对于“在日常教学中注重使用过程评价”，认为非常符合的占 28.0%，认为比较符合的占 54.5%。

对于“本区域学校教师开展了作业设计培训、优质作业设计展示交流活动”，教研员认为非常符合的占 39.1%，认为比较符合的占 47.0%。在相关题项中，校长 / 书记认为非常符合的占 44.2%，认为比较符合的占 44.2%；教师认为非常符合的占 26.7%，认为比较符合的占 48.6%。

（二）数字化赋能教学质量提升

1. 增强数字技术应用意识

大部分学校采用多媒体教学、网络教学等现代教学手段，以智能教学系统、个性化学习推荐等技术辅助教学。广东省某小学通过“品质课堂”行动计划，推进信息技术与学科教学的深度融合。一些学校开发了个性化学习平台，利用人工智能技术深入分析学生的学习行为和能力水平，为每位学生量身定制个性化学习内容和路径。此外，还有学校开发了智能题库和在线评测系统，引入聊天机器人和虚拟助教，为学生创造更加便捷、高效的学习环境。

在问卷调查中，对于“本区域学校推进人工智能和大数据技术在教育教学各方面的应用”，教研员认为非常符合的占 28.0%，认为比较符合的占 46.9%。对于“本校推进人工智能和大数据技术在教育教学各方面的应用”，校长 / 书记认为非常符合的占 29.0%，认为比较符合的占 42.0%。教师对于“我会在教育教学各方面有效使用人工智能和大数据技术”，认为非常符合的占 22.6%，认为比较符合的占 47.5%。

2. 注重数字化资源赋能日常教学

教师积极学习如何有效利用数字化教学资源，如在线学习平台和数字化教学材料，为课堂增添互动性，也为学生提供个性化的学习体验。通过专业培训，大多数教师已经掌握了将信息技术与教育教学相结合的方法，并在实践中取得了一定成果。

对于“本区域学校为教师提供了数字化教学资源或平台”这一题项，教研员认为非常符合的占 34.8%，认为比较符合的占 47.5%。在相关题项中，校长 / 书记认为非常符合的占 38.4%，认为比较符合的占 46.1%；教师认为非常符合的占 27.2%，认为比较符合的占 50.9%。

除此之外，对于“本区域学校教师在日常教学中有效使用各类数字资源”，教研员认为非常符合的占 31.9%，认为比较符合的占 52.7%。教师的数据和教研员的数据相当，没有显著差异，教师对于“我在日常教学中能够有效使用各类数字资源”，认为非常符合的占 39.2%，认为比较符合的占 52.7%。校长 / 书记对于“本校教师在日常教学中能够有效使用各类数字资源”，认为非常符合的占 26.5%，认为比较符合的占 46.5%。

五、精准实施“珠三角 – 粤东西北”教育教学对口帮扶

在广东省基础教育发展中，为了缩小区域教育差距、促进从“基本均衡”迈向“优质均衡”，“珠三角 – 粤东西北”的教育教学对口帮扶行动不断推进。广东省教育

研究院精心策划并多轮组织的“走进粤东西北”教研帮扶活动，获得当地学校、教师以及教育部门的高度认可。这一帮扶行动为课程教学改革注入动力，推动教育资源在区域间的流动，助力粤东西北教育迈向“优质均衡”。

广东省各地经济发展不均衡在教育领域也有所映射。尽管广东省搭建起多级联动的推进架构，以省级规划主动求变，但在帮扶实践落地生根的过程中，仍有诸多深层次矛盾亟待化解。精准帮扶目标的达成，离不开三大支柱：构建行之有效的对口帮扶机制，打造因地制宜的对口帮扶模式，以及开展常态化、持续性的对口帮扶活动。这些帮扶举措为粤东西北教育注入活力，推动其教育教学质量稳步攀升，促进广东全省教育“优质均衡”目标达成。

（一）构建有效的对口帮扶机制

为实现珠三角与粤东西北教育教学对口帮扶的精准高效推进，须着力构建一套全方位、多层次且行之有效的对口帮扶机制。当前，珠三角与粤东西北教育教学对口帮扶在组织领导与协调、资源共享与调配、师资交流与培训、考核评估与反馈四个方面初步形成了对口帮扶机制。

1. 组织领导与协调

省级统筹规划凸显关键作用。在广东省教育厅指导、省教育研究院主办下，帮扶活动紧密贴合全省教育发展战略，获得坚实政策支撑。地方协作配合促使地市教育局积极参与，构建起省、市、县（区）多级联动架构，各方职责明晰，为迈向“优质均衡”筑牢根基。学科团队协作机制凝聚教研员、高校及教育科研机构专家与骨干教师，依据粤东西北地区学科教学的实际需求，精准发力，靶向施援，为当地学科建设补齐短板，向“优质均衡”稳步迈进。

2. 资源共享与调配

在资源共享与调配方面，对口帮扶机制成效初显，借助专家团队课例展示、专题讲座等，输出先进教学理念、方法与课程设计。通过同步直播与线上教研，突破地域局限，使更多粤东西北教师受益，实现资源有机整合与利用效率提升。教学实践资源在集体备课、同课异构活动中得到共享，多地教师互动交流，共享教学实践经验与资源。

3. 师资交流与培训

专家团队实地指导，珠三角教研员、专家与名师深入粤东西北学校，以示范课、评课研讨等方式助力当地教师提升教学水平。跟岗学习为粤东西北教师提供赴珠三角优质学校学习的契机，使其亲身体验先进模式与经验，在现场学习技巧。各类讲座为粤东西北地区的教师提供了学科前沿理论和教学策略的培训，拓宽了他们的教育视野，提升了其教育教学理论水平。

4. 考核评估与反馈

一是活动效果评估。通过收集参与活动的教师和学生的反馈信息，了解活动对教学实践和学生学习效果的影响，如学生对示范课的感受和收获、教师对教学理念和方法的掌握与应用等，以此来评估活动的成效。二是教师专业发展跟踪。对参加帮扶活动的粤东西北地区教师进行专业发展跟踪，观察他们在教学实践中的改进和成长，以及对学校整体教学质量提升的贡献，以此来衡量帮扶活动对教师专业发展的促进作用。三是持续改进与优化。根据活动效果评估和教师专业发展跟踪的结果，总结经验教训，发现存在的问题和不足，及时调整和优化后续的帮扶活动内容、形式和策略，确保帮扶活动能够持续有效地推动粤东西北地区教育教学的改革与发展。

（二）打造适切的对口帮扶模式

1. 学校结对帮扶模式

在“走进粤东西北”教研帮扶活动中，珠三角地区的优质学校与粤东西北地区学校建立了紧密的联系。例如，在广东省教育研究院“走进粤东西北（揭阳）教研帮扶活动——初中语文学科专场”“走进粤东西北（河源）教研帮扶活动——初中数学专场”中，通过开展同课异构活动，双方学校的教师针对相同的教学内容，根据自身的教学风格和学生的特点设计不同的教学方案，然后进行课堂教学展示。这种方式让粤东西北地区的教师能够学习珠三角地区学校教师的教学设计思路和课堂组织技巧。同时，在集体备课环节，结对学校的教师共同研讨教学目标、教学重难点和教学方法，促进了双方在教学理念和教学实践上的融合。除此之外，珠三角地区学校会分享其学校管理经验，包括教学管理、学生管理、教师评价等方面。如在教学管理方面，介绍如何进行课程安排以提高教学效率，如何建立有效的教学质量监测体系；在学生管理方面，分享如何开展丰富多彩的社团活动，提升学生综合素质。

2. 师资共享模式

一是实地支教讲学。珠三角地区的教研员、专家和名师团队深入粤东西北地区进行实地带教。他们在当地学校开展示范课教学，展示先进的教学方法和教学理念。例如，广州市的优秀教师在揭阳等地的学校进行英语、数学等学科的示范课展示，当地教师可以现场观摩学习。这些支教教师还会在课后参与评课研讨，详细分析教学过程中的优点和不足，为当地教师提供具体的教学改进建议。

二是远程教学指导。利用现代信息技术，开展线上教研活动。珠三角地区的教师通过网络直播平台进行教学讲座、案例分析等。比如，广东教育研究、广东教育Plus、广东教育传媒、中国教研网等平台为粤东西北地区的教师提供了线上参与教研活动、远程接受教学指导的机会，使教师之间可以随时交流教学问题。

3. 项目驱动模式

一是围绕课程教学改革开展专项帮扶项目。例如，在基础教育阶段，针对粤东西北地区的课程设置较为单一的问题，珠三角地区学校和粤东西北地区学校共同开发校本课程。珠三角地区学校利用其丰富的课程资源及开发经验，帮助粤东西北地区学校结合当地特色文化和学生实际需求，开发具有地方特色的校本课程，如乡土文化课程、地方手工艺课程等。

二是共同推进教育信息化建设项目。珠三角地区在教育信息化应用方面较为成熟，与粤东西北地区合作开展智慧课堂建设、在线教学资源平台搭建等项目。在项目实施过程中，珠三角地区提供技术支持和设备资源，同时分享信息化教学的模式和经验，例如，如何利用在线教学平台开展互动式教学、如何制作高质量的教学课件等，提升粤东西北地区学校的教育信息化水平。

4. 教育集团化帮扶模式

鼓励珠三角地区的教育集团向粤东西北地区拓展。教育集团可以吸纳粤东西北地区的学校，实现集团内部的资源共享和优势互补。例如，在教学资源方面，集团内统一调配优质的教材、课件、教学视频等资源；在师资培训方面，粤东西北地区的教师可以参加集团内的教师培训活动。同时，通过集团化运作，粤东西北地区学校可以借鉴珠三角地区学校的品牌建设经验，提升自身的品牌形象和社会认可度，吸引更多优质的教育资源和生源。

（三）开展常态化的对口帮扶活动

1. 教学研讨活动

一是在珠三角帮扶粤东西北教育教学的活动中，开展同课异构活动。这种方式让粤东西北地区的教师能够直观地对比不同教学方法的差异，学习珠三角地区的教师在教学环节设计、课堂互动组织、教学目标达成等方面的经验。

二是组织两地教师共同参与集体备课活动。两地教师围绕教学重难点、教学方法选择、教学资源利用等内容进行深入研讨。珠三角地区的教师可以带来先进的教学理念和新颖的教学设计思路，与粤东西北地区的教师共同优化教学方案，提升备课质量。

三是专家讲座与专题研讨。邀请珠三角地区的教育专家、教研员举办讲座，内容涵盖学科教学策略、课程标准解读、教学评价改革等多个领域。例如，专家就如何在课堂中促进学生深度学习进行专题研讨，分享最新的教育研究成果和教学实践经验，拓宽粤东西北地区教师的教育视野。

2. 教师培训活动

一是珠三角地区的骨干教师、教研员到粤东西北地区开展实地培训。他们通过示范课展示教学技巧，然后进行深度评课，为当地教师提供针对性的教学改进建议。培训还包括教学基本功训练、教学方法应用、教材分析等内容，帮助当地教师提升教学能力。

二是利用网络平台开展远程培训。通过线上直播或录播课程，将珠三角地区优质的教师培训资源输送到粤东西北地区。例如，开设系列培训，包括教育技术应用培训，使粤东西北地区的教师能够学习如何利用多媒体工具、在线教学平台等进行教学；开展学科知识拓展培训，提升教师的学科专业素养。

3. 学生交流活动

一是组织粤东西北地区学生到珠三角地区学校参观学习。学生可以体验珠三角地区学校先进的教学设施，如智能化实验室、多功能教室等，感受校园文化氛围。同时，珠三角地区的学生也可以到粤东西北地区开展社会实践活动，了解当地的风土人情、文化传统，增进两地学生之间的相互理解。

二是举办学科竞赛、文艺比赛等交流活动。在学科竞赛中，两地学生同场竞技、互相学习。例如，在数学竞赛活动中，学生可以交流不同的解题思路和学习方法。在文艺比赛，如合唱比赛、舞蹈比赛中，学生能够分享彼此的艺术创意和表演技巧。

4. 教育资源共享活动

一方面是教学资源的共享。珠三角地区学校将优质的教学课件、教案、试题库等资源分享给粤东西北地区的学校。例如，一些珠三角地区学校的精品课程课件，经过整理和筛选后，通过共享平台提供给粤东西北地区的教师使用。同时，珠三角地区学校还可以共享课程开发经验，帮助粤东西北地区学校结合当地特色开发校本课程。

另一方面是教育技术资源的共享。共享教育信息化资源，如在线教学平台、教育软件等。珠三角地区学校可以帮助粤东西北地区学校提升教育信息化水平，包括利用在线教学平台进行远程教学、使用教育软件组织个性化学习等，促进教育资源的均衡配置。

第12章
四　川

为贯彻党的二十大精神，落实立德树人根本任务，助推区域基础教育高质量发展，四川省积极开展新课程教学改革落实行动，着力于树立课程教学新观念，营建课程教学新形态，基于省情开展课程教学深化改革专项行动，构建科学教育提质行动体系，形成课程教学改革深化助推机制，力求形成具有四川特色的基础教育课程教学体系。经过持续深入探索，四川省在新课程教学改革落实行动中积累了诸多重要经验，改革成效初显：课程教学新观念已在四川省落地生根，核心素养导向的课程教学已初具形态，课程教学深化改革专项行动已取得初步成效，科学教育提质行动体系和深化课程教学改革的助推机制已初步形成。

一、联动多方力量树立课程教学新观念

新一轮基础教育课程教学改革启动以来，四川省以多层级、全覆盖的课程培训传播新观念，以区域、学校两级课程实施规划践行新观念，以常态化的全省课程实施监测破除旧观念，联动多方力量，通过“观念先行”确保教育部办公厅印发的《行动方案》落实落地。

（一）以多层级、全覆盖的课程培训传播新观念

为有效传播新课程核心理念，助力新课程高质量实施，四川省开展了多层级、全覆盖的新课程培训，组织教研员、校长和教师参加国家、省市、区县、学校四级培训

活动。四级新课程培训实现了教研员、校长和教师的全员覆盖。

针对新课程教学对教师科学教育能力、数字化素养、作业设计能力、评价能力提出的新要求，四川省开展了专项培训。关于科学教育能力专项培训，68.4% 的教研员和 74.3% 的校长 / 书记表示区域或学校开展了该项培训，64.0% 的教师表示自己参加过相关培训。关于数字化素养专项培训，69.4% 的教研员和 74.2% 的校长 / 书记对区域或学校的相关专项培训工作表示认可，69.1% 的教师表示自己参加过该项培训。关于作业设计能力专项培训，80.8% 的教研员、83.7% 的校长 / 书记和 73.0% 的教师对此项培训工作表示认可。关于教师评价能力专项培训，68.3% 的教研员和 72.6% 的校长 / 书记表示区域或学校开展了该项培训，69.7% 的教师表示自己参加过相关培训。统计结果表明，教研员、校长 / 书记和教师均对专项培训持肯定意见，尤其是作业设计能力专项培训，超过 80.0% 的教研员和校长 / 书记对所在区域或学校的该项培训工作持肯定态度。

关于培训效果，74.6% 的教研员、76.2% 的校长 / 书记和 73.0% 的教师表示专项培训提高了教师相关教育教学能力。认为教师的教学评价能力在专项培训中获得显著提升的教研员、校长 / 书记和教师的占比分别为 67.2%、73.6%、74.9%。统计结果说明专项培训的效果获得普遍认同。

四川省各学校也在积极推进校本培训机制的优化与校本培训模式的探索。

成都市某中学为了更新教师的教育教学观念，提升教师的新课程实施能力，将年度公用经费预算总额的 10% 以上用于教育科研和教师培训。该校制定了《教师外出培训制度》《青年教师培养制度》《科研成果奖励制度》等多项制度，形成研训机制，组织教师参加中国教育学会、中国陶行知研究会、四川省教育科学研究院、成都市教育科学研究院等各类各级机构举办的培训、赛课、交流活动，为教师学习提供制度保障与平台支持。同时，学校常态化推进主题式“转转课”，扎实开展名优教师示范课、骨干教师研究课、青年教师成长课、新进教师汇报课等课例研究，促进教师专业成长。

成都市某小学教师发展中心在组织教师学习课程方案和课程标准时，发现教师们遇到“如何组织跨学科主题学习”这个共性问题。针对这个问题，该校教师发展中心组织全体教师集体共读三本关于“跨学科主题学习”的著作——《跨学科主题学习：是什么？怎么做？》《跨学科实践活动的设计与实施》《跨学科主题学习设计与实施：小学语文》。在共读基础上，该校教师发展中心组织教师开展集体研讨。讨论中，大家发现跨学科主题学习任务群有极强的研究价值和实践意义，从而形成区级课题“问题解决导向的小学语文跨学科主题学习任务群教学研究”。由此，该校探索出基于阅读的“研培一体”校本培训模式，将阅读、培训、研究合而为一，教师们边阅读、边学习、边研究，通过“研培一体”的模式学习新观念、研究新方法。

（二）以区域 – 学校两级课程实施规划践行新观念

制定课程实施规划是践行课程新观念的重要举措。为此，四川省教育厅印发了《四川省普通高中课程设置方案》《四川省普通高中新课程新教材实施意见》《四川省义务教育课程设置及比例（2023 年版）》《关于贯彻实施教育部〈中小学综合实践活动课程指导纲要〉的通知》《全面加强新时代大中小学劳动教育实施方案》《四川省中小学教材选用管理实施细则》等文件，对义务教育国家、地方、校本三级课程实施和普通高中必修、选择性必修、选修课程实施进行规范。在此基础上，四川省通过区域 – 学校两级课程实施规划来践行新观念，规范课程实施。

一方面，区域制定新课程实施方案，指导域内学校规划课程实施。在省级文件的规范引领下，省内各地积极行动，制定区域新课程实施方案，积极组织学习，成效显著。调查数据显示，82.9% 的校长 / 书记、73.6% 的教研员和 69.8% 的教师表示对所在区域的新课程实施方案比较熟悉或非常熟悉；83.2% 的校长 / 书记和 76.4% 的教研员认同所在区域新课程实施方案倡导的基本理念，表示这些理念与自己的想法一致。

在制定区域新课程实施方案的基础上，四川省各区域积极指导域内学校规划新课程实施，践行课程新观念。其中，成都市金牛区的做法较为典型。该区于 2024 年 1 月正式启动区域课程建设深化行动，通过学校课程建设情况调研、指导学校规划课程实施、开展针对性培训、提供展示交流平台等方式，为学校制定新课程实施规划、开发校本特色课程提供系统指导，推动学校深化课程建设、践行课程新观念（见案例 12–1）。

案例 12–1　成都市金牛区深入推进区域课程建设行动

为了深入贯彻《行动方案》，推进义务教育课程方案和课程标准的落实落地，成都市金牛区启动区域课程建设深化行动，统筹规划区域新课程高质量实施。首先，开展课程调研。金牛区精心组织了课程调研活动，共收集 1091 份线上调查问卷，按照分层抽样的方式从各学段、各类型学校中抽选 15 位学校领导与 15 位学科教师进行线下访谈。线上、线下调研实现学科、学段全覆盖。调研报告精准刻画了区域课程建设状态与进展，剖析了问题与困难，给予了针对性对策建议，为区域课程教学改革精准施策提供了数据支撑与科学依据。其次，制定区域课程教学改革规划。金牛区将课程建设确立为区教育工作年度核心任务，在深度剖析国家教育政策的基础上，精心编制了《金牛区深化新时代基础教育课程改革三年规划》，并集结优秀教育人才组建专业团队，遴选了金牛区课程教材中心组成员和18所创建课程领航学校，为区域课程教学改革稳步推进奠定了重要基础。再次，开展培训指导。金牛区以提升全区教育工作者课程建设能力为目标，围绕素养导向的课程教学、学校课程实施规划制定等关键主题，组织开展集中培训，培训400余人次。围绕学校课程实施规划的制定以及素养导向的特色课程与教学设计，金牛区组织开展了共计40余小时的线上线下集中与分散指导。在此基础上，积极推动各学校因校制宜形成“一校一策”，制定学校课程实施规划，进行素养导向的特色课程设计与教学设计。区域学校共撰写素养导向的课程实施规划97份，形成素养导向的特色课程设计600余份，教学设计240余份。最后，搭建平台，展示成果。金牛区开展课程实施规划答辩活动，首批18所创建课程领航学校的校长/书记带领团队围绕学校课程体系构建、特色课程设计及教学设计等内容进行答辩。接下来，金牛区将持续深化课程教学改革，推动学校深化课程建设，践行课程新观念。

另一方面，在区域的统筹规划与指导下，各学校积极制定（修订）学校课程实施规划，创生校本特色课程。调查数据显示，81.0%的校长/书记、73.8%的教研员和74.8%的教师表示区域内各学校或自己所在学校制定（修订）了课程实施规划。70%以上的教师表示学校的课程实施规划方案对自己的教育教学具有很强的指导性。在制定（修订）学校课程实施规划的过程中，各学校结合自身实际积极进行课程创生，建设校本特色课程体系，63.9%的教研员表示区域内学校形成了体现学校办学特色的课程体系，71.1%的校长/书记和70.7%的教师表示所在学校已经创生了校本特色课程体系。

（三）以常态化的全省课程实施监测破除旧观念

为破除旧观念，推动课程实施中新观念的有效践行，2022年7月，四川省教育厅印发《四川省义务教育质量监测方案》，根据2022年义务教育课程标准细化学生品德发展、学业发展、身心发展、审美素养、劳动与社会实践5个方面的监测内容，将课程实施纳入全省常态化监测。

首先，研制监测工具。按照教育部办公厅印发的《关于开展课程实施与教材使用监测工作的通知》要求，四川省研制了《中小学课程实施和教材使用监测指标体系

（意见征求稿）》，围绕课程开设、教材使用、教学实施与评价、保障条件、实施效果、教辅使用 6 个方面构建了一个包括 6 个一级指标、20 个二级指标、49 个三级指标、高中阶段 109 个观测点、义务教育阶段 112 个观测点的课程实施监测指标体系，为全省课程实施的常态化监测提供参照指标。此外，还研制了包含学科测试卷、相关因素调查问卷、表现性测试工具的监测工具。学科测试卷测查学生学业水平，相关因素调查问卷分学生、教师、校长 3 类问卷，表现性测试工具主要用于体育和艺术测试。监测结果包含水平划定、数据分析、报告研制、结果运用 4 个部分，着重强调结果运用，即服务决策咨询、督促问题改进、支撑督导评估、引领质量提升。

其次，开展常态化课程实施监测。调查数据显示，73.7% 的教研员表示区域相关部门开展了省级课程实施监测，82.7% 的校长 / 书记和 70.1% 的教师表示所在区域依据相关部门的规定开展了省级课程实施监测。常态化的课程实施监测对课程实施中存在的旧观念进行督促改进，引导、鼓励学校和教师破除旧观念、积极践行课程教学新观念。

从作用来看，省级课程实施监测对学校课程实施具有重要指导作用。74.1% 的教研员、81.4% 的校长 / 书记和 71.6% 的教师表示省级课程实施监测为推进学校的课程实施提供了重要参考依据。访谈中的受访校长、教师表示，常态化的课程实施监测对打破旧观念、督促学校和教师践行课程教学新观念具有重要作用。

二、遵循素养特性打造课程教学新形态

为有效践行新课程核心理念，推进新课程的高质量实施，四川省各学校积极开展突显实践性、整体性与随身性的课程教学活动，打造遵循素养特性的课程教学新形态，推动核心素养导向的课程教学改革。

（一）遵循素养的实践性：建构彰显活性的课程教学

人的素养是在实践活动中生成与表现出来的，因而具有实践性。实践参与是素养发展的根本途径。遵循素养的实践性，应建构彰显活性的课程教学，引导学生在实践参与中学习知识，并将知识加以活化，运用于生活中以解决现实生活的真实问题。四川省在全省范围内推动遵循素养实践性、彰显活性的课程教学改革，推动学校积极开展学科实践活动。调查数据显示，67.0% 的教研员表示所在区域正在积极推动学科实

践活动的开展，78.5% 的校长 / 书记和 77.1% 的教师表示所在学校的教师能够有效开展学科实践活动。

在遵循素养实践性、彰显活性的课程教学改革中，四川省各学校积极探索凸显实践性、彰显活性的教学模式。其中，成都市某学校探索形成的“五环践学”模式具有一定典型性（见案例 12-2）。

案例 12-2 成都市某学校的“五环践学”模式

“五环践学”模式以“小初衔接、学段贯通、学科融通”为基础，将“践学”和“体验”作为课堂教学的主要形式，倡导师生在实践中形成“共教、共学、共长”的课堂师生关系。“五环践学”包括“自学质疑”“讨论领悟”“展示分享”“检测巩固”“评价提升”五个环节，以情境、问题导向的互动式、启发式、探究式、体验式教学为基本方式，体现学生主体地位，发挥教师主导作用。“五环践学”通过学生的“自学、合学、展学、用学、评学”实现课堂学习方式的转变；通过“师生互动渐进，‘生’动的课堂”实现课堂教学方式的转变；通过“小组自评、师生互评、组间互评”的方式实现课堂评价方式的转变。由此，优化教学流程，重构课堂教学结构，提高课堂教学的时间效率和过程质量，推动教学方式深层次、系统性变革，促进课程教学改革实践落地。

（二）遵循素养的整体性：建构整合性的课程教学

人的素养具有整体性。遵循素养的整体性，课程教学应凸显出整合性，突破传统分科课程、知识点教学的桎梏，通过课程知识整合、学生学习经验整合，实现学生的人格整合与素养的整体生成。四川省在全省范围内推动遵循素养整体性、建构整合性的课程教学改革，推动学校积极尝试突显整合性的大单元教学、跨学科主题学习。调查数据显示，55.1% 的教研员、69.7% 的校长 / 书记和 71.6% 的教师表示所在区域或学校的教师能够有效组织跨学科主题学习活动。

在遵循素养整体性、建构整合性的课程教学改革中，四川省各学校积极探索以“整合”“融合”为基本特征的课程教学模式。其中，成都某小学一位教师主持的“‘读创行’小学语文综合性学习研究”（见案例 12-3）具有一定典型性。

案例 12-3“读创行”小学语文综合性学习研究

“读创行”以学习空间的多维整合、学习内容的多维整合、学习共同体的多维整合为基础，在实践活动中实现阅读、创造、行动三者的有机整合，最终实现学生个体知识、能力与态度的整合，促进学生核心素养发展。“读创行”包含三类小学语文综合性学习模式。模式一：以读为中心的“读创行”小学语文综合性学习。该模式以儿童绘本、经典名著、人物传记、儿童诗歌为四类阅读内容载体，将学生的阅读活动与创写、参观、朗诵、表演等实践活动进行整合，分别形成儿童绘本“读创行”综合性学习、经典名著“读创行”综合性学习、人物传记“读创行”综合性学习、儿童诗歌“读创行”综合性学习，从而构成以读为中心的“读创行”小学语文综合性学习模式。模式二：以创为中心的“读创行”小学语文综合性学习。该模式通过培养学生创生欲望、创新想法、创新思维、创新写作、创新设计组织学生进行整合性学习活动。活动以成都童谣、儿童诗歌、儿童小说为载体，通过童谣“诵创演”、诗歌“赏行创”、小说“创读行”的方式展开。模式三：以行为中心的“读创行”小学语文综合性学习。该模式以“确定主题－多维阅读”“链接生活－创作作品”“参与实践－深化体悟”“全程评价－保证质量”四阶展开，借助学生的阅读体验，将阅读所得与生活实践紧密连接，让学生在读中悟，在行中得。研究形成“读创行”综合性学习案例 28 个、班级故事集 4 本，正式出版儿童故事书 7 本、儿童小说 6 本，相关研究论文在《基础教育课程》《教育科学论坛》等杂志发表。

（三）遵循素养的随身性：建构更有深度的课程教学

素养伴随我们终身并在面对问题情境时表现出来，具有随身性。学生的素养发展一定是他自己建构和理解的结果，需要他自己对知识的深度理解。因此，素养的生成内蕴着深度学习，深度学习是素养生成的学习路径。遵循素养的随身性，四川省积极推动建构更有深度的课程教学，许多学校正在开展以深度学习为基本特征的课程教学研究与实践。从研究来看，四川省教育科学研究院基于 2021 年重点课题“基于深度学习的高中英语阅读教学改进行动研究”，组织带领全省 21 个市（州）开展 83 个子课题研究，通过研究推动学校进行基于深度学习的课程教学改革。从实践来看，全省多所学校正在进行基于深度学习的课程教学改革实践。

三、基于省情开展课程教学深化改革专项行动

四川省是一个地域广、民族多、省内经济发展差异大的省份。基于这一省情，四川省通过全省参与的中华民族共同体意识教育、核心素养导向的评价改革与作业优

化、提升义务教育质量的学校评价创新，推进课程教学深化改革。

（一）全省参与的中华民族共同体意识教育

四川省非常重视将铸牢中华民族共同体意识融入教育教学全过程，已形成全省参与的铸牢中华民族共同体意识教育。一是开展省级相关重要活动。四川省在全省范围内开展“心声向党 向祖国敬礼——四川省中小学铸牢中华民族共同体意识校园舞台剧展演活动”，促进各族师生的交往、交流和交融。二是推选试点校以点带面推进铸牢中华民族共同体意识教育。四川省扎实开展中小学铸牢中华民族共同体意识主题教育实践活动，将爱我中华的种子埋入各族青少年心灵深处。坚持民族地区与民族散杂居地区并重原则，在全省 10 个市（州）推选 14 所中小学作为首批铸牢中华民族共同体意识主题教育实践活动试点学校，将铸牢中华民族共同体意识教育与学校党的建设、思政教育（党史学习教育）、校园文化建设、日常管理、队伍建设、教育教学深度融合，以点带面，扎实推动铸牢中华民族共同体意识教育进校园、进课堂、进教案、进试卷，让“两个共同”“三个离不开”“五个认同”深深扎根于各族青少年学生心中。三是试点校开展相关主题教育实践活动。各试点校紧扣主题主线，强化课堂主渠道作用，以班会、团队活动、社会实践、墙报板报、教育基地、展览馆、“四史”教育等为载体，开展丰富多彩的主题教育实践活动，切实加强爱国主义、理想信念、中华民族一家亲及民族团结进步教育，加强校园文化建设，做到一校一品一特色。四是地方课程融入铸牢中华民族共同体意识。省级教研员表示，地方、学校在课程开发与实施中进行了融入铸牢中华民族共同体意识的有益尝试。例如，地方课程“可爱的四川”中融入了铸牢中华民族共同体意识相关内容；在实施地方课程“家庭社会法治”“生活生命安全”“信息科技”时，教师有机融入了铸牢中华民族共同体意识内容。

在上述四项举措的作用下，四川省大多数教师已形成将铸牢中华民族共同体意识融入教育教学全过程的意识，并能在教育教学过程中予以践行。调查数据显示，78.1% 的教研员、85.6% 的校长 / 书记和 81.3% 的教师表示区域内各学校或自己所在学校教师能够将铸牢中华民族共同体意识融入教育教学全过程。

（二）核心素养导向的评价改革与作业优化

四川省积极推进核心素养导向的评价改革与作业优化，促进新课程的落实落地。

一是积极推进素养导向的评价改革。一方面，创新运用第五代移动通信技术（5G），开展数字化创新型中小学教师综合评价改革。四川省教育厅办公室印发《关于推荐“5G+ 教师综合评价”试点单位的通知》，按要求遴选了四川师范大学等 7 所高校、成都市青羊区等 6 个区（县）以及 20 所中小学校为“5G+ 教师综合评价”试点单位，将 5G 与教师综合评价创新融合，研制了中小学教师综合评价指标体系，建设了中小学教师能力测评资源库，研发了融中小学教师（含师范生）数字画像、关键能力测评于一体的“5G+ 教师综合评价”平台系统，研制了省域数据贯通、智能分析、省市县校分级应用的教师综合评价大数据运用方案。通过开展中小学教师综合评价行动，四川省中小学教师综合评价质量得到提升。另一方面，进行核心素养导向的学生全面发展多元评价改革。四川省教育厅印发了《四川省普通高中学生综合素质评价实施办法》，研制了评价工具，包括学科测试卷、相关因素调查问卷和表现性测试工具。

二是积极推进素养导向的作业优化。作业是进行日常教学评价的重要工具，优化作业设计有利于提高日常教学评价质量。在落实新课程教学的过程中，强化素养导向的作业优化是培育学生核心素养的重要举措。四川省各学校积极开展核心素养导向的作业优化行动。一方面，赛培结合，以培促赛，以赛促发展。2023 年，四川省教育厅开展了中小学作业设计大赛，举行了 34 场次作业设计培训，参培教师达 95 万余人次，征集作业设计作品 56588 份。该项比赛提高了作业设计质量，充分发挥了作业的教学功能和过程评价作用，以作业设计的“小切口”推动了课程教学的“大改革”。另一方面，积极创新作业设计模式。成都市某中学高二年级化学备课组从 2022 年开始探索“长作业设计”模式。“长作业设计”注重学生已有知识与技能的巩固与内化，注重对学生终身学习能力的培养，其特点是学习过程长、完成周期长、迁移发展长，可以和学生的研究性学习相结合，用细水长流的体验式、探究式作业来替代即时性的纯知识练习，凸显“做”作业的过程。通过核心素养导向的作业优化行动，四川省教师的作业设计更好地满足了培育学生核心素养的要求。调查数据显示，71.7% 的教研员、74.4% 的校长 / 书记和 72.7% 的教师表示区域内学校或自己所在学校教师设计了核心素养导向的具有探究性、实践性和跨学科性的作业；64.6% 的教研员、81.8% 的校长 / 书记和 70.7% 的教师表示开展核心素养导向的作业优化行动后，学生作业总量与时长减少。

（三）提升义务教育质量的学校评价创新

四川省积极探索提升义务教育质量的学校评价创新，省内各学校积极进行校本评价体系（方案）建设，强化日常教学中的过程评价。调查数据显示，68.3% 的教研员、78.4% 的校长 / 书记和 72.7% 的教师表示区域内学校或自己所在学校已经制定了校本教学评价体系（方案）；71.5% 的教研员表示所在区域有效落实了学生综合素质评价，81.6% 的校长 / 书记和 82.6% 的教师表示学校和教师在积极、有效地推进学生综合素质评价；71.3% 的教研员、79.5% 的校长 / 书记和 80.2% 的教师表示区域内学校或自己所在学校教师在日常教学中加强了过程评价。

学校的评价创新助推了义务教育质量提升。68.8% 的教研员、80% 的校长 / 书记和 82.4% 的教师表示，在学校进行校本评价体系（方案）建设、强化日常教学中的过程评价后，教师能够依据评价结果积极改进、优化课堂教学，提高课堂教学质量。67.7% 的教研员、76.4% 的校长 / 书记和 78.7% 的教师表示，学校进行评价创新后，教师的日常过程评价意识得到提升，能够在教学中落实过程评价，能够根据评价结果更有针对性地指导学生未来发展。

四、聚焦素养提升构建科学教育提质行动体系

聚焦学生核心素养的提升，四川省通过统筹规划全省科学教育提质、整合共享校内外科学教育资源、加强科学教育指导与案例库建设、完善科学教育硬件软件配备四项主要举措积极构建科学教育提质行动体系。

（一）统筹规划全省科学教育提质

为统筹规划全省科学教育提质，四川省成立了科学教育管理与研究专门机构，组建跨省域科学教育联盟，四川省教育科学研究院专门设立科学教育研究所，遴选高校教授、优秀教研员和中小学教师，组建科学教育教研中心组。四川省教育科学研究院印发了《关于下发四川省普通中小学各学科课堂教学基本要求（试行）的通知》，研制了包括《四川省小学科学学科课堂教学基本要求（试行）》在内的 36 个普通中小学学科课堂教学基本要求。根据教育部等十八部门联合印发的《关于加强新时代中小学科学教育工作的意见》文件精神系统部署，在教育“双减”中做好科学教育加法。

2023 年 7 月，四川省教育科学研究院对全省小学科学教育现状展开大规模网络调研，深入了解全省小学科学课程开设、教师队伍、实验室建设、活动组织等现状，总结小学科学教育的先进经验，统筹规划全省科学教育提质，为做好科学教育加法提供参考。

（二）整合共享校内外科学教育资源

四川省充分开发校内外科学教育资源，实现资源的整合共享。其一，省教育厅与省科学家协会合作开展“科学家百人千场进校园”活动，邀请来自高等学校、科研机构的科学家在全省中小学开展科学家精神宣讲活动，服务科学教育的高质量实施。截至 2023 年底，四川省已邀请 110 位专家开展 336 场宣讲。其二，区域积极推动校外科学教育资源向普通中小学开放。调查数据显示，49.1% 的科学教研员表示区域积极推动高校实验室、职业院校实训中心、研学基地、博物馆、科技馆和高科技企业等向普通中小学开放。其三，学校整合利用校内外科学教育资源开展课程建设、实施育人活动。53.4% 的校长 / 书记表示所在学校积极联合科技馆、博物馆、高科技企业等校外资源开展科学教育实验，51.4% 的教师表示自己会充分利用校外科学教育资源培养学生的科学兴趣与创新能力。成都市某中学借助校外科学教育资源开展科学创新育人实践活动，具有一定典型性。该校除了开齐开足国家课程标准要求的课程外，还依据教育部白名单赛事，借助高校和集团校资源，开展相应科学学习活动，充分鼓励和支持有能力的学生参与，并专门配备教师进行指导。该校学生在参与学习活动的过程中研发的“随处贴”科创作品成功从全国突围，代表中国参加国际科学与工程大奖赛。

（三）加强科学教育指导与案例库建设

一方面，加强科学教育指导。四川省教育科学研究院分学段分学科研制了包括《四川省小学科学学科课堂教学基本要求（试行）》在内的 36 个指导文件，加强科学教育研究和全省科学教育工作指导，整体推进西部片区科学教育提质。另一方面，加强科学教育案例库建设。调查数据显示，50.2% 的教研员表示区域内遴选推广了一批科学教育跨学科综合性实践性教学优秀案例，57.7% 的校长 / 书记表示所在学校研发了科学教育跨学科综合性实践性教学方案，形成了一批教学优秀案例，56.7% 的教师表示自己参与了科学教育跨学科综合性实践性教学案例的开发。

（四）完善科学教育硬件软件配备

一方面，完善科学教学装备配备。教学装备配备是落实新课程的重要物质保障，尤其在科学教育中，实验教学装备配备是保证科学课程实施质量的重要物质资源。为了抓好科学实验教学工作，推进科学教育的高质量实施，四川省教育厅印发了《四川省关于新时代加强中小学实验教学工作的指导意见》《四川省中小学实验课堂教学指导意见》，对科学教学装备配备和使用情况进行规范。63.6% 的科学教研员表示所在区域对学校开展理科实验教学装备配备与使用情况达标率进行了监测，74.5% 的校长 / 书记和 68.4% 的教师表示所在学校科学实验教学装备配备与使用情况良好。

另一方面，完善科学师资配备。教师是课程实施的核心人力资源，在落实新课程的过程中，针对科学教师不足的问题，四川省在科学教师配备方面做了较大努力。56.1% 的科学教研员表示区域内学校配齐了科学教师；66.4% 的校长 / 书记和 68.7% 的教师表示所在学校已配齐科学教师。

五、创建协同机制助推全省课程教学改革深化

四川省创建协同机制，通过遴选改革实验区（校）与推广应用实验区发挥区域示范作用，通过“星云计划”建设名师（名校长）领衔的共同体，通过常态化的全省网络教研开展联合教研，通过建设省域课程教学资源实现优质资源全面共享，以协同机制助推全省课程教学改革深化。

（一）示范作用：遴选改革实验区（校）与推广应用实验区

一是遴选推荐教育教学改革实验区与实验校，包括遴选推荐义务教育教学改革实验区与实验校和遴选推荐科学教育实验区与实验校。为贯彻落实中共中央、国务院《关于深化教育教学改革全面提高义务教育质量的意见》和教育部《行动方案》精神，四川省遴选推荐了成都市高新区和绵阳市涪城区 2 个义务教育教学改革实验区以及 6 所义务教育教学改革实验校。四川天府新区、成都市锦江区等 5 个区入选全国首批中小学科学教育实验区，35 所学校入选全国中小学科学教育实验校。通过遴选实验区与实验校，充分发挥实验区（校）高质量实施核心素养导向的新课程的带动引领作用。

二是确定基础教育优秀教学成果推广应用实验区。四川省教育厅印发《关于进一步加强基础教育优秀教学成果推广工作的通知》《关于确定基础教育优秀教学成果推广应用省级试验区的通知》，精选高质量落实国家新课程的国家级和省级优秀教学成果，同时确定绵阳市等 3 个市（州）和成都市锦江区等 20 个县（市、区）为省级实验区，推广应用国家级和省级优秀教学成果。72.9% 的教研员表示区域内开展了基础教育优秀教学成果推广应用活动，78.8% 的校长 / 书记表示所在学校教师参与过区域内基础教育优秀教学成果的推广应用，64.3% 的教师表示自己参与过区域内基础教育优秀教学成果的推广应用，说明四川省在基础教育国家级和省级优秀教学成果的推广应用方面取得较好成效。

（二）“星云计划”：名师（名校长）领衔的共同体建设

2020 年，四川省教育厅实施“星云计划”，打造“川派名师名校长”集群，以名师（名校长）工作室为抓手，以名师（名校长）为引领，以学科育人或学校发展为纽带，以课题研究为统领，建设集教学、科研、培训等职能于一体的教师（校长）共同体，全面实现“培养一个、带动一校、辐射一片”的最终目标。

具体而言，一是聚焦重点对象，遴选名师（名校长）。面向全省，通过逐级申报、层层遴选的方式，确定每年培养对象，严进严出，并成立工作室，名师（名校长）工作室由 1 名名师（名校长）与 10 名教师（校长）成员组成。二是优化运作过程，突出项目实施指导。工作室通过领衔科研课题，承担教育教学改革与管理的攻坚任务，并将凝练和产出成果作为项目关键。在这一过程中，突出“办好一所品质学校、引领一批教师成长、推出一项科研成果、完成一套校长培训课程、带动一批学校发展”的目标，形成对全省具有引领作用的高水平多层次成果。三是稳固培养培训，拔高团队素养水准。通过开展团队研修、送教下乡、送培到校、教育扶贫、对薄弱区域（学校）支持帮扶等研训活动，发挥引领示范作用。四是搭建交流平台，展示名师名校长风采。通过开发课堂教学视频、教学案例等促进课程资源建设，借助“互联网 +”打造数智学习空间，在学校发展规划、课程建设、学校文化建设、教师专业发展等方面形成优质资源共建共享。同时，举办各级各类校长和教师学术论坛等活动，举办优秀培养成果展示活动，交流做法、总结成效、推广经验。

（三）联合教研：常态化的全省网络教研

一是依托国家中小学智慧教育平台开展常态化网络教研。常态化网络教研覆盖全省中小学校全学段、全学科。73.1% 的教研员、81.2% 的校长 / 书记和 74.7% 的教师表示区域内学校或自己所在学校教师会定期使用国家中小学智慧教育平台开展教研活动，说明四川省利用数字化资源开展常态化网络教研工作进展良好。

二是依托四川省网络教研平台开展常态化省级网络教研。常态化网络教研覆盖全省中小学校全学段、全学科，尤其对四川省边远地区的新课程实施起到积极作用，如阿坝州的学习参与度排全省第一，人均每年 20 次，甘孜州排全省第三，人均每年 14 次。该平台充分发挥了省级教研部门的政策引领和服务基层作用，打破了空间限制，扩大了省级优秀资源的传播范围，有助于均衡教育资源。

三是依托“四川云教”进行远程教研直播。截至 2024 年 5 月，已经举行 254 次直播，参与学习人次达 700 万，总访问量近 2000 万人次。通过数字化赋能网络教研，四川省已形成“以点成线、以线织面、联面成体”的网络教研基本格局。如民族地区联合教研，阿坝州、甘孜州、凉山州以及乐山市、绵阳市（“三州两市”）的教育行政部门、教育科研机构负责同志参加活动。在数字赋能的背景下转变教科研方式，持续推进教育教学的数字化，寻找新的切入点和突破口，不断优化内部管理和提升师资队伍综合素养。

（四）全面共享：省域优质课程教学资源建设

四川省积极探索“互联网 + 教育”新路径，优化线上课程资源供给方式，依托各种数字化平台赋能优质教育教学资源共建共享。其一，依托四川中小学智慧教育平台赋能优质教育教学资源共建共享。平台覆盖课程学习、课后服务、教师研修等板块，为课堂教学、教师培训、教研活动等提供了丰富的优质资源。其二，依托“四川云教”赋能优质教学资源共建共享。“四川云教”是四川省教育厅主导建设的全公益优质课堂直录播平台，基于四川中小学智慧教育平台基础运行环境，通过新一代信息通信和直录播技术，创新构建远程教育新模式。依托“四川云教”，全省建成教学联盟 43 个，实现 21 个市州全覆盖，并向重庆、新疆、甘肃辐射。惠及民族地区、边远地区相对薄弱学校 1149 所、学生 23 万余名、教师近 2 万名，形成“全学段、多模式、高质量、广受益”远程教育协作联盟，助推全省基础教育高质量发展。成都市某中学通过全日制远程直播教学，探索出优质高中与薄弱高中“资源共享、课堂共生、学校共优”的教育优质均衡发展新路径。

调查数据显示，四川省积极推进数字化教学资源的供给，学校教师利用数字化教学资源情况较好。72.3% 的教研员、76.1% 的校长 / 书记和 73.3% 的教师表示区域内或自己所在学校为教师提供了数字化教学资源或平台；73.1% 的教研员、81.2% 的校长 / 书记和 74.7% 的教师表示区域内或自己所在学校教师在日常教学中能有效利用数字教学资源。

综上所述，在推进课程教学改革深化的过程中，四川省积极探索，联动多方力量树立课程教学新观念，遵循素养特性打造课程教学新形态，基于省情开展课程教学深化改革专项行动，聚焦素养提升构建科学教育提质行动体系，创建协同机制助推全省课程教学改革深化。从观念转变到行动践行，四川省已初步形成认识统一、行动积极、努力探索、实践创新的课程教学改革格局。

第13章

陕　西

在教育强国建设背景下，陕西省积极响应国家基础教育课程教学改革的号召，聚焦构建多元化、个性化、现代化的课程体系，瞄准学生实践能力、创新能力与学生发展核心素养的培养，强调数字技术与学科教学的深度融合的重要性，开展了系列基础教育课程教学改革实践探索。就调研反馈信息来看，陕西省基础教育课程教学改革工作已经取得了一系列实质性进展及初步成效，改革活动纵深推进，集中体现在以下方面。

一、核心素养立意的课程教学改革理念深入人心

自国家课程方案颁布以来，陕西省奋力推进基础教育课程教学改革，广大教师对课程教学改革理念广泛接纳、高度认同，学校课程教学改革形势整体向好发展。广大教师是改革的实践者与推动者，基层教师的认同和支持是陕西省基础教育课程教学改革得以深入肌理、稳健前行的关键。调研表明，陕西省中小学教师熟知课程教学改革政策术语，一线教师课程教学改革理念水平整体攀升，“种子”学校示范引领效应逐步彰显。

（一）教师谙熟课程教学改革新术语

根据新版基础教育课程方案与课程标准，陕西省教育厅出台了《义务教育课程实施办法》，全面启动各级各类学校新课程、新教材、新高考专项培训项目，着力提升

全省教师对基础教育课程教学改革政策术语的感知度、理解力与认同度。陕西省教育厅办公室印发《关于做好普通高中新课程新教材新高考专项培训项目的通知》，由基教二处牵头，陕西师范大学组织高校科研院所团队深入教育一线开展政策解读，确保课程教学改革政策深入人心、深扎基层。同时，陕西省还将课程方案和课程标准培训由基础教育扩展至特殊教育，以重点工作形式主抓三类特殊教育学校的义务教育课程标准落实情况，赢得了全省中小学的认同与赞赏。

值得关注的是，课程教学改革理念在陕西省中小学教师中引起极大关注，主要政策文件术语，如“学科核心素养”“跨学科主题学习”“项目式学习”“整本书阅读”“大单元教学”“任务群教学”“任务情景教学”“大概念教学”“教学评一致性”“人工智能赋能教育教学”等成为广大教师耳熟能详的日常教育教学话语。调查结果显示，72.4% 的教师表示自己熟悉所在区域新课程实施方案，对新课程教学改革政策知晓度较高；教师课程教学改革参与度和适应性明显提高，区域教育改革整体推进顺利，基础教育课程教学改革在教师层面取得了初步成效。

调查数据也显示，79.2% 的教研员对所在区域新课程实施方案倡导的基本课程教学改革理念持赞同态度，认为其基本符合自己的想法，这表明基础教育课程教学改革理念在教育专业人员中具有广泛的共识。

（二）课程教学改革工作统筹推进

在“教学评一致性”理念指引下，陕西省基础教育领域全面推进新课程方案、新课程标准及《行动方案》的落地与实施。在具体实施中，陕西省强调教育改革工作的连续性和整体性，确保教学目标明确、教学活动设计科学、评价机制公正有效三位一体、相互支撑、协同推进，共同指向学生发展核心素养的全面提升。可以说，本轮课程教学改革不是对课程内容的简单调整，而是对教育理念、教学模式及评价体系的一次全方位、深层次的革新，陕西省中小学教师对此认识到位。

数据显示，68.3% 的教研员认为所在区域学校教师有能力开展素养导向、教学评一致的教学设计。不仅如此，陕西省大部分教师已经理解并接受了素养教育的理念，并在实际教学设计中积极尝试将其落实，许多教师在教学设计时已将评价融入教学全过程，带动学生学习效果的持续提升。

此外，陕西省学校、教师在学校课程设计与实施方面的自主权明显提升，表明基层课程教学改革创造力提升工作得到充分重视。数据显示，78.2% 的教师感受到所在学校在课程设计与实施上的自主权有了明显的提升。课程教学改革和教育管理政策的调整在基层教师层面得到较为广泛的积极反馈。随着学校课程自主权的增强，广大教师在课程内容选择、教学方法创新及评价体系构建上获得了更高的自由度。课程实施自主权的获得有助于激发教师的专业潜能和创造力，使学生获得更加多样的学习体验，从而直接或间接地提升教学质量和学习成果。

跨学科主题学习是本轮课程教学改革的难点，陕西省中小学教师对此较为关注，全省教师的课程教学改革胜任力水平乐观。调查数据显示，75.7% 的教师认为自己能够在教学中组织跨学科主题学习。这一数据表明，绝大多数教师具备融合不同学科知识的能力，能够自己设计并组织跨学科主题学习，陕西省教师的课程教学改革意识与能力逐步提升。

二、以点带面推进学校课程建设

在陕西省基础教育学校中，“以点带面”推进学校课程建设的课程教学改革思路较为清晰，尽管在末梢学校、薄弱学校尚未实质性落地，但其学校课程建设意识正在领头学校的引领下持续增强。

（一）区域课程教学改革中心辐射带动效应显现

在陕西省，区域课程教学改革中心逐步形成，各市区的优质校日渐成为区域课程教学改革的中心点位，发展成为区域基础教育课程教学改革的重要基地。区域课程教学改革中心的形成是教育改革深化的一个重要标志，意味着示范校的优质课程教学改革资源、教育教学创新经验正在区域化辐射推广，中心辐射、齐步行进的课程教学改革格局基本形成。作为全省课程教学改革的重要增长极，优质校、示范校是中小学课程教学改革理念的引领者、课程体系的创新者、教学方法的开拓者。西安市积极开展“西安好课堂”助力“名校 +”系列活动，一大批以领头学校为首的教育集团纷纷涌现，成为全省基础教育课程教学改革的重镇。调查结果显示，77.6% 的教研员认为所在区域学校之间学习交流、互相借鉴学校课程教学改革的经验，80.7% 的校长 / 书记表示所在学校正在开展向其他学校学习、交流、借鉴的系列课程教学改革行动。这一数据也表明，优质校与区域课程教学改革中心已经对课程教学改革外围学校产生了强大的改革辐射力、影响力及带动力，课程教学改革形势逐步向好。

在全省课程教学改革主体的协同努力下，广大“种子”教师、“种子”学校和“种子”县区的示范引领效应日渐显现，陕西省课程教学改革的“点—面”带动机制运转有力。陕西省教育厅办公室发布了《关于公布全省普通高中新课程新教材省级实验区实验校的通知》，借助实验区力量引领省、市、县的区域课程教学改革工作。同时，西安市有 6 所学校入选全国中小学人工智能教育基地，西安市碑林区、渭南市临渭区入选国家义务教育教学改革实验区。它们积极承担课程教学改革先行实验探索任务，为提高全省新课程、新课堂、新教材实施水平提供成功经验和典型案例。全省上下一心，积极推进基础教育改革，走在前列的优质学校、勇于创新的课程教学改革名师及其建立的工作坊已发展成为全省课程教学改革的先行者和示范点，一批批典型学校课程方案、课堂教学模式次第涌现，一大批一线课程教学改革名师、名校、名县区脱颖而出，成为新一轮课程教学改革的“种子”教师、“种子”学校、“种子”县区，提升了当地教育教学质量。

（二）多样化学校课程形态初现

优质的学校课程是高质量办学工作的依托，陕西省中小学课程建设工作推进力度较大，多样化、典型性学校课程形态初现。在西安市，基层学校推出的一系列学校课程建设方案，如“行知课程”“臻美课程”“博物馆主题课程”“大美陕西课程”“小学英语行思课程”“秦腔传承课程”“教育放生课程”等，开创了国家课程学校化转化的新局面。在宝鸡市，“臻美课程”、“1+X”课程服务体系、“走近青铜课程”等学校课程方案在当地享有较高声誉，全市中小学正向“一校一品”式学校课程建设目标大步迈进。在安康市，“‘1+X’阅读课程”“海量阅读课程”“幸福教育课程”“聚焦单元主题培养结构化思维课程”等正成为该市学校课程教学改革领域的一抹亮色。值得注意的是，一批荣获国家级教学成果奖的学校课程，有力支撑了当地的课程方案和课程标准走深落地工作，成为当地学校课程建设的生动样板。

调研数据显示，79.8% 的校长 / 书记认为，所在学校在行政部门和专业机构的指导下，成功规划了学校课程并组织实施，这表明学校在国家课程校本化、学校课程本土化方面取得了初步成效。

调研数据还表明，在陕西省，学校课程建设工作推动了学校特色培育工作，成为学校践行特色办学理念的有力支撑。例如西安市一位教师提道：“我们还加设了生涯规划课，以研学的形式走进高校，开设生涯规划工作室为新高考做准备。”此类课程方案有效培养了学生的创新思维、批判性思维和解决问题的能力，使线下教育工作更加贴近学生未来发展的需要。调查数据显示，70.4% 的校长 / 书记认为所在学校形成了体现学校办学特色的课程体系，即超过七成的校长 / 书记认为其所在学校已经成功构建了一套彰显学校个性和教育理念的课程体系，越来越多的学校注重通过特色课程体系建设提升教育品质，满足学生多样化学习需求，积极响应社会对教育创新的期待。

（三）特色课程资源建设力度大

在陕西省，教师、校长 / 书记及教研员对所在学校或所在区域特色课程体系建设认可度总体较高，特色化课程资源建设成效显著。该认可度体现在建设面向课程方案和课程标准的校本特色课程体系、探索适配课程方案和课程标准要求的课程设计与实施上。陕西省教育厅开展了地方课程、地方教材及教辅资源研究课题申报工作，在加强学校课程教学资源管理、实施精品课遴选的基础上，组织认定创新创业课程、特色线上课程、城市中小学生农业生产劳动实践课程等特色地方课程。访谈结果显示，不同角色的教育工作者对于学校是否形成了体现所在学校办学特色的课程体系均有较高的认同度，表明全省特色课程资源建设工作进展顺利。

三、“三个课堂”建设统领全省课程教学改革

陕西省全面启动“三个课堂”[①] 建设行动，在响应省级改革要求的同时，还因地制宜开展了一系列富有创新性与实效性的教学实践，陕西省基础教育课程教学改革的地方特色日益明显。陕西省各地市涌现出了形形色色的好课堂、好教研、好作业探索，基础教育课程教学改革的特色主题尤为明显，学生学习方式转变效果显著。数据显示，62.1% 的教研员认为教学方式变革行动下学生自主学习的时间有所增加，“好课堂”统领的教学方式变革在很大程度上提升了学生学习的自主性。这一改革成效不仅表明义务教育课程方案和课程标准倡导的“做中学”“用中学”“创中学”的新型学习方式正在一步步落实到位，也预示着陕西省课堂教学改革正朝着更加注重学生个性发展、鼓励自主探索的方向迈进。

① 具体是指：“第一课堂”，执行国家课程及地方课程的教育教学“主阵地”；“第二课堂”，校内学习场所开展的教育教学活动；“第三课堂”，走出校门以外的社会实践学习活动等。“三个课堂”是“第一课堂”的教育教学、“第二课堂”的课后服务和“第三课堂”的综合实践的有机统一。

（一）打造适应新课程的课堂新形态

陕西省瞄准新课程、新教材实施工作，在“三个课堂”的统领下推出了一系列课堂改革新样式，良好的课程教学改革生态正在形成。以打造“西安好课堂”为抓手，西安市在推进基础教育课程教学改革过程中展现出更为积极主动的姿态，开展了一系列课堂创新实践，助力课程教学改革工作走深走实。具体而言，西安市举办了“创新教科研机制，深化‘西安好课堂’建设”系列活动，以“西安好课堂”创建助力西安“名校 +”教育联合体的高水平建设。自 2022 年起，西安市以区为单位开展学科教师新课程、新教材培训工作，针对性破解好课堂建设面临的具体问题；市教育局牵头组织各区骨干学校开展新课程、新教材优质课现场评课活动，以评促改推动中小学“好课堂”建设纵深发展。在此，特将“西安好课堂”推进全貌以案例形式予以呈现（见案例 13–1）。

案例 13–1 “西安好课堂”改革活动

西安市着力“西安好课堂”和“三个课堂”的建设，致力于打造高效、全面、深入的教育改革模式。课程教学改革覆盖“西安好课堂”系列活动、“名校 +”跨学科主题研讨、优化课堂建设、打造 U-G-S（高校 – 政府 – 中小学）课程教学改革协作共同体等多个方面，具体措施包括以下四项。其一，“西安好课堂 助力西安‘名校 +’”系列活动：通过优秀课例展示、微报告分析、专家现场点评指导等形式，为教师提供学习和交流的平台，促进教学方法和策略的共享，增强课堂教学的实效性，为深化课程教学改革提供动力。其二，“名校 +”跨学科主题教学研讨活动：举办 16 期跨学科主题教学研讨，以课例展示、微报告课例解读、专家同步点评指导为主要活动内容，打破传统学科壁垒，鼓励教师探索跨学科整合教学，为深化课程教学改革提供强大推力。其三，加强“三个课堂”建设：通过优化“第一课堂”（强化基础知识教学质量）、做实“第二课堂”（提升学生能力和综合素养）、做好“第三课堂”（关注学生人格塑造和品德修养），构建科学立体、丰富多样的“三个课堂”育人体系，进一步推动“三个课堂”向纵深发展。其四，与北京师范大学合作：通过与北京师范大学签约助力西安市县域基础教育高质量发展，引入高端教育资源，为西安市的基础教育改革提供智力支持和专业指导，打造 U-G-S 课程教学改革协作共同体，提升教师队伍专业水平，促进教育理论与实践深度融合，加速教育质量整体提升。

（二）为“三个课堂”建设提供全方位保障

宝鸡市基础教育课程教学改革行动有序开展，为打造“宝鸡好课堂”提供全方位保障（见案例 13–2）。该市发出了响应国家基础教育课程教学改革的号召，出台了一系列精心设计的举措，创造性地开展了一系列课程教学改革行动，全力做好基础教育教学的提质保障工作。宝鸡市先后印发《建设“宝鸡好课堂”实施方案》，出台《“宝鸡好课堂”教学评价标准》《“宝鸡好课堂”示范校评价标准》，制定《“作业革命”示范校评价标准》《宝鸡市义务教育学校作业管理办法（试行）》《宝鸡市义务教育学校作业管理负面清单（试行）》等，创建示范校 118 所，构建教育改革联盟 15 个，努力清除“好课堂”建设面临的各类障碍。在调研中，宝鸡一位教研员谈道：“为了促进城乡一体化发展，结合我区中小学教育发展的实际，我们以学校联盟为主，组建了中小学教育联盟。联盟的主要目的是缩小城乡教育差距，增强教师队伍，提高教育质量，提升管理水平，从而推动区域内教育实现优质均衡发展。我们这个联盟坚持以示范引领、优势互补及协同共进为基础。”学校联盟是陕西省推进“三个课堂”建设的重要组织依托，在联盟中实现名师引领、结伴帮扶是陕西省推进课程教学改革的科学进路。调查数据显示，77.8% 的教师对参与各级精品课、说课评课、优质课展示交流活动持积极参与的态度，表明陕西省教师参与基础教育课程教学改革的积极性和主动性较高，“三个课堂”建设激发了教师的课程教学改革热情。

案例 13–2 “宝鸡好课堂”创建活动

“宝鸡好课堂”创建活动覆盖政策制定、专题研培、名师引领、结对帮扶等多个维度，具体课程教学改革内容为：其一，以抓项目优硬件、抓改革优管理、抓创建优质量“三大行动”，筑牢“宝鸡好教育”基础；其二，出台《“宝鸡好课堂”教学评价标准》，构建学生素养发展、教师导学策略 2 大评价维度以及 4 项评价内容和 20 个评价要点的课堂评价体系，为课堂教学明标准、定方向；其三，出台《“宝鸡好课堂”示范校评价标准》，确定三级评价指标，涵盖课程教学改革管理、课程建设、课堂教学、作业管理、课后服务、素质评价、教研活动等方面，促进学校加强课程建设，优化课程实施，实现特色发展；其四，全市开展义务教育“聚焦新课标 构建好课堂”学科专题研培活动 14 场。通过课例展示、专家报告、点评互动等方式，引领教师探索课程方案和课程标准落地实施的新路径、新方法；其五，发挥“名师”示范引领作用，开展观摩研讨、专题报告、结对帮扶等系列活动；其六，开展“宝鸡好教研”建设工作，积极创新教研方式，丰富教研内容，提高教研质量；其七，规范课后服务管理，整体推进“三个课堂”，增强“宝鸡好教育”动能；其八，主动对标“县县达标、校校达标”的要求，提升“宝鸡好教育”水平。宝鸡全市教育系统全面贯彻着党的教育方针，聚焦建设一批“好学校”、培养选配一批“好校长”、培育一批“好教师”，不断探索着、行动着、改革着。

（三）多管齐下推动基础教育课程教学改革

课程教学改革是一项系统工程，需要多管齐下才能取得理想的效果，陕西省“三个课堂”改革成就的取得与全方位的课程教学改革行动努力密不可分。在这一点上，安康市的课程教学改革推进经验较为典型。其做法是，借助政策制定、机制搭建与人才队伍建设，多管齐下驱动基础教育课程教学改革纵深推进。在国家基础教育课程教学改革的浪潮中，安康市勇立潮头，积极响应国家号召，通过一系列精心策划和有力执行的措施，致力于教育质量的显著提升和教育公平的全面实现。安康市教育体育局出台《安康市教育体育事业发展“十四五”规划》《关于深化全市中小学课堂教学改革工作的意见》《进一步深化全市中小学课堂教学改革工作的意见》，据此大力推进“第一课堂”改革行动、“三个课堂”提质行动，推动学校“小课堂”与社会“大课堂”有效衔接，同时鼓励县域有重点地开展课程教学改革工作。为了确保课程教学改革工作顺利推进，该市还编制了涵盖义务教育 12 个学科的《义务教育阶段作业设计实施指南》，并设立 37 个课题，组建 29 个学科基地，以支持基础教育课程教学改革，并且积极探索建立中小学教育质量综合评价制度，全面推进安康市课堂改革深入发展。同时，该市还深入实施教师队伍“十百千万”人才建设工程，创新实施“三区人才支持计划”组团帮扶、“城乡学校教师学习共同体”名师引领行动、学科教学研讨活动、城乡学校教师轮岗交流等，为全市课程教学改革工作提供了全方位保障。该市宁陕县小学语文“1+X”群文阅读教学就是一项成功实践（见案例 13–3）。

案例 13–3　安康市宁陕县小学语文“1+X”群文阅读教学

宁陕县作为陕西省积极推进课程教学改革的地区之一，近年来在小学语文教学领域，特别是“1+X”群文阅读教学实践方面，进行了深入探索与创新，旨在通过这一教学模式，激发学生阅读兴趣，拓宽学生阅读视野，全面提升学生的语文素养和综合能力。宁陕县某小学，作为实践“1+X”群文阅读教学模式的先行者，其做法值得借鉴。该模式中的“1”代表教材内的基础篇目，“X”指与之相关的拓展阅读材料，旨在围绕一个主题或知识点，引导学生拓展阅读深度和广度。学校首先从教师培训入手，组织语文教师参加“1+X”群文阅读教学的专题培训，确保每位教师都能理解该模式的核心理念与实施策略。通过集体备课、示范课展示、课后反思讨论等形式，教师们共同探讨如何将教材内容与拓展阅读内容有效结合，设计出既符合学生认知特点又富有挑战性的阅读任务。在实际教学中，该校通过议题引导法，选取贴近学生生活的主题，如“自然与环保”“传统文化探秘”等，以一篇教材课文作为基础，再配以多篇相关联的课外阅读材料。此外，学校还建立了阅读分享机制，定期举行读书会、故事会、阅读心得展评等活动，鼓励学生分享自己的阅读体验，提升口头表达和批判性思维能力，在此过程中，还会利用信息技术手段以适应数字化时代学生的学习习惯。通过实践，学生学会了从多角度、多维度理解和分析文本，他们的独立思考和批判性思维能力得以发展，为终身学习打下了坚实的基础。宁陕县的“1+X”群文阅读教学实践研究，不仅在当地产生了积极影响，也为其他地区提供了可参考的范例。

四、课堂教学模式进入“众创”时代

区域课程教学改革领头学校率先落实国家课程教学改革政策，踊跃参与、率先推进，致力于打造样板、发挥辐射作用，由此成为本轮课程教学改革的先锋与标杆。在陕西省，“三个课堂”“课堂革命·陕西行动”等课程教学改革声音响彻三秦大地，涌现出了“西安好课堂”“宝鸡好课堂”等地标性课程教学改革经验成果，以学生为主体的导学课堂理念犹如初蕾绽放，陕西省中小学课堂教学模式进入“众创”时代。

（一）学校课堂改革八仙过海

在众多示范校中，一系列富有创新性和实效性的课堂教学改革不断展开。这些学校通过打造“智慧课堂”，利用大数据分析开展个性化教学；积极推行“项目式学习”，让学生在解决实际问题中锻炼综合能力；倡导实施“合作学习”，增强学生团队协作与群学群研学习氛围。可以说，这些品牌性课堂形态不仅成为示范校的闪亮名片，更为全国教育改革提供了宝贵经验和示范引领。陕西省各地、各校课堂改革“八仙过海、各显神通”，多姿多彩的课堂样态纷纷登场。

在“聚焦课堂、直击课堂、发力课堂、绽放课堂、享受课堂”等课程教学改革理念指引下，西安市制定了《“西安好课堂”质量评价参考标准（试行）》，抓住课程课堂质量建设的“牛鼻子”；全市举行了一系列课程教学改革展示观摩活动，着力打造若干课程教学改革品牌，推出“融媒体 +”公益课堂，开辟了西安教育教学教研工作新阵地。诸多西安市课程教学改革领头学校都拿出了自己的课堂品牌，如“美好课堂”“灵动课堂”“生命课堂”等。这些课堂改革品牌已经在当地产生了示范驱动效应。

宝鸡市积极响应省教育厅“课堂革命·陕西行动”号召，着力推进“宝鸡好课堂”“宝鸡好教研”“宝鸡好教师”三大教育行动。全市积极推进“宝鸡好课堂”品牌建设，坚持以生为本、以学定教，贯彻自主、合作、探究理念，创新“生本导学”课堂模式。与此同时，全市还通过开展观摩研讨、岗位练兵、全员培训、教学论坛、评课赛教等活动，引导学校和教师抓好主责主业，在备课、磨课、上课、评课、改课上下足功夫，全面提升全市课堂教学质量。2022 年，宝鸡市在全省课堂教学创新大赛获奖 45 人次，位居全省前列，为课堂提质增效注入了新活力。

在安康市，每个县区都有自己的品牌课程教学改革行动，安康市某小学的“幸福教育”课堂教学改革、旬阳市的“目标推进四环聚焦”教学改革、汉阴县的“进阶设计、缔造智趣”课堂教学改革、镇坪县聚焦单元主题意义培养结构化思维的教学模式等，都已取得一定改革成效。安康市某教师提道：“我们的社团引入了 AI 智课，这是北京一个团队设计的 AI 智课，丰富了低年级的延时服务，我们学校的素质教育活动比较丰富，有数学活动月、语文活动月等。”

（二）学生自主参与型课堂占据主流

在上述新型课程教学改革模式推动下，陕西省课堂改革景观发生了根本性变化，传统的讲授式教学逐渐向以学生为中心的导学导思式教学形态转变，如探究式学习、项目式学习、跨学科主题学习等，学生自主参与型课堂成了陕西省课堂教学改革的主流。这些教学模式鼓励学生主动探索、合作讨论，对于增进课堂互动性、拓展学生学习深度、增强学生学习动机均具有较强现实意义。调查数据显示，79.5% 的校长 / 书记认为所在学校教师的教学方式改革有效提高了课堂教学质量，表明大部分学校在推动教学创新和方法调整方面取得了实质性的成果，高比例的认同感显示出陕西省教师在课堂教学驾驭方面的较高专业水准和课程教学改革适应能力。

五、课程教学改革专业支持力度增强

教研与培训是支撑学校课程教学改革的关键力量，没有一流的教研体系、教研员队伍与校本研修活动，没有高效、专业的教师培训活动，中小学课程教学改革就会寸步难行。在陕西省基础教育课程教学改革中，面向课程教学深化改革的教研机制、培训机制、研修机制正在形成，对新课程教学改革的支持力度持续增强。

（一）专业的教研模式与体系日渐成形

陕西省尤为重视课程教学改革专业力量与队伍的建设工作，为新课程教学改革提供坚强后盾。陕西省教育厅出台《关于加强和改进新时代基础教育教研工作的实施意见》，陕西省教育科学研究院印发《陕西省教育科学研究“十四五”发展规划》，重点优化全省中小学教研工作体系，提升全省教育科研事业的规划管理水平。陕西省整合广大教师、校长、教研员的教研力量，针对教研员开展了新课程高级研修班培训，举办了“三新”背景下大单元教学改革研讨会及数字化课堂教学改革研讨会，开展了全省基础教育教研员专题培训，召开了两次国家课程教学改革实验区实验校建设工作推进与经验交流会。在新教研政策引领下，全省教育教学研究活动开展方式发生了新变化，教研组织、制度、模式创新成效显著。

宝鸡市建成了市－县－校三级教研管理体系，着力打造“宝鸡好教研”品牌，推出了“三名（名师、名校、名班主任）+”教研模式、“备－教－学－评－育”融合发展校本研修新模式等。顺应课程教学改革需要，西安市教育科学研究院主导探索形成了“项目立项—聚焦问题—开展教研”“开展课堂观察—创新实验基地—总结提炼”教研活动实施新流程，夯实了“课题引领—课例收集—课程教学改革活动”的规范化教研模式，创造性地实施“专题课题＋创新实验基地校”“观课—议课—专家报告—教学再设计”的县区教研范式，基于校本研究的深度课程教学改革研究模式在教研实践中日益受到重视。安康市在教育教学中开展主题教研活动、强化学科教研基地建设等，打开了安康市教研工作的新局面（见案例 13–4）。

案例 13–4 安康市历史学科“乐学 · 善思 · 力行”区域基础教育教研

2011 年始，为响应国家服务学校、服务教师、服务学生、服务教育管理决策的教研工作要求，安康市教研室以教师发展需求为重点、主题教研活动为支点、赋能骨干团队为起点、激活师生发展内驱力为原点，聚焦“学科核心素养落地”“地域教学资源开发”“师生研修成果转化”，凝练“乐学·善思·力行”教研活动新观念、探索构建“一核心二引领三聚焦四路径”主题教研模型，为市、县、校教研活动效能提升提供了相应实践方案。“一核心”主张提升教师素养；“二引领”强调理论引领和实践引领双驱，以理论引领打开教师学术视野，在实践引领中创新“同课异构”模式；“三聚焦”即聚焦教、学、评一体，围绕教学需求进行系统化活动设计，围绕学生需求进行特色化活动设计，围绕评价需求进行个性化设计，并制定《安康市初中历史学科作业设计指南》；“四路径”指“课题教研化、教研主题化、主题活动化、活动成果化”。近年来，安康市教研室以教研示范和教师主动发展为要义，以研究第一课堂为重点，辐射第二、第三课堂资源开发和利用，形成了系列教科研成果，打破了区域局限，联通了教研科研，不断实现着教师学术成长与学生综合素养提升双发展，使得区域教研生态、教师成长样态及学生学习状态获得新面貌。

调查数据显示，82.0% 的受调研教研员认为自己服务所在区域课程教学改革方面的能力正在不断提升。这一数据不仅展示了教研员个人层面的成长状况，同时也展示出全省教育教学研究工作体系正在新一轮课程教学改革中持续发力，教研工作在推动课程教学改革、促进教学质量提升、提高教师课程教学改革素养方面正承担着不可替代的功能。

（二）教研活动实效性持续增强

增强实效性是教研改革持续追求的工作目标。调研结果表明，陕西省教研改革成效显著。调查数据显示，79.3% 的教师对区域教研及校本教研活动表示认同，认为教研活动提升了自己的教学能力。这表明绝大多数教师对教研活动持积极态度且参与度高，区域教研和校本教研活动在提升教师教学能力、支撑课程教学改革推进方面成效显著。高认同率还反映出教研体系构建与教研活动实施成功有效，教研活动的内容、过程和方法与教师实际需求匹配，从侧面验证了当前课程教学改革方向的正确性。

调查研究还表明，77.8% 的校长 / 书记表示所在学校会经常邀请教研员和校外专家入校听课评课，该数据显示了校长 / 书记对教育资源的高效整合和利用，是学校与外界保持良好互动以形成教育共同体的体现。同时，这也说明多数学校对于基础教育课程教学改革趋势的积极响应，特别是在当前强调教育高质量发展、教师专业成长、学生全面发展、评价体系多元化的背景下，学校更加重视利用教研活动的力量来增强学校课程教学改革能力。

（三）教研员参与学校课程建设工作成为常态

在陕西省中小学课程建设中，教研员扮演着指导者、推动者与谋划者的重要角色，显著提高了学校课程规划与建设的专业品质。调查研究表明，75.2% 的教研员认为自己督促指导了所在区域学校和教师规划学校课程。该数据表明，大多数教研员在所在区域学校课程规划中发挥了重要作用，教研员的高度参与推动了基础教育课程教学改革政策的有效落地，他们对所在区域课程创新工作做出了积极贡献。

（四）校本研修的课程教学改革支撑力日益凸显

中小学校本研修持续发力，在基础教育课程教学改革中发挥了关键作用，一批行之有效的校本研修模式在陕西省涌现。陕西省教育厅下发《关于加强新时代基础教育校本研修工作的通知》，着力构建多元聚合的研修形式、协同发展的推进机制、数智支撑的实施方式、教研训一体的保障体系，致力构建基础教育教师校本研修的新样态，为全省教师专业发展与课程教学改革助力赋能。在这一政策激励下，校本研修的课程教学改革支撑力日渐显现。调查数据显示，74.1% 的教师表示自己会定期参加基于课程教学改革的区域教研和校本研修活动。这说明教育行政部门和学校管理层对校本研修工作非常重视并给予大力支持，区域教研和校本研修活动为教师课程教学改革工作提供了良好交流与合作平台，学校课程教学改革的内在动力持续增强。宝鸡市渭滨区某学校的做法就是这方面的一个典范（见案例 13–5）。

案例 13–5　宝鸡市渭滨区某学校坚持校本研修共成长

近年来，在国家基础教育课程教学改革的浪潮下，宝鸡市渭滨区某学校积极响应，坚持校本研修，通过一系列切实有效的措施，推动学校内涵式发展，成为区域内教育改革的典范。该校深知教师是教育质量提升的关键，故将校本研修视为教师成长和教学质量提升的有力抓手。该校围绕“减负、提质、增效”的核心目标，精心设计校本研修活动，以课题研究为牵引，将教学实践与理论研究相结合，鼓励教师在日常教学中发现问题、研究问题、解决问题，不断提升教学技能和专业素养。学校定期举办教学研讨会、公开课展示、教育论坛等活动，为教师搭建了交流互鉴的平台，形成了浓郁的学术研究氛围。

同时，“青蓝工程”作为学校校本研修的一大亮点，通过老教师与青年教师的结对帮扶，加速了青年教师的成长步伐。此外，学校在校本研修中，尤为注重信息技术与学科教学的深度融合。学校设有现代化教学设施，为教师提供了丰富的教学资源和手段。

该校在校本研修的道路上，不仅关注教师的专业成长，更重视教学方法的创新和学生综合能力的培养，通过一系列扎实有效的措施，构建了学习型、研究型的校园文化，为学生的终身发展奠定了坚实基础，也为学校赢得了“身边的好学校”的美誉，成为基础教育课程教学改革中一颗璀璨的明珠。

（五）教师培训的课程教学改革支持力明显提升

教师培训体系升级是课程教学改革的有力支持手段，陕西省中小学教师培训的课程教学改革支持方式走向多样化。正如西安市某教研员所言：“对教师进行结构化的、系统化的、实践性的、参与式的案例式培训，解决的是分层发挥‘种子’教师的课程教学改革示范引领作用问题。”陕西省已经采取了各种教师培训方式，如线上线下相结合的混合式培训、工作坊培训、研修班培训等，教师能从中学习到最新的课程教学改革理念、教学方法，提升自身的信息化教学能力、课程领导力和教育科研能力，从而更好地适应本轮课程教学改革的要求。

值得注意的是，陕西省教育厅、陕西省教育科学研究院大力开展“陕西省城乡教师学习共同体——名师引领行动”，先后组织 262 名名师导师、691 名省学科带头人培养对象、203 名省优秀教学能手和 6 个项目县的 1298 名“种子”教师组成了 894 个“学习共同体”，实现了学习共同体的全学段、全学科覆盖，将优质教研活动沉降到基层学校中去，直接支撑了本轮课程教学改革的深入实施。

调查数据显示，78.0% 的教师认为自己所参加的各类专项培训注重教师实际需求，并能够精准促进教师专业成长。该数据也表明，当前教师专项培训在很大程度上满足了教师的实际需求，促进了教师队伍的整体素质提升。

六、课程评价改革稳步推进

课程教学评价是陕西省撬动课程教学改革的一把利器，呈现出多样的发展态势。

（一）课程评价创新有序推进

在陕西省，评价体系从单一的考试成绩评价转向多元评价，包括过程评价、表现性评价、同伴评价等多种形态。更加注重评价的全面性、发展性和个性化，成为陕西省课程教学评价改革的新趋势。例如，宝鸡市陈仓区某中学的“336 模式作业革命”

就尤为强调多元评价，如书写类作业由科任教师批阅反思、教研组点评反馈、教务处汇总考核、学生和家长反馈矫正等（见案例 13–6）。此外，成长记录袋、电子档案袋也为各校所广泛使用，如西安市某小学建立了学生评价系统，将学生五育发展情况形成评价大数据，纵向对比不同阶段学生综合素养的发展趋势，横向掌握德智体美劳发展的均衡性，同时体现个人、班级平均、年级平均发展水平的差异性。调查数据显示，69.0% 的调研员对所在区域教师的教学评价能力持积极正面评价，认为教师教学评价能够适应课程教学改革的要求。这一状况表明，在课程教学改革的大背景下，多数教师在教学评价方面已经能够较好地适应新的要求和变化。相关数据既展现出课程教学改革在教师层面的初步成功，又指明了未来课程教学改革的前进方向，即持续促进教师专业成长，进一步优化评价体系。

案例 13–6　宝鸡市陈仓区某中学以“336 模式”推进“作业革命”

2021 年，宝鸡市被教育部评为基础教育国家级优秀教学成果推广应用示范区，全面推广应用上海市教育科学研究院提升中小学作业设计质量的实践研究。宝鸡市教育局选择了一批基础条件好、队伍素质高、科研力量强、教育改革需求强烈的学校作为全市首批“作业革命”示范校，陈仓区某中学为其中之一。为推动国家“双减”政策落地实施，发挥标杆示范作用，该校围绕“减量、提质、增效”，探索出“336 模式”。“336 模式”的具体操作指向初步设计、审核实施和评价反馈 3 个环节，学生作业分为太阳、月亮和星星 3 个层次，共有书面类、体育类、艺术类、习字类、劳动类和阅读类 6 类。为突破“作业革命”关键，保障“作业革命”实效，该校还通过完善制度、培训学习、多元评价、研讨提升 4 项重点举措，精心设计作业数量的减法和质量的加法，提升教师作业设计能力和学校作业管理水平。经过一系列“作业革命”的实践与探索，该校在减量、提质、增效等方面取得了显著成效，不仅直接改善了学生的学习体验和学习成效，还对教师教学、家庭教育、学校管理以及教育系统的整体进步产生了有益影响。

（二）评价牵引课程教学改革初见成效

陕西省推进课程教学改革评价效果日渐显现，改革效应正在多层面扩展。一方面，小学低年级闯关游戏无纸化评价、学生成长积分卡评价、素质教育星级评价、增值评价、过程性档案袋评价、情景问题驱动的考试命题评价等在陕西省顺利推进。诚如安康市某教师所言：“评价牵引的课程教学改革初见成效。”又如宝鸡市某教师强调：

“我们学校的学生评价体系做得比较好，是一种多元化的评价。”另一方面，课程教学评价改革的“减负”效果日益明显。调查显示，78.0% 的教师认为考试频次下降了，近八成的教师持积极态度，致力于以新型评价方式促进学生个体发展，作业总量迅速下降便是其直接体现。此外，评价牵引对新一轮课程教学改革的保驾护航作用进一步凸显。数据显示，80.0% 的教师认为自己的教学评价能力能够适应课程教学改革的要求，说明教师群体对于上述创新性评价方法持有较高认可度，也间接证明了教师培训和专业发展工作的有效性。无疑，教师适应并采纳新的评价手段，正是课程教学改革成功实施的关键因素之一。

在访谈中，宝鸡市的一位教师谈道：“我们的评价体系是结合学生考试作业表现及综合表现等展开的。每月进行一次校园之星评选，评选出学习之星、读书之星、书写之星、体育之星、劳动之星等，学生只要某一方面表现突出，就可以被选为校园之星。”可见，在国家、地方、学校三级联动下，教育领域正逐步摆脱过去单一以分数、升学率等量化指标评价学生和教师的传统模式，转向更加全面、科学、合理的评价体系，基础教育课程教学改革的初步成效强化了陕西省推进教育现代化的决心与行动。

七、教育数字化改革全面启动

在陕西省，人工智能赋能教学改革逐步展开，校本化应用典型案例不断涌现，成为全省推进基础教育课程教学改革的新生点。

（一）数字技术赋能教学迅速铺开

数字技术在西安市基础教育领域的应用日益广泛，例如，某小学采用智慧体育系统，带动学校体育课程教学高质量发展（见案例 13–7）；某学校实施数字化教学，以数字化转型激活教育创新动能，以共享性资源助推全人培育进程（见案例 13–8）。此类智能辅导系统、自适应学习平台、虚拟实验室等既能为学生提供个性化学习路径，又可辅助教师进行高效教学决策，为学生创造更加丰富、互动、鲜活的学习体验。

案例 13–7　西安市某小学启用智慧体育系统

在信息化时代，互联网已渗透到人们生活的各个领域，前所未有地影响着学校的教育，国家也把教育信息化纳入国家信息化发展整体战略。在此背景下，西安市某小学通过学习相关政策及国内外优秀案例，结合学校实际情况，特别是已有体育工作基础，明确以智慧体育为切入点，将信息技术与教育教学深度融合，于近年来成功启用智慧体育系统。这一举措不仅标志着学校在教育信息化道路上的重大突破，也为提升学生体质、促进学生全面发展提供了全新的路径。该小学智慧体育系统集成了最新的信息技术，包括物联网、大数据分析和人工智能算法，形成了一套完整的体育教学与健康管理解决方案，共有6大特色项目，分别是智慧步道、体测亭、智能赛道、健康柱、气象站和课堂运动手环。所有智慧体育项目都可扫脸注册、实名使用。该校2800余名师生全员参与。此外，智慧体育系统还融入了丰富的在线教育资源，包括运动技能视频教程、体质测试标准解读等，且该智慧体育系统还促进了家校共育，使家长也能有效参与其中。可以说，该小学智慧体育系统的实践，不仅为学生的身体健康提供了强有力的技术支撑，也为教育行业提供了可复制、可推广的成功案例。它证明了在新时代背景下，教育与科技的深度融合能够为传统教育带来深刻变革，开启基础教育发展的新篇章。

案例 13-8 西安市某学校的教育数字化转型

在传统教学模式面临诸多挑战的背景下，西安市某学校成功实施了教育数字化转型，为基础教育注入了新活力。该校强调转变教育观念、创新课堂教学模式、整合优质教学资源、构建智慧评价体系等，打造数字化、网络化、智慧化的校园环境，为全校每位师生的成长和发展提供有力支持。教育教学数字化转型案例的具体实践面向数字备课、数字课堂、数字资源及数字评价。一是协同高效数字备课，将云端备课与资源共享创新实践、人工智能备课与个性互动高效实施相结合，提高备课效率，提升课堂教学质量。二是打造可视化数字课堂，以智慧课堂教学技术为核心，将课前评价、课中管理、课后学习三个环节紧密衔接，构建系统性、规模化、常态化智慧课堂。三是开发共享性数字资源，通过整合学校各年级各学科的教学资源，构建“备、教、学、评、研、管”六位一体的全新教学模式，以共享资源促进教育发展。四是构建智慧化数字评价，坚持以学生为中心的评价理念，以评价标准多样化、评价方式多元化、评价主体丰富化为原则，构建智慧评价体系，精准评估学生多维能力，为个性化教育提供有力支持。经过一系列的实践与探索，该校在教育数字化转型方面取得了显著成效，教学质量得以提升，研修渠道联通拓宽，教师素质相应提升。

（二）智慧课堂建设纵深推进

调研发现，陕西省各地建设智慧课堂的热情持续增长，基于智慧教研、智慧课堂、智慧教育平台的教育改革探索持续向纵深推进。在省级层面，陕西省教育科学研究院组织召开了“人工智能赋能教师校本研修”推进现场会，通过现场观摩、观看专题片、会议研讨、专家报告等多种活动形式分享人工智能赋能教师校本研修的经验。在宝鸡市，基于智慧课堂的课堂改革令人瞩目，改革热情持续高涨。以智慧课堂教育改革实验和国家中小学智慧教育平台应用试点为抓手，宝鸡市通过强化专业支撑、促进区域联盟、深化教研指导、搭建活动平台和实施表彰激励等措施，着力应用智能助手（平台、系统、资源、工具等）赋能课堂教学，新技术支持下的新课堂有效促进了教、学、评的范式转换；依托宝鸡教育云平台，一手抓课程教学改革，一手抓智慧校园建设，为教师提供网络备课、远程教研、在线交流等服务，推动数字化转型与学科教学深度融合。

调查数据显示，陕西省 69.0% 的教师能够在教育教学各方面有效使用人工智能和大数据技术。超过三分之二的教师能够有效使用这些技术，这意味着更多的学生可能因此受益。

陕西省在基础教育课程教学改革的征途上紧跟时代脚步，瞄准教育变革的关键节点，开展了一系列积极探索，取得的改革成效为全国基础教育课程教学改革事业书写了浓墨重彩的一笔。从理念革新到实践探索，从课程建设到课堂创新，从资源建设到质量跃升，从教研支持到培训发力，陕西省课程教学改革实践的每一步都明确地指向了教育现代化的区域教育发展目标。教师群体的高度认同、区域课程教学改革的蓬勃生机、示范校的引领辐射，共同描绘出了一幅充满活力与希望的省域基础教育课程教学改革画卷。

第 14 章

甘 肃

为顺应新时代、新形势下素养导向的基础教育课程教学改革需要，甘肃省积极响应并落实国家基础教育课程教学改革政策，努力探索富有甘肃省特色的教育发展路径。为此，甘肃省通过多方强力推进课程方案在全省转化落地，力促学校课程教学与评价形成新形态，开阔视野突破课程教学改革重难点问题，助推省域课程教学优质均衡发展，多渠道提升教师主体的课程教学胜任力。经过一系列努力，甘肃省的基础教育课程教学改革取得一系列实质性进展与初步成效，改革正在继续向纵深推进。

一、多方强力推进课程方案在全省转化落地

为贯彻落实《行动方案》，切实加强国家课程方案向地方、学校课程实施规划的转化工作，甘肃省在上承国家课程方案新要求的同时，下接区域以及学校特点，因地制宜制定课程实施规划。与此同时，为保障新课程方案的顺利落地，甘肃省开展了全域覆盖的四级课程实施培训，不断建立健全全省课程实施监测办法，并以督－研一体的学校教育视导机制助推新课程方案的高质量落实。

（一）自上而下编制国家课程实施规划

甘肃省严格落实课程方案，根据省域特点“一地一计”制定区域课程实施规划，并得到教研员、校长／书记以及教师的广泛认同。问卷调查数据显示，大多数教研员、校长／书记和教师对所在区域新课程实施方案比较熟悉，并且比较认同新课程实

施方案倡导的基本理念。在关于对所在区域新课程实施方案熟悉情况的调查中，对区域新课程实施方案比较熟悉或非常熟悉的校长 / 书记占比高达 82.4%，持同样看法的教研员占比为 73.9%，教师占比为 72.4%。

在关于区域新课程实施方案与个人想法相符情况的调查中，占比高达 84.5% 的校长 / 书记认为区域新课程实施方案倡导的理念与自己的想法相符，持同样看法的教研员人数占比为 77.3%。统计结果表明，绝大多数校长 / 书记以及教研员较为认同自己所在区域倡导的新课程实施方案的基本理念。

与此同时，在区域课程实施规划的基础上，各校依据自身发展特色，“一校一策”制定学校课程实施规划。问卷调查数据表明，省域内大多数学校已经制定（修订）了学校课程实施规划，这些课程实施规划对教师开展素养导向的教育教学工作具有较强指导作用。在关于学校课程实施规划制定（修订）情况的调查中，占比高达 83.2% 的校长 / 书记表示已经依据国家、地方新课程方案，制定了所在学校的课程实施规划，在相关题项中持同样看法的教师和教研员人数占比分别为 76.5% 和 69.5%。

在关于学校课程实施规划方案对教师的指导性情况的调查中，75.8% 的教师表示学校课程实施规划方案对自己开展教育教学具有很强的指导作用，表示学校课程实施规划方案没有太多指导价值的教师占比仅为 4.1%。统计结果表明，大多数学校制定的学校课程实施规划能够有效指导教师的教育教学。

（二）全域覆盖开展四级课程实施培训

为帮助一线教师理解新课程核心理念，推进课程方案和课程标准的落地实施，甘肃省教育厅印发了《关于组织实施 2024 年义务教育新课标和新教材培训的通知》，按照省级抓全员覆盖的思路，采用省 – 市（州）– 县（区）– 校四级课程实施培训方式，利用 3 年时间完成全省中小学 13 个学科 23 万余名教师的课程方案和课程标准的学习培训活动。

在关于课程方案和课程标准的学习情况的调查中，所有调查对象均表示参与过相关学科的培训活动。从培训级别和参与次数来看，参加区县级培训多于 5 次的教研员、校长 / 书记、教师占比分别为 36.3%、55.9%、40.6%；参加校级培训多于 5 次的教研员、校长 / 书记、教师占比分别为 58.3%、80.9%、68.3%。调研数据显示，课程方案和课程标准的学习活动做到了全员覆盖，这表明相关教育行政部门以及学校对于新课程实施的重视程度较高。由于国家级和省市级培训资源相对有限且组织难度较大，教研员、校长/书记和教师参加的国家级培训和省市级培训相对较少，参加的校级培训最多。

通过实地调研发现，甘肃省尤其重视学科教师对课程方案和课程标准的理解与学习。某高中语文教研员在访谈中表示，自教育部发布《普通高中课程方案（2017版）》和《普通高中语文课程标准（2017版）》后，甘肃省立即面向全省语文骨干教师进行了“聚焦新课标——指向核心素养的语文教学改革”专题培训活动，引导教师了解高中课程方案和课程标准的修订背景，梳理主要变化，准确理解高中语文学科核心素养，把握基于学习任务群的语文教学方式改革。之后，甘肃省将专项培训延展下沉至市（州）、县（区）及学校，助力语文学科核心素养培养落地。

除此之外，为了有效提升教师的新课程实施能力，在对教师进行培训的基础上，甘肃省还开展了与课程方案和课程标准相适应的教师评价能力提升、科学教育能力提升、数字化素养提升和作业设计能力提升四类专项培训。在关于教师评价能力提升专项培训情况的调查中，占比分别为69.6%、72.9%、70.5%的教研员、校长/书记、教师表示区域或学校开展了相关专项培训。在关于科学教育能力提升专项培训情况的问卷调查中，持肯定看法的教研员、校长/书记和教师占比分别为69.2%、73.1%、64.1%。在关于数字化素养提升专项培训情况的调查中，持肯定看法的教研员、校长/书记和教师占比分别为73.4%、75.6%、69.8%。在关于作业设计能力提升专项培训情况的调查中，持肯定看法的教研员、校长/书记和教师占比分别为76.4%、83.5%、72.3%。统计结果表明，大多数调查对象表示区域或学校开展过相应专项培训。相较之下，在四类专项培训中，大家对作业设计培训的认可度普遍更高。

（三）建立健全全省课程实施监测办法

为了推进新课程有效实施，甘肃省按照教育部办公厅印发的《关于开展课程实施与教材使用监测工作的通知》要求，有序推进省级课程实施监测，为学校课程实施提供重要指导。在关于省级课程实施监测情况的调查中，78.7%的校长/书记表示区域相关部门开展了省级课程实施监测，持同样看法的教师和教研员人数占比均为71.5%。统计结果表明，甘肃省的省级课程实施监测情况良好，超七成的教研员、校长/书记和教师对此持肯定态度。

在关于省级课程实施监测结果对学校课程实施的指导情况的调查中，占比分别为74.2%、79.7%和73.6%的教研员、校长/书记和教师表示省级课程实施监测为推进区域内或自己所在学校的课程实施提供了参考依据。统计结果表明，占比超七成的教研员、校长 / 书记和教师认为省级课程实施监测对区域或自己所在学校课程实施提供了参考依据，监测结果的反馈为学校课程实施的变革指明了方向。

此外，通过实地调研发现，为加强课程实施监测力度，甘肃省教育厅先后印发《甘肃省中小学课程实施与教材使用监测工作方案》《关于开展 2023 年甘肃省义务教育质量监测的通知》《2024 年甘肃省义务教育质量监测工作手册》，逐步建立健全了课程实施常态化监测和定期评估机制，并对课程实施效果进行跟踪和反馈。监测内容主要为义务教育、普通高中国家课程方案和各学科课程标准实施情况，重大主题教育进中小学课程落实情况，学生核心素养发展状况以及地方课程、校本课程建设管理和育人效果情况。同时，甘肃省根据监测范围和监测重点，科学设计监测指标，开发完善监测平台，综合运用问卷调查、实地访谈、课堂观察、设置观测校等方式开展监测。畅通意见反馈渠道，广泛听取一线教师、教研员、学生、家长等各群体意见建议，进而形成省、市、校、家共同参与的课程实施监测体系。

（四）开展督 – 研一体的学校教育视导

甘肃省教育厅印发《关于加强和改进新时代基础教育教研工作实施方案》《甘肃省基础教育教研改革“六大行动”实施方案》《甘肃省中小学教学视导实施方案》等文件，创新教育视导方式，精准有效指导课堂教学。甘肃省建立了督 – 研一体的学校教育视导机制，由教研部门和督导部门联合开展全方位、沉浸式的专项视导活动，力促学校课堂教学优化与质量提升。

一是系统督导。省、市（州）、县（区）三级教育督导部门将教研工作纳入督导评估体系，重点督导评估教研工作方向、机构设置、队伍建设、条件保障和教研工作实效，促进教研工作科学化、专业化、规范化发展。二是专业视导。省、市（州）、县（区）三级教研部门组建学科视导组，面向学校开展核心素养导向的听、看、评、讲、议、导一体的教学视导，即通过集体备课、听课议课、研讨交流等方式加强专业引领；针对不同学校、不同学科的实际情况，制定具体教学指导方案，提供个性化的教学建议；定期组织专家团队对学校进行教学评估，发现问题并及时提供改进建议。省级视导做到全年市级全覆盖，市级视导做到全年县级全覆盖，县级视导做到全年学校全覆盖。

问卷调查数据显示，教研员会定期进入所在区域学校开展听课评课等教学视导活动。与此同时，教研工作服务学校教育教学、教师专业成长、学生全面发展、教育管理决策的能力和水平也得到了进一步的提升，为甘肃省基础教育事业高质量发展提供了强有力的专业支撑和智力支持。在关于学科教研员进入所在区域学校听课评课情况的调查中，占比分别为 75.1%、81.6%、76.5% 的教研员、校长 / 书记和教师表示所在区域的教研员会定期进入学校开展教学视导活动。

在关于所在区域教研员服务学校课程教学改革的能力提升情况的调查中，占比分别为 76.1%、76.4%、63.5% 的教研员、校长 / 书记和教师表示所在区域的教研员在推动课程教学改革方面展现出了日益增强的能力。

二、力促学校课程教学与评价形成新形态

为进一步推动义务教育课程教学的优质、均衡、高质量发展，甘肃省近年来始终坚持素养导向的新课程实施要求，鼓励各个学校根据自身的办学理念和特色进行素养导向的课程创生，鼓励教师探索素养导向的课堂教学新要求和新方式，鼓励建立区域、学校与教师三主体联动的教学评价体系，力促学校课程教学与评价形成新形态。

（一）基于办学理念创生素养导向的校本特色课程

为了推进新课程高质量实施，增强学校课程实施自主权，甘肃省各市（州）、县（区）教育行政部门指导学校结合实际科学构建基于学校办学理念和特色的校本课程，各地学校积极进行学校课程创生，建立校本特色课程体系。关于校本特色课程建设情况的调查结果显示，占比达 71.8% 的教研员表示区域内学校形成了体现学校办学特色的课程体系，占比达 74.9% 的校长 / 书记表示所在学校形成了校本特色课程体系，持同样看法的教师占比为 74.0%。统计结果表明，甘肃省大多数学校积极进行学校课程创生，努力建立校本特色课程体系。

问卷调查数据表明，甘肃省积极推动学校校本特色课程创生，使学校课程实施的能力得到显著提升。关于学校课程实施自主权情况的调查结果显示，占比分别为 69.2%、76.1%、76.9% 的教研员、校长 / 书记和教师表示学校课程实施自主权较高。

通过实地调研发现，甘肃省庆阳市某校基于学生的生理、心理、行为发展特点，以“提供适合每个学生的教育”为课程设计价值取向，将国家课程校本化，构建十二年一贯、十五年一体、以学生成长为中心的“一主线、三进阶、四领域”立体式课程

体系——“守正课程”体系，以实现幼儿园、小学、初中、高中、大学课程的无缝衔接和一体化设计。“一主线”即“守正教育”。按照教育的本质和规律，以幼儿园、小学、初中、高中教育全过程育人、一体化设计视角，开发相应课程，实现明德、尚学、能群、力行的培养目标。“三进阶”即在充分尊重不同学生的个性潜质和学力的基础上，通过以基础课程、拓展课程、探究课程为主导的进阶式课程设置，搭建纵向、横向贯通融合的课程体系，提供多样、可选择的课程，激发每个学生的潜力，让不同学生都找到适合自己禀赋和成长轨道的学习路径，提升学生的综合素养。“四领域”即基于国家课程的高质量实施，深入挖掘国家课程育人要素，设计正源、正本、正心、正行四大领域课程，使学科与生活、学习、实践联通，既充分发挥各学科育人的独特价值，又实现协同育人的效果。以小班化教学和导师制管理为基础，以“选课走班、分层分类”教学模式实施课程。

（二）积极探索素养导向的课堂教学新要求和新方式

为了有效落实新课程的核心理念，推进新课程的高质量实施，形成具有实践性、整体性与理解性的课堂教学形态，甘肃省正积极推进课堂教学方式变革，鼓励学校组织学科实践活动以及跨学科主题学习活动。在关于教师组织学科实践活动情况的调查结果中，占比分别为75.7%、80.2%的教研员和校长/书记表示所在区域或学校的教师能很好地组织学科实践活动。此外，79.2%的教师表示正在课堂教学中尝试学科实践活动。

关于教师组织跨学科主题学习活动情况的调查结果显示，占比分别为70.5%、72.5%的教研员、校长/书记表示所在区域或学校的教师能在教学中组织跨学科主题学习活动。此外，74.8%的教师表示正在课堂教学中尝试组织跨学科主题学习活动。

通过实地调研发现，在贯彻落实国务院办公厅印发的《关于深化教育教学改革全面提高义务教育质量的意见》和义务教育课程方案与课程标准等的基础之上，甘肃省教育厅印发了《甘肃省义务教育课程实施办法（试行）》，明确指出要注重课程整体规划，做好各门课程跨学科主题学习与综合实践活动安排，统筹校内外教育教学资源，将理念、原则要求转化为具体育人实践活动，为学生全面发展和核心素养发展赋值增能。探索大单元教学，积极开展主题化、项目式学习等综合性教学活动，促进学生举一反三、融会贯通，加强知识间的内在关联，促进知识结构化。强化跨学科主题学习研究，加强综合课程建设，完善综合课程科目设置，增强课程的综合性和实践性，充分发挥课程的协同育人功能，原则上各门课程用不少于 10% 的课时设计跨学科主题学习。

此外，某省级教研员在访谈中也表示，甘肃省中小学自 2017 年开始探索 STEM 教育，从最开始组建 STEM 团队进行试点，再到遴选实验校逐步推广应用，STEM 跨学科教学理念逐步被更多的学校和教师所接受。

（三）建立区域、学校与教师三层联动的评价体系

为了提高课程教学评价质量，充分发挥评价的教学改进功能和育人功能，甘肃省通过区域、学校、教师三层联动，推进素养导向的教学评价改革。区域教育管理部门负责统筹规划，根据国家教育政策和区域教育发展目标，制定教学评价改革方案，为学校和教师提供清晰的指导，并从政策、经费、人员等方面保障评价改革工作的有效落实。学校是区域教学评价改革方案的转化者，根据区域教学评价改革要求，建立符合学校实际情况的教学评价体系，并通过定期开展的听课评课、教学研讨、校本研修等方式，提升教师教学评价改革的卷入度。教师是教学评价的直接实施者，负责将改革的理念与方法融入课堂教学以及学生综合素养评价过程中。区域、学校、教师三者层层联动，相互协同形成合力，共同推进教学评价改革工作。

具体来讲，区域层面的教学评价改革主要表现在两个方面。一是落实教研员和校外专家入校听课评课制度。关于教研员和校外专家入校听课评课情况的调查结果显示，66.6% 的教研员表示自己经常与专家进入区域内学校听课评课，67.3% 的校长 / 书记表示学校经常邀请教研员和校外专家入校听课评课，持同样看法的教师占比为 71.3%。调查结果说明，甘肃省教研员和校外专家入校听课评课制度基本落实到位，多数调查对象对该项工作表示认可。二是积极有效落实综合素质实施评价方案。关于综合素质评价实施方案落实情况的调查结果显示，77.2% 的教研员表示区域有效落实了综合素质评价实施方案，82.9% 的校长 / 书记和 84.7% 的教师表示学校和个人有效推进了综合素质评价实施方案的落实。调查结果说明，甘肃省大多数学校和教师积极推进综合素质评价实施方案的有效落实，该项工作进展良好，80% 以上的校长 / 书记和教师对此表示肯定。

从学校层面来看，甘肃省的学校主要通过建立校本教学评价体系（方案）推动教学评价改革。关于校本教学评价体系（方案）建设情况的调查结果显示，74.4% 的教研员表示区域内学校形成了校本教学评价体系（方案），79.9% 的校长 / 书记表示所在

学校形成了校本教学评价体系（方案），持同样看法的教师人数占比为 75.2%。调查结果说明，甘肃省大多数学校正在积极推进校本评价体系（方案）建设，以此推动素养导向的教学评价改革。

教师层面的教学评价改革主要体现在日常教学以及作业设计中。一是教师在日常教学中会有意识地进行过程评价。关于日常教学中教师开展过程评价情况的调查结果显示，78.5% 的教研员表示区域内学校教师在日常教学中加强了过程评价，83.9% 的校长 / 书记表示所在学校有效落实了教与学的过程评价，82.7% 的教师表示自己在日常教学中注重使用过程评价。调查结果说明，学校和教师非常重视过程评价，大多数教师能够在日常教学中进行过程评价。二是教师会有意识地进行素养导向的作业设计。作业是进行日常教学评价的重要途径，优化作业设计有利于提高日常教学评价质量。甘肃省在新课程的实施过程中，把强化素养导向的作业设计作为培育学生核心素养的重要路径。关于教师素养导向的作业设计情况的调查结果显示，72.7% 的教研员和 76.7% 的校长 / 书记表示区域内学校教师能按照核心素养的培育要求，设计具有探究性、实践性和跨学科性的作业，75.7% 的教师表示自己在日常教学中能够进行素养导向的作业设计。调查结果说明，甘肃省域内的大多数教师具有进行素养导向的作业设计能力，能够设计具有探究性、实践性和跨学科性的作业。

三、开阔视野突破课程教学改革重难点问题

甘肃省在新课程教学改革的落实过程中面临诸多难点问题，针对这些问题，甘肃省不断开阔视野、积极探索，寻求多元化的解决途径。

（一）融入日常课程教学的铸牢中华民族共同体意识教育

关于将铸牢中华民族共同体意识融入教育教学情况的调查结果显示，79.8% 的教研员表示学校教师能将铸牢中华民族共同体意识融入教育教学全过程，持同样看法的校长 / 书记和教师人数占比分别为 87.6% 和 84.1%。

通过实地调研发现，甘肃省非常重视将铸牢中华民族共同体意识融入课程教学。一是在思政课一体化建设中整体推进，将铸牢中华民族共同体意识融入课程教学。在访谈中，某省级教研员表示，省委教工委成立全省大中小学思政课一体化建设指导委员会及 9 个分科教学指导委员会，指导各市州成立市级教育指导委员会，分层分类对

大中小学思政课建设进行指导、示范、培训和研判，持续推动思政课改革创新。依托西北师范大学建设大中小学思政课一体化共同体，在甘南州、临夏州统筹建设两个民族地区大中小学思政课一体化教学改革创新研究中心，推动思政优质课程、优质师资、优质资源共建共享。这两个地区的学校在将铸牢中华民族共同体意识融入课程教学方面形成了许多典型经验，并被《中国青年报》等多家官方媒体报道（见案例 14–1）。

案例 14–1　甘南草原“石榴花”开别样红

王格尔塘镇是个藏族、回族、汉族、撒拉族等多民族汇集的地方，该地某校师生也由多民族组成。为营造团结友爱的校园环境，该校将铸牢中华民族共同体意识融入常规课程，深入挖掘教材中的爱国元素，不断丰富思政课程内涵，增强师生的自豪感和归属感。

学校开设两周一次的“云上课堂”。在这个课堂，学生可以通过网络与远在上海的公益机构的老师和大学生连线，了解外面的世界，也会广泛收集资料，向上海的朋友介绍家乡的人文风俗、美景美食。“云上课堂”是该校校长通过各种渠道与上海的公益机构对接达成的成果，目的是帮助大山里的各族学子锻炼自己、开阔眼界、了解外面的世界。“让我们的学生和上海这样的大都市建立联系，大家一起搞活动，互相学习进步，这给孩子们带来了不一样的感受。”课堂外，由学校统一谋划，少年队、团委组织各类活动，如国旗下讲话、演讲比赛、剪纸衍纸兴趣活动、传统文化知识竞赛等，在润物细无声中传递爱国情怀，铸牢共同的理想信念。

二是将铸牢中华民族共同体意识教育作为学校思政教育的主要内容，形成融入日常、学段衔接、一体推进的教育体系。在访谈中，某省级教研员表示，省教育厅同统战、民委等省直部门共同出台实施专门的“工作方案”，面向大中小学生构建铸牢中华民族共同体意识“进教材、进课堂、进头脑”的宣传教育和课堂教学工作格局，将铸牢中华民族共同体意识教育纳入学校思政教育的核心，打造贯穿日常、学段联动、系统推进的教育格局。

三是完善将铸牢中华民族共同体意识教育纳入市县政府履行教育职责督导评价的机制。在访谈中，某省级教研员表示，省教育厅督促指导全系统各级党组织书记履行好“一把手”职责，形成领导小组齐抓共管、全员参与的工作格局，定期开展督导评估、强化结果运用，全面提升铸牢中华民族共同体意识教育质量。

四是开展相关主题展示活动。某省级英语教研员在访谈中表示，为推动爱国主义教育“进教材、进课堂、进头脑”，省里组织开展了“用英语讲好中国故事”爱国主义主题展示活动。活动面向全体师生，通过师生共讲中国故事，厚植爱国情怀。

（二）开发利用社会资源，提质科学教育

甘肃省积极开发与利用高校实验室、科技馆、博物馆、研学基地等校外社会资源，服务科学教育的高质量实施。关于科学教育社会资源开发与利用情况的调查结果显示，65.8% 的科学教研员表示区域推动了高校实验室、职业院校实训中心、研学基地、博物馆、科技馆和高科技企业等向普通中小学开放，60.5% 的校长 / 书记表示所在学校积极联合科技馆、博物馆、高科技企业等校外资源开展科学教育实验，54.9% 的教师表示自己会利用高校实验室、职业院校实训中心、博物馆、科技馆、研学基地和高科技企业等社会资源，培养学生的科学兴趣与创新能力。调查结果说明，为推进科学教育的高质量实施，甘肃省正在努力推进高校实验室、科技馆、博物馆、研学基地等社会资源的开发与利用。

通过实地调研发现，甘肃省正在不断开发利用社会资源完善科学教育的师资配备。某省级科学教研员在访谈中表示，按照甘肃省教育厅、科技厅、人社厅、科协联合印发的《关于配备中小学科学副校长的通知》，甘肃省指导各地配齐配强科学副校长。全省中小学共配科学副校长 5097 名，其中，聘任科研院所、高校、场馆、科创企业等的科学类人才共 1027 名担任科学副校长。此外，为了统筹科学教育资源，强化科学教育的普及性和全体性，甘肃省教育厅会同省科协持续开展“流动科技馆”巡展，实现 14 个市（州）、86 个县（区）全覆盖。

此外，甘肃省非常重视人工智能与科学教育的结合，以人工智能技术推动科学教育资源的转化与辐射。某省级科学教研员在访谈中表示，甘肃省开展了新时代中小学“人工智能 + 科学教育”专项行动，通过建设“智能 + 科学教育”、创新智能学习中心、形成“专递课堂 2.0”、建设“智能 + 科学教育”示范区、专家团队智力服务驱动、打造“云端学校”六个方面的行动，推进人工智能技术与科学教育全过程、全环节深度融合。强化信息技术在农村学校科学教育中的应用，组建城乡科学教育区域联盟、校际联盟，建设城乡学校结对教学、教研一体化的网络化教学组织。用海量优质资源课程和打破空间时间障碍的现代化的多媒体手段，有效弥补农村义务教育学校科学教师不足和教学资源不足的问题，实现社会资源的流动与拓展，进而塑造科学教育推进义务教育优质均衡发展的新动能、新优势。

（三）核心素养统领的小－初－高一体化育人

为贯彻落实《行动方案》，进一步提升学校整体育人质量，甘肃省本着“学段贯通，遵循规律，系统培养”的思路和原则，构建了相对完备和成熟的小－初－高一体化育人模式，旨在打破传统教育中各学段各学科之间的衔接融合壁垒，实现学校育人的连续性、系统性和完整性，为学生的全面发展和终身成长奠定坚实基础。例如，甘肃省临夏州小－初－高一体化育人模式将小学、初中和高中三个学段作为基础教育的育人整体，实现统筹规划、协同育人。该模式强调教育目标、课程设置、教学方法、评价体系等方面的有机衔接和整合，以促进学生在知识、能力、素养等方面的持续发展（见案例 14–2）。

此外，甘肃省白银市也探索出核心素养统领的小－初－高一体化育人模式，以发展核心素养为中心统领小学、初中、高中的教育教学工作；以知识逻辑、思维逻辑与生命逻辑三大逻辑为抓手，促进域内中小学校课堂教学高质量发展；聚焦中考、高考，形成小学、初中、高中三个学段教师在教学内容、教学方式、衔接需求等方面相互了解、沟通协作的运行机制。

案例 14–2　临夏州小－初－高一体化育人模式

基础教育提质增效是基础教育工作的重中之重，也是实现教育优质均衡的前提和根本，更是基础教育迈向高质量发展的关键。为此，临夏州着力探索构建一体化教学育人模式，为全州基础教育的扩优提质找出路、想办法。

一、确立一体化的教育目标

根据学生的身心发展规律和社会对人才的需求，制定小初高连贯的教育目标体系。小学阶段注重培养学生的良好习惯和基本素养，初中阶段注重培养学生的学科基础和综合能力，高中阶段注重培养学生的创新思维和个性特长，使教育目标在各学段之间相互衔接、逐步递进。

二、构建一体化的课程体系

打破学科界限，整合课程资源，构建涵盖基础课程、拓展课程和研究课程的一体化课程体系。基础课程注重学科知识的系统性和基础性，拓展课程注重培养学生的兴趣爱好和特长，研究课程注重培养学生的创新能力和实践能力。同时，加强课程内容的衔接与过渡，避免课程内容的重复和脱节。

三、创新一体化的教学方法

根据不同学段学生的特点和学习需求，采用多样化的教学方法。小学阶段以直观教学、游戏教学为主，激发学生的学习兴趣；初中阶段注重启发式教学、探究式教学，培养学生的思维能力；高中阶段注重自主学习、合作学习，培养学生的创新能力和解决问题的能力。同时，加强各学段教师之间的交流与合作，共同探讨教学方法的创新与应用。

四、建立一体化的评价体系

建立涵盖学业成绩、综合素质、发展潜力等多维度的一体化评价体系，注重过程评价和终结评价相结合、定性评价和定量评价相结合。通过评价，及时了解学生的学习情况和发展状况，为教育教学的改进提供依据，并为学生划好成长进步的三条线，即思想品德修养线、学科进步线和综合素质提升线，关注学生的每一步成长。

五、加强一体化的师资建设

加强小初高各学段教师之间的交流与合作，开展联合教研、培训等活动，提高教师的教育教学水平和跨学段教学能力。同时，鼓励教师开展教育教学研究，探索一体化育人的有效途径和方法。

（四）素养导向的坚持教学评一致性的教学设计

为了实现课堂教学目标、形成性评价以及学习任务之间的匹配，以促进学生核心素养发展，甘肃省积极推动教师进行核心素养导向的坚持教学评一致性的教学设计。在关于教师进行素养导向的坚持教学评一致性的教学设计情况的调查中，74.2% 的教研员表示区域内学校教师开展了素养导向的坚持教学评一致性的教学设计，82.7% 的校长 / 书记和 78.0% 的教师表示所在学校的教师开展了素养导向的坚持教学评一致性的教学设计。

通过实地调研发现，为进一步深化基础教育课程教学改革，构建核心素养导向的高效课堂，甘肃省甘南州教育局启动了甘南州中小学“教学评一体化课堂教学”课程教学改革实验项目，明确了项目实施方案以及课程教学改革实验校的任务和职责。该实验项目要求各实验校积极探索以核心素养培育为核心的教学评一体化实践模式，将教学评价真正融入教学过程中，实现教学、学习以及评价的有机结合。此外，各实验校还成立专项工作组，制订详细的项目实施计划，定期组织教师围绕“教学评一体化教学”主题开展培训与交流，及时收集师生对于课程教学改革实验的意见与建议，不断调整优化教学策略，确保教学评一致性理念在实践中得到有效落实。与此同时，课程教学改革实验校还需承担引领示范作用，通过公开课、研讨会等形式，与区域内其他学校分享改革经验，促进优质教育资源的共享与交流。例如，甘南州教育局定期对实验校进行评估与指导，通过政策引导、资源配置等多种方式，确保课程教学改革实验项目顺利实施，为全州乃至全省的基础教育课程教学改革提供宝贵经验。

四、助推省域课程教学优质均衡发展

为促进课程教学资源的优质均衡发展，缩小省域内学校课程教学的质量差距，甘肃省教育厅发布了《结对帮扶深度贫困县中小学工作实施方案》《苏甘两省合作共建推动县域普通高中发展提升行动方案》等文件，指导省域内优质学校与薄弱学校之间开展结对帮扶活动，进一步扩大优质教育资源辐射面，帮助薄弱学校提升质量、缩小差距。经过多年的探索与实践，逐步形成了基于学科教研基地的“1+X”教师研训模式、基于学校联盟的“1+X”学校发展模式以及江苏省与甘肃省结对的“1+1+N”教育帮扶模式。

（一）示范区与实验校协同引领课程教学改革

为推动核心素养导向的新课程高质量实施，充分发挥示范区、实验校的带动引领作用，甘肃省以示范区、实验校为依托，形成示范区与实验校协同的课程教学改革引领机制。一是确定白银市为全省普通高中新课程新教材实施省级示范区，确定白银市会宁县、白银区 2 个县（区）为德智体美劳全面发展创新实验区。二是确定 6 所省级示范性高中为全面发展创新实验校。近年来，白银市打造了 12 个普通高中学科基地，其中 3 个被评选为省级学科基地，实现全学科覆盖、全县区覆盖，在实现区域普通高中均衡发展方面发挥了重要的引领作用。此外，白银市还依托“塔式计划”实行“三飞行动”，即学校负责新教师培训“雏雁试飞”，县区负责青年教师培养“群雁齐飞”，学科基地负责骨干教师提升“领雁高飞”，三年一轮次，每轮次培养各学科骨干教师 30 余人，每年度开展高一、高二教师教研和培训活动。依托教研共同体推动均衡发展，积极开展普通高中质量监测、高考备考指导和教学研讨工作，充分发挥实验校的示范引领和辐射带动作用。

（二）基于学科教研基地的“1+X”教师研训

为全面构建服务课堂教学、教师培训与教学研究的一体化交流平台，提升全省教师课堂教学与教科研能力，甘肃省建立基础教育学科教研基地，形成基于学科教研基地的“1+X”（1 名学科带头人 +X 名教研共同体成员）教师研训模式。一是建立学科教研基地。以全省各学段优质学校为龙头，根据各优质学校的学科优势，确立覆盖小学、初中、高中全学段的学科教研基地。甘肃省教育厅按照公正、公平、公开的原则，遴选了 8 所学校作为甘肃省首批普通高中学科教研基地。基地学校牵头组建本学科普通高中教学教研联盟，组织本学科骨干教师通过线上线下相结合的方式，积极开展集体备课、课堂观摩、交流研讨等教研活动，引领该学科教师的专业成长与发展。截至 2024 年 5 月，8 所基地学校已集中培训 10 个学科 878 名骨干教师，进一步提升了全省普通高中教师课堂教学、教科研能力与水平。二是构建“1+X”教研共同体。以基地学校校长为负责人，以学科带头人为基础，在全省范围内遴选各学科骨干教师，成立学科研究专家组，构建由省、市（州）、县（区）、校四级学科骨干教师组成的教研共同体，即“1+X”教研共同体。通过学科教研基地为课程教学改革和教学研究搭建交流平台，通过教研共同体围绕学科教学重难点开展联合式实践研究，发挥示范带动作用。

（三）基于学校联盟的“1+X”学校发展

为缩小城乡间中小学课程教学质量差距，整体提升城乡学校办学水平，甘肃省开展学校结对帮扶活动，形成基于学校联盟的“1+X“（1 所优质学校 +X 所薄弱学校）学校发展模式。一是学区异地“1+X”组团帮扶。由省内优质中小学对口支援乡镇 1 个或多个学区的学校，按照“教师帮带、团队孵化、交流挂职、输造并重”的方式组团帮扶，带动城乡中小学整体发展。二是“1+X”多点办学。城镇优质学校与县域内学校优化整合，按照“统一法人、统一管理、教学同步、考核一体”的方式共同发展，缩小城乡中小学课程教学质量差距。三是“1+1”定向帮扶制。委托 1 所城镇优质中小学按照“职责授权、资源统筹、全程扶持、动态评估”的方式帮扶区域内 1 所农村薄弱学校，提升薄弱学校管理水平和课堂教学质量。四是“1+X”结对协作。乡镇中心校按照“盘活资源、一体办学、协同发展、捆绑考评”的方式，统筹管理和推进乡镇内小规模学校的课程教学改革深化行动。截至 2024 年，甘肃省共建立办学集团 367 个、学区 1185 个、城乡学校共同体 448 个。

（四）江苏省与甘肃省结对开展“1+1+N”教育帮扶活动

为全面落实党中央、国务院关于加强县域普通高中发展的战略，贯彻教育部等九部门联合印发的《“十四五”县域普通高中发展提升行动计划》，积极推进县域高中高质量发展，甘肃省教育厅印发了《苏甘两省合作共建推动县域普通高中发展提升行动方案》，遴选10所县城普通高中与江苏省10所优质高中开展跨区域合作共建活动，形成“1+1+N”（1个共同体+1所县城普通高中+N所学校）教育帮扶模式。一是江苏省、甘肃省构建县域普通高中发展共同体。二是以一个县城普通高中为基点开展教育帮扶。三是按照“同步管理、同步教研、同步教学、同步评价”的方式，在办学理念、特色建设、教师培养、学校管理、课堂教学和省校共建6个方面进行全方位、深层次合作。截至2024年12月，两省高中各学科累计开展联合教研活动200余次，研发示范课例200余节，线上线下参与教师20余万人次。基于“同步管理、同步教研、同步教学、同步评价”的方式进行全方位、深层次合作，带动县域内基础教育质量整体提升，走出一条“部省联动、省际合作、同题共答、双向促进”的高中发展之路。

五、多渠道提升教师的课程教学胜任力

为提升教师的课程教学胜任力，助力素养导向新课程的常态化落实，甘肃省通过开展行政、教研、专家、学校四方联动教研，为教师提供教学智慧支持；面向全省举办校、县（区）、市（州）、省四阶递进赛课，为教师提供教学展示平台；通过数字化赋能“三个课堂”（专递课堂、名师课堂、名校网络课堂），为教师提供教学优质资源。

（一）提供智慧支持的四方联动教研

为深化课程教学改革，突破学校课程建设、学科教学改革、教师发展研究、评价监测研究四大领域的重难点问题，甘肃省在教研实践中探索出项目驱动、合力推进的四方联动教研机制。一是项目驱动。以重点课程教学改革实验项目为依托，驱动教研工作的开展。二是行政、教研、专家、学校四方联动。其中，“行政”指向省、市（州）、县（区）三级教育行政部门对教研工作统筹设计，明晰发展定位。“教研”指向省、市（州）、县（区）三级教研机构组织多层研修培训、督查指导，加强对课程教学关键环节的研究和指导。“专家”指向形成专家智库，为项目实施提供高水平的决策咨询与专业指导。“学校”指向以学校为主体，各实验校根据实际开展“点小深

挖”式的实证研究，集中解决一个问题，完成一项任务，研发一种成果。四方联动教研机制成为解决甘肃省课程教学教研改革中重大问题和突出困难的教研实践范式，已形成一系列影响广泛、具有特色的理论与实践研究成果。

（二）四阶递进的全省教师大赛课

为落实甘肃省教育厅印发的《甘肃省基础教育教研改革“六大行动”实施方案》，充分发挥教学竞赛在提高教师专业素养中的促进作用，激励全省中小学教师在核心素养导向的新课程实施中更新教育理念、掌握现代教学方法，甘肃省按照教师全员参与，校、县（区）、市（州）、省四级推荐选拔的方式组织开展“千校万师赛课活动”，形成校、县（区）、市（州）、省四阶递进赛课的教师激励机制。一是校、县（区）、市（州）、省四级赛课。赛课活动分四级举行，各校、县（区）、市（州）组织选拔，择优逐级推荐参加省级比赛。二是全员、全学科参与。校级赛课由学校制定赛课方案，县（区）、市（州）级赛课由县（区）、市（州）教育行政部门组织，参赛学科覆盖义务教育和普通高中课程方案所规定的所有学科。四阶递进赛课在全省形成“以赛促教”“以赛促研”“以赛促改”的良好氛围，对教师起到了重要的激励作用。

（三）数字化平台支持的优质资源共享

为贯彻落实教育部印发的《关于加强“三个课堂”应用的指导意见》和甘肃省委办公厅、省政府办公厅印发的《关于加快构建优质均衡的基本公共教育服务体系的实施方案》文件精神，深化国家数字化战略行动，甘肃省坚持把教育数字化作为引领区域教育“变轨超车”的重要抓手，以创建数字化战略行动助推教育现代化实验区建设为契机，推进“5G+智慧教育”。

一是打造智慧教育示范区和标杆校。建设省级智慧教育示范区14个、省级智慧教育标杆校84所，积极培育网络学习空间应用典型，教师空间开通率为92.59%，学生空间开通率为82.66%，先后有6个区域和17所学校被教育部认定为网络学习空间应用普及优秀区域或学校。

二是丰富数字教育教学资源库。依托甘肃智慧教育平台，分级建立省、市（州）、县（区）三级基础教育精品课程资源库，制定“三个课堂”应用实施方案，征集省级优秀精品课、示范课资源1133项，教师省级优秀作品资源1211项。同时，加强精品课程资源应用宣传，发挥精品课程示范带动作用，实现优质教育资源共建共享。占比分别为 74.1%、77.8%、75.9% 的教研员、校长 / 书记以及教师表示所在区域或学校为教师提供了数字化教学资源或平台。

三是依托三级智慧教育平台赋能教育教学活动。利用省、市（州）、县（区）三级智慧教育平台的优质资源，积极开展智慧课堂、智慧作业、线上答疑、网络教研等教育教学活动。占比分别为 75.1%、81.6%、76.5% 的教研员、校长 / 书记以及教师表示所在区域或学校教师会定期使用国家中小学智慧教育平台开展教研活动。

截至 2024 年 12 月，智慧教育平台支持的资源共享机制使优质教育资源覆盖 9 个市（州）、18 个县（区）、152 个乡（镇）、316 个行政村和 331 所乡村中小学校，授课 5.27 万学时，受益学生 45.3 万人次，数字化赋能教育教学质量提升效益逐步显现。占比分别为 74.4%、80.6%、76.6% 的教研员、校长 / 书记以及教师表示所在区域或学校教师在日常教学中能有效利用数字资源进行教育教学。

综上所述，甘肃省积极响应并落实国家基础教育课程教学改革政策，多方强力推进课程方案在全省转化落地，力促学校课程、教学和评价形成新形态，开阔视野突破课程教学改革重难点问题，助推省域课程教学优质均衡发展，多渠道提升教师主体的课程教学胜任力，努力探索富有甘肃省特色的教育发展路径，推动区域基础教育高质量发展。

第 15 章

新　疆

新疆维吾尔自治区（含新疆生产建设兵团）（以下简称“新疆”）在推进基础教育课程教学改革方面采取了一系列有效措施，取得了巨大成就。建立协同推进机制，制定系列化配套政策，课程方案得到转化落实；持续推进学校教学方式发生重大转变；以关注作业设计、专业支撑与数字赋能为抓手，带动教学评价改革；重视科学教育，学生科学素养培育效果显著提升；重视铸牢中华民族共同体意识、国家通用语言文字教育；借助“融合共通”与教育对口帮扶促进课程教学改革走向深入。

一、落实课程建设与管理主体责任，积极制定政策推进课程实施

新疆形成了多部门联动、全社会参与的课程教学改革协同推进机制。教育部门与财政、文化、科技等部门紧密合作，共同为课程教学改革提供政策、资金和技术支持。同时，鼓励学校、家庭、社区及社会各界广泛参与，形成改革合力，确保基础教育课程教学改革在新疆落地生根、开花结果。

（一）建立协同推进机制，制定系列化课程教学改革配套政策

2019 年，中共中央、国务院印发《关于深化教育教学改革全面提高义务教育质量的意见》；2022 年，教育部发布最新义务教育课程方案及 16 科课程标准，新疆高度重视，发布了《自治区义务教育课程实施办法》《自治区中小学教学常规管理基本

要求》《自治区初中学业水平体育与健康考试方案》《自治区初中学业水平美术考试方案》《自治区初中学业水平音乐考试方案》《自治区教育厅关于加强和改进全区中小学实验教学的实施意见》等政策文件，并高度重视劳动教育。2021 年 3 月，自治区党委、自治区人民政府印发了《自治区关于全面加强新时代大中小学劳动教育的实施意见》，2023 年根据《义务教育劳动课程标准（2022 年版）》进行修订，开展了劳动案例征集活动。新疆生产建设兵团出台了《兵团义务教育课程实施办法》及 14 个学科的课程标准实施意见，于 2023 年 10 月通过教育部审核，现已进入实施应用阶段。2024 年 5 月，兵团教育局等十五部门印发《关于加强新时代中小学科学教育工作的实施方案》。

此外，地州市层面也出台了一系列地方性政策文件。乌鲁木齐市贯彻落实自治区党委办公厅、自治区人民政府办公厅印发的《关于全面加强和改进新时代学校体育工作的实施意见》和《关于全面加强和改进新时代学校美育工作的实施意见》精神，切实发挥评价指挥棒作用，基于《自治区初中学业水平美术考试方案》，根据当地需求，在监测体系上形成过程性测试方案。过程性测评鼓励学生积极主动进行美育实践活动。乌鲁木齐市教育局根据《普通高中美术课程标准（2017 版 2022 年修订）》《义务教育艺术课程标准（2022 年版）》，针对当地教学特点，制定了《乌鲁木齐市高中美术课堂教学基本流程》《乌鲁木齐市初中美术课堂教学基本流程》《乌鲁木齐市高中美术课堂教学评价标准》《乌鲁木齐市初中美术课堂教学评价标准》，强化课程实施监督，通过定期课程评估和反馈，确保课程实施的效果。阿克苏地区出台了《阿克苏地区课堂教学改革实施方案》，温宿县出台了《温宿县课堂教学改革实施方案》等文件。整体上，新疆形成了多部门联动、全社会参与的课程教学改革协同推进机制。

（二）课程方案得到转化落实

教师、校长 / 书记、教研员关于课程方案转化落实的认识主要集中在三个方面，即课程实施的区域规划、学校规划和监测体系。

首先，制定了课程实施的区域规划、学校规划。71.0% 的教师对于所在区域新课程实施方案的熟悉程度较高，62.6% 的校长 / 书记对所在区域新课程实施方案有较高的熟悉程度，73.7% 的教研员对于所在区域新课程实施方案的熟悉程度较高；75.2% 的教师认为依据国家、地方新课程方案，所在学校修改了学校课程规划，74.7% 的教师认为所在学校新课程实施方案对教师的教育教学有很强的指导性。针对校长 / 书记的问卷调查显示，67.0% 的校长 / 书记认同新课程实施方案的基本理念；67.3% 的校长 / 书记认为学校在行政部门和专业机构的指导下，能够有效地规划和组织实施学校课程。

其次，形成了课程实施的监测体系。问卷调查显示，71.2% 的教师对所在区域相关部门所开展的省级课程实施监测体系了解程度较高；73.1% 的教师认为省级课程实施监测体系为推进所在学校课程实施提供了参考依据。针对校长 / 书记的问卷调查显示，65.1% 的校长 / 书记认为所在区域依据相关部门的规定较好地开展了省级课程实施监测；66.1% 的校长 / 书记认为省级课程实施监测体系为推进所在学校的课程实施提供了参考依据。针对教研员的问卷调查显示，72.0% 的教研员对所在区域相关部门所开展的省级课程实施监测体系了解程度较高；75.4% 的教研员认为省级课程实施监测体系为推进学校课程实施提供了参考依据。

（三）有序推进课程教学改革实践活动

第一，自治区突出特色，确保课堂教学模式变革的顺利进行（见案例 15–1、案例 15–2）。（1）发挥学校特色优势，形成学校课程新的亮点。（2）将课程内容与学生的实践活动相结合，使学生的实践活动成为学校开展教育的重要载体。（3）课程实施与日常教学相结合并进行合理开发与研究。（4）充分考虑地方文化特色和资源优势，开设具有地方特色的课程，比如传统手工艺课程，让学生能够亲身感受和传承地方文化。（5）依据学生的兴趣和能力差异，进行课后服务，开展特色活动课，为不同层次的学生提供有针对性的课程内容和学习指导。

针对教师的问卷调查显示，72.4% 的教师认为自身所在的学校形成了特色化的课程体系，75.8% 的教师认为学校课程实施的自主权提高了。针对校长 / 书记的问卷调查显示，62.2% 的校长 / 书记认为学校形成了办学特色课程体系，65.1% 的校长 / 书记对于学校课程实施自主权提高的认可程度较高。针对教研员的问卷调查显示，74.4% 的教研员认为自身所在的区域形成了特色化的课程体系。

第二，自治区制定五育融合政策框架，明确教育目标，加强监督与评估，确保政策的有效实施。深入研究五育融合教学模式，开发相关课程与教材，为学校和教师提供理论支持和实践指导。构建五育融合课程体系，优化教学资源配置，营造全面发展的教育环境（见案例 15–3）。探索劳动教育与各学科间的融合渗透，挖掘教材中显性或隐性的劳动教育元素，分类梳理各个学科中的劳动教育资源，并提出劳动教育的主要融入方式，根据学科特点设计不同的劳动教育活动方案。

第三，新疆生产建设兵团通过一系列措施全面深化课程教学改革。（1）推广“双新”经验。2020 年 7 月，新疆生产建设兵团第八师石河子市入选第二批国家新课程新教材示范区，若干学校入选示范校，并于 2023 年 4 月 7 日举办主题为“聚焦核心素养落地，推进双新校本实践”的高中“双新”教育教学成果展示交流活动，集中展示示范校的先进经验，在中国教研网同步直播，赢得了广泛赞誉。（2）促进课程方案和课程标准落实。开展兵团普通高中大单元教学设计及集体备课入校诊断活动，2023 年 10 月至 11 月邀请疆内外专家共 60 余人入校开展三次大单元教学设计及集体备课诊断活动，覆盖 9 所高中，共开展 54 节展示课、27 场专家讲座，指导学校落实高中课程教学改革。

案例 15-1 乌鲁木齐市课程教学改革实践案例

乌鲁木齐市定期举办研讨会和工作坊，为学校和教师提供培训和技术支持。通过成立美术特色工坊，加强课程资源建设，完善校本课程梳理；通过艺术社团整合各类教育资源，丰富课程内容，提高课程质量。定期召开教研会、组织收看空中课堂等，对教师进行培训和指导；利用数字平台的视频课提升教师课程实施能力；和教育强市深圳组建美育丝路联盟，并组织教师参加两个城市的网络教研活动，提升教师对课程方案和课程标准的学习。目前，乌鲁木齐地区美术学科开发了多种校本课程，根据校本课程成立校园特色工坊，引导学生学习实践。乌鲁木齐地区已有 30 余所美术特色工坊，内容包含非遗项目、传统文化等。

案例 15-2 温宿县课程教学改革实践案例

温宿县某中学在县教研室教研员指导下，立足深度教学，以“课案一致”有效推进为主要抓手，探索出了“课案一致”为主线的课前、课中、课后闭环教学模式。该教学模式形成了课前、课中、课后协同推进的闭环：课前“备、批、候”三步骤，课中“推、巡、查”三机制，课后“评、议、测”三环节。引进先进的教学理念和方法，建设与课堂教学模式变革相适应的课程体系和教学资源，鼓励教师开展教学模式改革实验。更新教师教育观念，结合学科特点和学生实际，探索符合时代要求的课堂教学模式。聚焦过程评价，充分发挥评价的发展功能，将爱祖国、担责任、守规则纳入指向品德发展的评价中，将学习态度、认知水平、实践能力等过程评价要素纳入学生评价指标。

案例 15-3　伊宁市课程教学改革实践案例

伊宁市某小学在语文、道德与法治等学科中渗透劳动价值观、劳动态度、劳动意识等内容，很好地贯彻了五育融合理念。艺术教育一直是地方教育的特色和着力点。学校美术教师团队通过美术特色工坊，逐步形成了富有特色的校本教研制度，对教师的专业发展、终身学习和智慧共享均产生了积极的价值，并逐渐形成新型的师生关系、教学方式和家校合作方式。学生成为教师的小助手，学习的热情与积极性极大提高。该校还围绕《义务教育劳动课程标准（2022 年版）》和自治区大中小学劳动清单，以校家社三方协同的方式开展劳动教育。

二、聚焦核心素养培养，持续推进教学方式转变

新疆聚焦核心素养落地，以劳动课、跨学科主题学习等为抓手，创新教学设计，持续推进教学方式转变。调查结果显示，教师、教研员、校长等不同群体对教学改革给予了充分的支持和肯定。

（一）教学改革重难点攻坚效果明显

第一，根据《大中小学劳动教育指导纲要（试行）》提出的劳动教育的 5 个关键环节，设计基于劳动素养的教学设计模板。2023 年，遴选了 9 个地州的 10 个实验区县，组织了以“核心骨干 + 实验区教研员”为主的研发团队，开发了小学、初中共计 40 个主题的劳动教学资源包，资源包含配套课件、教学设计、微精品课，在实验区应用并不断改进，形成了比较典型的学生劳动素养导向的精品教学资源。实验区在使用过程中对资源包反馈较好，根据这一实践路径自主开发、形成的符合所在地实际的劳动清单和劳动必修课教学资源，保证了劳动必修课能按课程标准的要求落地实施。这些实验区县和实验校的成功经验在当地得到宣传交流，让地区有了可以复制的模板。

第二，倡导跨学科教学。出台相关政策，鼓励和支持跨学科教学的实施，明确跨学科教学的目标和评价标准，为学校和教师提供方向指导。加强跨学科教学研究，组织专家团队制定跨学科教学计划和课程方案，为学校和教师提供教学资源和教学指导。积极开展跨学科教学的示范课和研讨会，推动跨学科教学的创新与发展。构建跨

学科课程体系，鼓励教师跨学科合作，共同设计跨学科教学活动。例如，乌鲁木齐市某校开展了“文物中的物理”跨学科教学，融合了美术、历史、物理学科知识。学生通过实地考察、数据分析等方式，综合运用多学科知识解决实际问题。实施后，学生综合应用知识的能力增强。

第三，在教学设计中，不再仅仅关注知识的传授，更注重培养学生的核心素养。例如，某校在美术教学中，设计了“走近非物质文化遗产”主题活动，让学生了解非物质文化遗产的概念和种类。培养学生对非物质文化遗产的兴趣和保护意识。通过观察、体验、创作等方式，提高学生的美术素养和创造力。再如，某校通过创新教学设计，助力学生科学素养提升。在日常教学中，把科学知识的学习和实际问题的解决有机结合起来，关注生活中看似奇怪的现象，让学生运用所学知识和方法探究解决问题。将抓实科学基础与抓新教学理念相结合，全面提升学生科学素养，注重学生动手操作能力，加强科技教育，大力支持各种科技比赛。通过举办多次科学赛事，发掘学生对于科技的兴趣，鼓励学生基于生活中存在的问题，使用生活中常见的通用材料，在玩的氛围中学习知识、启迪创意并尝试动手创造。

针对教师的问卷调查显示，97.7% 的教师能够通过变革教学方式提高课堂教学质量，77.9% 的教师认为学生自主学习时间增加了，75.6% 的教师具备开展素养导向的坚持教学评一致性的教学设计能力，75.5% 的教师能在教学中开展学科实践活动，69.7% 的教师能够在教学中开展跨学科教学，72.4% 的教师认为当前课程教学难度容量与学生身心健康发展匹配程度较高。针对校长 / 书记的问卷调查显示，67.5% 的校长 / 书记对于教学方式改革对课堂教学质量的提升效果认可程度较高，66.5% 的校长 / 书记对于学生自主学习时间增加的认可程度较高，61.6% 的校长 / 书记认为所在学校教师能够有效组织跨学科主题学习，67.4% 的校长 / 书记认为所在学校当前课程教学难度容量与学生身心健康发展相匹配。针对教研员的问卷调查显示，96.6% 的教研员认为学校教学方式改革有效提高了课堂教学质量，92.5% 的教研员认为学生自主学习时间增加了，73.1% 的教研员认为所在区域教师具备开展素养导向的坚持教学评一致性的教学设计能力，73.3% 的教研员所在区域教师能在教学中开展学科实践活动，90.4% 的教研员所在区域教师能够在教学中开展跨学科教学。

（二）扩大精品课遴选规模

新疆每年组织精品课遴选，常态化开展基于课程核心素养的教学研讨、微型课展示、现场课展示。这在一定程度上引领指导着教师转变教育理念，做好聚焦核心素养的教学。开展跨学科主题学习课题研究，课例研究成果“多学科视域下的《天工开物》探微——古代典籍中的中华优秀传统文化课例”在“理解·问道·精进——指向学科素养的高效课堂探索”主题活动中面向全国展示研讨。针对教师的问卷调查显示，75.6% 的教师参与各级精品课遴选、说课评课、优质课展示交流活动的积极性较高。针对校长 / 书记的问卷调查显示，68.1% 的校长 / 书记表示所在校曾组织教师参与各级精品课遴选和交流。针对教研员的问卷调查显示，71.2% 的教研员参与各级精品课遴选、说课评课、优质课展示交流活动的积极性较高。

（三）形成一批具有特色的教学模式

通过持续改革，新疆形成了比较有特色的教学模式，如温宿县“展示教学”模式、阿克苏市“演、诵、写、画”教学模式、克拉玛依市“基于学科大概念的大单元教学”模式等。

1. 温宿县“展示教学”模式

在温宿县教研室的引领下，温宿县中小学积极推进“展示教学”课堂模式，取得了良好效果。“展”即展示自我，“示”为示范讲解，“教”强调启发教学，“学”指向深度学习，具体做法主要涉及以下几方面。

（1）转变备课形式。温宿县推行“读书、论书、备书”集体备课活动，实行课案一致的备课模式，帮助教师精准把握课堂重难点、问题创设、学生活动设置。

（2）转变课堂教学方式。根据县教研室提供的展示教学思维导图，教师结合班级学情，教学方式从传统的知识灌输转变为引导学生自主学习、合作学习和探究学习，给予学生展示空间，激发学生的学习兴趣和主动性。通过高效的问题创设，鼓励学生“大声说话、勇敢回答”。在此过程中从展示形式引入，在学生展示的仪态、展现的自信心等方面形成展示的基本模式。学生由模仿到大胆表达自己的看法，再到辩论、点评，形成平等、民主、和谐的课堂氛围。同时，教师引导、参与、总结，并在此教学过程中促进师生关系的良好发展。

（3）转变学生学习方式。以学生为主体，引导学生主动学习，在展示时要求学生清晰地表达自己的想法，这有助于提高他们的沟通和表达能力。学生通过教授他人展示自己，进而看到自己的学习成果，增强学习动力和兴趣。同时，鼓励学生以教为学，让他们更专注于学习内容，从而提高学习效率。当学生能够成功地教授他人时，他们就会获得成就感，增强自信心。

（4）转变评价形式。通过“展示教学”，改变以前单一的教师评价形式。采用师生评价、生生评价、自我评价等多种评价方式，全面多元评估学生的学习成果和发展情况，注重过程评价和表现性评价，培养学生自我认知、自我管理及欣赏他人的能力。

（5）构建课后展示空间，激发学生展示动力。将课堂当中学生展示的精彩瞬间记录下来和家长进行分享，或设置视频说题形式的家庭作业，让学生在家长群进行分享，鼓励学生相互点评并进行教师点评。一方面树立学生自信心，调动展示的积极性；另一方面通过对学生的鼓励和互动，激发家长对学生的关注与督促。同时，将本班质量较高的展示视频在学校进行展播与分享，并择优推送至县进行全县分享展播。

2. 阿克苏市“演、诵、写、画”教学模式

以阿克苏市某小学为例，其根据小学语文不同类别的诗词，开展“演、诵、写、画”教学。

“演”——还原诗词原生情景。山水田园诗词、童趣诗、节日节气诗等情节性较强、人物线索清晰、动作描写简单浅显，教师引导学生运用表演来理解诗意。例如在《四时田园杂兴·其一》一诗的教学中，教师请两三位学生分别扮演大人和孩子，教师在表演前创设情境，引导学生结合自己亲身体验，在情境中对诗句进行解构及二次创作，由此把握诗歌的主题和基调。

“诵”——激活诗词遣词艺术。通过有声语言表现古诗词作品的思想性、艺术性，深入体味古诗词作品。

“写”——笔触诗词古典文化。教材中的古诗词都是经典之作。边塞诗、送别诗、哲理诗、题壁诗、其他类型诗等，都可以通过摘抄积累语言、培养语感，引导学生对摘抄的古诗词进行朗读、记诵、品读、欣赏。

“画”——着墨诗词生活色彩。好诗具备鲜明的画面感，比如山水田园诗、四季美景诗、咏物言志诗、童趣诗等。教师将诗词与学生生活实际相结合，使文中的语言文字变成学生头脑中优美的图画、生动的场面。

3. 克拉玛依市基于学科大概念的大单元教学

基于学科大概念的大单元教学模式，旨在通过深化教学内容与方法的变革，全面提升学生的学习能力与核心素养。这一教学模式的核心在于，它不再局限于传统教学

中的知识点碎片化处理，而是强调以学科大概念为核心，将相关联的知识点整合成一个有机的知识网络，帮助学生构建起对学科整体框架的理解和把握。

在具体实践中，克拉玛依市的各高中学校围绕学科大概念，精心设计大单元教学方案。每个大单元都紧密围绕一个或几个核心概念展开，通过情境导入、问题探究、合作学习等多种教学策略，引导学生在解决实际问题的过程中，逐步深化对学科大概念的理解和应用。为了确保大单元教学模式的有效实施，克拉玛依市还加强了对教师的专业培训。通过组织课程方案和课程标准研修、大单元教学设计研讨会、同课异构教学展示等活动，不断提升教师的教学设计能力和课堂驾驭能力。

三、关注作业设计，带动教学评价改革持续推进

新疆以改革作业设计为切入点，高度重视以作业改革落实课程教学改革，持续推进以作业设计为抓手的过程评价改革，深入推进教学评价改革。问卷调查显示，教师、校长 / 书记、教研员对教学评价改革的执行度、满意度较高。

（一）持续推进以作业设计为路径的过程评价改革

为了促进创新人才的培养，新疆不断优化课堂教学评价指标。自治区教育科学研究院组织研制了义务教育阶段语文等 12 个学科的作业设计指引（试行），并于 2022 年 7 月下发。学校层面采取措施包括：（1）在作业设计上，鼓励教师根据学生的特点和需求进行分层设计和个性化布置；（2）对于学生评价，明确综合素质评价的标准和流程，增加实践能力、创新思维等方面的权重；（3）在考试评价中，降低对分数的过度依赖，引入多元化的评价方式，如项目式学习评价、实践操作评价等，为创新人才的脱颖而出创造更有利的环境。

在系列举措推进下，教师在课堂教学方法上不断改进，作业设计更加科学合理，能够有效减轻学生负担并提高学习效果（见案例 15-4）。学生在多元化的评价体系中得到更全面的发展，不仅在学术方面有所进步，在体育、审美、劳动等方面的素养也得到提升。

此外，新疆还开展了关于“双减”政策解读活动和作业设计理念、方法等方面的培训。通过举办作业设计案例评选活动，并借助中小学智慧教育平台收集整理相关资源，切实提高教师的作业设计能力。

针对教师的问卷调查显示，73.7% 的教师对于自身所在学校建立的教学评价体系或方案较为了解，74.3% 的教师能够积极地参加作业设计培训、优质作业设计交流活动，73.7% 的教师能够在教学中积极设计探究性、实践性、跨学科性作业，79.7% 的教师在日常教育教学中重视使用过程评价。针对校长 / 书记的问卷调查显示，63.4% 的校长 / 书记认为所在学校已经建立了较为完善的校本教学评价体系或方案，65.1% 的学校会组织教师参与作业设计培训、优质作业设计展示交流活动，67.9% 的校长 / 书记认为所在学校有效开展了教与学的过程评价。针对教研员的问卷调查显示，75.3% 的教研员所在区域建立了教学评价体系或方案，76.3% 的教研员能够积极参加作业设计培训、优质作业设计交流活动，74.7% 的学校能够在教学中积极设计探究性、实践性、跨学科性作业，75.5% 的学校在日常教育教学中重视使用过程评价。

案例 15-4　新疆生产建设兵团核心素养导向的作业设计

作业设计目标：1. 全面推进素质教育，落实“双减”精神，进一步规范教师教育教学行为，提高作业管理水平，提升教师作业设计能力，实现优质作业资源共建共享，切实减轻学生作业负担，促进中小学生健康成长和全面发展。2. 激活教师的教学智慧，探索新课程的崭新表达方式，构建师生互动新机制和学生学习的新方式，推动学校教学又好又快发展。

基本要求：1. 坚持立德树人。发挥作业以巩固知识与技能、发展学习能力、提升品德修养、养成良好学习品质为主要特征的育人功能，优化作业设计与实施，实现提质增效，促进学生全面发展。2. 基于课程标准。依据课程标准，紧扣教材内容，考虑学生年龄特征，以核心素养为导向，体现教学、作业、评价的系统设计与实施。兼顾群体特点与个体差异，设计可供选择的差异化作业，增强作业的针对性和实效性。3. 统筹确定目标。准确陈述学习目标，正确定位作业功能，在此基础上统筹安排作业目标与学习目标，充分发挥作业对于学习目标达成和教学评价等的积极作用。4. 科学设计作业。作业设计要做到内容正确、易于理解、要求明确、答案合理。充分关注不同作业类型的差异要求，优化基础性作业设计，注重实践性、跨学科等综合类作业的设计。注重作业设计的探究性和合作性，鼓励学生参与作业设计及评价活动，做到作业多样、评价多元。5. 难度时间适宜。根据学情，合理确定作业难度，不同难度作业题的题量分布比例适宜。学生完成作业时间应在合适的范围内，符合国家相关文件规定以及学生身心特点。

作业设计内容：1. 课题（须注明版本、年级、章节等信息）；2. 内容分析（需要分析单元、课时的内容要求，梳理作业设计的“靶向”目标）；3. 学情分析（简要分析作业适合的学生学习层次）；4. 作业单（基础作业，提高作业，个性、弹性或实践作业）以及答案（基于“双减”的作业创新设计，作业单在前，参考答案统一附后）；5. 设计说明（基于“双减”视角，提炼作业设计的思想、特色、内涵、外延和创新点等，要与“内容分析”紧密联系）。

（二）不断改进和完善学生评价

在学生评价方面，不再仅仅依靠考试成绩，而是组织了体育、美育、劳动教育、研学课程、综合实践案例评选等活动，丰富育人内涵，全面评价学生的综合素质。在课堂教学评价方面注重多元化和过程评价，以评价改革落实课程教学改革任务。通过组织专家开展教学诊断、包师包校、教学视导等活动，不仅关注教师的教学成果，还重视教学过程中的方法、策略和师生互动。在考试评价改革方面，抓住“双减”政策落实，组织一系列主题论文、作业设计、教学案例、精品课征集活动，并将优质资源通过平台推广。同时，以一些薄弱团场学校为抓手开展送教送研活动。这些举措有利于培养学生的综合素质和创新能力，为创新人才的培养提供更广阔的空间。

针对教师的问卷调查显示，81.2% 的教师注重对学生进行综合素质评价，77.6% 的教师能够基于学生的评价结果指导其未来发展，81.6% 的教师能够基于学生的评价结果指导改进自身的教学，74.4% 的教师比较赞同学校教学评价导向有利于创新人才培养。针对校长 / 书记的问卷调查显示，66.4% 的校长 / 书记认为所在学校教师能够基于评价结果指导学生未来发展，68.1% 的校长 / 书记认为所在学校教师能够基于评价结果改进其教学，65.0% 的校长 / 书记认为所在学校教学评价导向有利于创新人才的培养。针对教研员的问卷调查显示，75.4% 的教研员认为所在区域学校注重对学生进行综合素质评价，94.1% 的教研员对所在区域学校基于学生的评价结果指导其未来发展的认同度较高，95.5% 的教研员认为所在区域学校能基于学生的评价结果改进教学，93.0% 的教研员比较赞同所在区域学校教学评价导向有利于创新人才培养。

四、专业支撑与数字赋能推进课程教学改革取得成效

（一）需求导向的教师课程实施能力培训效果显著

新疆在教师课程实施能力培训方面取得了显著成效。问卷调查显示，多数教师参与了有关课程实施能力和数字化素养的专项培训活动。具体来说，73.2% 的教师能够

积极参加提高自身评价能力的专项培训，67.2% 的教师参加过关于科学教育的专项培训活动，71.5% 的教师参加过关于数字化素养的专项培训活动。62.7% 的校长 / 书记对于学校组织的评价能力专项培训的态度积极，65.0% 的校长 / 书记组织教师参与关于科学教育专项培训的态度积极，64.0% 的校长 / 书记组织教师参与关于数字化素养专项培训的态度积极。73.0% 的教研员在所在区域开展了关于提高教师评价能力的专项培训，74.3% 的教研员组织教师参与关于科学教育专项培训的态度积极，74.3% 的教研员组织教师参与关于数字化素养专项培训的态度积极。

此外，新疆还积极推动各类在地化培训。例如，温宿县某小学通过校本培训活动，针对教师的专业结构、教龄以及不同学期的教学需求，精心设计了一系列教研活动。这些活动不仅包括新教师的汇报课，还包括青年教师的展示课，旨在通过实际的教学展示，让教师直观地识别和改进教学中的薄弱环节。

温宿县某中学则采取了更为创新的校本培训方式，他们探索了“横向学科融合，纵向小初高联合”的研修模式。这种模式鼓励不同学科之间的交流与合作，通过跨学科的教学活动，促进知识的整合和应用。同时，这种模式还涉及小学、初中和高中三个教育阶段的联合教研，使教师能够从更宏观的角度理解学生的知识体系和学习需求，从而更有效地指导学生学习。

（二）不断强化教研引领

新疆多措并举，在教师队伍基本格局短时间难以突破的情况下，注意发挥教培及教研在专业引领、支持课程教学改革方面的作用，采取了诸多有效措施。问卷调查数据显示，76.8% 的教师使用国家中小学智慧教育平台开展教研活动的频率较高，75.5% 的教师能够定期参加基于课程教学改革的区域教研和校本教研；67.7% 的学校组织教师定期使用国家中小学智慧教育平台开展教研活动的情况较好，67.7% 的学校组织教师定期开展基于课程教学改革的区域教研和校本教研的情况较好；75.5% 的教研员使用国家中小学智慧教育平台开展教研活动的频率较高，76.4% 的教研员能够定期参加基于课程教学改革的区域教研和校本教研。

在教研引领方面，新疆举办各类教师专项技能培训，如学生生涯规划指导教师专业能力培训和信息技术赋能高效课堂培训，提升教师的专业素养和教学能力；充分发挥工作室的作用，组织“名师送教”活动，开展“三名”（名师、名校长、名班主任）工作室中期、年终考核工作以及经验交流会，促进教师之间的经验分享和交流；成立义务教育学科教学专业委员会，围绕课程教学改革关键问题开展丰富多样的教科研活动，线上线下相结合，辐射范围广泛；针对农村地区和民族地区，加大教育资源的投入，增加专项培训项目，采用远程培训、送教上门等方式，提高教师参与度；对于薄弱学校，增加经费支持，建立校际合作机制，共享优质教育资源；在教师培训方面，进一步增强培训内容的针对性和实用性，根据不同地区、学校和教师的需求定制培训方案。

（三）推进数字化赋能教学质量提升

新疆充分利用大数据、云计算和人工智能技术实现课堂教学精准评价、教师教学科学诊断，不断促进课堂教学质量提升。问卷调查显示，68.8% 的教师在教育教学中能够有效使用人工智能和大数据技术，75.5% 的教师认同自身所在学校为其提供的数字化教学资源或平台，75.9% 的教师在教学中能有效使用数字资源；59.6% 的学校能推进人工智能和大数据技术在教育教学各方面的应用，63.8% 的校长 / 书记为教师提供了数字化教学资源，67.5% 的校长 / 书记对学校教师在日常教学中有效使用各类数字资源的认可度较高；71.0% 的教研员在教育教学中能够有效使用人工智能和大数据技术，94.7% 的教研员所在区域提供了数字化教学资源或平台，76.2% 的教研员在教学中能有效使用数字资源。

五、重视科学教育，学生科学素养培育效果显著提升

（一）科学类学科教学得到加强

新疆在科学类学科教学方面取得了积极进展，特别是在师资队伍建设、跨学科教学案例开发以及实验教学完善等方面。问卷调查显示，69.0% 的学校科学课师资队伍建设较为完备。这表明新疆地区的学校在科学教育方面的师资力量得到了有效补充和提升，为提高教学质量打下了坚实的基础。在教师参与度方面，58.9% 的教师能够积极参与开发跨学科综合实践性教学案例。这种跨学科的实践性教学案例不仅能够激发学生的学习兴趣，还能够培养学生的综合素质和创新能力。通过这种教学方式，教师能够将不同学科的知识体系和研究方法有机融合，打破学科间的壁垒，促进学生全面发展。同时，69.8% 的教师能够按照课程标准，完善相关学科实验教学。这一数据说明新疆地区的教师在课程标准的指引下，正在积极改进和优化实验教学，以实践性、

综合性的教学方法提升学生的科学素养和实验操作能力。针对校长 / 书记的问卷调查显示，61.1% 的学校在配备科学课教师方面做得较为充分，58.4% 的学校研发了跨学科综合性实践性教学方案，64.2% 的学校按照课程标准完善相关学科实验教学。针对教研员的问卷调查显示，68.6% 的学校科学课师资队伍建设较为完备，69.6% 的教研员能够积极参与开发跨学科综合性实践性教学案例，72.5% 的教研员所在区域能够按照课程标准完善相关学科实验教学。

（二）持续深入开展科普教育

新疆在科普教育方面的持续深化和创新实践，为学生提供了丰富多彩的科学活动和学习机会。针对教师的问卷调查显示，60.3% 的教师能够积极组织学生定期参加各种科学活动；57.0% 的教师可以利用各种社会资源，培养学生科学兴趣与创新能力。针对校长 / 书记的问卷调查显示,61.3% 的学校定期开展“科技节”“科技小发明”“科普书阅读”“寻找最崇拜的科学家”等活动，57.6% 的学校结合科技馆、博物馆、高科技企业等校外资源开展科学教育实验。针对教研员的问卷调查显示，96.7% 的教研员所在区域能够积极组织学生定期参加各种科学活动，82.1% 的教研员所在区域可以利用各种社会资源培养学生科学兴趣与创新能力。

同时，新疆定期举办自治区青少年科技节，如第十二届自治区青少年科技节以“科创筑梦　智汇未来”为主题，通过 37 项科技创新竞赛项目和主题科技教育活动，为青少年提供了展示科技创新能力的平台。新疆科技馆与教育部门合作，开展“馆校合作”项目，旨在提升中小学教师的科学素质，通过培训和实践活动，加强教师在科学教育方面的能力。自治区“我们爱科学”青少年科普教育项目通过一系列科普活动推动各民族青少年铸牢中华民族共同体意识，积极培养青少年的科学素养。

（三）加强教学装备配备和使用

新疆在教学装备配备和使用方面的加强，为其科学实验教学提供了坚实的物质基础，这对于提升实验教学的质量以及增强学生的实践操作能力具有重要意义。新疆维吾尔自治区教育厅印发了《关于进一步加强中小学实验教学和实验室建设工作的意见》，旨在提升中小学实验教学和实验室建设工作的科学化发展水平，提高教育技术装备的使用效益，全面适应义务教育均衡发展需要。

问卷调查显示，65.9% 的学校科学实验教学装备配备与使用情况良好，显示出较高的利用效率；57.6% 的学校能够结合科技馆、博物馆、高科技企业等校外资源开展科学教育实验，这种整合校外资源的做法能够为学生提供更丰富的学习体验；91.6% 的区域教学场所开发使用状况良好，这表明教学场所在推动科学实验教学方面发挥了积极作用。

六、持续推进国家通用语言文字教育，重视铸牢中华民族共同体意识教育

（一）以课程教学改革为契机铸牢中华民族共同体意识

新疆将铸牢中华民族共同体意识纳入教育发展规划，加强监督检查，有效保障铸牢中华民族共同体意识教育入校园、进课堂。通过课程设置、校园文化活动等多种形式，营造浓厚的氛围，加强与家长的沟通，形成家校共育的良好局面。

第一，将铸牢中华民族共同体意识教育纳入必修内容。通过深入研究中华优秀传统文化，结合学生实际情况，进行科学的顶层设计，将中华民族共同体意识教育引入中小学教育中，引领中小学生树立正确的祖国观、历史文化观、民族文化观和宗教信仰观，让中华民族认同价值观深植于学校师生的灵魂之中。如中华优秀传统文化校本课程以儒家文化为主干，将名篇著作进行合理编排，配以九本中华优秀传统文化校本讲义，以不同年龄段学生能理解和接受的方式呈现，突出少数民族中小学生中华民族共同体意识的培育。此外，在多门校本课程中，如书法、武术、京剧、剪纸、二十四节气、军垦童谣等课程中，将中华优秀文化系统融入并以学生喜闻乐见的方式开展教学。在中小学课堂中，深入讲解中华民族文化精神和道德修养，强调爱国的文化情感，培育勤奋英勇的精神品格，让学生感受到生生不息的开拓进取能力，培养其中华民族自信心和自豪感。

第二，将铸牢中华民族共同体意识与课程融合。将中华民族共同体意识通过日常教学，通过不同主题内容，以不同教育方式融入学生的意识之中。在各学科教学中，重视情感教学，把社会主义核心价值观、中华民族共同体意识贯穿于教学始终，引领学生增强对中华民族的认知，教育学生承担中华民族伟大复兴的重要使命。

第三，打造铸牢中华民族共同体意识主题教育品牌。例如，因地制宜，以新疆生产建设兵团“扎根新疆、喜爱新疆、屯垦戍边”精神为核心，开展“喜爱家乡、忘我献身、艰辛创新、开放进取”主题教育。引导学生了解新疆生产建设兵团为发展边

疆、推进少数民族统一、维持社区安定，为中华民族共同体的发展和繁荣做出的重大努力，了解中华各族儿女携手共进、共同维护社会稳定和民族团结的历史。新疆各地充分利用在地宝贵资源，加强媒体宣传。经过调查发现，许多学校通过升国旗、唱国歌、讲述红色故事、唱响红色歌曲等方式，将胡杨精神和兵团精神融入学生的日常学习和生活，充分发挥校园内红色文化的潜力，建设红色教育培训基地，激发学生的爱国主义热情，增强学生的责任感和使命感。

第四，创建铸牢中华民族共同体意识的学校文化环境。在调查中发现，良好的校园文化能深化学生对中华民族的归属感。如兵团某小学将中华优秀传统文化与兵团精神、老兵精神、胡杨精神相融合，结合学校实际形成了三种特色文化——口琴文化，辅德促智；地面文化，健体益智；童谣文化，促德养智。学校形成了“每一个角落都在开口说话，每一处景物都在潜心育人，每一缕空气都在散发书香”的校园文化，助力学生全面发展。

第五，加强社会实践活动，铸牢中华民族共同体意识。调研发现，一些地区和学校开发铸牢中华民族共同体意识中小幼思政一体化实践研修课程，组织团队结合当地博物馆、考古遗址等设计课程内容，增强学习。例如，联合北庭故城国家考古遗址公园和丝绸之路北庭故城遗址博物馆设计研修课程；了解军垦故事、民族团结故事，组织各个民族学生学习老兵精神，讲老兵故事；等等。鼓励各族学生进行人际关系和民族精神艺术交流，建立对中华各少数民族及其文化的全面认知，以心灵相通的方式促进文化交融，形成“互相尊重、互相理解、互相支持”的民族团结、共同发展的局面。

通过各地持续努力，新疆中小学校将铸牢中华民族共同体意识教育融入日常教学，取得了积极成果。各个中小学校不仅加强了思政课建设，还通过丰富多彩的文化活动、社会实践等形式，引导学生增进对中华民族和中华文化的认同。如伊宁市某小学关于铸牢中华民族共同体意识教育融入日常教学有六点具体做法：一是扎实实施国家课程，深化理论教育；二是大力弘扬中华优秀文化；三是丰富德育活动；四是创新研学课程，坚持文化熏陶；五是依托科普课程，突出现代文明；六是关注家长课程，做好家校联动。这些举措有效提升了学生的民族团结意识和国家认同感，为新疆的社会稳定和长治久安奠定了坚实基础。

（二）重视国家通用语言文字教育

新疆高度重视国家通用语言文字教育，成立自治区级语言文字工作委员会，明确各部门职责，形成了上下贯通、一体联动的工作格局，国家通用语言文字教育有序推进。主要措施包括：（1）持续加大投入，提供充足的教育资源，确保各地区学校都能有效开展国家通用语言文字教育；（2）深入研究国家通用语言文字教育的教学方法和教材，制定科学的教学大纲和教学计划；（3）组织教师培训，提升教师的国家通用语言文字教学能力和水平；（4）将国家通用语言文字教育融入日常教学中，通过课程设置、课外活动等方式，营造学习国家通用语言文字的浓厚氛围；（5）学校通过加强教师队伍建设、优化课程设置、改进教学方法等，不断提升国家通用语言文字教育教学质量。目前，各级各类学校普遍使用国家通用语言文字授课，从幼儿园到高中，国家通用语言文字教育贯穿始终。深入普及国家通用语言文字，促进了新疆各民族之间的交往交流交融，增强了中华民族凝聚力和向心力。

在此基础上，积极开展普通话水平测试和语言文字达标建设，持续开展国家通用语言文字监测。以新疆生产建设兵团为例，针对南疆民族地区 6 个师，对小学（语文、数学）、初中（语文、数学、道德与法治、历史）部分学科进行质量监测。兵团薄弱团场学校质量监测覆盖了 13 所联盟校的 4000 余名学生，科目涉及三至六年级语文、数学，七至八年级的中考科目。主要做法包括：（1）明确监测目标。提高兵团薄弱团场学校教学质量，特别是国家通用语言文字的教学质量。要求监测内容具体、可衡量。（2）设立专门的监测团队，负责实施和监督监测工作。制订详细的监测计划，包括监测的时间、地点、对象、方法等。采用多种监测方法，如课堂教学观察、学生作业分析、教师问卷调查等，确保监测结果的全面性和准确性。（3）定期组织监测活动，开展课程实施评估、教学质量检查等。（4）加强数据收集与分析，建立完善数据采集系统，确保监测数据的真实性和完整性。运用数据分析工具和方法，对监测数据进行深入分析，找出存在的问题和原因。（5）加强结果应用，及时将监测结果反馈给相关部门和学校，促使其及时改进和优化课程实施。（6）加强与其他省份和地区的合作与交流，学习借鉴其成功的经验和做法，不断完善和优化监测体系。

（三）重视中华优秀传统文化教育

新疆不仅将中华优秀传统文化教育有机融入课堂教学，还组织丰富多彩的课外实践活动，通过“课内 + 课外”的形式，有效提升中华优秀传统文化和民族团结进步教育实效，让学生通过课堂、走进基层、深入社区、了解国情、传承中华优秀传统文化，增强对国家的认同感和归属感。

具体措施包括：（1）跨学科融合。与其他学科融合，如与历史、地理、语文等学科融合，帮助学生通过跨学科的学习，更全面地了解中华民族的多元性和统一性。（2）欣赏不同民族艺术作品。组织学生参观艺术展览、博物馆，或通过多媒体资源展示各民族的艺术作品，如绘画、雕塑、手工艺品等，帮助学生了解各民族的文化特色和艺术风格。（3）学习不同民族的传统工艺。介绍具有代表性的民族传统工艺，如剪纸、刺绣、陶艺等，并让学生亲身体验制作过程，增进学生对中华民族的了解，培养他们的动手能力和创造力。（4）开展主题创作活动。设定与中华民族共同体相关的主题，如“民族团结”“多彩民族”等，鼓励学生进行美术创作。学生可以通过绘画、手工等形式表达对中华民族共同体的理解和感受。（5）合作学习与交流。组织学生进行小组合作学习，共同完成美术作品或项目。在合作过程中，促进学生之间的交流与合作，增进对彼此的了解。（6）引入中华民族文化元素。在美术教学中，融入中华民族文化元素，如传统图案、色彩、符号等，让学生在创作中运用这些元素，体现中华民族的文化特色。（7）讲述中华民族故事。通过讲述中华民族故事、传说等，激发学生的兴趣和想象力。学生可以根据故事内容进行美术创作，展现故事中的情节和场景。（8）培养文化认同感。引导学生了解中华民族的历史和文化，让学生明白各民族之间相互依存和共同发展的重要性。（9）鼓励文化传承与创新。鼓励学生在传承中华优秀传统文化的基础上进行创新，将传统与现代相结合，创作出具有时代特色的作品。

七、“融合共通”与教育对口帮扶，创造条件助推课程教学改革走向深入

（一）推进“融合共通”适应课程教学改革新需要

自治区基础教育与兵团基础教育并存是新疆教育发展的特色。为此，自治区与兵团制定了明确的基础教育“融合共通”政策，以促进两者基础教育资源共享，优化教育布局，确保政策落实和监管到位。开展针对性教研活动，研究自治区基础教育与兵团基础教育融合过程中出现的新问题。积极开展校际合作，共享优质教育资源，通过联合办学、教师交流等方式，提升整体教育水平。教育“融合共通”近年来取得显著成效，极大促进了区域教育资源的优化配置和共享。通过深化自治区基础教育与兵团

基础教育系统的合作，二者在教育政策、教学资源、师资队伍等方面实现了有效衔接与互补，不仅提升了教育教学的整体质量，还有力推动了教育公平。具体表现为，学校基础设施得到互补，提高了现代化教学设备利用率，满足了学生的学习需求；教师交流与培训在教育“融合共通”过程中得到加强，有效提升了教师队伍的专业素养和教学能力；促进了不同民族学生之间的交流与融合，增强了他们的民族团结意识和社会责任感。教育“融合共通”的实践探索，为新疆教育事业的高质量发展注入了新活力。

以“融合共通”为基础，新疆制定相关政策，强调民族交往交流交融教育的重要性，鼓励和支持各类学校开展相关活动；加强监督检查，确保政策的有效执行；深入研究民族交往交流交融教育的内涵和教学方法，提供丰富的教学资源和指导意见；组织专家团队，开发相关课程和教材，为学校提供有力支持；将民族交往交流交融教育纳入日常教学计划，通过组织跨民族的文化交流活动、开展民族团结教育课程等方式，增进学生之间的了解和友谊。鼓励教师积极参与民族交往交流交融活动，主动了解不同民族的文化和习俗，尊重差异，促进和谐。在课堂教学中，引导学生树立正确的民族观，鼓励他们积极参与跨民族交流，共同促进民族团结和社会和谐。

（二）教育对口帮扶推动课程教学改革成效明显

新疆14个地州市中，有12个地州市与内地省市建立了点对点教育对口帮扶关系。借助教育对口帮扶，新疆新建和改扩建了一批学校，帮助学校配备了先进的教学设备，有效改善了新疆学生的学习环境。各内地援助单位还积极通过援助最新技术设备及技术人才，派出信息素养出众的各科教师，远程或者到疆与新疆同行实时协作，把内地深化课程教学改革的具体做法及相关理念分享给新疆同行，极大促进了课程教学改革政策的有效落实。如江苏省援建的霍城县某中学、上海市援建的喀什市某中学办学质量逐年提升，成为当地的标杆学校。在援疆力量的全力支持下，新疆基础教育骨干教师培训、国家通用语言文字培训、课程教学改革等高质量推进。对口帮扶成效明显，不仅极大改善了学校的办学条件，还引入了先进的教育理念和方法，提高了教学质量，为当地培养了大量优秀人才。

在阿克苏地区，对口帮扶工作已经持续开展了10余年，选派援疆教师、培训当地教师等一系列举措，不仅为阿克苏地区带来了优质的教育资源，还为当地教育事业的长远发展提供了有力保障。浙江省前后选派2863名援疆教师到阿克苏地区从教，不仅带来了先进的教学理念和方法，极大地提升了阿克苏地区的教学质量，还完成了5000多名35周岁以下教师国家通用语言文字应用能力培训，对提高当地教师的语言素养和教学能力具有重要意义。同时，浙江省还为阿克苏地区2000余名新招聘教师提供了教学能力提升培训。这些新教师在接受培训后，不仅掌握了更多的教学技巧和方法，还增强了对教育事业的责任感和使命感。浙江省的对口帮扶工作为阿克苏地区基础教育的持续发展注入了新的活力，为新疆地区基础教育跨越式发展奠定了良好基础。

第三部分

挑战与展望

第 16 章

基础教育课程教学深化改革与发展面临的挑战

尽管当前基础教育课程教学深化改革取得了一定成绩，但总体上还处于初级阶段，尚未取得实质性、根本性、突破性进展，全国基础教育课程教学改革实践大多处于“浅层区”，亟须向纵深推进。客观地看，全国课程教学改革向“深水区”推进面临诸多挑战，其中有些甚至是制约课程教学深化改革行动的根本性障碍，课程教学改革破冰攻坚任务艰巨。

一、课程实施能力不能适应课程教学深化改革要求

国家基础教育课程教学改革的大旗已经举起，主体政策制度建设基本完成，基础教育课程教学改革的重心正在下移。课程教学深化改革的三个“薄弱链环”——课程领导力、课程转化力、案例示范力，成为下一步工作的关键点位。

（一）课程领导力

学校进行课程规划与实施是课程方案转化落地的必经环节，这对学校课程领导力提出了较高要求。当前，中小学校自主规划课程的意识不强、课程领导力不足是制约学校课程教学深化改革的瓶颈。调研发现，有 49.9% 的教师、44.6% 的校长 / 书记、45.3% 的教研员认为“地方和学校基于课程方案的课程规划、实施和评价能力不足”

是当前基础教育课程教学改革政策落实的难点。不同地区学校在制定与实施学校课程规划上存在较大差异，认为“本校在行政部门和专业机构的指导下，规划了学校课程并组织实施”的校长占比在东部、中部和西部分别为90.0%、83.2%、78.5%，在主城区、城乡接合部、乡镇分别为89.4%、85.8%、83.1%，从东部到西部、从城市到农村呈现逐渐降低趋势，中西部之间、城乡之间存在明显差异。访谈发现，部分农村学校校长仍认为，制定课程方案是国家的事情，学校无权也无须开展课程规划。如何整体提升学校课程领导力，构建高质量课程育人体系，仍是基础教育课程教学改革的重要问题。

在对各省份的调研中，时有发现学校课程领导力不足问题，主要表现如下：一是学校缺乏相关培训与专业训练，课程实施规划经验不足，课程设计常常脱离实际，难以有效实施；二是各级课程教学改革深化行动存在顶层设计空洞现象，省、市、县三级尽管大都有课程教学改革深化行动方案，但常常是对国家政策的原封照搬，缺乏具体鲜活的课程内容支持；三是教师在课程转化时缺乏校本化考虑，多数学校在课程教学资源建设中没有进行充分的前期调研和需求分析，对自身校情理解不够，缺乏针对性课程建设思路，学校课程建设的形式主义倾向较为明显。

（二）课程转化力

国家课程地方化、校本化是国家课程方案转化的枢纽链环，在这一过程中，教师对新课程的理解能力和实践能力是影响课程实施与转化效果的决定性因素，教师的课程转化力是决定基础教育课程教学深化改革成败的关键环节。在理解层面上，教师解读新课程方案和课程标准存在着浅表化现象。调研数据显示，50.6%的校长/书记、53.2%的教研员、41.2%的教师认为“一线教师参与课程教学改革的主动性和积极性不高”是基础教育课程教学改革政策落实的难点。仍有21.6%的教师不熟悉所在区域新课程实施方案。访谈发现，少数教师能够深入理解和把握新课程方案和课程标准，但更多教师对新课程方案和课程标准的理解肤浅甚至存在偏颇。例如，有的教师不理解大概念的内涵及大概念教学的实施意义，把“大概念”简单局限于传统的知识本位教学中的“学科”概念；有的教师仍习惯于开展知识本位的教学，对知识点的教学了然于胸，却对学生要通过习得这些知识来形成哪些素养一无所知。在实践层面，教师教学能力难以达到课程方案要求。43.1%的教师认为“新课程倡导的教学方式难以落地”是当前基础教育课程教学改革政策落实难点。33.2%的教师、32.4%的校

长 / 书记、34.7% 的教研员表示，教师未参与开发过跨学科、综合性、实践性教学案例。23.7% 的教师、21.6% 的校长 / 书记、31.6% 的教研员认为，教师没有能力命制考查学生核心素养发展水平的试题。课堂观察发现，有些教师在进行大单元教学设计时，无法围绕大概念把教学内容整合成结构化、有意义、有深度的内容单元。提高教师的课程转化力和教学胜任力，使体现课程方案要求的教学行为常态化，是当前课程教学改革亟待解决的难题。

课程转化的主要堵点有三个方面。一是新型教学方式，如学科实践、大概念教学、跨学科主题学习、项目式学习、大单元教学、“做中学、用中学、创中学”等难以大面积推广落地。例如，许多教师机械化理解“学科实践”，简单地将“学科”替换成“学科知识”，将“实践”替换成“动手操作”。二是教师对培养核心素养的方式方法不清楚，绝大多数课程教学改革行动主体（学校书记、校长、教师，也包括教研员）缺乏对核心素养导向课程教学的基本理论认识，源于外部要求的被动执行和源于内部动力的尝试模仿成为较为普遍的行动模式。三是缺少课程转化的技术。例如，“如何细化学科核心素养目标”“如何设计真正具有实践性的核心任务和核心问题”“如何分解子任务群和子问题群”“如何测评学生的核心素养”“如何设计出真正体现核心素养的作业与试题”等问题令很多教师束手无策，制约着课程教学改革的深入推进。尤其是大单元教学、大概念教学、跨学科主题学习和项目式学习等新的课程教学形态对教师的挑战不小。借用很多教师的话说：“让人感到满意的大单元教学案例、大概念教学案例和跨学科教学案例少之又少。”

概括起来，教师课程转化力薄弱有五个方面原因：一是缺乏有关新型教学方式落地的针对性指导与专业性支持，当前多数省份还没有建立适合于大面积推广落实新型教学方式的专业支持体系，在人员配备、模式流程、方法技术、工作安排等方面缺乏体系性建设，各种教师培训更多适合的是“点”式突破而不适合“面”上推广；二是教学资源匮乏且配置不均，尤其是薄弱学校、西部学校、乡村学校，由于缺乏必要的教学设备和资源，难以开展丰富多样的教学活动，从而影响了素养导向教学的效果；三是传统教学模式的惯性强大，过于注重知识的传授和考试成绩，一定程度上忽视了学生的综合素养和能力的培养；四是评价方式改革滞后，学生学业评价无法全面反映学生的真实能力和潜力，难以激励和指导教师进行课程教学改革；五是教师队伍素质结构不均衡，在部分学校中还存在专任教师数量不足、科学及音体美教师结构性缺编、教师流动性较强等问题，教师老龄化、性别不均衡现象普遍存在。

（三）案例示范力

推进课程教学改革需要发挥典型案例的示范作用，缺乏典型案例示范的课程教学改革是乏力的。当前，各地已经涌现出一些比较有价值的典型案例，但这些“点”的突破并未真正带来课程教学改革“面”上的革新。调研数据显示，21.7% 的教师、13.4% 的校长 / 书记、14.2% 的教研员表示，教师没有参与过各级精品课、说课评课、优质课展示交流活动。30.2% 的教师、18.6% 的校长、22.0% 的教研员表示，教师没有参与过所在区域基础教育优秀教学成果推广应用活动。访谈发现，教师对具体的课程教学改革典型案例有特别强烈的需求，但缺乏有效的途径和方法接触、了解并深入学习。一方面，课程教学改革典型案例“没走出去”，需要进行宣传、推广，让更多学校和教师“看得到”；另一方面，课程教学改革典型案例“没取回来”，需要拓宽信息渠道、加强培训研修和交流学习，使更多学校和教师能够有效接触、学习和借鉴。如何形成课程教学改革典型案例的共建共享机制，是课程教学改革面临的重要问题。

二、核心素养立意的教育教学评价改革滞后

评价是课程教学改革的指挥棒、发力点，缺失评价环节的课程教学改革是不完整的。核心素养立意的教育教学评价改革是决定基础教育课程教学改革实施成效的又一重要因素，打造有利于课程教学改革深入推进的评价体制机制至关重要。评价改革滞后仍然是整个基础教育课程教学改革的难点所在。

（一）教学评一致性改革

教学评一致性是深化课程教学改革的关键，“教学评颠倒”和“教学评分离”等现象依然比较突出，以学定教的逻辑还未真正确立。调研数据显示，62.6% 的教师、61.3% 的校长 / 书记、59.7% 的教研员认为，“课程、教材、教学、评价、考试、招生改革缺乏一致性”是当前落实好基础教育课程教学改革政策的首要难题。访谈发现，应试教育观念根深蒂固、考试命题超标、中高考命题的课标审查环节缺失等，制约着教学评一致性有效落地。在宏观层面，中考、高考等高利害性考试造成“考什么教什么，教什么学什么”，进而导致评价功能的异化，主要表现在：过度强化语数英，弱化其他科目，致使考试评价等级化；过度依赖纸笔测验，致使考试评价片面化、功

利化；过度利用考试结果，致使考试评价选拔化；等等。在微观层面，课程标准的“标准”功能在教学中未得到有效落实，过程评价没有发挥实质性作用，教师不能影响和决定高利害性考试的内容和方式，教、学、评各行其是。

在对各省份的调研中，教学评不一致问题集中在以下方面：一是教评分离、学评分离的情况普遍存在，考试命题“超标”现象屡见不鲜；二是课程教学改革实施中存在着“旧课标、新教材”或“新课标、旧教材”的现象，课程标准与教材编修步调不一致；三是新中考改革方案不利于初中和高中课程教学的衔接，中考和高考制度缺乏协同变革机制；四是考试评价改革对课程教学改革的牵引力不足，教学和考试的良性互动仍未形成；五是课程教学改革协同治理机制尚不健全；等等。

（二）素养导向的教学评价改革

素养导向的教学评价更加强调过程性、实践性和发展性。当前基础教育的教学评价与考试评价还未建立起有效的协同机制。调研数据显示，有 13.8% 的教师、14.7% 的校长 / 书记、22.6% 的教研员认为学校未落实综合素质评价实施方案。访谈和课堂观察发现，教学中的过程评价仍比较单薄，教师在课堂教学中过于注重知识的传授，对学生的学习过程关注较少；教学的结果性评价比较片面，通常将学习结果评价局限在教材要求的范围内，以知识型学习结果检测为主，缺少表现性评价、反思性评价等；考试命题偏离核心素养培育要求比较明显，知识应答型题目仍是目前中考和高考各科考试的主要考查类型，而理解型、问题型、表现型题目相对缺乏。大部分教师、校长 / 书记、教研员对什么样的考试题目可以有效检测学生的核心素养尚不清晰，对核心素养导向的考试命题方法过程与试题形式内容尚不明确。

教师具备较强的教学评价能力是教学评价改革顺畅推进的重要条件，是教学评价改革成功的关键所在。现阶段，部分教师尚不具备素养导向的教学评价能力，还不能有力支持课程教学改革的持续推进。调研中，有 22.4% 的教师、21.8% 的校长 / 书记、24.5% 的教研员表示，教师没有参加过关于提高教学评价能力的专项培训。18.3% 的教师、18.0% 的校长 / 书记、24.9% 的教研员指出，教师的教学评价能力还不能够适应课程教学改革的要求。访谈发现，教师对素养导向的教学评价认识不够清晰，通常更加关注学生是否能掌握知识点以及能否运用这些知识答题，不太关注学生在学习过程中能够提升何种素养以及如何提升等问题；教师开展素养导向教学评价的意愿不够强烈，在当前社会仍然存在片面追求升学率、过度关注考试成绩现象的大环境下，学校和教师面临很大的成绩压力，提高考试分数仍是重中之重；教师运用素养导向教学评价的方法不够熟练，即使有教师愿意尝试开展，他们对如何开展素养导向教学评价也不是很清楚，更难以熟练运用。

素养导向教学评价改革滞后在各省份都有所体现：一是评价制度缺失，面向核心素养教学的评价制度缺失、学生学科核心素养评价制度缺失，导致校本课程开发质量意识不足；二是评价要求不贯通，国家评价导向与地方评价实施“两张皮”现象尚未克服，国家期待的核心素养评价改革落地艰难；三是评价内容改革滞后，现有的评价体系过于注重对学科知识的考核，对学生综合素养和实践能力评价不够；四是评价方式单一，无法全面反映学生的真实状态和能力水平，难以满足不同学校和学生核心素养发展的需求，难以适应课程教学深化改革的要求；五是评价指标不科学，无法全面反映学生的核心素养发展水平。究其原因，主要有三个方面：其一是功利化倾向作祟，各级政府部门和教育主管部门过于看重名牌大学的考取人数，功利化取向阻碍了学校课程教学评价改革；其二是评价政策协调性不佳，素养导向的评价体系与高校招生政策不协调，课程方案所倡导的评价理念还面临社会认知不足、接受度不高等挑战；其三是命题环节改革缓慢，命题形式与内容改革滞后，命题教师普遍缺乏专业的指导和培训，难以适应素养导向的评价改革要求。

三、课程教学改革专业支持体系建设缓慢

基础教育课程教学改革是一项系统工程，牵一发而动全身，实施起来难度较大，需要建设强大的专业支持体系。有效的教师培训、常态的教研活动和适切的资源配置是常见的专业支持方式。它们如同改革的“毛细血管”，能将课程教学改革的养分输送到每一间教室，使每一位教师都成为“有支持的改革者”。

（一）教师培训

各级各类教师培训对促进教师理解与实施课程方案和课程标准起到了积极作用，但教师对教师培训的满意度不高。教师培训应更加聚焦于课程方案和课程标准的落实，培训的实效性有待提升。调研数据显示，有 20.1% 的教师、17.8% 的校长 / 书记、19.0% 的教研员认为，学校开展的各类专项培训没有针对教师的实际需求。访谈发现，教师对针对课程方案和课程标准的培训存在比较强烈的需求，希望培训能更具可

操作性和实效性。教师对培训的意见主要集中于理论解释过于抽象宏大、难以落地，实践操作方法不清晰、难以上手，典型案例缺乏、难以借鉴。与此同时，除一些专门针对课程方案和课程标准的培训外，其他培训结合课程方案和课程标准的程度并不是很高。

归纳起来，各省份教师培训主要存在以下问题：一是培训内容与实际需求脱节，许多培训项目注重理论知识的传授，而忽视了教师实践能力的提升，融通基本认识和实际操作的培训少之又少，尤其是满足教师教学需求、体现学科自身特点、符合学生学习规律的优质课程教学培训与资源匮乏；二是培训方式单一，以传统的讲授式培训方式为主，缺乏互动性和实践性，难以激发教师的学习兴趣和积极性，难以满足教师个性化诉求；三是培训项目缺乏后续的跟踪和指导，使得教师在培训结束后难以将所学应用于实际教学中；四是部分农村、乡镇和薄弱学校的教师对研训活动的重要性认识不足，参与积极性不高；等等。

（二）教研机制

区域教研与校本教研是基础教育课程教学改革落地的重要支撑，但当前教研工作机制不完善，弱化了教研对课程教学深化改革的支撑力度。调研数据显示，有 20.0% 的教师、19.2% 的校长 / 书记、14.3% 的教研员认为，教研员服务课程教学改革的能力没有得到提升。从城市到农村、从东部到西部，教师对教研员应提升服务课程教学改革能力的认同度呈现由高到低的趋势（主城区、城乡接合部、乡镇分别为 83.7%、79.8%、76.5%，东部、中部、西部分别为 82.7%、76.9%、75.6%），这在一定程度上说明农村地区、西部地区教研员对课程教学改革的支撑能力相对较弱。访谈发现，区域教研的主要困难包括教研员专业性不强、职务晋升通道缺乏、岗位吸引力不够、配置不足、功能角色不明、指导定位不清等；校本教研的困难主要集中在教研时间严重不足，学科组教研站位不高、同质化和低效循环现象明显等方面。

教研支撑力不足的问题在各省份之间大同小异，具体表现有：一是部分学段和学科教研员数量不足，且多以兼任教师为主，教研员结构性短缺；二是教研员专业发展机制不健全，接受专业培训的机会甚少；三是教研员管理涣散，教研员的职责、权利不清，缺乏专项经费支持；四是教研员上升通道缺乏，评价制度缺少激励性。

（三）资源配置

充足的教育资源配置是课程教学改革工作取得良好成效的必要条件，但当前教育资源配置还不能满足课程教学改革工作的需要。40.0% 的教师、36.9% 的校长 / 书记、41.0% 的教研员认为，教师不能有效利用高校实验室、职业院校实训中心、博物馆、科技馆、研学基地和高科技企业等社会资源。访谈发现，校内教育资源配置与使用的问题主要表现在：实验教学资源配置使用不充分、不均衡；物理、化学、生物学等科学实验室建设、实验器材购置、实验药品采购存在诸多困难；实验教学设备迭代更新缓慢，与当前科技发展速度、教育资源需求难以匹配。校外科学教育资源配置与使用的问题主要表现在：社会机构与组织参与科学教育的意愿和动力不足，相关协作机制缺位，学校无力开发、整合和建设校外资源。总的来看，教育资源配置存在明显的城乡、东西部差异，部分农村和西部地区学校科学教育资源亟待改善。

四、改革协同共治机制尚不健全

课程教学深化改革是多主体协同进行、利益相关者同心共谋的一项系统工程，课程教学改革主体联动机制构建、家校社协同育人“教联体”建设、教师减负联动机制搭建等，都是确保协同共治机制有效运转的重要链环。建设面向学生核心素养培养的基础教育课程教学协作体，是后续国家课程教学改革政策的发力点之一。

（一）课程教学改革主体联动机制

课程教学改革协同共治机制建设客观上要求多层级、多部门基于课程方案和课程标准统筹安排、协同推进，但当前行政部门、教研部门、学校之间的联动合力尚未形成。调研数据显示，21.2% 的教师、22.8% 的校长 / 书记、22.7% 的教研员认为，学校没有经常邀请教研员和校外专家入校听课评课。访谈发现，教育行政部门、教科研机构、教师进修学校、高校等机构之间在课程教学深化改革中的职责划分不清，协同合作的效率不高、效果不佳。部分教育相关单位并未将落实课程方案和课程标准、深化课程教学改革作为工作重点，有些培训机构面向中小学教师的培训项目甚至完全不涉及课程教学改革的内容。

（二）家校社协同育人“教联体”

深化课程教学改革、培育学生核心素养需要学校、家庭、社会的密切配合。加快家校社协同育人“教联体”建设，成为当前我国破解基础教育内卷化发展困境、克服教育功利化倾向的一枚利器。但当前学校、家庭、社会关于基础教育课程教学改革的共识尚未形成，还没有建立起良好的共育机制，职责定位不够清晰、协同机制不够健全、条件保障不够到位等问题比较突出。访谈发现，“学校减负，家长增负”的现象没有根本扭转，家长的“抢跑”“多跑”“弯道超车”心态仍然普遍。项目式学习、跨学科主题学习等新型教学方式需要学生在课外投入大量的学习时间与资源，但家庭缺乏支持条件、家长不理解不配合等问题使得学生难以有效完成学习任务。学科实践、跨学科主题学习的开展往往需要相关社会机构、资源单位、企业团体等力量的支持，相关机构投入教育、支持育人工作的意愿不足、能力不足、制度化程度不高，限制着育人合力的发挥，影响了课程教学改革实效。

（三）教师减负联动机制

进一步看，课程教学改革的成效最终要依靠教师来取得。对教师来说，深化改革既是机遇，也是挑战，需要投入大量的时间和精力来学习理念、掌握方法、磨炼技能。为教师工作减负是促进教师工作专业化，使他们专注教育教学工作主业的现实之举。访谈发现，中小学教师日常工作压力大、责任重，相当大部分精力被用于安全工作、回复“12345”热线工单等非教育教学工作，教师“双减”后承担大量课后服务工作，疲于应付各种各样的“打卡”“检查”，教科研时间被挤占，教师参与课程教学改革“有心无力”。教师被烦琐事务“裹挟”、工作负担重的状态，有复杂的成因，问题的解决需要教育行政部门、学校等多主体的共同努力，建立健全有效的教师减负联动工作机制。

在各省份调研中，教师负担及其治理问题体现在以下方面：一是教师教学外事务繁重，学校各种检查、评比、考核等事项过多、过于频繁、交叉重复、布置随意、过度留痕，有的地方教师甚至要承担催缴农村医疗保险的工作，挤占了教师本该用于自身专业发展和教育教学工作的时间和精力；二是“一师多头”（多学科，或跨年级授课）、“一科多班”的情况比较常见，尤其在乡村学校这种情况更加突出；三是非科班教师任教情况仍旧存在，包括语文、数学、外语、思政（道德与法治）等学科，导致教师学科素养和教学能力较为薄弱，再叠加上前面两类问题，更增加了教师在学科专业上学习成长的负担。

五、教育数字化发展不均衡，条件保障与深度融入有待加强

中共中央、国务院印发的《教育强国建设规划纲要（2024—2035 年）》提出“制定完善师生数字素养标准，深化人工智能助推教师队伍建设”，“建立基于大数据和人工智能支持的教育评价和科学决策制度”。教育数字化是我国基础教育改革的重要方向，也是基础教育课程教学改革的重大工程。目前，我国数字赋能基础教育课程教学改革的主要问题在于区域间数字资源的配置与使用不均衡，教育数字化的条件保障不够得力，数字技术与课程教学深度融合不够理想。

（一）区域间教育数字化程度不均衡

城乡之间、东西部之间在技术工具和资源平台使用方面存在不均衡现象。调研数据显示，教师会有效使用人工智能和大数据技术的比例在主城区、城乡接合部和乡镇分别为 76.7%、72.7%、68.3%，在东部和西部分别为 75.1%、68.8%。教师定期使用国家中小学智慧教育平台开展教研活动的比例在主城区、城乡接合部和乡镇分别为 82.4%、78.8%、76.1%，在东部和西部分别为 80.7%、76.7%。从上述数据可以看出，区域间教育数字化水平存在明显差距，这给智慧教育、智慧课程、智慧教学均衡化推进带来不小的压力。

（二）薄弱地区的数字教育资源配置不足

数字资源设施是推进教育数字化的物质保障与基本条件，但数字资源的配置和使用总体上呈现城市优于农村、东部优于西部的状况。发达地区、城市的教育数字设施配置较好，为教师开展数字化教育教学提供了便利。而薄弱地区的相关数字设施、数字教育教学资源配置不足，给教师的教学应用等带来不便。加大农村、西部地区数字教育资源的配置力度，已成为基础教育课程教学深化改革有待解决的重要问题。

（三）数字技术与教育教学融合不够

数字技术是一把“双刃剑”，它可以有效促进教育教学，也可以给教育教学带来

负面影响。调研发现，从总体情况来看，数字技术与教育教学融合不够，具体应用时往往出现这样或那样的问题，比如，学生“数字画像”展示的信息杂乱，与教学目标不一致，难以发挥助力教师教学决策、促进学生学习的作用。再比如，学生借助人工智能大模型等工具做作业、写作文、解难题等，出现了“替代学习”“去思维”的问题。另外，在一些地方，数字技术被用来编制考题、批改试卷、给学生的考试成绩排名、追踪学生考试分数或排名来开展所谓的“增值性评价”等，服务于应试教育。促进数字技术与教育教学深度融合，启发学生思考、开展深度学习，助力教师实施循证教学，还有相当长的路要走。这是基础教育课程教学深化改革面临的一个关键问题。

第 17 章

基础教育课程教学深化改革与发展的展望及建议

深化课程教学改革既是深化教育综合改革的关键环节，也是建设教育强国的重点领域。基础教育承担着全面提高国民素养和创新人才早期培养的双重任务，要正确处理支撑国家战略和满足民生需求的辩证统一关系。基础教育课程教学改革与发展要回答好基础教育“为谁培养人，培养什么人，怎样培养人”的问题，为教育强国建设和国家战略发展交出时代答卷。党的十八大以来，党中央、国务院高度重视基础教育改革，做出一系列重大部署，指引我国基础教育课程教学改革以落实立德树人根本任务为核心，取得历史性成就，发生格局性变化。2023 年《行动方案》发布，促进课程方案转化落地，加快教学方式变革。未来基础教育课程教学深化改革与发展要在已经取得成绩的基础上，直面改革过程中发现的问题和遇到的困难，在体制机制、评价命题、专业支撑、课程转化、课堂教学、数字生态等方面加大改革力度，解决基础教育课程教学中的难点、痛点问题，形成基础教育课程教学的新常态，有效支撑教育强国建设和国家战略发展。

一、加大统筹力度，完善治理机制

基础教育课程教学深化改革是一项系统工程，涉及基础教育课程教学的内外部复杂关系，关涉国家、地方、学校、教师、学生多层级主体，对教育综合改革、教育强国建设、国家战略发展具有基础性、支撑性、核心性意义和价值。要以战略眼光看待基础教育课程教学深化改革，持续完善基础教育课程教学改革的体制机制，使基础教育课程教学深化改革扎实落地、取得实效。

（一）提高战略定位，加大统筹力度

如何定位基础教育课程教学改革是一个顶层设计问题，对基础教育课程教学改革的深化和发展，乃至提升基础教育的整体水平具有全局性的深远影响。在逻辑架构上，基础教育课程教学改革属于基础教育的一个子领域，是解决基础教育中课程教学问题的一个领域，但不能简单地将课程教学领域与基础教育其他领域等量齐观，而要将课程教学领域作为基础教育的核心领域，将其他领域作为课程教学领域的支撑性、服务性领域。这是因为，学生是教育的直接结果，而课程教学是直接作用于学生的，基础教育的其他领域大体上说并不直接作用于学生，而是通过课程教学发挥作用。举例来说，虽然教师直接与学生交往，但教师与学生的交往是以教学内容为中介的，教师与学生共同作用于教学内容是教学的基本逻辑。除此之外，教育行政领域、教育资源领域等对学生的作用更加间接。也就是说，“教什么”和“怎么教”的问题是基础教育的核心问题。基础教育综合改革要从“顺推逻辑”转向“逆推逻辑”，即由“提供什么样的条件—运用什么样的课程教学—培养什么样的学生”转向“培养什么样的学生—运用什么样的课程教学—提供什么样的条件”。换言之，基础教育综合改革要根据课程教学改革的目标与任务，着眼于为课程教学改革提供服务和支撑；课程教学改革要成为基础教育综合改革的核心领域，课程方案和课程标准要成为基础教育的“核心标准”。在行政决策上，需围绕基础教育课程教学改革统筹基础教育综合改革，形成以课程教学改革为核心的基础教育综合改革体制机制。

（二）完善基础教育课程教学深化改革体制

体制是一个组织体系或组织制度的总体性质和宏观秩序。体制对一个组织体系或组织制度的战略目标和战略方向的实现具有全局性、总体性的影响和决定性作用，组织体系或组织制度越宏大、越复杂，体制的影响和决定作用就越大。基础教育课程教学改革是关涉国家战略目标和人民生活福祉的全国性、体系性、战略性变革行动，需要调动基础教育体系内外部多层次、多方面力量参与。有效推进基础教育课程教学深化改革和发展，需要构建适应基础教育课程教学改革的战略方向和战略目标的改革体

制，使基础教育课程教学改革的组织体系角色分明、权责清晰、转接顺畅、运作良好，相关各方围绕基础教育课程教学改革的战略方向和战略目标协同一致行动，共同致力于基础教育课程教学改革的深化和发展。

一是要赋予相关各方清晰明确的权责关系。要明确各级党委的领导责任，将课程教学改革纳入党委议事日程；明确各级教育主管部门的主体责任，将课程教学改革的进展与成效作为政绩考核的重要指标；明确各级教育行政业务部门的组织协调责任，将推进课程教学改革作为核心工作任务；明确高校基础教育课程研究中心、（学科）课程与教学论专家的智库角色，使其切实承担起技术开发、方案设计、实践指导等职责。

二是要形成系统协同、合理有序的改革行动。充分重视基础教育课程方案和课程标准作为基础教育“核心标准”的地位和作用，将研制基础教育课程方案和课程标准作为整个基础教育综合改革的全局性工作和先导性步骤。将基于课程方案和课程标准的教材编写、课堂教学、评价考试作为基础教育综合改革的“重头戏”，突出课程、教学、评价作为基础教育综合改革的核心、主体、主线的性质。推动教师培训、师范教育、教研指导、课程教学研究、教学资源配置等支撑性力量的适应性变革，形成有效支撑课程教学深化改革的力量体系。引导教育行政、学校管理与改革、班级管理、党团组织、区域教育均衡发展、家校社协同等条件性服务性力量聚焦课程教学深化改革，构建课程教学改革的良好生态。

（三）健全基础教育课程教学深化改革机制

机制是决定系统运行过程的内部结构关系和作用传递方式。如果说体制决定一个系统能不能在总体上运行下去，那么机制则决定一个系统在内部能不能顺畅地运行。顺利推进基础教育课程教学改革，不仅需要与其战略方向和战略目标相适应的体制，还需要课程教学改革各个相关部门、组织、人员的协调配合，激发系统活力，形成一致且有效的行动机制。

一要健全纵向机制。从国家到省、市、县、校的行政系统是基础教育课程教学改革的政令主线，准确畅通的“上传下达”机制对改革的顺利推进具有举足轻重的作用。要围绕基础教育课程教学深化改革与发展的关键环节和重点领域，做好“从上到下”的政令施行和“从下到上”的结果反馈，上级行政部门的课程教学改革指令性和指导性文件要清晰、可操作，下级部门对上级部门的课程教学改革方案和部署要做到贯彻落实有反馈，减少上下级的信息落差、偏差和误差，有效保障课程教学改革措施落地生效。

二要健全横向机制。基础教育课程教学改革需要多部门的密切配合，同一层级相关各部门能否有效协同行动对改革能否有效落实具有重要影响。可由与学校、教师联系最密切的教研部门提出课程教学改革的需求，教育行政部门根据需求联络相关部门，疏通协同行动的障碍和堵点，促使相关部门为课程教学改革提供相应支持性资源，形成各个部门为基础教育课程教学改革“有权出权、有钱出钱、有人出人、有智出智、有力出力”的一致行动局面。

三要健全激励机制。运用正面激励机制，将参与基础教育课程教学改革从一件“想不想干都得干”“干和不干都一样”的事情变成“有干有所得、多干则多得、干好则得好”的事情，使参与基础教育课程教学改革且取得一定成绩的部门和个人得到实实在在的成就感和获得感。

四要健全推广机制。基础教育课程教学改革要使人看得见，才能有实在感，才能发挥其外部效应。应着力建成基础教育课程教学深化改革成果的校本提炼、校际交流、区域推广、全国宣传的机制，使基层的基础教育课程教学改革经验和案例成为学校的教学成果、同行交流的样本、区域课程教学改革的经验、国家教育教学改革的成效，提高基础教育课程教学改革的可见度、认识度和认同度。

五要健全监测机制。形成点面结合、过程结果并重、重点与常态兼及的基础教育课程教学改革监测机制，将基础教育课程教学改革的过程性信息、阶段性信息、结果性信息及时反馈到上级部门，经过专业的分析形成准确、有效的结果判断，基于状态研判形成推进课程教学改革的行动方案，使改革的方向更加明确、措施更加合理、步伐更加稳健、效果更加突出。

二、加强考试命题研究，深化评价改革

评价改革滞后是当前基础教育课程教学深化改革的难点、痛点，也是基础教育课程教学深化改革推进困难的重要原因。考试评价在事实上发挥着对课程教学的“指挥棒”的作用，考试评价改革已经成为基础教育课程教学深化改革的“牛鼻子”。考试评价如果不改革，基础教育课程教学改革就很难取得实质性进展。在社会普遍重视高考的背景下，通过改革高考命题，推动基础教育考试命题和成绩考核方式变革，形成

基于课程标准的新型“指挥棒”，是深化课程教学改革的一条现实路径。

（一）调整高考命题机制

在机构建制上，理顺教育部高考相关机构的权责和业务关系，遵循课程教学的内在规律，突出课程方案和课程标准对“教－学－评－考”育人全链条的规范作用，确保课程方案和课程标准对基础教育“全链条主导，一竿子插到底”。课程方案和课程标准的研制机构应在业务上组织与联络其他机构，在课程方案和课程标准研制过程中加强与其他机构的联系与沟通。高考命题机构与教学管理机构要以课程方案和课程标准为业务指导性文件，将课程方案和课程标准作为教学、考评的行动依据和评价标准。教学管理机构应与课程方案和课程标准研制机构保持常态性联系与沟通，接受研制机构的业务指导，确保教学相关政策及措施与课程方案和课程标准保持一致。高考命题机构要将课程方案和课程标准研制机构作为高考试题研究和命制的重要力量，并接受其业务指导，确保高考试题反映课程方案和课程标准的基本精神与核心要求。

在人员配置上，构建由课程教学改革专家、专职命题研究员、教师、测试检验员共同组成的高考命题组，保证高考命题贯彻课程教学改革方向和精神，提高高考试题的适用性和科学性。专职命题研究员承担高考试题的形式设计、科学性检验等工作，通过科学的评估理论和技术方法保证高考试题的信度、效度、区分度等。课程教学改革专家承担高考试题的方向把握工作，指导高考命题，重点在于考察高考试题在多大程度上落实了课程方案和课程标准的基本精神与核心要求，指导专职命题研究员开展高考试题的研究和命制。教师参与高考试题命题，提供来自实践一线的经验、素材等，提高高考试题与基础教育教学实践的契合度，从实践的角度引导和纠正高考试题可能产生的偏误。测试检验员对高考试题进行预测试和预分析，检验高考试题是否达到相关技术标准，并对答题过程进行反馈。

在工作流程上，建立“课程标准—命题标准—试题标准—试题样例—试题命制”的高考命题程序，使课程标准的各项要求成为高考试题的核心成分。命题标准根据课程标准，提出规范化的命题流程和要求，在程序上保证高考试题符合和体现课程标准。试题标准规定高考试题的具体结构、形式，确定试题的核心参数，保证高考试题的科学性、规范性和有效性。试题样例将各类型题的典型样式呈现出来，使高考试题的命制有样可依。在命题标准、试题标准和试题样例的规范、指导和示范下，高考试题命制人员具体命制试题，并通过严格的预试检验，使试题符合各项参数指标，体现课程方案和课程标准的基本精神与核心要求。

（二）加强命题研究

加强命题研究，提升试题的科学性，强化命题对核心素养的考查功能，以真正发挥考试引导教学、落实课程方案和课程标准的作用。

一要成立教育部“高考命题研究中心”，集中相关力量攻关研制高质量高考试题。高考命题研究中心可与教育部考试中心合署办公，但应有独立的人员编制，保证足够的专职研究人员。高考命题研究中心负责对高考命题进行全方位研究，承担高考试题命制的核心工作。高考命题研究中心既承担行政职责，参加高考相关组织工作；也承担学术职责，对高考试题进行高水平、专业性的研究，重点是研究如何命制出既符合高考各项技术指标又落实基础教育课程方案和课程标准基本精神与核心要求的试题，编制高考试题相关出版物，增加社会对课程方案和课程标准的认识和理解，逐步清除在考试层面制约和影响课程教学改革的不良因素。

二要成立省、市级“基础教育命题研究中心”，在教育部指导下，研究和命制省级质量监测和考试评价试题，提高区域考试命题的质量和水平。省、市级基础教育命题研究中心主要承担区域内各种考试的试题研究和命制工作。省、市级基础教育命题研究中心接受教育部高考命题研究中心的业务指导，打通高考与基础教育各种监测评价的关系，使基础教育各种监测评价命题与高考命题在方向上保持一致，共同引导基础教育课程教学转向素养培育。省、市级基础教育命题研究中心指导县级行政教研部门、学校进行试题命制，保证各类试题落实课程方案和课程标准的基本精神与核心要求。

（三）细化核心素养考核方式方法

第一，教育部组织课程教学改革专家基于课程方案和课程标准研制基础教育核心素养考核指南，指导教师在教育教学中有效评价学生核心素养发展。基础教育核心素养考核指南应包括课程标准精神阐释、核心素养考核的理论解释、核心素养考核的操作方法、核心素养考核的案例等几个部分，既给教师理论上的指导，也给教师操作上的指导，使教师既知其然亦知其所以然，指导教师在核心素养考核中正确、适当、有效地运用知识，形成知识与素养相互促进的考核方式方法，通过核心素养考核引导教师的课堂教学方式方法转型升级。

第二，各级教育行政部门组织专项培训，推进核心素养考核方式方法落地生根。专项培训可以嵌入课程方案和课程标准的培训议程中，但应有专门的内容板块，并且尽可能丰富和具体。

第三，将核心素养考核作为学生发展的重要指标，纳入日常考核、学期学年考核、学业水平考试范围。加大教师对学生学习过程的记录和考核力度，完善过程性学习资料的记录和保存，建立规范有效的基于学习过程和学习结果的核心素养考核体系，让学生的学习过程和学习结果相互支撑，从而看到核心素养发展的具体情况。加强日常考核与学期学年考核之间的联系，构建基于日常考核的学期学年考核成绩生成方式。学业水平考试的最后成绩与学期学年成绩挂钩，按一定的比例将学期学年成绩纳入学业水平考试最后成绩。

（四）强化命题审查

建立从高考到学业水平考试至日常考试的分级命题审查机制，以课程标准为依据形成命题审查检验表，保证各级机构考试命题符合和体现课程标准的相关要求。高考命题由教育部负责审查，学业水平考试的命题由省级教育行政部门组织审查，各类比赛试题由主办方提交省或市级教育行政部门组织审查，学校日常考试命题提交上一级教育行政部门审查。通过命题审查规范考试命题行为，提升考试命题水平，杜绝随意命题，引导各级各类考试命题规范化、科学化。

三、构建专业支持体系，提高改革落地实效

基础教育课程教学是一项专业性工作，专业力量的有力支持是基础教育课程教学深化改革取得成功的关键因素。在我国，各级基础教育教研机构、高校课程与教学论研究单位、中小学教师是推进基础教育课程教学改革的三大专业力量，充分发挥这三大专业力量的功能和作用，构建强有力的课程教学改革专业支持体系，是提高改革落地实效的重要措施。

（一）强化教研队伍建设

明确中小学教研员课程教学实施的“工程师”角色，使他们基于教育教学理论和课程标准相关要求，研究和开发能够指导教师课程教学实施的操作性方案与案例、方

法、技术。中小学教研员既具有一定的理论水平，又能够理解和掌握教学技术技巧，是介于理论研究者和实践操作者之间的“两栖”主体。

加强中小学教研员队伍建设，增加教研员配备，优化教研员职称晋升渠道，实施教研员全员轮训，提升教研员落实课程方案和课程标准的业务水平。增加教研员的数量，确保教研员充足、均衡配备。设置单独的教研员职称评聘标准，恰当反映教研员的工作性质和特点，使参加课程教学改革与教研员职称晋升相挂钩，以职称晋升为抓手引导教研员投入改革行动。以落实课程方案和课程标准为主题，实行教研员全员轮训，使教研员具有根据课程方案和课程标准开发课堂教学方案的能力，真正成为课堂教学的“工程师”。

完善教研员工作机制，推进教研员常态化进学校、进课堂，为教师提供具体的专业指导。强化教研员与学校、教师的工作关系，为教研员进入学校工作创造条件和便利，将教研员进入学校指导工作作为考核教研员工作成果的基本维度。建立教研员绩效评价机制，将学校与教师评价纳入教研绩效评价指标体系，促进教研员和学校、教师课程教学改革共同体的形成，推动课程方案和课程标准落地。

（二）推动课程教学改革专家深度参与课程教学改革

课程教学改革专家应作为课程教学改革的理论指导者和专业引领者，为一线教师提供最新的教育理念、教学方法和课程教学改革趋势的解读。因此，要推动课程教学改革专家深度参与课程教学改革，加强国家课程教学改革专家库建设，建立课程教学改革专家对课程教学改革的全链条深度参与工作机制，发挥其在标准制定、评价改革、试题命制、教材编写、教研培训、教学指导等方面的骨干支撑作用。进一步发展教育部在各师范大学设立的基础教育课程研究中心，发挥基础教育课程研究中心在区域课程教学改革中的专业支撑作用，组织专家力量、实施教研培训、开展教学指导，切实推动落实课程方案和课程标准。加强师范大学学科课程与教学论的师资力量建设，通过基础教育课程研究中心汇集高校学科课程教学专家力量，为中小学课程教学改革提供专业支持。

首先，构建相关机制，确保专家参与的有效性与持续性。建议成立由课程教学改革专家、一线优秀教师、教育行政人员及社会各界代表组成的专家顾问团，为课程教学改革提供智力支持。明确专家职责，定期召开会议，就课程教学改革中的重点问题、难点问题进行研讨。专家定期为一线教师提供系统的培训，并通过案例分析、模拟教学等方式，帮助教师理解并掌握课程方案和课程标准的要求。同时，制定并优化课程教学改革专家参与课程教学改革项目的机制，涵盖项目申报、评审、实施、监督、评估等各个环节，确保专家的意见与建议能够得到充分的重视与采纳。建立合理的激励机制，对在课程教学改革中做出突出贡献的课程教学改革专家给予表彰奖励，如设立专项基金、优先晋升职称、资助研究成果出版等，激发其参与改革的积极性和创造性。

其次，搭建平台，促进专业支持队伍的交流与合作。第一，利用现代信息技术，建立课程教学改革专家交流平台，便于专家之间、专家与教师之间、专家与社会各界之间的信息交流与资源共享。第二，定期举办课程教学改革专题研讨会、工作坊、教学观摩等活动，为专家提供展示研究成果、交流实践经验的机会。

最后，创设多样化参与路径，确保专家队伍能力的持续提升。一是鼓励课程教学改革专家参加国内外高水平的教育培训、学术交流活动，不断更新知识结构，提升专业素养。同时，组织专家进行内部培训，分享成功经验，共同提升。二是科研与教学相结合，鼓励课程教学改革专家将科研成果转化为教学资源，通过编写教材、开发教学工具、指导教学实践等方式，将先进的教育理念和方法应用于实际教学中。三是倡导跨学科融合。积极推动课程教学改革专家跨学科合作，促进教育学、心理学、社会学、信息技术等多学科知识的融合。鼓励课程教学改革专家参与跨学科整合的教学研究与实践，推动不同学科之间的交叉融合，为课程教学改革提供更为全面、深入、新颖的视角和方案。

（三）深化校本教研

对学校和教师来说，各级教研员和课程教学改革专家的专业支持是“别人帮自己”，校本教研则是“自己帮自己”。要充分发挥校本教研的功能和作用，使学校和教师立足于自己的具体情况，锐意进取、久久为功，使基础教育课程教学改革在学校落地生根。

一是完善校本教研制度。以有效推进基础教育课程教学改革为目标，用稳定有力的制度为改革保驾护航。保证教研工作不被各种教学外工作挤占和干扰，使教师能够拥有安定、安心的教研工作环境。在学校形成校本教研新常态，使校本教研沉淀为一种基于制度的学校文化。为校本教研提供充足的资源，包括时间、空间、材料、人员等，使校本教研制度扎实稳定运行。

二是聚焦校本教研主题。在基础教育课程教学深化改革的背景下，中小学校本教研应大处着眼、小处着手，以落实课程方案和课程标准作为校本教研的主体内容，在教研主题的选择上瞄准课程教学改革中的新问题、新课题、新议题、新要求，聚焦学科实践、跨学科主题学习、大单元教学等，再根据各教研组、教师的实际情况，选择更加小口径的研究主题、议题，进行具体的研究，在集体攻关和个性探索相结合的教研主题体系中实现校本教研的突破性进展。

三是优化校本教研方式。学校要对校本教研进行整体规划，绘制校本教研推进基础教育课程教学改革的路线图，明确校本教研的近期目标、中期目的、长期愿景，使学校所有教师对学校课程教学改革具有整体认识。采用集体攻关的方式，组建强有力的科研攻关团队，对学校的重点教研主题进行集中突破，为其他教师的教科研提供案例和经验，形成"尖兵突破、主体推进"的教研前进方式。采用"自力更生"与"借脑借力"相结合的方式，以学校自主教研为主，同时注意采用"请进来"和"走出去"的方式，联合区域其他学校、课程教学改革典型学校、课程教学改革专业力量，更好地推进课程教学改革。采用理论与实践共生成的方式，组建差异化研究团队，理论研究和实践研究既相互分工又相互合作，在理论与实践的深度碰撞中实现对课程方案和课程标准基本精神与核心要求的深度理解，并将其有效转化成为课程教学的实践活动，切实推进学校课程教学改革。

四、赋能改革主体，促进课程转化实施

课程教学改革作为促进我国基础教育高质量发展、加快建设教育强国的重要举措，既需要多方主体共同参与，又需要不同主体协同联动。赋能改革主体，提升不同参与主体的专业能力，是深化素养本位课程教学改革的必然要求。

（一）权力赋能，提升学校课程教学改革自主权和领导力

更好地保障和提升学校的课程教学改革自主权，要从优化教育行政部门与学校的工作关系入手，以明确双方的角色和职责。教育行政部门作为宏观管理和指导机构，主要职责应当包括制定教育政策、划定改革方向、提供资源支持、评估教学效果等。学校作为教育教学的具体实施主体，应当拥有相对独立的自主权，以灵活应对不同情况和需求，根据自身特色和生源情况，设计个性化的教育方案，因地制宜地推动课程

教学改革。

一是加强教育行政部门对课程教学改革的宏观指导。教育行政部门与学校之间的合作应当是有机的、动态的。在宏观指导方面，行政部门可以通过定期发布指导意见、召开座谈会、设立调研项目等方式，了解和掌握学校在教学实践中的具体需求与反馈，从而提供更具针对性和可操作性的指导建议。行政部门还可通过组织教师培训和交流学习、评选优秀教学案例等方式，推广成功的课程教学改革经验，激励更多学校积极参与到课程教学改革中。这不仅能提升整体教学质量，还能促使学校在改革中互相学习、共同进步。

二是尊重并鼓励学校在教育教学上的具体落实与创新实践。课程教学改革离不开学校的积极参与和具体落实。教育行政部门在制定宏观政策时，应当尊重学校的独立性，给予学校充分的实践空间，鼓励学校在符合国家教育政策和方向的前提下，开展多样化、创新性的教学实践。例如，允许学校自主设计并实施符合学生特点的选修课程、学习项目等。学校应建立内部创新激励机制，鼓励教师在教学内容和方法上不断尝试和突破。通过设立教学创新奖、组织内部教学研讨会等方式，形成鼓励创新、宽容失败的良好氛围，使教师和管理者都能够在改革中找到成就感和职业满足感。

三是发挥校长 / 书记在学校课程教学改革中的领导角色。为了提升学校课程教学改革的水平，校长 / 书记需要具备较强的战略眼光和实干能力。一方面，校长 / 书记要深入理解并落实国家课程教学改革的方向与政策，确保学校的改革思路与国家大局保持一致；另一方面，要结合学校实际情况，制定切实可行的改革方案，并引导教师团队共同实施。校长 / 书记可以通过建立民主决策机制，广泛听取教师和学生的意见，使改革方案更具科学性和可操作性；同时，通过开展实践研究、跟踪评估，不断优化和完善改革措施。

（二）培训赋能，提高教师课程实施能力

课程教学改革对教师而言，是机遇也是挑战。机遇在于课程教学改革给予教师跟上时代发展，为新时代国家和社会培养人才的方向和路径；挑战在于教师要更新自我课程教学技能体系，适应课程教学改革。课程方案和课程标准提出了很多创新性的课程教学实施方式方法，要围绕和针对这些新的方式方法培养教师，使教师形成与新的课程方案和课程标准相符合的课程教学能力体系，有效落实课程方案和课程标准。

一是完善教师培训管理体系。建立健全教师培训协同运行机制，明确国家级、省

级、市县级教师培训承担的功能和职责，形成相互配合、多级联动的教师培训体系，共同托举和支撑教师专业发展。构建更加完善的教师分类培训体系，结合基础教育课程教学改革的推进程度和实际需要，根据教师专业发展的阶段和教师类型，提供分别针对不同学段、学科、教龄阶段、发展阶段、业务板块的教师培训，提高教师培训的精准度和有效性。建立教师个人参训档案，优化教师培训信息管理机制，构建一体化教师培训管理系统，使各级各类中小学教师培训信息互联互通，有效记录教师培训经历，形成教师培训"画像"，为教师培训评价和培训规划提供更加完善的信息支持。

二是加强教师培训内容建设。教师培训应聚焦当前基础教育课程教学改革，加强对课程方案和课程标准基本精神与核心要求的解读与阐释，围绕学科实践、跨学科主题学习、项目式学习、大单元教学等课程教学改革的重点难点确定培训主题，设计培训内容，通过教师培训推动课程教学改革落地生效。以直接参与课程方案和课程标准研制的专家为核心成员，开发和编制新型教学方式的操作手册，从理论、模型、方法、技术等层面阐释和介绍新型教学方式的操作体系，让广大教师缩短从理论、理念到实践操作的转化环节，快速上手应用新型教学方式。组织优秀中小学校和教师，集中力量开发新型教学方式典型案例，建立新型教学方式案例库和资源库，使全国中小学教师可以简单、便捷、系统地获得这些案例和资源，用于学校教学改革实践。优化教师培训内容与材料的共享和分发，依托教师培训管理系统，建设教师培训内容共享分发系统，将各级各类教师培训的相关内容有序组织起来，使教师培训机构和相关教师能够更便捷地获取培训资料，实现各级各类教师培训的相互借鉴、共享共助，共同提高教师培训的质量和水平。

三是优化教师培训方式方法。处理好理论与实践的关系，改进理论讲授，突出实践指导。改变中小学教师培训过于偏重理论讲授的现状，更加重视根据培训对象的现实情况和实际需求选择和设计培训主题，使理论培训能够有效回应教师的现实关切。大力加强具有实践操作性质的培训，更多运用案例式、演示式、故事式培训方式，增强教师培训的实践感和现场感，加强培训与实践的有效对接。处理好线上与线下的关系，突出线下培训，利用好线上培训。线下培训和线上培训各有利弊，不能相互替代，而要优势互补，依据不同的情况使线下培训和线上培训相互配合、相得益彰。处理好短期培训与长期培训的关系，改变教师培训以短期培训为主、每次培训"各自为政"的现状。探索将各次短期培训相互关联，通过对短期培训的有机整合形成教师成长的长期支持力量。探索教师长期培训机制，通过导师式、跟踪式、合作式等创新方式使教师培训开放化、系列化、泛在化，更好地发挥教师培训的长期效应。

（三）资源赋能，创造教学转型的实践条件

建立与核心素养导向课程教学改革相适应的学校资源管理制度。核心素养导向的课程教学改革强调通过学生在真实世界解决问题实现核心素养的发展，提升教学的实践性是课程教学改革的显著特点，实践型教学方式需要更加丰富多样的资源支持。一是建立宽松的行政制度。教育行政部门负责学校资源的宏观管理，要构建相对统一又因地因校制宜的学校资源建设标准，明确学校资源建设的基本类型、数量、质量，同时指导地方和学校根据实际需要建设针对性、个性化的学校资源库。二是建立便捷的采购制度。疏通政府采购与学校需求对接的政策、制度、程序堵点，加快政府采购的人、财、物向学校流转的速度。赋予学校更大的资源采购权，允许学校在常规教育教学器具和耗材采购上因地制宜、因事制宜，根据教育教学需要及时、迅速、便捷采购到适合的资源。三是建立灵活的管理制度。学校资源管理制度要适应教师教学的实际，防止僵硬的管理制度阻碍教师及时获取相关教学资源，在资源的采购、分发、记录、维护、更新上尽可能同步甚至提前与学校教师教学进度相适配。四是建立积极的使用制度。尽可能取消学校资源使用制度中的“防教师”条款，纳入更多鼓励和支持教师积极、创新性使用学校资源的条款，设立资源和设备使用创新奖励机制，鼓励教师多用资源、用好资源。

强化科学教育资源保障建设，推动科学教育深化发展。教育行政部门、学校要主动对接科普场馆、专业学会等，拓宽并加强科学教育课程资源建设，建立完善合作机制，充分利用科技、科普场馆及专业学会等资源常态化开展科普教育工作。加强与国内外企业及研究机构合作，建立教研中心，一方面为科学教育提供教学资源，另一方面为教师提供教研场所。

教育行政部门要加强作业设计的指导和审查，提出学校作业设计指导意见，综合统筹各项作业资源和要求，切实发挥作业培育核心素养的功能和作用。要指导教师设计出符合、体现和落实课程方案和课程标准的作业，加强大单元、大任务、实践性的作业设计，将核心素养的形成逻辑嵌入作业，尽量减少简单的知识记忆型作业，使作业与课堂教学相辅相成、相得益彰、相互促进。要将各种作业、各科作业统筹起来考虑和设计，将校外引进的作业资源和学校开发、教师设计的作业结合起来，相互之间“不打架”“不重叠”，形成简洁、有效的作业系统。

五、聚焦课堂教学改革，推动育人方式变革

课堂教学是育人的主阵地，也是课程教学改革的主战场。基础教育课程教学改革只有落实到课堂教学层面，构建起与课程教学改革的基本精神和核心要求相适应的课堂教学体系，才能真正实现学生的核心素养发展。要聚焦课堂教学改革，推动课堂教学从认知型育人方式转向实践型育人方式，通过构建新型课堂教学，使课程教学改革的各项措施落到实处。

（一）加强核心素养导向的教学研究

长期以来，我国基础教育课堂教学总体上以知识掌握为主要目的、以知识讲授为主要方式、以知识记忆为主要任务，具有典型的认知型育人方式的特征。虽然不能说认知型课堂教学不具有发展学生核心素养的作用，但这种课堂教学在发展学生核心素养上的问题和弊病是显而易见的。推动基础教育课堂教学从认知型育人方式转向实践型育人方式，首先要加快推进核心素养导向的新型课堂教学理论研究，阐明新型课堂教学的理论逻辑，使广大教师认识和理解新型课堂教学，信任和乐于采用新型课堂教学。一是加强核心素养导向课堂教学的基础理论研究，揭示新型课堂教学的底层逻辑，回答好新型课堂教学“何以可能”的问题。在课程与教学论领域加强基于马克思主义实践哲学的理论研究，深化课程与教学理论的实践意涵，夯实课程与教学的实践论基础。二是加强核心素养导向课堂教学的模式方法研究，搭建新型课堂教学的中层结构，回答好新型课堂教学“何以可行”的问题。探讨实践型课堂教学的基本路径、模式、方法，阐明学科实践、跨学科主题学习等新型学习方式的内在结构、运作过程及其中的核心素养发展机制，使新型课堂教学方式的运行机制和作用机理为广大教师所熟知。三是加强核心素养导向课堂教学的操作技术研究，回答好新型课堂教学“如何能做”的问题。结合具体学科开展新型课堂教学的操作性研究，提炼出实践型课堂教学体系的具体操作方法与技术，更好地指导教师“上手”操作，使课堂教学真正落实课程方案和课程标准的基本精神与核心要求。

（二）指导教师读懂、用好教材

教材是教师和学生进行课堂教学的最基本、最重要依凭。课程标准是对一门课程的整体设计，从课程标准落实到课堂教学还需要经过复杂的多层次转换和具体化过

程。教材借助专业的力量，通过专业的方法和程序实现从课程标准到课堂教学的转化，是教师通过课堂教学落实课程标准的可靠而有效的方法和途径。指导教师读懂、用好教材，是教师落实课程方案和课程标准的基本精神与核心要求、提高课堂教学质量、有效培育学生核心素养的重要途径。一是要把握好课程标准与教材的关系。课程标准是教材编写的基本依据，集中反映了基础教育改革的经验和成果，为教材建设明确了基本的方向、目标和任务。做好教材编写、修订工作，是把课程标准规划的育人“蓝图”转化为“施工图”的关键一步。[①] 教师在教学中要手握教材“施工图”，落实和实现课程方案和课程标准育人“蓝图”，教学要做到“手中有教材，心中有课标”，将教学设计和教学实施指向课程方案和课程标准的准确、有效落实。二是用课程方案和课程标准解读好教材。教师解读教材，既要将教材的具体内容联结到课程标准，找到教学内容设计的具体缘由，理解具体教学内容在整个课程标准内容体系的位置和所起的功能，又要对教材进行总体把握，参悟教材的具体设计与课程标准基本精神及核心要求的相连相通之处，做到心中“既有树木，又有森林”“既有内容，又有精神”。三是创造性使用教材。教材是国家事权，承载着国家意志，教师要着眼于利用教材贯彻国家意志进行教学，把握教学的科学性，维护教材的权威性。在此前提下，教师还要防止机械、盲目地“教教材”。教师要根据教材的内容和学校、学生的具体情况，提高教学设计能力，创造性地将教学内容转化为教学活动，使学生在积极活泼的教学活动中有效掌握教学内容，发展核心素养。

（三）完善课堂教学改革实践落实体系

课堂教学能不能转型，最终取决于教师是否具备新型课堂教学需要的方法和技术体系。要建立促进教师掌握新型课堂教学方法与技术的实践落实体系，使理想、理论、模型、方法转化为教师的教学技能。一是加大课型设计和课例开发力度，组织力量设计和开发一批可操作性、可学性、示范性较强的课堂教学模式、方法、案例，让教师可以快速“上手”实施新型课堂教学。二是优化教师培训，引导教师培训扣紧课程教学改革前沿主题，侧重帮助教师“上手”操作的实践性、方法性、案例性培训内容，创新培训方式，提高培训实效。三是引导教师参加面向新型课堂教学的磨课和赛课活动。磨课和赛课是提升教师日常教学技能的有效办法。通过参加校内、校外的教

① 田慧生．学习贯彻党的二十大精神加强教材建设和管理 [J]. 课程・教材・教法，2023（9）：4–11.

研、比赛等，教师能对具体的教学内容进行细致、深入、专业的设计和操作，熟练技术和参悟技巧，从而更好地将这些技术和技巧运用于日常课堂教学中，聚沙成塔，推动课堂教学的转型。

六、强化数字技术运用，促进课程教学迭代升级

突飞猛进的数字技术给基础教育课程教学带来了全新的可能性。近年来，人工智能等数字技术的成熟和大规模应用为基础教育课程教学的迭代升级创造了前所未有的条件。如何利用数字技术赋能基础教育课程教学，是基础教育课程教学改革的时代性议题。

（一）用好和优化国家中小学智慧教育平台

作为智慧教育的国家级平台，国家中小学智慧教育平台拥有高站位、高水平的制作团队，汇聚了多层次、多类型、多方面的课程教学内容和资源，能够为中小学教师实施新课程、创造新教学提供有效的支撑。各级教育行政部门、学校应引导教师充分重视和利用国家中小学智慧教育平台，利用高质量的内容资源提升自身的课程教学认识和实践能力。同时，要有效收集广大中小学教师在使用国家中小学智慧教育平台过程中遇到的问题，研判教师的需求和平台的发展方略，根据课程教学深化改革的需要、社会和技术发展提供的条件等，不断优化国家中小学智慧教育平台，持续提高平台服务基础教育课程教学改革的能力。

（二）丰富课程教学数字资源

在基础教育课程教学中，相对于传统的文字资源、实物资源、图像资源，数字资源具有不可比拟的优势，对学生的学习和教师的教学都有很大的帮助。需构建多方参与的基础教育课程教学数字资源开发阵营：教育部门重在普惠性、基础性、高水平课程教学资源开发；教材出版机构开发丰富多样的补充性、辅助性、拓展性数字资源，直接服务于学生的课堂学习和课外作业；鼓励和引导各类社会机构和个人开发有效服务基础教育课程教学的个性化、针对性学习资源；学校基于校情开发特色化课程教学数字资源。学校要调动学科组的力量，构建能够直接服务于学科组教研和教师教学的资源库，引导教师形成课程教学与数字资源深度融合的教学思维、教学技能和教学习

惯，使数字资源充分、有效、便捷地服务和支持学生的学习，使“数字学习”成为学生学习的新常态。

（三）利用人工智能技术推动课程教学改革

人工智能技术的发展使得智能化的基础教育课程教学成为可能。建设基础教育课程教学大数据智能体，有望催生出全新的基础教育课程教学形态。要在国家层面、战略高度上总体规划、设计和构建基础教育课程教学大数据智能体，谋划基于国家基础教育课程教学大数据智能体的基础教育课程教学整体性、全局性、深层性变革，使素养导向的课程教学改革通过数字赋能落实做好。建立基础教育课程教学大数据智能体的国家投资立项、企业设计开发、教育行政部门运行维护、学校管理使用、教师具体操作的制度体系，形成基础教育课程教学全过程、全量大数据，利用最新人工智能技术开发多类型、多功能课程教学智能体，服务基础教育课程教学全过程。促进人工智能支持下的课程、教学、评价的研究、开发和使用，鼓励和指导教师在教学研究、教学设计、教学实施中运用新兴人工智能产品，利用人工智能给教学提质增效。开发基于人工智能的教育机器人，探索“人工智能教师＋人类教师”的“双师”型课堂教学理论与方法，构建嵌入人工智能的课程教学新模态，为基础教育“下一代”课程教学创造条件。

后　记

课程教学是人才培养的关键环节，深化课程教学改革对于全面落实教育强国建设具有重要战略意义。为全面了解地方学校基础教育课程教学深化改革政策落实情况，教育部课程教材研究所在 2024 年国家基础教育课程教学深化改革情况调研成果的基础上，研制形成此蓝皮书。

教育部课程教材研究所学术指导委员会主任、首都师范大学教授田慧生负责调研总体设计，全程指导实施，并主持本书编写工作。教育部课程教材研究所党委委员、副所长江嵩同志负责组织协调有关单位和专家团队开展调研，制定本书编写框架。专题中心主任张广斌统筹推进各项具体工作，确保调研实施有力、书稿如期付梓。焦石、孙彬博等承担联络和保障工作。

蓝皮书各章的主要执笔人为：第 1 章，张爽、王攀峰、焦石、刘军、孙彬博；第 2 章，张广斌、余文森、张华、张爽、王攀峰、龙安邦、龙宝新、叶蓓蓓、王东、焦石；第 3 章，王攀峰、张爽、王东；第 4 章，龙宝新、李明达、崔宇玮、高伊菲；第 5 章，余文森、李功连、陈国明；第 6 章，冯加渔、郭元勋、张华；第 7 章，戎庭伟、杨燕燕、张华；第 8 章，龙安邦、余文森、郑智勇；第 9 章，贾瑜、吕晓娟、张爽；第 10 章，叶蓓蓓、郝琦蕾、武小鹏、张琳；第 11 章，叶蓓蓓、温雪、谢登斌、晏鸿；第 12 章，李松林、张燕、游春蓉；第 13 章，龙宝新、李明达、周莎、张倩、张雪凌；第 14 章，李松林、郭晓艳、王强；第 15 章，傅敏、张晋、毛耀忠、鲁子箫；第 16 章，龙宝新、张华、叶蓓蓓、张斌、王攀峰；第 17 章，龙安邦、张广斌、余文森、郭元勋、张爽。

在调研实施过程中，北京教育科学研究院、内蒙古自治区教学研究室、黑龙江教师发展学院、上海市教师教育学院、安徽省教育科学研究院、福建省普通教育教学研究室、山东省教育科学研究院、湖北省教育科学研究院、广东省教育研究院、四川省教育科学研究院、陕西省教育科学研究院、甘肃省教育科学研究院、新疆维吾尔自治区教育科学研究院给予了鼎力支持和重要保障。在蓝皮书编写过程中，以上单位提供了大量参考资料，并审阅了书稿初稿，在此表示由衷感谢。杨玉春、郝志军、王凯、胡定荣、王世元、吴颖惠、王振惠、陈忠玲、路德奎、唐立宁、刘汉涛、章文波、陈凤欣、谭旭翔、曹雁、夏欢欢、李凯等专家学者对书稿提出了宝贵的修改意见，教育部课程教材研究所陈文华、刘凯、芦丽亚等完成了大量细致的书稿校订整理工作，在此一并表示感谢。

深化基础教育课程教学改革是一项长期的系统性工程，希望本书的出版能给读者带来启发和思考，激励教育同仁立足课程教学改革经验和成就，深化素养本位的课程教学改革，为实现教育现代化、服务教育强国建设做出新的贡献。蓝皮书是集体智慧的结晶，感谢专家、工作人员的辛苦付出，感谢教育科学出版社社长兼总编辑郑豪杰对本书出版给予大力支持，感谢学术著作编辑部为本书做了大量细致认真的工作。

受各种条件所限，书中难免有疏漏之处，恳请广大读者和同行批评指正。

2025 年 5 月

出 版 人　郑豪杰
责任编辑　赵琼英
版式设计　孙欢欢
责任校对　贾静芳
责任印制　米　扬

图书在版编目（CIP）数据

中国基础教育课程教学深化改革和发展蓝皮书 / 田慧生等著. -- 北京：教育科学出版社，2025. 5.
ISBN 978-7-5191-4451-7

Ⅰ. G632.3

中国国家版本馆 CIP 数据核字第 2025ER1624 号

中国基础教育课程教学深化改革和发展蓝皮书
ZHONGGUO JICHU JIAOYU KECHENG JIAOXUE SHENHUA GAIGE HE FAZHAN LANPISHU

出版发行	教育科学出版社		
社　　址	北京·朝阳区安慧北里安园甲 9 号	邮　　编	100101
总编室电话	010－64981290	编辑部电话	010－64981280
出版部电话	010－64989487	市场部电话	010－64989009
传　　真	010－64891796	网　　址	http: //www.esph.com.cn
经　　销	各地新华书店		
制　　作	北京浪波湾图文工作室		
印　　刷	保定市中画美凯印刷有限公司		
开　　本	890 毫米 ×1240 毫米　1/16	版　　次	2025 年 5 月第 1 版
印　　张	20.75	印　　次	2025 年 5 月第 1 次印刷
字　　数	344 千	定　　价	78.00 元